ro
ro
ro

Stephan M. Rother

EIN GRAB MIT DEINEM NAMEN

Thriller

Rowohlt Taschenbuch Verlag

Originalausgabe
Veröffentlicht im Rowohlt Taschenbuch Verlag,
Reinbek bei Hamburg, April 2015
Copyright © 2015 by Rowohlt Verlag GmbH,
Reinbek bei Hamburg
Umschlaggestaltung Büro Überland, München
Satz Quadraat PostScript, PageOne,
bei Dörlemann Satz, Lemförde
Druck und Bindung
CPI books GmbH, Leck, Germany
ISBN 978 3 499 26797 0

PROLOG

Er wusste, dass es ein Fehler war.

Er hatte es auf der Stelle gewusst, im selben Moment, in dem seine Hand sich wie von einem fremden Willen gesteuert nach links bewegt, den Blinkerhebel nach oben geschoben hatte. Fort von der in Abgasen erstickenden Ausfallstraße. Doch der Berufsverkehr hatte nichts damit zu tun.

Schlank war sie, die endlosen Beine in dunklen Strümpfen mit schmalen, schwarzen, senkrechten Nähten, die geheimnisvoll unter dem engen Rock verschwanden. Wobei sie natürlich auch vollkommen anders hätte aussehen können, dunkelhäutig vielleicht, mit exotischen Dreadlocks bis in den Nacken oder osteuropäisch, blond und blass und mit ausladenden Hüften. Er war nicht festgelegt, nicht auf einen bestimmten Typ, und doch: Ein fremder Wille, stärker als der seine, hatte von ihm Besitz ergriffen.

Seine Hand war so schweißnass gewesen, dass das Display des Smartphones rund um die Fingerkuppe beschlug, als er auf die Kurzwahl tippte. Sibylles Stimme, die sich müde angehört hatte, so unendlich müde, nachdem er seine Worte losgeworden war, diesen Satz, dass es später werden würde und sie und die Kinder nicht auf ihn warten müssten mit dem Essen. Müde, als ob sie seinen Verrat spüren konnte. Doch selbst das spielte keine Rolle.

Stärker als er.

Sie kaute Kaugummi. Als er ihr einen Seitenblick zuwarf, bemerkte er, dass ihr ein Zahn fehlte, einer der oberen Backenzähne. Wie alt mochte sie sein? Ende zwanzig? Vielleicht jünger. Ein eher durchschnittliches Gesicht unter der Schminke. Vom Balkan, dachte er, ohne es mit Sicherheit erkennen zu können, nicht an der Sprache. Über den Preis waren sie sich rasch einig gewesen, wenige Worte nur.

Vor ihnen ein Schild, das die Auffahrt zur Autobahn ankündigte, doch unmittelbar davor eine letzte Kreuzung. Er bog links ab. *Niemals* ließ er die Frauen den Ort bestimmen. Gerade bei den Osteuropäerinnen konnte man nie wissen, ob nicht irgendwo in einem dunklen Winkel noch jemand lauerte. Und er hatte gesehen, wie ihre Augen über den BMW geglitten waren, das Firmenfahrzeug. Beiläufig – scheinbar.

Er hatte den Platz am Rande des Industriegebiets vor ein paar Monaten entdeckt, ein verlassener Ort um diese Tageszeit. Nachzügler des Berufsverkehrs kamen ihnen entgegen, doch da war eine Lücke im tröpfelnden Fluss der Fahrzeuge: ein letztes Mal nach links auf eine unbefestigte, von Bäumen halb verdeckte Zufahrt. Nur wenige Meter, und er brachte den Wagen zum Stehen. Von der Straße aus waren sie bereits unsichtbar.

Sie kaute noch immer, während sie sich abschnallte, ausstieg. Er löste seinen Gurt ebenfalls, mit hektischen Fingern, tastete unter der Fußmatte nach den Kondomen.

Sie war an die Kühlerhaube getreten, wandte ihm den Rücken zu, ein Scherenschnitt im zunehmenden Zwielicht, und für diesen einen Augenblick, dieses eine Bild war sie auf eine schwer zu beschreibende Weise tatsächlich schön. Wenige Schritte entfernt wichen die Bäume zurück, gaben den Blick frei auf das weite, ebene Gelände. Die Sonne war nur noch ein fahles Nachglühen über der Stadt, und mit dem Licht schwand die Wärme des Apriltags. Ein Schleier von Nebel stieg aus den Wiesen auf.

Sie zerstörte das Bild. Sie musste ihn gehört haben, spuckte ihr Kaugummi aus, ging in die Hocke und sah ihm entgegen, während er nach einem Moment der Unschlüssigkeit an seiner Hose zu nesteln begann, vor sie hintrat und die Augen schloss.

Er war sich hinterher nie sicher, was er in diesen Augenblicken eigentlich dachte. Jedes Mal war es eine andere Frau. Wäre es nicht logisch gewesen, sie dabei anzusehen, sich bewusst zu machen, wie unterschiedlich diese Frauen waren, mal dunkel, mal hell, mal üppig, mal knabenhaft? Doch seltsamerweise spielte das keine Rolle. Es ging um das flüchtige Gefühl dieser Momente, einem Rausch vergleichbar oder einem Duft. Freiheit vielleicht, hier draußen. Ein Abenteuer, das mit allem, was er im täglichen Leben war, nichts zu tun hatte. Momente, in denen *alles* möglich schien. Etwas, das nicht festzuhalten war, nur im Jetzt existierte, in der Erinnerung nur noch als Reue erfahrbar war. *Sibylle*. Seine Lippen formten den Namen, doch kein Laut war zu hören.

Kein Laut.

Die gedämpften Geräusche des Verkehrs waren verstummt. In den Wiesen und Sträuchern erwachten diejenigen, denen das weite Brachland vor den Toren Hamburgs in Wahrheit gehörte. Die es zurückerobert hatten, als die Behörden den Standortübungsplatz aufgelöst hatten. In den letzten Monaten hatte er gelernt, ihre Laute zu unterscheiden, Zwitschern und Summen und tiefere Rufe, die sich mit anderen Lauten mischten. Den Lauten der Frauen, die sich mal mehr, mal weniger Mühe gaben, ihm weiszumachen, dass das, was sie da gerade taten, irgendetwas in ihnen auslöste.

Diese Laute, die ...

Er war sich nicht sicher, ob er das Geräusch eben zum ersten Mal hörte. Oder ob es schon die ganze Zeit gegenwärtig gewesen war und er es jetzt erst zur Kenntnis nahm. Jedenfalls war es fremd und ... *neu*, völlig anders als die Stimmen der nächtlichen Bewohner dieses Ortes.

Es war ein ... Sein Kopf suchte nach dem Begriff, und sei es, dass seine Haltung sich dabei veränderte, sei es, dass die Frau es ebenfalls hörte: Sie wich zurück. Schlaff rutschte er aus ihrem Mund.

«Was ... ist das?» Ihr Flüstern, als sie auf den hohen Absätzen umständlich auf die Beine kam, sich auf der Kühlerhaube abstützen musste.

Was ... ist das?, dachte er. Nicht: *Kommt da jemand?*

Sie hatte es gehört, und ihre Reaktion war dieselbe wie seine. Das war nicht die Angst, erwischt zu werden. Eine umfassendere Angst, durchdringender, denn dieses Geräusch ...

Langsam drehte er sich um.

Ein tiefes Brummen, einem Motor auf niedriger Drehzahl vergleichbar, doch auf keinen Fall war es ein technisches Geräusch. Nein, es war das genaue Gegenteil, veränderte sich, bis es sich in ein hohes Sirren verwandelt hatte, das seine Frequenz weiter steigerte, und es kam, nein, es kam nicht aus ihrem Rücken, von der Zufahrt zum Industriegebiet her, über das sich der Abend senkte. Die Richtung ließ sich nicht eindeutig bestimmen, doch es bestand nicht der Hauch eines Zweifels, dass die Quelle irgendwo *vor* ihnen lag, in den feuchten Wiesen, die für Fahrzeuge unpassierbar waren. Irgendwo dort: im Nebel.

Für einen kurzen Moment kam es ihm lächerlich vor. Es gab ein paar Dinge, um die sie sich wirklich hätten Gedanken machen sollen. Eine Polizeistreife, Kontrolle der Papiere, Fragen, was er und die Frau hier zu suchen hätten. Fragen, deren Antworten die Beamten sehr genau kannten. (Doch er hatte den Reißverschluss seiner Anzughose schon wieder geschlossen, also hätten sie nichts in der Hand gehabt.) Blieb irgendwelches lichtscheues Gesindel, das beobachtet hatte, wie ein BMW der aktuellen Serie in die verlassene Einfahrt gebogen war. Aber wo sollten solche Menschen herkommen, so weit draußen vor der Stadt?

Nein, ganz andere Bilder wirbelten in seinem Kopf. Diffusere Bilder. Kein Da-ist-jemand. Ein Da-ist-*etwas*.

Eisige Kälte in seinen Fingerspitzen. Die Haare in seinem Nacken hatten sich aufgerichtet, seine Kehle war mit einem Mal so eng, dass er Mühe gehabt hätte, ein Wort hervorzupressen.

Doch das war auch unnötig, denn die Frau löste sich als Erste, stolperte ungeschickt um den Wagen herum, nein, nicht zur Beifahrertür. Am Wagen vorbei, auf die Bäume zu, die einander hoch über dem Fahrweg schattenhaft die Zweige entgegenstreckten. Das Geräusch ... War es lauter geworden? War es nähergekommen?

Ein hämmernder Puls erwachte in seinen Schläfen. Er begann rückwärtszugehen, ließ den Dunst, den Nebel, der sich von Sekunde zu Sekunde zu verdichten schien, nicht für einen Lidschlag aus den Augen. Unter seinen Fingern das glatte Metall der Kühlerhaube, dann die Frontscheibe, die Fahrertür.

Mit einem unterdrückten Ächzen riss er sie auf, ließ sich auf den Sitz fallen, die Füße auf dem Gas, der Kupplung. Die Scheinwerfer glommen auf, der Dunst schien ihr Licht zu verschlucken. Hektisch drehte er den Zündschlüssel: zu schnell. Ein trockener Laut, eine Fehlzündung. Stumm bewegten sich seine Lippen.

Der Motor sprang an, übertönte – endlich – die Geräusche, von denen er nicht mehr sagen konnte, ob sie überhaupt noch zu hören waren, außer in seinem Kopf. Unvermittelt machte der Wagen einen Satz nach hinten. Die Schatten der Bäume. Für eine Sekunde Widerstand: Baumwurzeln? Geäst? *Halte den Wagen in der Spur! In Gottes Namen: Halte den Wagen in der Spur!* Für einen Atemzug am Beifahrerfenster ein Eindruck von ... einer Gestalt? Die Frau?

Schon war er weiter und – Licht! Die Lichter des Industriegebiets! Ein durchdringendes Quietschen, dann griffen die Reifen den Asphalt, als er rückwärts auf die Straße einscherte.

Ein Scheinwerferpaar. Er konnte nicht sagen, wo es hergekommen war, doch schon war es vorüber. Nur noch er selbst
und die bedrohlichen Umrisse der Bäume.

Aber die Frau ...

Er zögerte keine Sekunde. Er trat das Gas durch und war
Richtung Autobahn in der Nacht verschwunden.

THOR

Das Riechepithel kleidet den obersten Bereich der Nasenhöhle aus und nimmt eine Fläche von wenigen Quadratzentimetern ein. Auf diese Fläche verteilen sich Millionen olfaktorischer Zellen, aus denen jeweils etwa ein Dutzend chemosensorischer Cilien sprießen, die in der freien Nasenhöhle ständig der Atemluft ausgesetzt sind. Spezielle Rezeptoren wissen Hunderte unterschiedlicher Duftmoleküle zu unterscheiden und geben ihre elektrisch codierten Informationen an die zuständigen Hirnareale weiter: ein Vorgang, der Bruchteile von Sekunden in Anspruch nimmt und Reaktionen hervorruft, die teils angeboren, teils im Laufe des Lebens erworben sind.

Blut, frisches Blut. Blut, das sich mit Erde mischte.

Die Nacht war sternenklar. Hell und dunkel, das Muster auf dem weißen Körper deutlich zu unterscheiden. Der pulsierende Schwall aus der Wunde war zum Stillstand gekommen, und Sekunden später verebbte zögernd auch das träge gen Boden fließende Rinnsal. Flüchtig nur die Spiegelungen von Mondlicht auf der ebenmäßigen, dunklen Lache, bevor das Erdreich sie gierig aufsog und nichts blieb als ein Umriss tieferer Schwärze inmitten unvollkommenerer Schatten.

Und jener Duft. Jener betörende, berauschende Duft von frischem Blut.

Thor regte sich nicht. Der Blutgeruch spendierte seinem limbischen System ein Feuerwerk an Neuronenbeschuss, doch ihre Anweisungen waren klar und eindeutig gewesen wie immer. Kein Vorschlag. Ein Befehl. Bewegungslos verharrte er.

Sie stand hoch aufgerichtet, ihr Atem eine Wolke vor ihrem

Gesicht, als sie die Luft ausstieß. Mechanisch löste sie die Handschuhe von den Fingern, die Augen auf den schweigenden, schneeweißen Körper geheftet und – lauschend.

Nachtluft. Die Laute, die allgegenwärtig waren hier draußen, und aus der Ferne die Geräusche des Verkehrs und mit einer hoffnungslos verirrten Brise ein Echo elektrisch verstärkter Musik, doch, nein, nicht jenes Geräusch.

Jenes Geräusch, das sie überrascht hatte. Das sie hatte innehalten lassen, nur noch Meter entfernt von ihrem Ziel, verborgen im letzten Winkel der Schatten, die das Mondlicht und das Laub der Bäume auf die freie Fläche malten.

Momente der Panik, während es näher und näher gekommen war. *Nicht hier! Nicht heute Nacht!* Geflüstert kaum. Sie war in eine Lähmung verfallen, und er, Thor, hatte mit ihr ausgeharrt, reglos, bis sich die Laute langsam, unendlich langsam entfernt hatten.

Erst dann war es geschehen. Aber sie, sie allein hatte es getan, während er dort geblieben war, am ihm gewiesenen Ort, wie es ihr Pakt verlangte.

Die Kälte der Nacht kam nun rasch und mit ihr der Nebel, der die Dinge verschwommen und undeutlich machte. Doch jetzt, spürte er, jetzt spielte es keine Rolle mehr.

Sie schloss die Augen. Tief sog sie die Luft ein. *Komm!*, sagte sie.

eins

Umbringen.

So ein Wort, das man leicht dahinsagt. Und noch leichter denkt.

Ich könnte ihn umbringen. Einen wildfremden Menschen vielleicht, der gerade eine halbe Sekunde schneller gewesen ist und eine Spur gewissenloser beim Kampf um den freien Parkplatz zwanzig Meter vor dem Eingang zum Supermarkt.

Natürlich setzen die wenigsten Leute so einen Gedanken in die Tat um, aber das ändert nichts daran, dass er da ist, immer mal wieder, und zwar bei jedem Menschen. Warum es bei bestimmten Leuten auf einmal Klick macht und der Gedanke wirklich zur Tat wird: Das ist eine der Fragen, die wir uns regelmäßig stellen dürfen auf der Dienststelle. Dem PK Königstraße, das als permanente Sonderkommission für die ungewöhnlichen, die aufsehenerregenden, die bizarren Fälle der regulären Strafverfolgung in der Freien und Hansestadt beigeordnet ist.

Was macht den Menschen zum Mörder? Sicher: Nach bald zwei Jahrzehnten im Polizeidienst, den größeren Teil davon in Jörg Albrechts Abteilung, hätte ich einen recht guten Überblick haben sollen über die Motivlage. Sie ist vor allem vielfältig. Bunt, könnte man sagen, fiele es nicht schwer, sich einen finstereren Gegenstand vorzustellen. Vor einigen der Geschichten, die wir ans Tageslicht befördern, graut es uns, und andere – *verstehen* wir. Oder *glauben* wir zu verstehen.

Gut möglich, dass das die eigentliche Frage ist, der wir uns stellen müssen, jeden Tag aufs Neue, unabhängig davon, ob eine entsprechende Direktive der Behörde für Inneres existiert (und natürlich existiert sie nicht): Wofür würde ich töten? Wofür würde ich, Hannah Friedrichs, sechsunddreißig Jahre, Kriminaloberkommissarin, töten? Es muss während des Falls am Höltigbaum gewesen sein, dass ich begonnen habe, mir diese Frage ernsthaft zu stellen. Wenn wir hinabsteigen in die Dunkelheiten der Menschen, Tag für Tag, was sagt das über unsere eigenen Dunkelheiten?

Ich sollte allen Grund bekommen, darüber nachzudenken.

* * *

Stockdunkel draußen. Oder doch annähernd. So dunkel, wie es eben werden konnte einen Steinwurf von der Max-Brauer-Allee, wo es sowieso nie richtig Nacht wurde. Dunkler jedenfalls als vor ein paar Wochen um diese Zeit.

Und das war widernatürlich, dachte Jörg Albrecht. Im Frühling hätte es früher hell werden sollen und nicht später, Tag für Tag.

Er war entschiedener Gegner einer Zeitumstellung, die ihm zu einem willkürlichen Stichtag einen anderen Rhythmus aufnötigte. Dass es für ihn persönlich keine große Rolle spielte, um acht Uhr morgens auf seinem Bürostuhl zu sitzen, wenn es in Wahrheit erst sieben Uhr morgens war, war von untergeordneter Bedeutung. Es war eine Frage ...

Kriminalhauptkommissar Jörg Albrecht hielt inne. Er war auf dem Weg zur Kaffeemaschine gewesen, stets seine erste Verrichtung des Tages, noch vor Dusche und WC. Während er unter der Brause stand, würden drei Tassen dampfenden Gebräus ihren Weg in die gläserne Kanne finden.

Es war eine Frage des Prinzips.

Jörg Albrecht war der letzte Mensch, der den Wert von Prinzipien verleugnet hätte. Die gesamte Zivilisation beruhte auf Prinzipien, und es war seine Aufgabe, von seinem Schreibtisch in der Königstraße aus seinen Beitrag dazu zu leisten, dass diese Prinzipien eingehalten wurden.

Doch Prinzipien mussten einen tieferen Sinn haben.

Wer sich an Abläufe und Vorgehensweisen klammerte, einfach nur, weil diese immer so gewesen waren, der legte Scheuklappen an, schlug sich willentlich mit Blindheit, hinderte sein Denken, unvoreingenommene und neue Wege zu gehen.

Ein skeptischer Blick auf die Kaffeemaschine, bevor er einen großen Bogen um die Anrichte machte. *Zuerst* das Bad.

Er kam nicht einmal bis zur Tür.

Sein Mobiltelefon. Ihm blieb nichts anderes übrig, als nun doch die Anrichte anzusteuern. Das Handy lag unmittelbar neben der Kaffeemaschine, sodass er mit der ersten Verrichtung des Tages auch gleich prüfen konnte, ob er über Nacht eine Textnachricht bekommen hatte. SMS-Nachrichten enthielten keine dringlichen Mitteilungen; zumindest hatte er seine Mitarbeiter angewiesen, auf diesem Wege keine dringlichen Mitteilungen zu versenden. Die Funktion, die die Ankunft einer Textnachricht verkündete, hatte er auf stumm geschaltet; nicht so einen regulären Anruf.

«Albrecht.»

«Chef?»

Sollte das eine Frage sein? Albrecht ging davon aus, dass man ihn informiert hätte, wenn während der Nachtstunden eine Veränderung in der internen Hierarchie der Dienststelle eingetreten wäre. *Chef* war keine Anrede, die er gefördert hätte, beschrieb das Dienstverhältnis aber zutreffend.

«Lehmann», murmelte er. Der jüngste seiner Mitarbeiter, eingeteilt für die Nachtschicht.

«Chef, wir ...» Geräusche, die nicht zu deuten waren. Fahrzeuge? Ja, aber ein Stück entfernt. Auf jeden Fall war der Junge irgendwo im Freien.

«Sie haben einen Toten», bemerkte Albrecht.

Schweigen. Lehmann war offenbar stumm vor Überraschung, dass es dem Hauptkommissar gelungen war, die Möglichkeit einer Verbindung herzustellen zwischen einem Anruf bei ihm, dem diensthabenden Leiter des Kommissariats um sechs Uhr siebzehn Sommerzeit, und einem Kapitalverbrechen.

Albrecht erlaubte sich ein zufriedenes Nicken. Irgendwie hatte er sich in den letzten Jahren daran gewöhnt, dass Hannah Friedrichs ihm zu nachtschlafender Zeit mit einschlägigen Nachrichten ins Haus fiel. Nur gut, dass es diesmal der Junge war. Ein wenig Variation in den Abläufen konnte im Grunde nur Gutes ...

«Chef, das sieht hier aus, als ob ...»

«Stopp!»

Das Kommando kam nachdrücklich. Keine Variation sollte man übertreiben. Das *als ob* würde er sich mit eigenen Augen ansehen.

«Wo stecken Sie?»

«Äh, kennen Sie die Auffahrt zur A1, wo man nach Siek kommt, wenn man unter der Autobahn durchfährt?»

Albrecht brummte. Er notierte bereits.

«Da sollten Sie *nicht* lang», erklärte Lehmann.

«Bitte?»

«Irgendwas mit einem Gefahrguttransport. – Hat sich gedreht, als er auf die Landstraße einscheren wollte, und jetzt staut sich alles zurück bis zum Ortsausgang Rahlstedt. Am McDonalds. Kennen Sie ...»

«Wo – soll – ich – hinkommen?»

Ein kurzes Räuspern. «Fahren Sie stadtauswärts, aber nehmen Sie die Bundesstraße. Die in Richtung Ahrensburg, über die Landesgrenze weg. Dann die erste Abzweigung rechts. Von der Wohnsiedlung, in die Sie da kommen, gibt es einen Weg, auf dem Sie sozusagen hintenrum bis hierher zu uns kommen. Max Faber wartet da auf Sie. Also in der Siedlung. Der führt Sie hin.»

«In Ordnung. Ich bin in einer Dreiviertelstunde ...»

«Chef, Sie sollten allerdings wirklich ...»

«Weitere Informationen sind nicht notwendig, Hauptmeister Lehmann. Wir sehen uns in einer Dreiviertelstunde.» Mit einem entschlossenen Druck auf das kleine rote Telefon beendete Albrecht das Gespräch.

Ein paar Sekunden lang betrachtete er düster die Kaffeemaschine. Dann betätigte er einen weiteren Knopf und setzte den Brühmechanismus in Gang. Keine Zeit für die Dusche.

Sein Blick glitt zur Korkfläche der Pinnwand. Dienstag. Am Nachmittag der Termin in der Schule, um den Claras Lehrer gebeten hatte. Wenn Jörg Albrecht einen solchen Wert darauf lege, weiterhin Anteil am Leben seiner Töchter zu nehmen, hatte Joanna mit unüberhörbarer Spitze bemerkt, dann wäre dieser Termin eine vielleicht nicht ganz ungünstige Gelegenheit. Wobei ihr seine berufliche Belastung natürlich bewusst sei. Sollte er es also partout nicht einrichten können, werde sicherlich Hannes eine Möglichkeit finden, sie zu begleiten.

Ihr Zahnklempner. Seine Frau – seine Ex-Frau – kannte Jörg Albrecht besser als jeder andere Mensch. Wenn sie ihren Traumdentisten ins Spiel brachte, war die Sache entschieden. Sein persönlicher Albtraum war die Vorstellung, Clara und Swantje könnten anfangen, den Mann, der seit drei Jahren mit *seiner* Familie in *seinem* Haus lebte, Papa zu nennen. Der Gedanke, irgendjemand anders könnte auf die Idee kommen, diesen Menschen für den Vater der Mädchen zu halten, kam gleich danach.

Dr. Hannes Jork. Ein Totschlagargument. Um nichts in der Welt würde er sich diesen Termin entgehen lassen.

«Totschlag ist immer noch meine Sache», knurrte er.

* * *

Über den Rand meiner Blechtasse beobachtete ich, wie Nils Lehmann zu uns zurückkam, die Schultern eingezogen, die charakteristische Hähnchenkammfrisur im Nieselregen auf Halbmast. Nur passend, dachte ich. Wir hatten eine Leiche.

Umständlich stemmte ich mich hoch. Ich wusste, dass die uniformierten Kollegen es gut gemeint hatten, als sie mir den Klappstuhl angeboten hatten. Sechs Wochen vor dem errechneten Geburtstermin sah ich inzwischen doch ziemlich schwanger aus. Umso empfindlicher allerdings reagierte ich in letzter Zeit, wenn ich den Verdacht witterte, jemand könnte meine Fähigkeit, meinen Job auszuüben, irgendwie in Zweifel ziehen. Ein ganz bestimmter Blick reichte da schon aus. Nils Lehmanns Blick zum Beispiel, in diesem Moment.

Doch ich zügelte mich. Sie gehen wie auf Eiern, dachte ich. Und zwar nicht, weil du schwanger bist. Sondern weil du dich aufführst wie eine hysterische Glucke, sobald du auch nur das Gefühl hast, jemand könnte dich schief ansehen.

«Na?» Ich riss mich zusammen und schenkte Lehmann ein aufmunterndes Lächeln. «Du hast ihn erwischt? Er kommt?»

Ein Nicken. Doch es war ein unglückliches Nicken. «In einer Dreiviertelstunde ist er hier, sagt er, aber ...»

Fragend sah ich ihn an.

«Er hat mich kaum zu Wort kommen lassen. Wollte nichts im Voraus wissen. Ich bin nicht dazu gekommen, ihm zu erzählen, dass er sich besser Regensachen mitbringt.» Er schluckte. «Gummistiefel.»

Ich nickte, die Lippen zusammengepresst. Jörg Albrechts persönlicher Spleen, sich einem Tatort *unvoreingenommen* zu nähern. Doch wie in der Welt hätte man jemanden auch auf *so etwas* vorbereiten können?

«Schon gut», murmelte ich. «Mit Sicherheit wird er fluchen, aber die Schuld wird er sich selbst geben. Wahrscheinlich hätte das auch kein anderer von uns besser hingekriegt.»

Langsam drehte ich mich um.

War es im Grunde nicht immer dasselbe? Ich habe viele Tote gesehen in meinem Leben. Wie ließe sich das vermeiden in unserem Job? Und es gibt keine zwei Toten, die gleich sind. Dieser erste Moment, in dem wir ihnen gegenüberstehen, in der Auffindungssituation: Ich kann ihn mir in jedem einzelnen Fall ins Gedächtnis zurückrufen.

So ist es mit den gewöhnlichen Toten. Doch da sind auch die anderen. Diejenigen, bei denen die Erinnerung gar nicht erst verblasst. Deren Bild uns für alle Zeit vor Augen steht, kalt und klar und grausam wie am ersten Tag.

Ich ging auf die Fundstelle zu. Bei meiner Ankunft war ich überrascht gewesen, wie sorgfältig die Kollegen bereits alles abgesperrt hatten, obwohl doch nur kurze Zeit vergangen sein konnte, seitdem sie selbst hier eingetroffen waren.

Dann war mir klar geworden, dass der größte Teil der Absperrungen überhaupt nicht von ihnen stammte. Dass die schlaff im Wind flatternden Plastikbänder schon vorher da gewesen sein mussten und etliches andere dazu: scheinbar willkürlich in den Boden gepflanzte Markierstangen, mit denen wir an einem Tatort unter freiem Himmel versuchen, uns einen Überblick zu verschaffen. Hier könnte der Täter gewartet haben. Dort stand das Opfer, als die erste Kugel einschlug. Dort drüben Blutspritzer, die entstanden sein könnten, als es unwillkürlich zurückgetaumelt ist. Und *hier* hat es gelegen.

Doch in diesem Fall war unser Opfer noch da, und dass wir nach Kugeln nicht zu suchen brauchten, war mir vom ersten Augenblick an klar gewesen. Nur über die Natur der Markierungen und Absperrbänder hatte ich mich getäuscht.

«Darf ich hier hintreten?», fragte ich.

Martin Euler blickte auf. Unser Medizinexperte steckte in einem semitransparenten Overall, den er über seine Kleidung gestreift hatte. Eine Sicherheitsmaßnahme, um den Tatort nicht zu verunreinigen. Er pustete sich eine aschblonde Haarsträhne aus der Stirn. Eine Sicherheitshaube trug er genauso wenig wie einen Mundschutz, was ich ihm allerdings nicht verübeln konnte. Aus sichtbar geröteten Augen sah er mich an, ein Bild des Elends, verzog plötzlich das Gesicht: ein herzhafter Nieser. «Entschuldigung.» Gemurmelt. «Allergie.» Durch die Nase. «Gräser. Tierhaare.» Er wies mit dem Kopf hinter sich. Dreißig Meter entfernt grasten ein halbes Dutzend Wiederkäuer auf einer abgezäunten Wiese. «Aber die können's nicht sein. Rinder sind kein Problem. – Bisher.» Die letzte Bemerkung düster angefügt. «Äh, was wolltest du wissen?»

«Ob ich hier hintreten darf.»

Achselzucken. «Meinetwegen ja», murmelte er, «solange du da oben bleibst.»

Euler befand sich einen halben Meter tiefer als ich, in einer ausgeschachteten Grube. *Ein Grab.* Mein erster Gedanke bei unserer Ankunft. Ein für das Opfer vorbereitetes Grab.

Doch der ausgehobene Bereich beschränkte sich nicht auf diese Grube. Ausgeschachtete Gänge durchzogen das Wiesengelände im Schatten einer Baumgruppe, kreuzten einander, schienen als Sackgassen im Nichts zu enden. An einigen Stellen war noch einmal tiefer gegraben worden, und dort hinten, zwischen den Bäumen, stand eine Art Bauwagen.

In diesem Moment war mir der Artikel in der Morgenpost

eingefallen, von vor ein oder zwei Wochen. Das Interview über die archäologischen Grabungen am Höltigbaum, über die es schon im Vorfeld Kontroversen gegeben hatte, bis vor Gericht. Ganz schön rasant, hatte ich noch gedacht, mit Blick auf die Dame, die fachkundig Antwort gegeben hatte auf die Fragen, was für Aufschlüsse die Archäologen sich von einer solchen Grabung versprachen: pechschwarze Haare bis über die Schultern, gefärbt mit Sicherheit, bleistiftdünne Augenbrauen, die Lippen sündig rot geschminkt. Melanie Dahl, dreißig Jahre, und doch schon eine Legende auf ihrem Fachgebiet.

Und jetzt tot, einen halben Meter unter mir. *Nackt* und tot.

Euler hatte sich wieder über den Leichnam gebeugt, verstaute eine seiner Messsonden in seinem Arbeitskoffer, sah schniefend auf die Armbanduhr. Diese Untersuchungen wurden so schnell wie möglich vorgenommen, ganz gleich, wie sehr Albrecht darauf beharrte, dass wir am Tatort nichts anfassen und in Gottes Namen nichts verändern sollten, bevor er ihn mit eigenen Augen gesehen hatte. Je früher diese Werte genommen werden, desto exakter das Ergebnis: Todeszeitpunkt, Todesumstände, toxikologisches Gutachten und so weiter.

Unser Medizinmann sah wieder auf, musterte erst mich, dann die Tote, dann wieder mich. Ähnlichkeiten?

Nicht die Spur. Woche für Woche kam ich mir stärker vor wie eine fette Qualle, während diese Frau ... Sie musste Sport getrieben und auf ihre Figur geachtet haben. Oder sie hatte zu den Leuten gehört, die essen können, was sie wollen, und trotzdem kein Gramm zunehmen. Menschen, die ich nur beneiden ...

Nein, ich hatte keinerlei Grund, Melanie Dahl zu beneiden.

Dort, wo in der Grube ihr Körper lag, hatten die Archäologen einen rechteckigen Block aus Erdreich stehen lassen, ringsum aber tiefer gegraben. Das Ganze wirkte wie ein Altar, auf den der Leichnam drapiert worden war. Ja, drapiert: die todesblassen Arme über dem Kopf nebeneinandergelegt, dass sich die Handgelenke fast berührten, die Beine lang ausgestreckt. Mit Sicherheit eine inszenierte Haltung. Und überall auf ihrem blassen Körper war Blut.

Die Kehle war durchgeschnitten, wobei das Wort geschnitten es nicht traf. Der Hals der Toten war eine einzige, klaffende Wunde, als hätte der Täter versucht, das Opfer zu enthaupten. Doch auch sonst sah ich Blut, überall, im Schritt und auf der nackten Haut, auf Armen, Beinen, auf der Brust, aber anders dort. Hatte der Täter einen Finger in ihr Blut getaucht und …? Nein. Nein, es waren keine Buchstaben. Rein zufällige Spuren, die entstanden waren, als sie sich gegen das gewehrt hatte, was mit ihr geschah. Doch so sahen sie nicht aus. Ich fröstelte. *So sahen sie nicht aus.*

Der Kopf der Toten war in einem unnatürlichen Winkel in den Nacken gekippt, der Mund zu einem Schrei geöffnet, und auch hier: Blut. Blut auf ihren Lippen, das auf eine perverse Weise an den auffälligen Lippenstift erinnerte, die Aufnahme der selbstbewussten jungen Frau in der Morgenpost. Ihre Augen standen offen, sie schienen in den Himmel zu starren, an dem zerrissene Wolkenfetzen eilig dahinjagten: fort von hier, so rasch wie möglich. Selbst die Wolken schienen nicht in der Lage, den Anblick zu ertragen, bei dem mich genau derselbe Instinkt packte. Nichts wie weg und das Bild dieses geschundenen Körpers vergessen.

Aber wir durften nicht fort. Es war unser Job, dass wir hierblieben, die Beweise aufnahmen. Und das war noch nicht alles. Nicht für mich.

Ich wusste nichts über Melanie Dahl, hatte keine Ahnung, was für ein Mensch sie gewesen war. Und trotzdem war da etwas, und ich war mir nicht sicher, ob es mir jetzt erst bewusst wurde oder ob ich es die ganze Zeit schon gespürt hatte.

Da war tatsächlich eine Ähnlichkeit zwischen dieser toten Frau und mir. Nicht körperlich, nein, aber da war etwas, das wir gemeinsam hatten. Die Spuren der Toten. Wir beide versuchten Spuren zu entziffern, die die Toten hinterlassen hatten – mit dem Unterschied, dass Melanies Tote ein paar Jahrtausende älter waren. Und beide waren wir junge Frauen in Berufen, die auch heute noch alles andere als typische Frauenberufe waren. Alle beide hatten wir uns schon ein ganzes Stück nach oben durchgebissen. Ehrgeizig? Sicherlich, ein Stück weit, aber gleichzeitig ...

Das ist es nicht. Ich konnte nicht sagen, wo der Gedanke herkam. Er war plötzlich da. *Das ist es nicht. Nicht das allein.*

Im selben Moment aber verflüchtigte er sich schon wieder. Ich bekam ihn nicht mehr zu fassen. War da wirklich etwas gewesen? Nun, selbst wenn da nicht *mehr* war: Mit Sicherheit wäre es spannend gewesen, sich einmal mit Melanie Dahl zu unterhalten, doch das würde nun niemals geschehen. Niemals würde ich ein Wort mit ihr sprechen. Der Bestatter würde ihren Kiefer aufbinden, und diese Lippen würden auf alle Zeit versiegelt bleiben.

Uns war es überlassen, die Antworten zu geben, zu denen Melanie Dahl nicht mehr in der Lage war.

Ich räusperte mich, wandte mich an Euler, der soeben mit angewiderter Miene ein Papiertaschentuch in der Hosentasche verschwinden ließ. «Kannst ... kannst du schon irgendwas sagen, was uns weiterhilft?»

Er schien zu zögern. «Was willst du wissen? Ob das hier der Tatort ist? Wie lange sie tot ist?»

«Zum ... Beispiel», murmelte ich und spürte, dass meine Kehle eng wurde. Gegen meinen Willen bewegten sich meine

Augen zum Schritt der jungen Frau. Auch dort das Blut, doch war es nicht überall? Und war es nicht mehr als deutlich, was vor ihrem Tod mit ihr geschehen sein musste?

Ich schluckte. Ich kannte diese Momente. Momente, in denen ich eine ganz besondere Anspannung erlebte. Ich weiß nicht, ob sie für ein rein männliches Team anders sind, wenn es auf ein mögliches Sexualdelikt stößt, den geschändeten Körper einer toten Frau, doch auf irgendeine Weise *müssen* sie anders sein. Nicht, dass dumme Bemerkungen fallen, das nicht ... Nein, einfach irgendwie *anders*.

Doch Martin Euler reagierte sofort. Er nickte verstehend.

«Nun», sagte er leise. «Du siehst, was ich auch sehe.» Eine angedeutete Kopfbewegung zu einer der Markierungen – einem der Fähnchen, die er selbst aufgestellt hatte. Auf das kleine schwarze Päckchen neben dieser Markierung war mein Blick beinahe als Erstes gefallen, nachdem er sich vom Bild der Toten hatte lösen können. *Billy Boy.* Die Packung war geöffnet. Ob sie leer war, war nicht zu erkennen.

«Wenn ich die Leiche im Institut habe, werde ich es dir mit Sicherheit sagen können», versprach Euler. «Genau wie alles andere.»

«Danke», murmelte ich. Über seine Schulter hinweg sah ich Bewegung am Bauwagen. Die Streifenbeamten mit den Leuten aus dem Archäologenteam, die den Fund der Leiche gemeldet hatten. Das Opfer musste noch offiziell identifiziert werden, rief ich mir in Erinnerung. Wenn Melanie Dahls Arbeitskollegen das erledigten, blieb es den Angehörigen erspart. In dem Zustand, in dem der Leichnam war, würde jeder Mensch mit Verstand der Familie abraten, falls sie von sich aus den Wunsch äußerte, die Tote noch einmal zu sehen.

Euler musste meine Gedanken gelesen haben. «Ihre Kollegen wird sich Albrecht vornehmen wollen», sagte er nachdenklich. «Vielleicht haben sie etwas zu erzählen, das eindeutiger ist als das hier.»

Fragend sah ich ihn an, und er schien einen Moment zu überlegen, doch dann schüttelte er entschieden den Kopf.

«Du kennst mich, Hannah», erklärte er und verschloss mit einem endgültigen Geräusch seinen Koffer. «Es *sieht aus*, als wenn es hier geschehen wäre, aber bevor ich die Proben nicht untersucht habe, lege ich mich nicht fest.»

* * *

Der Verkehr kroch stadtauswärts.

Jörg Albrechts Wohnung an der Max-Brauer-Allee lag so nahe an der Dienststelle, dass er die wenigen hundert Meter zu Fuß laufen konnte. Wenn er recht überlegte, war das das einzig Positive, was es über diese Wohnung zu sagen gab. Zumindest aber blieb es ihm erspart, sich allmorgendlich in den stockenden Blechstrom einzureihen, der das Straßennetz der Hansestadt verstopfte wie das Kapillargeflecht eines arteriosklerotisch geschädigten Herzens.

Rechts von ihm Brachland, Spaziergänger mit ihren Hunden unter einem wolkenverhangenen Himmel. Er konnte sich an eine Zeit erinnern, in der diese Gegend Sperrgebiet gewesen war, Teil des Standortübungsplatzes, der bis nach Schleswig-Holstein hineinreichte. Heute war sie ... leer. Wiesen, Hecken, verstreute Gruppen von Bäumen, kilometerweit, durchzogen von der Schnellbahntrasse nach Lübeck, und ringsum ein Naturschutzgebiet bis an die Autobahn, wo Lehmann zufolge die Zufahrt im Augenblick blockiert war. Die Wohnbebauung endete unmittelbar an der Ausfallstraße.

Weit draußen, dachte er. Ein Tatort konnte unendlich viel

verraten, wenn es dem Ermittler gelang, ihn mit den richtigen Augen zu betrachten. Mit unvoreingenommenem Geist.

Die Leiche war heute Morgen gefunden worden. Durfte er also davon ausgehen, dass sich die Tat in der vergangenen Nacht ereignet hatte? Das Gelände war weitläufig, unübersichtlich, durchzogen von Gehölzen und sumpfigen Untiefen, die einen toten Körper mit Sicherheit eine Weile lang verbergen konnten. Und das Register der vermissten Personen war lang. Doch die wahrscheinlichste Möglichkeit blieb eine Tat in der vergangenen Nacht.

Weit draußen. Keine Zeugen.

Der erste Gedanke, doch er war zu simpel. Täter und Opfer hatten den abgelegenen Ort zunächst einmal aufsuchen müssen, und wenn sich jemand nachts auf den Weg in eine Gegend machte, die um diese Uhrzeit für gewöhnlich menschenleer war, war das verdächtiger als alles andere. Bei einer Tat hingegen, die mitten in der belebten Innenstadt stattgefunden hatte, in einem kaum verdeckten Hauseingang vielleicht und quasi vor aller Augen, konnte sich oft genug kein Mensch an besondere Vorkommnisse erinnern.

«Doch das ist mir klar», murmelte Jörg Albrecht. Und er war seit drei Jahrzehnten Kriminalist. «Die Frage ist, ob es dem Täter klar war.»

Wenn er diese Frage beantworten konnte, würde er wissen, ob der Tatort bewusst gewählt worden war.

Ein großformatiges Schild am Straßenrand. Albrecht kniff die Augen zusammen. Ein Bauvorhaben wurde angekündigt. Im selben Moment kam die Erinnerung: die Erweiterung des Industriegebiets, um die das PrinceInvest-Konsortium jahrelang gekämpft hatte. Ein Teil der Brachfläche würde nicht mehr lange Brachfläche bleiben. Ein Zusammenhang womöglich? War es denkbar ...

Halt. Die Tatsachen, mehr nicht. Keine Spekulationen.

Eine neue Landmarke. Kein chromblitzendes Schild diesmal, sondern ein grob behauener Grenzstein am Straßenrand:
das Wappen des Kreises Stormarn, ein weißer Schwan auf rotem Grund. Albrecht war in Schleswig-Holstein. Kurz dahinter
die Abzweigung, von der Lehmann gesprochen hatte. Linker
Hand ein Gutsbetrieb, rechts nun bewirtschaftete Wiesen. Ein
Steinwurf von Hamburg, und doch fühlte er sich mit einem Mal
wie in der tiefsten Provinz.

Die Eisenbahnlinie, gleich darauf ein Wasserlauf. Die Straße
beschrieb Kurven und führte auf die angekündigte Wohnsiedlung zu. Fabers Privatfahrzeug parkte am Ortseingang.

Der Beamte stieg aus, noch bevor Albrechts Wagen stand. Er
musste ihn im Rückspiegel gesehen haben.

«Moin.»

Albrecht nickte zur Antwort, bückte sich zum Rücksitz, griff
nach seinem Mantel. Nach einem Moment des Überlegens hatte
er für diesen Tag einen leichten Leinenanzug ausgewählt. Es
sollten zwanzig Grad werden am Nachmittag, und das Letzte,
was er gebrauchen konnte, war, dass ihm der Schweiß auf der
Stirn stand, wenn er Joanna gegenübertrat. Und dem Lehrer.

«Nehmen wir Ihren Wagen?», fragte er.

Faber war stehen geblieben, sah den Hauptkommissar an,
irgendwie erwartungsvoll.

Fragend gab Albrecht den Blick zurück. «Hätte ich Kaffee
mitbringen sollen?»

«Wie?» Der glatzköpfige Beamte schaute irritiert. «Ja. Äh,
nein, natürlich nicht. Ich dachte nur …» Ein Kopfschütteln, ein
letzter Blick auf Albrecht. «Bitte.»

Der Hauptkommissar ließ sich auf den Beifahrersitz gleiten.

Sie fuhren schweigend. Faber gehörte lange genug zu seiner Mannschaft, um zu wissen, was der junge Lehmann offen-

sichtlich noch immer nicht wusste. Kein Wort über den Fall. Nicht bevor Jörg Albrecht Gelegenheit bekommen hatte, sich ein Bild zu machen.

In der Siedlung bog Faber rechter Hand ab. Gepflegte Vorgärten, doch rasch blieb die Wohnbebauung hinter ihnen zurück. Ein asphaltierter Fahrweg, gesäumt von niedrigem Buschwerk, andere Pisten, die in beide Richtungen abzweigten, allerdings unbefestigt. Irgendwo hier überqueren wir eine unsichtbare Grenze, dachte Albrecht. Irgendwo hier kehren wir auf Hamburger Gebiet zurück. Hätte er sich darauf einrichten müssen, in dieser Ermittlung mit den schleswig-holsteinischen Kollegen zusammenzuarbeiten, hätte Lehmann das mit Sicherheit ...

Doch mit einem Mal war er sich nicht mehr sicher. Der junge Beamte hatte etwas sagen wollen, aber Albrecht hatte ihn nicht zu Wort kommen lassen. Er öffnete den Mund.

Faber kam ihm zuvor. «Vorsicht.» Fast gut gelaunt. «Hier fängt es an, etwas ruppig zu werden.»

Ein Schlag traf den Wagen. Der Schädel des Hauptkommissars stieß gegen den Fahrzeughimmel. Als die schillernden Farben vor seinen Augen sich wieder verzogen, befand sich ein Feldweg vor ihnen, ein Streifen schmutziges Gras in der Mitte, zu beiden Seiten Spuren, ausgefahren von breiten Traktorreifen.

Und rechts und links des Weges Wiesen. Tropfnasse Wiesen und tropfnasses Buschwerk.

Albrecht vermied es, sich den Hinterkopf zu reiben. Düster lag sein Blick auf der hellbeigen Hose seines Leinenanzugs.

* * *

Der Himmel hatte sich weiter zugezogen. Die zerrissenen grauen Fetzen hatten sich zu einer geschlossenen Wolkendecke gefügt, und das menschenleere Gelände war in Grau getaucht, so weit der Blick nur reichte. Und das war nicht sonderlich weit, jetzt nicht mehr.

Noch regnete es nicht, oder zumindest kam nichts, was wir in Hamburg ernsthaft als Regen bezeichnet hätten. Doch ob man es Niesel nennen wollte oder Dunst, der aus unerfindlichen Gründen nach Salz und Meer schmeckte: Nach einer Stunde hier draußen fühlte ich mich bis auf die Haut durchnässt, meiner Wetterjacke zum Trotz.

Martin Euler hatte sich verabschiedet und war mit seinen Proben in sein beheiztes Büro nahe der Eppendorfer Klinik verschwunden. Vermutlich sagte es einiges über meine Stimmung aus, dass ich voller Neid an einen Schreibtisch im gerichtsmedizinischen Institut dachte. Im Leichenschauhaus.

Die Kollegen von der Streife waren noch immer mit den Mitarbeitern des Ausgrabungsteams beschäftigt, und inzwischen vermutlich nicht allein mit ihnen. Der Dunst über den Wiesen war zu dicht, um wirklich etwas zu erkennen, doch ich hörte Stimmen, Wortwechsel, hörte, wie wiederholt Fahrzeuge eintrafen, auf der regulären Zufahrt vom Industriegebiet her. Die Einsatzkräfte mussten die Unfallstelle an der Autobahn inzwischen geräumt haben.

Gaffer, dachte ich. Die Beamten würden sie nicht durchlassen, doch unter diesen Umständen hatte eine Nachrichtensperre keinen Sinn. Melanie Dahls Kollegen hatten die Polizei verständigt, natürlich, aber mit wem sie sonst noch Kontakt gehabt hatten, bevor die erste Streife eingetroffen war – Freunde, Familie –, das wusste der liebe Gott. Mit Sicherheit waren die ersten Lokalstationen bereits auf die unheimliche Leiche im Sumpf angesprungen.

Stumm betrachtete ich die Tote. So merkwürdig es klingt, aber Menschen können auf sehr *unterschiedliche* Weise tot aussehen, und diese entblößte junge Frau mit ihrem schon zu Lebzeiten blassen Teint sah aus, als müsste sie fürchterlich frieren. Eine Kälte, die auf mich, auf uns alle überzugreifen schien. Auf mich selbst jedoch auf eine ganz besondere Weise. Als ob ich sie spüren konnte, die Verbindung zwischen uns beiden, selbst wenn es eine Verbindung war, die ich mir vermutlich nur einbildete. Ich zog die Jacke enger um meine Schultern, vergrub die Hände in den Achselhöhlen, doch es hatte keinen Sinn. Es war eine Kälte, die von innen kam.

«Es ist …»

Ich zuckte zusammen. In diesem Moment hatte ich Nils Lehmann vollständig vergessen. Er saß auf dem Klappstuhl, den ich frei gemacht hatte, als ich zu Euler an die Grube getreten war, und hielt meinen Kaffeebecher in der Hand. Er hatte sich erkundigt, ob er einen Schluck aus der Thermoskanne nehmen dürfte, die die Uniformierten mir dagelassen hatten. In der anderen Hand hielt er sein Smartphone.

«Es ist …?», fragte ich.

Er hob die Schultern. «Seltsam?» Das Wort klang wie ein Vorschlag. «Ich meine, wir haben ja ständig mit Toten zu tun, und klar sind da nicht nur ganz normale Leute dabei.» Ein unbestimmtes Nicken, doch nach meinem Gefühl ganz eindeutig in *meine* Richtung. Was immer es zum Ausdruck bringen sollte; normal kam ich mir in den letzten Wochen jedenfalls nicht vor. Bevor ich etwas einwerfen konnte, sprach er schon weiter: «Sondern eben auch … also, richtig junge Leute.» Eine Bewegung mit dem Smartphone, von der ich nur vermuten konnte, dass der charmante junge Herr diesmal von *sich* sprach. «Ich meine …» Er ließ das Handy sinken.

Ein Geräusch in unserem Rücken: Motorengeräusch, aus

der Gegenrichtung diesmal. Albrecht und Faber, dachte ich. Endlich.

Lehmann schien sie nicht zu bemerken. «Ich meine ...» Eine neue Kunstpause. «Ich meine, ist es nicht trotzdem seltsam, wenn dann da plötzlich jemand liegt, bei dem man sich vorstellen könnte, also ...» Ein hilfloses Schulterzucken. Er hob das Smartphone wieder an. Wischende Bewegungen auf dem Display. «Also, dass da plötzlich jemand liegt, bei dem man sich vorstellen könnte, dass man mit ihm ... mit ihr, meine ich ... dass man mit ihr befreundet sein könnte.» *Wisch. Wisch.* Seine Augen auf dem Display. «Dass man vielleicht versucht hätte, sich mit ihr zu verabreden, also bevor sie ... Also, ich meine: ich jetzt.»

Ich starrte ihn an. Noch immer diese Wischerei auf dem Handy. In meinem Hinterkopf ein Gedanke, aber das war ... *unmöglich?* – Nichts war unmöglich. Dieser Junge war Nils Lehmann, auf *meinem* Stuhl, mit *meinem* Kaffee.

«Du ...», flüsterte ich. «Du bist da gerade ...»

«Ich meine, so vom Typ her. Von der Erscheinung, der Ausstrahlung. Das Bild in der Morgenpost hast du doch sicher auch gesehen? – Wenn ich hier so vergleiche, mit wem ich in letzter Zeit so ...»

«Wir stehen vor einem Mordopfer, und du surfst auf einem Dating-Portal?»

Klapp. – Klapp.

Zwei Geräusche, nahezu gleichzeitig. Jörg Albrecht, der die Beifahrertür von Fabers Ford Focus zuschlug. Nur Sekundenbruchteile später Nils Lehmann, der die Hülle seines Samsung Galaxy zuklacken und das Gerät mit derselben Bewegung in der Hosentasche verschwinden ließ.

Klapp zum Dritten. Faber, an der Fahrertür. Er folgte zwei Schritte hinter Albrecht, der quer durch die Wiese auf uns zukam. Als er uns erreicht hatte, war seine Anzughose bereits bis zu den Knöcheln durchnässt.

Ein Nicken zu mir, etwas finsterer zu Lehmann, der sich auf der Stelle erhoben hatte, mit einer wedelnden Handbewegung den Sitzplatz für Albrecht zu säubern schien. Doch das war lächerlich. Albrecht würde sich nicht setzen.

Ich sagte kein Wort. Was jetzt kam, war einer der Momente einer jeden Ermittlung, in denen ich stumm danebenstand und atemlos abwartete, weil ich wusste, dass Jörg Albrecht etwas sehen würde, jene winzige, entscheidende Kleinigkeit, auf die niemand von uns geachtet hatte, weil wir sie einfach nicht sehen konnten. Den Wald nicht sehen konnten vor lauter Bäumen. Selbst wenn der Wald in diesem Fall aus archäologischen Markierstangen bestand, mit Martin Eulers Fähnchen irgendwo dazwischen.

Er trat an den Rand der Grube, an den Punkt, an dem ich vor wenigen Minuten gestanden hatte, blieb reglos stehen, den Kragen des Mantels gegen den unangenehmen Nieselregen hochgeschlagen. Er rührte sich nicht, doch ich wusste, dass er nicht lange brauchen würde. Wie auch immer die Synapsen in seinem Hirn arbeiteten: Sie arbeiteten schnell.

Der Himmel zeigte sich noch immer im selben stumpfen Grau. Alles war grau, die allgegenwärtige Feuchtigkeit war nicht zu sehen, doch so viel deutlicher zu spüren. Der nackte Körper der Toten ein helleres, knochenfarbenes Grau vor der verwaschenen Farbe des Untergrunds, das Blut ein mattes Schwarz. Es waren die Farben des Todes, das Verlöschen von Farbe, das seine Ankunft bedeutet. Nils Lehmann hätte sich vorstellen können, diese junge Frau zu *daten*, als sie noch am Leben gewesen war? Mir selbst fiel es plötzlich schwer, mir vorzustellen, dass sie überhaupt einmal gelebt hatte. Wenn ich mir das Foto aus der Zeitung ins Gedächtnis zurückrief, die schwarz gefärbten Haare, den dunkelroten Lippenstift: nein, nicht direkt die Gothic-Szene, in der ich selbst als junges Mädchen unterwegs gewesen war, aber etwas in der Art. Mit einem Mal war ich mir sicher, dass der Tod schon für die lebende Melanie Dahl eine ganz besondere Rolle gespielt hatte. – Ob ein Mensch das spüren konnte, tief innerlich ahnen, dass er so früh kommen würde, auf eine so grauenhafte Weise?

Albrecht zeigte keine Reaktion auf das Bild, jedenfalls keine, die ich an seinem Hinterkopf hätte ablesen können. Bei all den Toten, die ich in meiner Laufbahn gesehen hatte: Wie viele musste *er* gesehen haben? Und doch wusste ich, dass keiner dieser Toten ihn unbeteiligt ließ, wenn mir auch bewusst war, dass in seinem Denken ein Element eine Rolle spielte, das über den üblichen Beweggrund hinausging, den Kampf für Recht und Ordnung, den wohl jeder Mensch im Hinterkopf hat, wenn er sich für den Bullenjob entscheidet.

Bei Jörg Albrecht war es mehr, war es noch etwas anderes: die Wahrheit. Eine Ermittlung bedeutete für diesen Mann eine analytische Herausforderung. Die Tatsachen aufzudecken. *Intentio vera nostra est manifestare ea quae sunt sicut sunt:* Die Dinge so darzustellen, wie sie sich in Wahrheit verhielten. Das einzige seiner lateinischen Zitate, das ich mir merken konnte. Und er hatte etliche von ihnen auf Lager, wenn er in der entsprechenden Stimmung war.

Doch nicht in diesem Moment. Er nickte knapp und trat einen Schritt zurück, begann dann langsam am Rand der Grube entlangzugehen, den Blick auf den Boden gerichtet. Nicht auf die Tote, die links von ihm lag, auf dem altarähnlichen Etwas, sondern auf den Boden zu seinen Füßen, wo die Archäologen die Grasnarbe rings um ihre Grabungsstelle auf ein oder zwei Meter Breite abgetragen hatten.

Unvermittelt ging er in die Knie.

Mein Herz überschlug sich. Ich hatte es gewusst! Hatte gewusst, dass wir etwas übersehen hatten. – Doch auf diesen Bereich hatte ich überhaupt nicht geachtet. Hier draußen konnte gar nichts mehr zu finden sein, keine verwertbaren Spuren, nachdem die Streifenbeamten, Lehmann, Euler, ich selbst mehrfach über diese Fläche gelaufen waren. Natürlich war vorher alles fotografisch dokumentiert worden, doch jetzt …

Albrecht hob etwas auf, kam hoch, wandte sich zu uns um.

Ein Stein, faustgroß ungefähr. Mit langsamen Schritten kam der Hauptkommissar auf uns zu, drehte ihn in den Fingern hin und her. Faber und Lehmann waren an meiner Seite. Ich sah sie nur aus dem Augenwinkel, vermutete auf ihren Gesichtern aber dasselbe Fragezeichen, das zweifellos auch in meiner Miene stand.

Albrecht präsentierte uns seinen Fund auf der flachen Hand. «Ungefähr so dürfte es ausgesehen haben», bemerkte er.

Ich starrte auf den Mann, starrte auf den Stein. «Es?»

Er drehte die Handfläche ein wenig. «Das Messer.»

«Das …» Ich verschluckte mich. Aber im selben Moment begriff ich, wovon er sprach.

«Das Gelände am Höltigbaum und die gesamte Senke mit dem Bachlauf – das Stellmoorer Tunneltal – sind seit Jahrzehnten bekannt für ihre steinzeitlichen Funde», erklärte Albrecht. «Die archäologische Grabung, die Sie hier sehen, ist also keineswegs die erste. Die Jagdbeute der damaligen Bewohner waren Elche und Rentiere, soweit ich mich erinnere. Für die Jagd setzte man Speere ein, aber auch Pfeil und Bogen. Mit Messern wie diesem wird man die Beute zerteilt, vielleicht auch die Häute abgeschabt haben, um sie zu Kleidung zu verarbeiten – oder zu Planen für die Zelte. Wenn die Werkzeuge stumpf geworden waren, hat man sie einfach fortgeworfen.»

Meine Kehle war rau.

Ein Werkzeug.

Ein *Messer*.

Wir beugten uns über den Fund, Nils Lehmann besonders eifrig, sodass ich seinem Kopf ausweichen musste. Und tatsächlich: Ich konnte erkennen, dass die Kanten an einer Seite des Steins abgesplittert waren, viel zu regelmäßig, als dass ich an einen Zufall glauben konnte.

«Sie denken», flüsterte Lehmann, «das waren Neandertaler oder so was? – Also nicht das da.» Ein Nicken zu der Toten hinüber. «Der Stein. Den hat vor ein paar Millionen Jahren jemand so zurechtgeschnitzt?»

«Zurechtgehauen», korrigierte Albrecht. «Und nicht vor ein paar Millionen, sondern erst vor zehn- oder fünfzehntausend Jahren, beinahe gestern also, erdgeschichtlich betrachtet. Und mit ziemlicher Sicherheit dürfte es sich nicht um Neandertaler gehandelt haben, sondern um Angehörige des Homo sapiens.»

«Ach so?»

Ich bezweifelte, dass Lehmann mit der Fachbezeichnung etwas anfangen konnte, sah aber, wie er skeptisch ein Stück zurückwich.

«Des modernen Menschen», übersetzte Albrecht.

Max Faber dachte wie üblich praktischer. «Sie wollen sagen, *das* ist die Tatwaffe?»

Albrecht schüttelte den Kopf. «Meine Worte waren: Ungefähr so dürfte die Waffe ausgesehen haben. Das Stellmoorer Tunneltal war ein bedeutendes Jagdgebiet für den Menschen am Ende der letzten Eiszeit. Hier auf dem Gelände lassen sich solche Funde durch puren Zufall machen. Wobei ich wiederum bezweifle, dass das bewusste Messer rein zufällig zur Tatwaffe wurde. Auf jeden Fall aber sage ich Ihnen voraus, dass Martin Euler entsprechende Partikel in der Halswunde finden wird.

Die Kehle dieser Frau ist weniger im eigentlichen Sinne *durchgeschnitten* worden. Sie wurde *zerfetzt*.»

Unwillkürlich wandte ich mich zu der Toten um. Eine nackte junge Archäologin auf ihrer Ausgrabungsstätte, die Kehle mit einem Steinzeitmesser aufgeschlitzt. Ich öffnete den Mund.

«Hannah?» Albrecht kam mir zuvor.

«Ja?»

«Sie hatten die Nachtschicht?»

Ich nickte, überrascht über den plötzlichen Themenwechsel. «Richtig. Zusammen mit Nils.» Ich wies mit dem Kopf auf Lehmann.

«Gut. Dann danke ich dafür, dass Sie auf mich gewartet haben. Die Überstunde wird Ihnen gutgeschrieben.»

«Aber ...»

«Sie bleiben bitte hier, Lehmann. Wenn ich das Ausmaß dieses Falls richtig einschätze, den Presseauftrieb, den er verursachen wird, werden wir in den nächsten Tagen jeden Mann ...»

«Hauptkommissar.» Ich räusperte mich. «Auch wenn ich ganz offensichtlich kein *Mann* bin ...» Ich machte eine Pause, um sichergehen zu können, dass die Aussage ankam. «... würden Sie von vornherein ausschließen wollen, dass ich nicht möglicherweise auch etwas zu dieser Ermittlung beitragen könnte?»

Besondere Ironie in meine Stimme zu legen war unnötig. Albrecht verstand auch so, und er hätte ganz genauso verstanden, wenn ich auf jegliche Kunstpause verzichtet hätte. Er betrachtete mich. Es war ein Kräftemessen, und weiß Gott nicht das erste von dieser Sorte. Selbst wenn wir beide ahnten, wie es ausgehen würde, war ich einfach nicht in der Lage, ohne weiteres klein beizugeben. Und das lag nicht nur daran, dass sich alles in mir dagegen wehrte, mich mit meinem Babybauch zum Stricken vor den Fernseher zu setzen, während die Kollegen

36

einen spektakulären Fall klärten, dessen Wurzeln buchstäblich bis in die Steinzeit zurückreichten. Nein, diese tote junge Frau, Melanie Dahl, hatte etwas in mir ausgelöst, auch wenn ich noch immer nicht richtig erfassen konnte, was es war. Unter allen Umständen musste ich bei dieser Ermittlung dabei sein.

Albrecht holte Luft. «Hannah.» Schon die Art, wie er meinen Namen aussprach, machte mich aggressiv. Dieser Mann war *nicht* mein Vater. «Sie werden Ihren Beitrag leisten», versicherte er mir. «Ab acht Uhr morgen früh, wenn Ihre reguläre Schicht beginnt.» Sein Blick verhärtete sich, ohne unfreundlich zu werden. «Sie wissen, was ich davon halte, dass Sie in Ihrem Zustand weiterarbeiten, obwohl Sie seit Wochen Anspruch ...»

«Ich bin in keinem *Zustand*.»

«Sie sind schwanger. – Ich kann nicht verhindern, dass Sie weiterhin Ihren regulären Dienst versehen. Und ich werde auch nicht noch einmal den Fehler machen, Sie ohne Not von einem Fall abzuziehen, bei dem wir jeden Mann brauchen. Und jede Frau.»

Wir wussten alle, wovon er sprach, vom Sieverstedt-Fall, in dem er den schlimmsten Fehler überhaupt begangen hatte, indem er mich tatsächlich von der Ermittlung abgezogen hatte. Eine Entscheidung, die mich beinahe das Leben gekostet hatte. Doch er hatte seinen Fehler eingesehen, und dass er jetzt noch einmal darauf hinwies, versöhnte mich tatsächlich ein wenig. Allerdings wäre er nicht Jörg Albrecht gewesen, wenn er diese winzige Veränderung der Atmosphäre nicht auf der Stelle erkannt – und sich den Riss in meiner Verteidigung zunutze gemacht hätte.

«Was ich hingegen nicht akzeptieren werde, Hannah, das sind irgendwelche Sonderschichten. Dass Ihre körperliche Belastbarkeit im Augenblick Grenzen hat, ist eine Tatsache, so wenig sie Ihnen gefallen mag. – Sie sind am Fall, das verspreche ich Ihnen. Sie sind dabei. Morgen früh.»

Ich holte Luft, doch irgendetwas ... Die Luft war raus, im wahrsten Sinne des Wortes. Als kleines weißes Wölkchen stand mein Atem vor meinem Gesicht.

«Du kannst meinen Wagen nehmen», schlug Faber etwas schüchtern vor. «Dann musst du da vorne nicht durch.» Er wies mit dem Kopf hinüber zur Baumreihe hinter dem Bauwagen, wo Nils und ich das Dienstfahrzeug abgestellt hatten. Eine leichte Brise war aufgekommen, und der Nebel begann sich zu lichten. Auf jeden Fall war zu erkennen, dass die Zufahrt aus Richtung Industriegebiet gerammelt voll war. *Schaulustige*, doch wenn ich mich nicht täuschte, war auch schon ein Aufnahmewagen dabei.

«Lass ihn einfach am Revier stehen», bat mein glatzköpfiger Kollege. «Ich kann genauso gut im Dienstwagen mitfahren.»

Ich warf Albrecht einen letzten Blick zu. Sinnlos. Ich biss mir auf die Unterlippe. «In Ordnung», murmelte ich. «Morgen früh. Um acht.»

* * *

Auf Messers Schneide.

In mehr als einer Beziehung, dachte Jörg Albrecht, während sein Daumen die Schärfe des Feuersteinmessers prüfte.

Doch er war erleichtert, dass Friedrichs am Ende ein Einsehen gehabt hatte. Er sah ihr nach, wie sie am Steuer von Fabers altersschwacher Familienkutsche über die ausgefahrene Piste davonholperte. Schon das musste eine Tortur bedeuten für eine Frau in ihrem Zustand. Für ihn war es jedenfalls eine Tortur gewesen, und er befand sich in keinerlei außergewöhnlicher Verfassung.

Zumindest solange es ihm gelang, das klamme Gefühl um seine Waden auszublenden, an denen der durchnässte Stoff der Anzughose klebte. Und solange er nicht an die junge Frau dachte, deren Leben hier draußen auf so bizarre Weise sein Ende gefunden hatte. Doch ihm war klar, dass sie für keinen Augenblick aus seinen Gedanken verschwinden würde. Nicht ehe es ihm gelungen war, herauszufinden, warum sie auf diese Weise hatte sterben müssen.

Er wandte sich um. Der Nebel verzog sich zusehends. Jenseits der Baumreihe begannen sich Umrisse ganz anderer Art abzuzeichnen. Harte Umrisse, geometrische Umrisse: das Industriegebiet rund um die Müllverbrennungsanlage an der Autobahn. Die eigentliche Zufahrt zum Tatort, womöglich sogar asphaltiert. Und in ein paar Jahren, dachte er, würde es noch weit simpler werden, an diesen Ort zu gelangen. In ein paar Jahren würde sich an genau dieser Stelle vielleicht ein gepflasterter Parkplatz befinden oder eine Produktionsstätte für biodynamisches Hundefutter. Je nachdem, welche Unternehmen PrinceInvest für sein Bauprojekt gewinnen konnte.

Die Auseinandersetzung mit den Archäologen hatte wochenlang die Zeitungen gefüllt – den Wirtschaftsteil zumindest. Die Grabungen, die nun auf gänzlich unvorhersehbare Weise unterbrochen worden waren, bedeuteten eine Verzögerung von Monaten. Und Zeitverlust hieß Geldverlust, so viel ließ sich auch ohne tiefergehende betriebswirtschaftliche Kenntnisse sagen. Summen, die allemal ein denkbares Motiv darstellten.

Doch darüber würde Jörg Albrecht jetzt noch nicht nachdenken. Nicht bevor er das vollständige Bild gesehen hatte.

«Faber. Lehmann.»

Er spürte, wie seine beiden Mitarbeiter ihm folgten, als er sich quer über die Wiesen auf den Weg machte, an der Kante der Grabungsstelle entlang. Jenseits der ausgeschachteten Gänge bemühten sich die Beamten vom Streifendienst, die stetig wachsende Menge von Gaffern im Zaum zu halten. Ein einzelner, sichtbar fülliger Polizist harrte bei einem abgesonderten Grüppchen aus, in dem Albrecht die Mitglieder des Grabungsteams vermutete. Mit beflissener Miene machte sich der Beamte Notizen auf einem winzigen Schreibblock. Albrecht hätte ihn selbst am Hinterkopf erkannt.

«Und Sie führen schon einmal die Zeugenbefragung durch, Kempowski?»

Der Mann zuckte dermaßen zusammen, dass ihm der Kugelschreiber aus der Hand fiel. Im nächsten Augenblick begann er auf Händen und Knien im hohen Gras nach dem Stift zu suchen. Der Hauptkommissar schlug einen Bogen um ihn. Sein Mitleid hielt sich in Grenzen, selbst wenn es ihm im Traum nicht in den Sinn gekommen wäre, Kempowski aus Selbstzweck zum Narren zu machen.

Die Archäologen. Melanie Dahls Kollegen und Mitarbeiter, die den Leichnam gefunden hatten. Wichtige Zeugen selbstverständlich – und mit derselben Selbstverständlichkeit Jörg Albrechts erste mögliche Tatverdächtige.

Er war sich bewusst, dass eine jede Ermittlung ein Kampf war. Sein wichtigster Gegner war letztendlich der Täter, doch beinahe regelmäßig kamen im Laufe der Untersuchungen weitere Widersacher hinzu. Es war ein Eindruck, der sich immer wieder einstellte: Wenn ein Mensch auf unnatürliche Weise den Tod fand, schien auf einmal jeder, der auch nur entfernt mit dem Opfer bekannt gewesen war, etwas zu verbergen zu haben. Im selben Moment, in dem Jörg Albrecht auf den Plan trat, begannen die Menschen zu lügen.

Bei manchem mochte es ein Reflex sein, den die Gegenwart der Staatsgewalt auslöste, doch diese Sorte Lügen vermochte der Hauptkommissar in der Regel leicht zu durchschauen. Die wahren Gegner aber hatten sich auf diesen Augenblick vorbereitet, schon sehr, sehr lange möglicherweise, noch bevor die Umrisse ihrer Tat auch nur Gestalt angenommen hatten. In aller Ruhe hatten sie sich ihr Verhalten zurechtlegen können, jede Geste, jedes einzelne Wort für den Moment, in dem sie dem ermittelnden Beamten gegenüberstehen würden. Großmeister des Maskenspiels.

Aus diesem einen und einzigen Grund war es sinnvoll, die Eröffnung des Spiels zu variieren, den Zeugen aus einer Situation heraus zu begegnen, auf die sie sich *nicht* hatten vorbereiten können.

«Ein Glück, da ist er!» Umständlich kam Kempowski mit seinem Kugelschreiber in die Höhe, krebsrot im Gesicht. «Herr Hauptkommissar, ich ...»

Albrecht achtete nicht auf ihn. Er achtete auf die Zeugen, musterte sie mit der schmalsten nur denkbaren Andeutung eines Lächelns. Der arrogante Schreibtischbeamte, der einen braven uniformierten Polizisten demütigte. Sollte das eben ihr Eindruck sein. Wichtig war nur, wie sie reagierten – denn diese Regung würde echt sein.

«Jörg Albrecht», sagte er. «Kriminalpolizei der Freien und Hansestadt Hamburg.»

Drei Männer unterschiedlichen Alters, eine nervöse junge Frau, noch jünger als das Opfer, in dem er augenblicklich die Leiterin der Grabung wiedererkannt hatte, die der Morgenpost ein Interview gegeben hatte.

Er hatte fest damit gerechnet, dass es der älteste der Männer sein würde, ein hagerer Herr in Latzhose und mit zurückweichendem Haar, der für die Gruppe sprechen würde. Stattdessen war es überraschenderweise das junge Mädchen, das einen halben Schritt auf Albrecht zutrat.

«Sie sind für das hier verantwortlich?»

Der Hauptkommissar hob die Augenbrauen. *Der Täter ist für das hier verantwortlich.* Der Satz lag ihm auf der Zunge, doch er schluckte ihn herunter. Er wollte keine Auseinandersetzung provozieren, lediglich eine ehrliche Reaktion.

«Diese Leute da drüben trampeln über unsere neue Fundstelle!» Eine unwillige Kopfbewegung. Die Haare klebten ihr feucht am Kopf in der allgegenwärtigen Nässe. «Wir haben über eine Woche gebraucht, bis wir auf die Ahrensburger Stufe vorgedrungen sind, und Ihre Beamten unternehmen nichts, um sie ...»

«Sara.» Jetzt tatsächlich einer der Männer, allerdings nicht derjenige mit der Halbglatze. Dreitagebart, markantes Kinn, intensiver Blick. Der heimliche Traum aller angehenden Ausgräberinnen, dachte Albrecht. «Bitte, Sara.» Der junge Mann legte zwar nicht den Arm um das Mädchen, aber etwas an seiner Haltung, dem Klang seiner Stimme erweckte den Anschein, als wäre er nicht weit davon entfernt. «Der Kommissar ist doch gerade erst ...»

«Nein, Morten!» Ihre Augen sprühten Funken. *Kalte* Funken. Und sie löste den Blick dabei nicht von Albrecht. «Was glaubst du, was Melanie gesagt hätte, wenn sie ...»

«Frau Dahl ist leider nicht mehr am Leben», bemerkte Albrecht. Er versuchte sowohl den Jungen – Morten – als auch die beiden anderen im Blick zu behalten, die sich noch immer im Hintergrund hielten. «Lag ihr diese neue Fundstelle ganz besonders am Herzen?», erkundigte er sich.

Das Mädchen Sara war abrupt verstummt. Sie blinzelte. In Bruchteilen von Sekunden schien eine Veränderung in ihr vorzugehen. «Uns allen.» Plötzlich sehr viel leiser. «Uns allen lag sie am Herzen. – Aber jetzt ...»

Albrecht sah, wie Morten den Mund öffnete, doch im selben Moment schob sich nun tatsächlich der ältere Mann nach vorn. «Herr Albrecht.» Er deutete ein knappes Nicken an. «Bernd Gabelitz. – Sie können sich vorstellen, dass wir alle im Moment ziemlich ... durcheinander sind, noch gar nicht fassen können, was wir hier ...» Er räusperte sich. «An der neuen Fundstelle haben wir möglicherweise den endgültigen Beweis gefunden, dass hier im Stellmoorer Tunneltal nicht nur eine, sondern vermutlich zwei Zivilisationen von Jägern und Sammlern gelebt haben, die einander abgelöst haben – und keineswegs auf friedliche Weise. Eine Entdeckung, die unsere Sicht auf die Menschen am Ende der Steinzeit revolutionieren könnte. Doch natürlich ist uns klar, dass alle unsere Forschungen, unsere gesamte Arbeit bedeutungslos ist, verglichen mit dem, was hier geschehen ist. – Melanie so zu finden ... Sie war mehr als eine Kollegin für uns. Sie war unsere Freundin, und wir haben seit ...»

«Und Vorgesetzte», ergänzte Albrecht. Es war ein Schuss ins Blaue. Sein Blick lag ruhig auf Gabelitz. «Ihre Freundin und Vorgesetzte. – Als Leiterin der Grabung», erklärte er.

Die Augen des Mannes zogen sich ganz kurz zusammen, doch ... Zu kurz, dachte Albrecht. Zu undeutlich. Das konnte auch die bloße Überraschung sein.

Das war zu plump, dachte er und verfluchte sich. Alles umsonst. Er hatte seine Chance gehabt, doch von diesem Moment an würden sie auf der Hut sein. Er würde keine spontane Reaktion mehr bekommen.

Albrecht holte Luft. Zumindest musste er versuchen, die Umstände der Auffindung in Erfahrung zu bringen. Alles andere, die Einzelbefragungen, zu einem späteren Zeitpunkt.

«Ich bitte um Verzeihung», sagte er. «Mir ist klar, dass Sie alle einen schweren Verlust erlitten haben. Und ich verstehe, dass Sie noch ganz unter dem Eindruck dessen stehen, was Sie heute Morgen sehen mussten. Doch ich wäre Ihnen dankbar, wenn Sie mir dennoch einige Fragen beantworten würden.»

Erkannten sie das Friedensangebot? Waren sie bereit, es zu

akzeptieren? Er sah, wie Gabelitz und Morten einen Blick wechselten. Sara war seit ihren letzten Worten beinahe in sich zusammengefallen und wurde genauso wenig einbezogen wie der letzte der Männer, der noch immer einen halben Schritt weiter hinten stand.

«Einverstanden», sagte Gabelitz.

Albrecht dankte mit einem Nicken.

«Ihre Personalien hat ja bereits mein Kollege aufgenommen.» Er deutete mit dem Kopf auf Kempowski, der irgendwo in seinem Rücken stand, noch hinter Faber und Lehmann. «Ich selbst möchte mir zunächst nur einen knappen Überblick verschaffen. – Sie sagten, Frau Dahl war Ihre Freundin. Ich darf also annehmen, dass Sie schon eine Weile als Team zusammenarbeiten?»

Gabelitz zögerte, nickte dann aber. «Jeder von uns hat hin und wieder eigene Projekte, doch wir alle sind vorwiegend im vorgeschichtlichen Bereich tätig. Wir alle haben schon mehrfach miteinander gearbeitet.»

Albrecht hörte das Kratzen eines Bleistifts auf Papier, doch jetzt war es Faber, der notierte. Frage und Antwort, dachte der Hauptkommissar. Aber die entscheidenden Erkenntnisse lagen fast immer zwischen den Worten. Auf jeden Fall war nun deutlich, dass Gabelitz in der Tat der Wortführer war.

«Und Sie waren – als Freunde – auch privat miteinander bekannt», ergänzte Albrecht, ohne Widerspruch zu ernten. «Sie kannten Frau Dahls private Situation, ihren sonstigen Freundeskreis, ihre Familie.»

Die junge Frau öffnete den Mund, doch wieder war es Gabelitz, der für die Gruppe antwortete: «Das ist richtig. Doch Melanie war kein Mensch, der viele Freunde hatte – außerhalb der Arbeit. Was Sie hier sehen: Man könnte sagen ...» Jetzt ein Blick zu den anderen. «Das war ihr Leben», erklärte er.

Albrecht nickte. «Also keine eigene Familie? Kinder, Ehemann?» Eine winzige Pause. «Ein Freund oder Lebensgefährte?»

Wieder hatte er den Eindruck, als ob die junge Frau etwas sagen wollte, und auch auf dem Gesicht des Dreitagebarts glaubte er etwas zu erkennen, doch als Gabelitz den Kopf schüttelte, schlossen sich die Übrigen an.

Erneut nickte der Hauptkommissar. Die ersten Ansätze unterschiedlicher Einschätzungen. Punkte, an denen es sich lohnen konnte, noch einmal nachzuhaken. War da doch ein Leben außerhalb der Archäologie? Ein Freund, von dem der eine oder die andere der Anwesenden nicht begeistert gewesen war? Er bemühte sich, Morten nicht zu deutlich anzusehen.

«Gut», murmelte er. «Dann hätte ich nur noch eine kurze Frage zu heute Morgen. – Sie haben sie alle gemeinsam gefunden? Oder war jemand von Ihnen vor den anderen hier?»

Gabelitz schüttelte den Kopf. «Wir sind alle zusammen gekommen, wie jeden Morgen. Zuerst waren wir kurz an der neuen Fundstelle, nachsehen, ob alles in Ordnung ist, aber dann ...» Er drehte sich zur Seite. «Du hast sie als Erster gesehen, Karim, oder?»

Karim, der Letzte in der Gruppe. Die Ausgräber waren viel an der frischen Luft unterwegs. Keiner von ihnen hatte eine sonderlich blasse Hautfarbe. Die südländischen Züge des jungen Mannes fielen Albrecht erst jetzt auf.

«Ich dachte im ersten Moment, da hätte jemand seine Jacke liegenlassen.» Beinahe geflüstert.

Albrecht neigte verstehend den Kopf. Für einen gewissen Zeitraum vor der Auffindung des Leichnams gaben sie sich demnach gegenseitig ein Alibi. Doch es war etwas anderes, das ihn plötzlich stutzen ließ.

«Sie kommen immer alle zusammen?», fragte er. «Waren Sie nicht überrascht, als Frau Dahl heute Morgen ...»

«Melanie?» Plötzlich Morten. Ein Laut, der beinahe wie ein Lachen klang. «Melanie hat hier draußen geschlafen, drüben im Wagen. Schon seit Grabungsbeginn.»

* * *

War das zu schnell gegangen?

Albrecht hatte mich überrumpelt, und Fabers promptes Klimpern mit den Autoschlüsseln hatte es auch nicht leichter gemacht. Sie waren froh, dass sie mich los waren, allesamt. Ich wusste es. Und, ja, natürlich war mir klar, dass die Herren Kollegen nur aus den ehrenwertesten Motiven heraus handelten. Dass sie sich tatsächlich Sorgen um mich machten.

Wobei ihnen ihrerseits bewusst sein musste, was ich von dieser Sorte Sorgen hielt. Wenn ich nicht von meinem ersten Tag auf der Dienststelle an klargestellt hätte, dass ich keinerlei Sonderbehandlung brauchte, nur weil ich eine Frau war – dass ich eine solche Sonderbehandlung schlicht nicht akzeptieren würde … Ich hatte Zweifel, dass ich dann mehr als zehn Jahre durchgehalten hätte. Doch das hatte ich. Ich war immer noch dabei. Wenn ich feststellte, dass es wirklich so weit war mit dem Kind: Natürlich, in diesem Moment würde ich ganz von selbst zu Hause bleiben, und zwar für eine ziemliche Weile. Denn von diesem Moment an würde das Kind an erster Stelle kommen, und Dennis und ich machten uns keinerlei Illusionen, in welchem Maße es unser Leben umkrempeln würde. Bis dahin aber …

Ja, es war zu schnell gegangen. Eindeutig. Ich hatte noch nicht im Wagen gesessen, als ich mir schon in den Hintern hätte treten können – wäre ich noch so beweglich gewesen.

Doch nun gab es kein Zurück mehr. Morgen früh, dachte

ich, während Fabers Ford über die ausgefahrenen Traktorspuren ruckelte. Morgen früh um acht und keine Sekunde später.

Das Sumpfland zog sich zu beiden Seiten des Weges dahin. Schilfgewächse und mattes Grün und weiter entfernt einzelne Baumgruppen, die wie Inseln aus dem Dunst hervorlugten. Der Anblick hatte etwas Hypnotisches. Ich spürte eine tiefe Müdigkeit, und auf schwer fassbare Weise war sie anders als die übliche Schlappheit, die sich am Ende einer Nachtschicht nun einmal einstellt. Melanie, dachte ich. Melanie Dahl, eine tote junge Frau. Irgendetwas war mit ihr – und mir.

In meinem Kopf war ein Brummen, das nicht ausschließlich von den Fahrtgeräuschen des Ford herrühren konnte. Bleierne Schwäche in meinem Körper, und meine Cure-CDs lagen in meinem Nissan, und der Nissan stand in der Königstraße. Das Autoradio war keine Alternative, Helene Fischer keine Alternative zu The Cure. Also das Brummen, das Brummen ...

Ich kniff die Augen zusammen. Das Geräusch schien lauter zu werden, durchdringender, von Sekunde zu Sekunde, und unmöglich konnte es mit dem Wagen zusammenhängen. Nein, kein mechanischer Laut. Es war ein Rauschen, ein Flüstern, ein Sirren und erinnerte doch an nichts, das ich einordnen konnte, sondern höchstens an ein Geräusch, das im eigenen Kopf entstand, kurz bevor man ... Angst packte mich, völlig unvorbereitet. Ich war im achten Monat. Wenn ich plötzlich ohnmächtig wurde, ganz allein hier draußen: Bis mich hier jemand fand ... Mein Herz überschlug sich, plötzlich Schweiß auf der Stirn, ein Druck in meiner Kehle. Mit einem Mal war aller falsche Stolz verschwunden. Albrecht, Faber! Noch war ich nur ein oder zwei Kilometer von ihnen entfernt! Schon tastete ich nach dem Handy, doch gleichzeitig ...

Es war keine bewusste Wahrnehmung, nicht im ersten Moment. Es war ein Bild aus dem Augenwinkel oder eben so weit weg von der verschwommenen Doppelspur des Fahrwegs, dass mein Tunnelblick es gerade noch erfasste.

Mein Fuß trat auf die Bremse. Mit einem Ruck kam der Wagen zum Stehen, der Motor verstummte.

Das Brummen blieb, ja, es schien lauter zu werden, durch die geschlossenen Fenster hindurch. Kam es von draußen? Ja, von draußen. Nicht aus meinem Kopf, mit einem Mal war ich mir sicher. Mein Herz jagte, überschlug sich, doch das war die plötzliche Angst gewesen, während dort …

Ich tastete nach dem Griff, stieß die Fahrertür auf. Das Geräusch: Es schien über der dunstigen Wiesenfläche zu schweben, sich auf und ab zu bewegen, mal aus dieser, mal aus jener Richtung zu kommen. Oder von überall zugleich? Nein, doch es wechselte seine Position, oder fühlte es sich nur so an, als ob es die Position wechselte?

Du hast etwas gesehen. Gerade eben hast du etwas gesehen.

Ich brachte die Füße aus dem Wagen, ließ sie ins hohe, feuchte Gras gleiten, stützte mich ab und wuchtete mich mühsam ins Freie. Mir war schwindlig, mein Blick noch immer unsicher, doch die kühle, feuchte Luft schien zu helfen. Ich holte Atem, ganz bewusst, bevor ich langsam den Kopf drehte.

Rechts vom Weg. Es war auf der rechten Seite gewesen.

Nebel. Er beherrschte nicht länger das gesamte Gesichtsfeld, sondern schien zu sinken, sich in die tiefer gelegenen, nassen Wiesen zurückzuziehen, wo er sich gleichzeitig verdichtete, in einem langgezogenen, undurchdringlichen Streifen mehrere hundert Meter von dem aufgeschütteten Fahrweg entfernt. Dahinter schemenhaft die Umrisse von Bäumen, noch kaum belaubt so früh im Jahr, skelettartig gegen den Himmel.

Und irgendwo dazwischen, am Boden, in der Wolke aus Dunst oder dahinter, auf die Bäume zu … Das Brummen hatte sich erneut verändert, schien seine Frequenz immer weiter in die Höhe zu schrauben, und jetzt gab es keinen Zweifel mehr, dass es aus dieser, genau aus dieser Richtung kam. Ich stützte mich auf das Dach des Wagens, unter meinen Fingern die Kälte des Metalls, und es war gut, dass sie da war. Dass dieses Gefühl da war wie eine Nabelschnur in die Wirklichkeit.

Wirklichkeit? Ich wollte mich schütteln, doch ich war nicht in der Lage dazu, mein Blick fixiert von einer Nebelbank, einem Streifen aus Dunst, dessen Grau sich in Weiß verwandelte, beinahe zu leuchten schien, während sich die Sonne durch die Wolkendecke kämpfte.

Weiß, doch darin etwas anderes. Umrisse. Umrisse einer Gestalt, die sich undeutlich zu bewegen schien, mit weit ausholenden Bewegungen wie in einem wilden, urtümlichen Tanz die Arme kreisen ließ, oder ... Nein, es war nicht deutlich genug. Der Nebel war in Bewegung geraten, oder die Bewegungen der Gestalt selbst waren es, die diesen Eindruck hervorriefen. Sie veränderte ihre Position, wandte sich in einem nicht durchschaubaren Rhythmus hierhin, dorthin. Eben noch vollständig sichtbar, als wäre sie im Begriff, sich aus dem wirbelnden Weiß zu lösen, im nächsten Augenblick fort, verhüllt, verschwunden in einer Wolke aus Dunst, und über allem das Brummen, das Wispern, das Sirren, das Singen wie aus einer anderen Welt, einer anderen ... Zeit?

Mit ziemlicher Sicherheit dürfte es sich nicht um Neandertaler gehandelt haben, sondern um Angehörige des Homo sapiens.

«Das ...», flüsterte ich. «Das ist ...» Ich hielt den Atem an, wartete, dass er, dass es sich wieder löste aus dem Weiß, und spürte doch zugleich eine Angst, eine Panik vor dem Bild, das sich mir bieten würde, wenn der Nebel vollständig zurückwich und meine Augen sehen würden, was im Weiß verborgen war.

Ich wartete. Die Sonne gewann an Kraft, Tautropfen begannen auf den Halmen zu funkeln, doch nicht dort hinten, nicht dort draußen im Schatten der Bäume, wo die Nebelbank zäh verharrte, unbeweglich jetzt.

Es war – fort?

Ein Schatten, ein Umriss, der sich aus dem Gras aufrichtete, näher, sehr viel näher als zuvor, keine fünfzig Meter entfernt von der Stelle, an der ich mich befand. Oder war es nur der Dunst, der die Entfernungen undeutlich machte? Vor meinem inneren Auge das Gesicht einer jungen Frau, die selbstbewusst in die Kamera des Morgenpost-Fotografen blickt. Eine junge Frau, die sich ihr Leben lang mit den Hinterlassenschaften von Menschen beschäftigt hatte, deren Körper schon vor Zehntausenden von Jahren zu Staub zerfallen waren. Und deren eigenen Körper etwas geholt hatte, das ebenso alt war, uralt – und tödlich.

Wo kam das her? Wo kam dieser Gedanke her?

Mach, dass du verschwindest! Setz dich hinter das Steuer und tritt das Gas durch, bis du bei Menschen bist, die bei Verstand sind!

Doch ich konnte nicht, war unfähig, mich zu rühren. Der Umriss im hohen Gras ...

Es war ein Hirsch, der stolz einen Huf vor den anderen setzte, die Nase sichernd in den Wind reckte, das glänzende Fell changierend zwischen Schwarz und Tiefrot und Braun. Sein mächtiges Geweih lief in einem Dutzend verzweigter Enden aus.

Eine Sekunde lang sah er direkt in meine Richtung, und ich wagte nicht zu atmen. Seine klugen, fremdartigen Augen schienen mich durchdringend zu mustern.

Unvermittelt wandte er sich auf den Hinterläufen um und sprang über die Wiesen davon.

Das Brummen schwieg.

THOR

Er konnte ihre Angst spüren.

Sie war natürlich weit entfernt, zweihundert Meter oder mehr, auf dem erhöhten Fahrdamm, jenseits der vermoorten Wiese, jenseits der verwilderten Allee, wo zwischen den überalterten Stämmen Stachelsträucher wuchsen und Unterholz, die sie beide zuverlässig vor ihren Blicken verbargen – ihn, Thor, und jene, mit der er den Pakt geschlossen hatte.

Doch der Atem ihrer Panik war deutlich, herübergetrieben von der Brise, die den Nebel jetzt auseinandertrieb, das hohe, feuchte Gras in Bewegung versetzte wie ein einziges lebendiges Wesen, während der Hirsch ... Doch er hatte keine Augen für den Hirsch, nicht in diesem Moment, so wenig, wie sie für ihn Augen hatte: Sie, die an seiner Seite stand, den Blick unverwandt auf den fernen Fahrdamm gerichtet, wo die Frau ihr Fahrzeug umrundete, mit unsicheren Schritten, sich auf die Kühlerhaube stützte, bevor es ihr mühsam gelang, sich wieder hinter das Steuer zu zwängen.

Das Zuschlagen der Tür, das über der öden Fläche hallte wie ein Schuss. Beim dritten Versuch sprang der Motor an, und der Wagen rollte über die unebene Piste davon.

Sie aber blieben zurück. Es war früh am Tag, und es würden noch Stunden vergehen, bevor er, der andere, ihre Abwesenheit auch nur bemerken würde. Sie blickten auf den Fahrdamm, der nun menschenleer war, blickten auf die verlassene feuchte Senke, wo sich jetzt ein großer Schwarm von Saatkrähen unter krächzenden Schreien zwischen den hohen Halmen niederließ. Er, Thor, folgte ihnen mit den Augen.

Sie hob die Hand, strich eine Strähne ihres Haares langsam hinter die Ohrmuschel zurück, und ihre Stimme war ein Murmeln, nicht an ihn, sondern an sich selbst gerichtet: *Was hat sie gesehen?*

zwei

Dreizehn Uhr dreißig. Neunzig Minuten bis zum Termin in der Schule, den Jörg Albrecht um nichts in der Welt versäumen würde, auch um eine Mordermittlung nicht.

Die meisten seiner Mitarbeiter hatten selbst Familie. Vermutlich hätten sie diese Priorität sogar verstanden, doch selbstredend war es undenkbar, private Verwicklungen vor seiner Mannschaft auszubreiten. Die Einzige, mit der er sich zumindest theoretisch hätte vorstellen können, solche Dinge zu erörtern, war tatsächlich Hannah Friedrichs, wie der Hauptkommissar soeben überrascht feststellte. Aber vielleicht war es wiederum gar nicht so überraschend. Sie wussten Dinge übereinander, mehr, als für beide Seiten gut war. Das war eine Tatsache, eine Wahrheit, und Jörg Albrecht war ein Mensch, der Wahrheiten ins Auge sah.

Und die Wahrheit dieses Mittags war, dass sie mit den Ermittlungen zum Tode Melanie Dahls noch keinen entscheidenden Schritt vorangekommen waren, während die Journaille voller Begeisterung auf den Fall ansprang.

Jörg Albrecht nickte nachdenklich. Es war an der Zeit, die Erkenntnisse zu bündeln, die sie bisher gewonnen hatten, an der Zeit, die Aufgaben zu verteilen. Er hatte seine Mitarbeiter im Besprechungsraum des Kommissariats versammelt, wo die Sitzordnung vor kurzem auf sein Betreiben hin verändert worden war. Nicht mehr jener Kreis von Tischen und Stühlen, der ihn immer an gruppendynamische Selbstfindungsseminare erinnert hatte, sondern lockere Reihen, hintereinandergestaffelt. Die Blickachsen trafen sich am alles entscheidenden

Punkt, dem Whiteboard, in dessen Zentrum Jörg Albrecht bereits den Namen der Toten notiert hatte, mit nachtschwarzem Marker: *Melanie Dahl.*

Sein Blick glitt über die Gesichter. Beamte, mit denen er zum größten Teil seit vielen Jahren zusammenarbeitete. Nur Friedrichs Stuhl war leer, aber nach wie vor war der Hauptkommissar froh über jeden Augenblick der Ruhe, den er ihr verschaffen konnte, und sei es gegen ihren erklärten Willen. Ganz links hatte Faber Platz genommen, neben ihm Klaus Matthiesen, ihr Fachmann für Wirtschaftsdelikte. Alois Seydlbacher, gebürtig aus Oberbayern, gab dem Team ein beinahe internationales Flair. Hinnerk Hansen natürlich, der Dienstälteste der Beamten, mittlerweile kurz vor der Pensionierung, und dessen Gegenstücke, der Nachwuchs, Lehmann und Marco Winterfeldt, mit dem der Hauptkommissar anfangs seine Probleme gehabt hatte. Erst nach geraumer Zeit hatte er fast widerwillig anerkennen müssen, dass sich Winterfeldts Ergebnisse auf seinem persönlichen Fachgebiet, der Computerkriminalität, absolut sehen lassen konnten. Anders scheinbar als Winterfeldt selbst, den Albrecht hinter dem Bildschirm seines Klapprechners nur erahnen konnte.

Seine Mannschaft. Sie hatten große Fälle aufgeklärt, aufsehenerregende Fälle. Für diese Art von Ermittlungen war das PK Königstraße schließlich geschaffen worden, quer zu den Hierarchien der hansestädtischen Polizei, unmittelbar der Polizeipräsidentin in Winterhude unterstellt.

Doch irgendetwas sagte Jörg Albrecht, dass die entscheidende Bewährungsprobe erst noch kommen würde. Nein, dass sie an ebendiesem Morgen begonnen hatte.

«In Ordnung», sagte er. Sein Nicken galt den Mitarbeitern. «Wenn ich recht im Bilde bin, haben wir gegenwärtig keine Ermittlung, die uns auf den Nägeln brennt, sodass wir …»

Eine Hand wurde gehoben, zweite Reihe. Lehmann.

«Bitte», brummte Albrecht.

«Also, ich sitze momentan eigentlich noch an der Sache mit dem Einbruch bei diesem Juwelier. Also dem in Bergstedt. Sie wissen schon: die Antonioni-Brüder. Wenn Sie denken, das hat Zeit, bis wir ...»

«Da die Gebrüder Antonioni gegenwärtig noch eine Haftstrafe wegen des Einbruchs in Poppenbüttel absitzen, der sich außerdem ein längerer Aufenthalt wegen eines gleichgearteten Vorfalls in Öjendorf anschließen wird, dürfen wir davon ausgehen, dass es sich hier um eine der Ermittlungen handelt, die eher weniger brennen.» Albrecht öffnete seinen Marker. «Ich denke, wir können sie einstweilen zurückstellen.»

«Okay?»

Albrecht hob die Augenbrauen. «War das eine Frage?»

Lehmann schüttelte den Kopf, senkte den Blick – auf sein Smartphone. Der Hauptkommissar biss die Zähne zusammen. Lehmann hatte heute Morgen den Auftrag bekommen, die Presse im Auge zu behalten, und streng genommen hatte Albrecht keinen Beweis, dass er nicht genau das in diesem Augenblick auf kabellose Weise tat. Keinen *Beweis*, dachte er. Lediglich eine *Vermutung*.

«Wir werden uns also von nun an vollständig auf die Ermittlung wegen der Tat am Höltigbaum konzentrieren», erklärte er und drehte sich zum Whiteboard um. Seine Mitarbeiter kannten die Prozedur. Zwei Worte, zwei Fragen links neben dem Namen der Getöteten: *Wer?* und *Warum?*

«Der Täter», stellte der Hauptkommissar fest, «und sein Motiv. – Alle anderen Fragen sind dem gegenüber sekundär, können uns aber auf den entscheidenden Weg führen, um diese beiden Hauptfragen zu beantworten. Ich erwarte noch Martin Euler zu diesem Treffen, der uns möglicherweise ...»

Im selben Moment öffnete sich die Tür. Euler strich sich die Haare aus der geröteten Stirn und nahm eilig auf einem Stuhl in der hintersten Reihe Platz. Ein Nicken zu Albrecht, eine Aktenmappe, die ein Stück gehoben wurde: Er hatte etwas mitgebracht.

«Gut», murmelte der Hauptkommissar. «Fassen wir zusammen, was wir wissen. Melanie Dahl hat eine archäologische Grabung geleitet, die bereits im Vorfeld außergewöhnliches Aufsehen erregt hat. Dass diese Grabung überhaupt stattfinden konnte, musste zunächst einmal gerichtlich durchgesetzt werden. Schon das wird im Übrigen dafür sorgen, dass sich die Medien an diesem Fall festbeißen, von den Umständen der Tötung einmal vollkommen abgesehen. Was die vor Gericht unterlegene Partei anbetrifft ...» Auffordernd sah er Matthiesen an.

«Ich sitze jede Minute dran», versicherte der Beamte. «Leider kann ich Ihnen noch immer nicht mehr bieten als vor einer halben Stunde. PrinceInvest setzt sich aus einer größeren Gruppe von Anlegern zusammen, die auf Diskretion offenbar gesteigerten Wert legen. Fürst Sonderburg-Skanderborg ist als ihr Aushängeschild natürlich exponiert, aber der Rest ... Wenn Sie weiterhin der Meinung sind, dass ich besser verdeckt ...»

Albrecht hob die Hand. «Nur nicht die Pferde scheu machen.»

«Pferde?» Ein verständnisloser Blick.

«Diese Leute werden damit rechnen, dass sie ins Visier geraten», erklärte Albrecht. Matthiesen war ein Genie in Sachen ökonomischer Verstrickungen, allerdings auf Kosten jeder Phantasie, was sprachliche Bilder anbetraf. «Also werden sie doppelt aufpassen, ob wir ...» *Witterung aufnehmen*, dachte er. «... entsprechende Nachforschungen anstellen», vollendete er den Satz.

Langsames Nicken.

«Dann erst einmal danke so weit.» Albrecht wandte sich wieder der gesamten Gruppe zu. «An der Grabungsstelle, dem Gelände am Höltigbaum, sind bereits in den vergangenen Jahrzehnten verschiedentlich prähistorische Funde gemacht worden. Nach Aussage der Archäologen war das Team nun aber im Begriff, eine Entdeckung von großer Tragweite zu machen. Auch das ein mögliches Motiv.»

«Bei Wissenschaftlern?» Hansen sah auf, schob sich ein Salmiakbonbon in den Mund. «Immer.»

Albrecht nickte. Der alte Mann war hamburgisch wie kein zweiter in seiner Mannschaft. Es war niemals mit absoluter Sicherheit zu erkennen, ob er sich gerade einen Spaß erlaubte oder nicht. Was Albrecht anbetraf, war die Sache allerdings klar: Nach seinem Gespräch mit den Ausgräbern war dies eine der Richtungen, in die er ermitteln würde. Eine von mehreren.

«Die Tote hat im Bauwagen nahe der Grabungsstelle genächtigt», fuhr er fort. «Dort haben sie ihre Kollegen gestern gegen neunzehn Uhr dreißig zum letzten Mal lebend gesehen. Dieselben Kollegen, die sie heute Morgen gegen fünf Uhr dreißig tot aufgefunden haben. Ob wir den Auffindungsort der Leiche damit auch als Tatort betrachten dürfen ...»

Er sah zu Martin Euler hinüber, der zustimmend nickte, eben im Begriff, mit Leidensmiene eine Packung Taschentücher zu öffnen.

«Gut.» *Tatort: Ausgrabungsstätte am Höltigbaum*, schrieb Albrecht rechts neben den Namen des Opfers. «Das Handy der Toten haben wir im Bauwagen sicherstellen können. – Winterfeldt?»

«Aloha.» Widerstrebend kam der Computermann ein Stück aus seiner Deckung hervor, samt langer, strähniger Heavy-Metal-Mähne. «Ich hab mir das Smartphone angesehen. Genauso ihren Laptop, wobei es auf dem wohl mehr um die Grabungen geht. Wissenschaftlich. Zum Smartphone kann ich auf jeden Fall sagen, dass sie gestern nach neunzehn Uhr dreißig nicht mehr telefoniert hat. Allerdings hatte sie ein paar Apps laufen, mit denen ...» Ein schneller Blick zu Albrecht. «Das sind so kleine Programme», erklärte er. «Mit denen können Sie im Grunde alles Mögliche machen.»

«Auf Außerirdische schießen?»

«Das auch, aber noch wesentlich mehr. Es gibt Apps, die mit Ihnen Yoga machen, Apps, die Ihnen automatisch den Einkaufszettel führen ...»

«... der einigermaßen sinnlos ist, wenn man in einem Bauwagen im Sumpf hockt. – War nun etwas Interessantes dabei?»

Winterfeldt zwirbelte eine Haarsträhne zwischen den Fingern, bemerkte die unwillkürliche Bewegung, ließ die Hand eilig sinken. «Ich prüfe das noch.»

«Gut. Sobald Sie irgendetwas entdecken, das von Bedeutung sein könnte, geben Sie mir Bescheid. – Mit einem ganz gewöhnlichen Anruf.»

Stummes Nicken. Eine Sekunde später war der Mann wieder hinter seinem Bildschirm verschwunden.

«Auch aus dieser Richtung also zunächst einmal keine neuen Erkenntnisse», schloss Albrecht das Kapitel ab. «Womit wir bei der Tat selbst wären. Sie alle haben inzwischen die Aufnahmen gesehen, die Max Faber heute Morgen angefertigt hat. Die Auffindungssituation, die sehr deutlich in eine bestimmte Richtung zu deuten scheint.»

«Auf Kanal Neun haben sie vorhin schon ein Interview mit einem führenden Satanisten angekündigt zu dem Thema», meldete sich Lehmann.

«Aber sie hatten ihn noch nicht vor der Kamera?»

Achselzucken. «Er steht wohl erst nach Einbruch der Dunkelheit zur Verfügung.»

«Zur besten Sendezeit», brummte Albrecht. «Doch auf jeden Fall scheint der Fund selbst eine sehr deutliche Sprache zu sprechen. – Was haben Sie uns mitgebracht, Martin?»

Euler holte Luft. «Also, es überrascht mich selbst, wie viel ich habe, wenn ich bedenke, in welchem Zustand ich mich befinde und wie wenig Zeit ich hatte, seitdem ...»

«Unsere Bewunderung wird sich nicht vermindern, wenn Sie einfach berichten.»

Ein kurzer Blick, sichtbar indigniert, doch Albrecht kannte Martin Euler. Er sonnte sich gerne im Lob wie eine jede Koryphäe, doch dafür war noch ausreichend Zeit – hinterher.

«Sie ist vermutlich in der ersten Nachthälfte gestorben.» Nur ganz am Anfang ein Hauch Unfreundlichkeit in der Stimme. Euler konnte sich schnell warmreden, wenn er etwas zu erzählen hatte. «Die Todesursache ist eindeutig: Verbluten aus der großen Wunde am Hals. Und jetzt wird es interessant: Ich habe Abwehrverletzungen feststellen können, doch die sind nicht so ausgeprägt, wie sie sein sollten, wenn das Opfer sich wirklich gewehrt hat, und sie befinden sich ... an ungewöhnlicher Stelle.»

«Was bedeutet?»

«Auf dem rechten Schulterblatt. Dem linken Handrücken. – Wenn ich eine Interpretation wagen darf?»

«Wagen Sie die.»

«Der Angriff kam überraschend», erklärte Euler. «Sie hat in diesem Moment nicht damit gerechnet. Sei es, dass ihr der Täter bekannt war und sie ihm vertraute, sei es, dass er völlig unerwartet aufgetaucht ist. Vermutlich wird er sie von hinten ...»

«Also ist sie gar nicht auf diesem Sockel gestorben?»

Kopfschütteln. «Auf keinen Fall. Doch mit ziemlicher Sicherheit stand sie nur wenige Schritte entfernt. Die Spuren rund um die Stelle sind undeutlich, aber wenn der Täter sie über eine größere Strecke getragen hätte, hätte ich sowohl eine Blutspur als auch tiefer in den Boden geprägte Fußspuren finden müssen, und beides ist nicht der Fall. Ich vermute, dass er von hinten an sie herangetreten ist, ihr einen ersten, wahrscheinlich bereits tödlichen Schnitt beigebracht hat und sie erst dann, in einer letzten, ungezielten Bewegung, versucht hat, sich zu ihm umzuwenden. Das Ganze kann höchstens ein paar Sekunden gedauert haben. Der Schock, der Blutverlust – sie muss fast auf der Stelle das Bewusstsein verloren haben.»

Albrecht nickte. «Das klingt einleuchtend. Nehmen wir diese Theorie als gegeben an: Lassen sich dann weitere Angaben zum Täter machen? Hinweise, die uns helfen könnten, ihn zu identifizieren?»

Euler nickte zögernd. «Er ist Rechtshänder, das ist sicher.»

«Wie der größte Teil der Bevölkerung. Weiter.»

Der Gerichtsmediziner verzog das Gesicht. «Er ist kein Riese, so weit wage ich mich vor. Alles andere ... Ich glaube nicht, dass ich noch irgendetwas finde, aus dem sich DNA isolieren lässt. Ich habe ein paar Haare eingesammelt.» Kunstpause. «*Tierhaare.* Ist Ihnen klar, dass das die Hölle ist da draußen für einen Allergiker? Mehr Rehe und Hirsche als bei Hagenbeck und im Niendorfer Gehege zusammen! Und Hunde! Überhaupt das Schlimmste. Die halbe Stadt geht da Gassi. Also die Hunde der halben Stadt gehen ...»

«Schon klar.» Albrecht musterte ihn. Über die Jahre hatte er ein gewisses Gefühl dafür entwickelt, wie Martin Euler seine Erkenntnisse vortrug, ganz gleich, in welchem körperlichen Zustand er sich befand. «Womit wir dann zur großen Überraschung kämen?»

Euler brummte. «Allerdings.» Der Mann sah wirklich bedauernswert aus, dachte Albrecht, doch jetzt beobachtete er, wie sich die Gestalt des Mediziners straffte. «Ich wage zu behaupten, dass es sich in der Tat um eine Überraschung handelt. Bei der Tatwaffe nämlich ...»

Jörg Albrechts Hand war in die Tasche seiner Anzughose geglitten. Langsam zog er sie wieder hervor, legte das steinzeitliche Messer auf die Schiene am unteren Rand des Whiteboards.

Euler brach ab. «Was ist das?»

«Feuerstein», erklärte Albrecht. «Ich kann davon ausgehen, dass Sie entsprechende Partikel in der Wunde gefunden haben?»

Der Gerichtsmediziner starrte ihn an. Starrte und – schniefte? Nein, dachte Albrecht. Mit Sicherheit ging der Moment ihm nahe, doch es musste einfach die Allergie sein.

«Ein Opfer», sagte der Hauptkommissar. «Ich habe mich in den vergangenen Stunden in die Materie eingelesen, so gut das mit den im Internet frei verfügbaren Dokumenten möglich ist.» Für eine halbe Sekunde ein Gesicht, das mit großen, überraschten Augen hinter Winterfeldts Laptop auftauchte und ebenso schnell wieder verschwand. «Es steht fest, dass am Ende der Eiszeit auf dem Gelände am Höltigbaum rituelle Opferhandlungen stattgefunden haben», führte Albrecht aus. «Hier allerdings endet die Gemeinsamkeit. Bei diesen Opfern hat es sich um Tieropfer gehandelt, wobei man allerdings ähnlich verfahren sein wird wie unser Täter: eine Durchtrennung der Halsschlagader, die zu einem raschen Ausbluten des Opfers führt.»

Die Gesichter der Anwesenden schienen ihm um eine Nuance blasser geworden zu sein. Und es war nur gut, dachte Albrecht, dass sie das so offen sichtbare archaische Element dieser Tat empfanden. Es war überdeutlich.

«Eine tote junge Frau», sagte er. «Eine *nackte* tote junge Frau. Eine Archäologin, ihre Kehle durchtrennt von einem steinzeitlichen Werkzeug, aufgebahrt wie zu einem Opfer.»

«Wie bei den Urmenschen.» Lehmann hatte sein Smartphone aus der Hand gelegt.

Albrecht musterte ihn. «Tatsächlich? Haben Sie nicht eben gehört, dass es keinerlei Hinweise gibt auf Menschenopfer bei den urzeitlichen Jägern und Sammlern im Stellmoorer Tunneltal?»

«Stimmt.» Nachdenklich. «Es sei denn, Melanie und die anderen hätten gerade welche ausgegraben.»

Albrecht zögerte. «Woraufhin sie sich entschlossen hätten, diese theoretischen Hinweise einem Praxistest zu unterziehen.» Er bewegte den Satz gedanklich hin und her. «Die These erscheint bizarr», sagte er langsam. «So bizarr, wie sie naheliegend erscheint. Das Archäologenteam, das sich mit der Materie befasst hat, entsprechende Kenntnisse besitzt und obendrein in den letzten Wochen ständig vor Ort war. Zumindest tagsüber.» Zögernd. «Dem die örtlichen Gegebenheiten also bekannt waren. Ohne jeden Zweifel unsere ersten Verdächtigen. – Doch ich glaube nicht an die Existenz von Hinweisen auf Menschenopfer, und zwar weniger, weil die Archäologen nichts davon erwähnt haben, sondern aus einem vollkommen anderen Grund.»

Er hob den Marker und setzte unter die Worte *Ausgrabungsstätte am Höltigbaum* ein überdimensionales Ausrufezeichen.

«Das ist das Bild», erklärte er. «Das ist die Szene, die unser Täter mit großer Akribie inszeniert hat: eine junge Archäologin, rituell geopfert auf ihrer Ausgrabungsstätte. Das ist das Bild, das wir sehen sollen. Doch stimmt dieses Bild?»

Ein Nicken zu Euler. «Sie haben es bereits formuliert, Martin: Melanie Dahl ist nicht auf diesem altarähnlichen Block gestorben. Der Tod kam von hinten, und mit ziemlicher Sicherheit kam er überraschend. Was meinen Sie, wie verträgt sich das mit einem Ritual?»

Ein Blick über die Gesichter seiner Mannschaft.

«Wäre es nicht möglich, dass sie schlicht nicht eingeweiht war?», meldete Faber sich vorsichtig. «Schließlich war sie das Opfer. Wenn der Täter sie in unmittelbarer Nähe dieses Altars getötet hätte ... Oder die Täter, falls es ihre Kollegen waren ... Wenn sie sie ein paar Schritte entfernt getötet und dann dort abgelegt hätten, käme das so einem Ritual noch immer recht nahe.»

Albrecht nickte. «Richtig. Entsinnen wir uns deshalb an ein anderes Element unseres Bildes. Eine Packung Kondome oder richtiger: eine Packung, die ehemals Kondome enthalten hat. – Martin?»

Der Gerichtsmediziner hatte Computerausdrucke mitgebracht, die er jetzt durchblätterte. «Ich habe Hinweise auf Penetration gefunden, jedoch keine Spermien, was angesichts der Kondompackung aber nicht überrascht. – Ob das *ante mortem* stattgefunden hat, kann ich allerdings nicht mit Sicherheit sagen.»

«Er könnte ...» Matthiesens gesamte Erscheinung hatte den Farbton eines Menschen, der sich unter keinen Umständen der Sonne aussetzte. Doch so blass wie in diesem Moment hatte ihn Albrecht selten erlebt. «Er könnte sie *nach* ihrem Tod ...»

«Mit ziemlicher Sicherheit ist es so gewesen», sagte Albrecht. «Weil es nämlich einzig auf das Bild ankommt, das zu uns sprechen soll. Wir sehen eine tote Frau auf einem Altar, die Kehle durchschnitten mit einem urzeitlichen Werkzeug, und vermuten einen Ritualmord. Wir sehen eine Kondompackung und vermuten eine Vergewaltigung. – Wie häufig kommt es vor, dass Vergewaltiger Kondome benutzen, Martin?»

«Eher ...» Der Mediziner schluckte. «Eher selten. In aller Regel sind sie in diesem Moment zu einer solchen ... Koordinationsleistung nicht in der Lage. Die Rechtspsychologen führen außerdem an, dass bei Sexualdelikten der Gedanke einer Unterwerfung die entscheidende Rolle spielt. Bei ungeschütztem Verkehr sind diese urzeitlichen, atavistischen Instinkte ...»

«Urzeitliche, atavistische Instinkte haben bei dieser Tat keine Rolle gespielt.» Albrecht betrachtete das Ausrufezeichen. «Das Gegenteil ist der Fall. Die Sorte Täter, die mit Kondomen arbeitet, sollten wir größtenteils wegen einschlägiger Delikte in unserer Datenbank erfasst haben. – Seydlbacher?»

Der Beamte aus dem Bayernland zuckte zusammen. Blinzelnd: «Wos hod des mit mia zdoa?»

Albrecht übersetzte im Geiste. Dann: «Sie haben die Archäologen überprüft.»

«De san sauber.» Ein kurzes Zögern. «Morten Anderson ham's amoi mit a bissal Cannabis dawischt, des war's.»

«In Wahrheit führt keinerlei Hinweis zu den Archäologen», sagte Albrecht düster. «Ob ein Weg zu einem Sexualtäter führt, werden wir sehen. Das ist Ihre Aufgabe, Faber. Nehmen Sie sich die Datenbanken vor, schauen Sie, wer von der einschlägigen Kundschaft sich gerade draußen befindet. – Der Täter zeigt uns ein Bild», murmelte er. «Doch die Wahrheit ist eine vollkommen andere.»

* * *

Der Wasserhahn.

Endlich waren meine Finger ruhiger geworden, doch im selben Moment, in dem ich den Plastiktrichter in den Flaschenhals einführte, fingen sie wieder an zu zittern.

«Bitte», flüsterte ich. «Nur zwei Sekunden.»

Ich tippte den Hebel an, so sachte wie möglich. Ein millimeterdünner Wasserstrahl entstand, der den Trichter traf, nahe am Rand, doch ich hielt die Balance, starrte wie hypnotisiert auf die Flasche.

Genug!

Hektisch drückte ich auf den Hebel, zu hektisch. Ein mattes *Klonk!* ertönte, als die Flasche gegen den Rand der Spüle schlug, und mein Herz ... Mühsam beruhigte es sich. Nichts passiert.

Meine Knie waren weich, als ich die Jack-Daniel's-Flasche sorgfältig verschloss, hinüber an den Barschrank trat. Die Stelle, an der sie gestanden hatte, war als undeutlicher Ring auf dem Holz zu erkennen. Ich war seit Wochen nicht mehr in der Verfassung, in normalerweise verschlossenen Schränken Staub zu wischen. Die allermeisten hausfraulichen Tätigkeiten hatte Dennis mir nach und nach abgenommen, seitdem die Kleine unterwegs war, aber den Schrank mit dem Hochprozentigen betrachtete er ohnehin als sein Revier, wo ihn ein bisschen Staub nicht störte. Das war meine Rettung.

Aufatmend trat ich zurück. Die Flasche stand exakt auf dem Schmutzrand, das Etikett um dreißig Grad gegen die Schranktür gedreht. Genau so hatte sie gestanden, bevor ich mir einen Zentimeter genehmigt hatte.

Ich schloss den Schrank, schleppte mich hinüber zur Couch, ließ mich schwer in die Polster fallen. Dennis würde nichts merken; keine Chance. Die Flasche war so voll wie vorher, und bei vierzig Umdrehungen würde ihm kein Unterschied auffallen. Hoffte ich. *So also muss sich das anfühlen als Alkoholiker.*

War ich feige? Nein, das traf es nicht. Zumindest redete ich mir das ein, redete mir ein, dass ich einfach keinen Nerv, keine Kraft mehr hatte für noch eine von diesen Auseinandersetzungen. *Du musst jetzt wirklich an das Kind denken, Hannah.* Seit Wochen konnte ich beobachten, wie sich die Stirn meines Ehemanns bereits in Falten zu legen begann, wenn ich mir auch nur ein halbes Glas Rotwein zum Abendessen einschenkte. Was ich täglich zu hören bekam, weil ich nach wie vor zum Dienst fuhr, konnte ich sowieso nur noch ausblenden. Wahrscheinlich hätte er mich bis zur Entbindung ans Sofa gekettet, wenn er gekonnt hätte.

Also hatte ich die Wahl gehabt: als zitterndes Nervenbündel auf ihn zu warten und ihm die Geschichte zu erzählen, wie ich auf dem Rückweg von einer auf ihrer Ausgrabungsstelle abgeschlachteten Archäologin einen nebelhaften Urmenschen beobachtet hatte, der sich unvermittelt in einen Hirsch verwandelte, während es geisterhaft brummte und dröhnte ... oder aber mich ausreichend in Form zu bringen, sodass Dennis mit sehr viel Glück nichts auffallen würde, wenn er aus der Makleragentur nach Hause kam.

Letztendlich war mir die Entscheidung nicht schwer gefallen. Nein, er würde nichts merken, und an meine seltsamen *Launen* hatte er sich mittlerweile gewöhnt. Inzwischen vermied er es sogar, mich zwei- bis dreimal täglich darauf hinzuweisen, *wie gut* er sich daran gewöhnt hatte. Seit dem Tag, an dem ich auf diesen Spruch hin mit dem Hausschuh nach ihm geworfen hatte.

Das Whiskeyglas hatte ich dreimal ausgespült und wieder an Ort und Stelle verstaut. Alle Spuren vernichtet.

«Komm zur Ruhe», murmelte ich. Ich war mir nicht sicher, ob ich wirklich schlafen konnte, doch ein wenig Dösen auf dem Sofa, bis Dennis nach Hause kam, irgendwie verarbeiten, was ich gesehen hatte und nicht gesehen haben *konnte*, das musste irgendwie möglich sein. Eine Entscheidung treffen. Ich *musste* irgendwie ausgeflippt sein auf dem Rückweg vom Tatort. Eine andere Erklärung gab es nicht. Und wenn ich in Wahrheit dermaßen neben der Spur war, hatte ich in der Königstraße tatsächlich nichts mehr verloren. In diesem Zustand – ja, *Zustand!* – konnte ich es nicht einmal verantworten, quer durch die Stadt aufs Revier zu fahren. Andererseits ...

Andererseits war da Melanie Dahl. Ich hatte bereits den Papiermüll durchwühlt, doch die Ausgabe der Morgenpost mit ihrem Interview war längst im Recycling gelandet. Melanie Dahl. Natürlich ergibt es sich immer wieder, dass wir zu unseren Opfern eine besondere Beziehung aufbauen, anfangen, ein Gefühl der Verantwortung für diese Toten zu empfinden. Schließlich sind wir so ziemlich die Einzigen, die noch irgendwas für sie tun können.

Und doch war es bei Melanie anders. Da war noch mehr, und ich bekam es nicht zu fassen. Ich *musste* bei dieser Ermittlung dabei sein. Und war nicht die Begegnung auf dem Fahrweg schon fast ein Beweis ...

Blödsinn! Es hatte keine Begegnung gegeben. Ich war vollkommen überspannt nach einer Nacht ohne Schlaf und dem Fund einer Leiche, bei der sich jedem Menschen der Magen umgedreht hätte, und einer Frau in meinem Zustand ...

«Verdammt!», flüsterte ich. Eine einzelne Träne löste sich aus meinem linken Auge. Mit dem Handrücken wischte ich sie weg.

Ein Brummen. Aber diesmal war es ein völlig anderes Brummen, ein Brummen, das ich nur zu gut kannte. Dennis' Toyota!

Mein Blick jagte zur Uhr. Halb drei. Dennis war in den letzten Wochen nicht ein einziges Mal vor acht nach Hause gekommen. Er wollte möglichst viel wegarbeiten, bevor die Kleine da war, betonte er. Denn *wenn* sie einmal da war, konnten wir uns die Verantwortung endlich teilen. Dann würde er mehr tun, als den Raum im Obergeschoss als Kinderzimmer auszubauen, was er im Urlaub erledigt hatte. Und das Zimmer unten gleich dazu – für ein Au-pair. Wobei ich davon ausging, dass er gerade so schön im Arbeits-Flow gewesen war, dass er nicht hatte aufhören wollen. Vermutlich war das einfach seine Art, mit der plötzlichen Anspannung umzugehen, der völlig veränderten Situation nach acht Jahren Ehe. Die Erwartung eines Kindes, das wir beide uns insgeheim gewünscht hatten. Viel zu lange waren wir nicht in der Lage gewesen, dem anderen gegenüber diesen Wunsch auszudrücken.

Aber jetzt würde alles anders werden. Wenn die Kleine einmal da war, würde Dennis so viel wie möglich von zu Hause aus erledigen. Was bis dahin allerdings bedeutete: Überstunden, jeden Tag.

Heute nicht?

Ich rieb mir das Gesicht. Sah ich einigermaßen menschlich aus? Nahm er so was überhaupt noch zur Kenntnis? Flasche verstaut, Glas verstaut, Zähne geputzt und zwei Minuten lang mit Mundwasser gegurgelt. Das musste reichen.

Das Geräusch der Haustür. Schritte. Ich hörte, wie er sein Sakko über den Bügel hängte.

«Na, du?» Er streckte den Kopf durch die Tür. Im Businesshemd, die Krawatte gelockert, Bartschatten. Als wir uns kennenlernten, hatte er etwas von einem Piraten an sich gehabt, und irgendwie ging noch immer etwas Freibeuterhaftes von ihm aus, selbst in dieser Garderobe. Ein Pirat, der sich den Nachmittag freigenommen hatte. «Ausgeschlafen?», fragte er.

Ich blinzelte. Aber ja, natürlich: meine Nachtschicht. «Hi», murmelte ich. «Noch nicht ...» Ich hob die Schultern. Etwas hilflos. «Noch nicht ganz so toll.»

Ein kritischer Blick. «Stimmt.» Er nickte mitfühlend. «Du siehst völlig verknittert aus, du Ärmste.»

Paradies des Ehelebens. Welche romantischere Begrüßung konnte eine Frau sich wünschen, wenn der Gatte früher nach Hause kam?

«Na ja.» Er tätschelte mir aufmunternd die Schulter. Fehlte nur noch ein Stückchen Zucker. *Gutes altes Pony.* «Manchmal wird es ja gerade am schönsten, wenn man so gar nicht in der Stimmung ...»

Ich hob eine Augenbraue. «Stimmung?»

Jetzt war er es, der blinzelte. Er sah mich an. «Olli», sagte er. «Olli und Jeannette. Heute Abend. Deshalb bin ich so früh zurück. Sag bloß, das hast du ...»

Für eine halbe Sekunde wurde mir schwarz vor Augen, doch ich fing mich gerade noch rechtzeitig. Natürlich: der Grund, aus dem ich heute Nacht Dienst geschoben hatte. Es war mehr als drei Wochen her, dass wir dieses Treffen verabredet hatten, und angesichts der Ereignisse dieses Morgens hatte ich es tatsächlich vergessen. Oliver Ebert, Kerstins Witwer. Der Witwer meiner Freundin und Kollegin, die vor zwei Jahren gestorben war, Opfer eines Täters, dem wir damals viel zu spät auf die Spur gekommen sind. Oliver und seine neue Freundin, die wir unbedingt kennenlernen sollten.

«Nein», murmelte ich. «Natürlich hab ich daran gedacht.»

Dennis neigte den Kopf zur Seite. «Du bist dir sicher, dass du ...»

Ich stützte mich auf die Sofalehne, stand auf. Etwas schwindlig, aber so was wie Jack Daniel's war ich eben seit Monaten nicht mehr gewohnt.

«Kein Problem», sagte ich. Kerstin hätte sich gewünscht, dass wir das machen, dachte ich. Dass wir mit Oliver Kontakt halten, auch wenn er jemanden Neues kennenlernt. Und Dennis war in der schwersten Zeit ein echter Halt gewesen für Oliver. Das durfte ich den beiden nicht kaputt machen. Und außerdem ...

Wenn ich diesen Abend durchhalte, dachte ich, dann ist das ein Beweis. Dann kann ich auch weiter aufs Revier.

«Sie kommen um sechs?», fragte ich. «Hast du was zum Grillen mitgebracht?»

* * *

Ohlstedt. Jörg Albrecht bog niemals ohne ein seltsames Gefühl im Magen in die Straße ein, die hinaus in die Walddörfer führte. Seit mehr als drei Jahren nicht.

Sie hatten sich ein Leben aufgebaut hier draußen, in dem restaurierten Bauernhaus, in das nicht allein das Geld aus Joannas Erbschaft geflossen war, sondern auch jene Summen, die Albrechts Kollegen vermutlich in ihre Pensionsfonds investierten. Doch schließlich hatte es für immer sein sollen, Joanna und er und die Mädchen, und ein Leben hier draußen hatte seinen Preis.

In Jörg Albrechts Fall hatte sich herausgestellt, dass dieser Preis letztendlich in seiner Ehe bestanden hatte, seiner Familie. Ja, er war ein ehrgeiziger junger Beamter gewesen und danach ein ehrgeiziger Beamter mittleren Alters, aber er hatte immer gewusst, warum er all die zusätzlichen Stunden auf der Dienststelle zubrachte. Joanna, die Kinder, das Haus. Was die Suche nach der Wahrheit anbetraf, nach den Dingen hinter den Dingen, als die er seine Tätigkeit verstand, so hatte sie wohl von jeher eine besondere Faszination auf ihn ausgeübt, und dennoch war sie nicht der eigentliche Sinn gewesen. Nein, er hatte nicht für seine Arbeit gelebt. Nicht am Anfang. Er hatte für seine Familie gelebt, und um dieser Familie das Leben zu ermöglichen, das er sich für sie gewünscht hatte, *darum* hatte er lernen müssen, für die Arbeit zu leben.

Joanna, die Kinder, das Haus. Die Wahrheit.

Alles auf der Strecke geblieben, dachte er. Bis auf die Wahrheit. Die eine Wahrheit und dann die nächste und immer so fort.

Melanie Dahl war ermordet worden. Alle Spuren schienen auf eine rituelle Tat zu deuten, auf einen Zusammenhang mit ihrer Ausgrabung. Das war eine Wahrheit. Doch Jörg Albrecht hatte gelernt, jener Sorte Wahrheiten zu misstrauen, die sich allzu offensichtlich anboten. Die Überlegungen, die er gegenüber seinen Mitarbeitern entwickelt hatte, der Hinweis, dass im Grunde überhaupt nichts für eine Verwicklung des archäologischen Teams sprach, war zunächst einmal eine These. Dass er persönlich davon überzeugt war, dass sie zutraf, stand auf einem anderen Blatt. Entscheidend war, die Beamten immer wieder darauf hinzuweisen, wie verhängnisvoll es sein konnte, dem bloßen Augenschein zu trauen.

Zum Abschluss der Sitzung hatte Albrecht kurz erwähnt, dass er jetzt einen wichtigen privaten Termin hätte, im äußersten Notfall aber telefonisch erreichbar sei, und unterschiedliche Aufträge verteilt.

Seydlbacher würde weiterhin den Hintergrund der Grabung prüfen, mit besonderem Augenmerk auf die Vorgänge, die das Unternehmen am Ende ermöglicht hatten. Aktenarbeit in erster Linie; Albrecht vermied es, den Beamten aus Süddeutschland mit Aufgaben zu betrauen, die eine aufwendige Telefonrecherche beinhalteten.

Matthiesen dagegen blieb auf PrinceInvest angesetzt, wobei Albrecht in dieser Hinsicht zunehmend ins Zweifeln geriet: Nein, ganz gewiss machte er sich keine Illusionen, zu welchen Schritten Akteure der Hochfinanz in der Lage waren. Die Frage war lediglich, ob irgendein Anleger dermaßen naiv sein konnte, sich einzubilden, mit einem Mord an der Grabungsleiterin einen Abbruch des Projekts erreichen zu können. Dennoch: Schon aufgrund des öffentlichen Interesses musste diese Spur verfolgt werden.

Hinnerk Hansen schließlich würde sich an die mehr oder

minder sachdienlichen Hinweise machen, die seit dem Morgen im Minutentakt auf der Dienststelle einliefen – wie üblich bei einer Ermittlung, die von Anfang an auf ein derartiges Medienecho stieß. Hunderte von Möchtegernzeugen. Als Albrecht im Begriff gewesen war, das Revier zu verlassen, hatte Irmtraud Wegner, die Sekretärin der Dienststelle, seltsame pantomimische Verrenkungen angestellt, einen aktuellen Anrufer gerade am Ohr. Er war sich nicht ganz sicher, aber vielleicht hatte sie ihm die genaue Anzahl selbsternannter Zeugen mitteilen wollen.

Jörg Albrecht hatte sich nicht aufhalten lassen. Seine Seriosität, seine Korrektheit und Zuverlässigkeit waren etwas, das Joanna stets an ihm geschätzt hatte. Auf keinen Fall würde er zu spät kommen.

Das Gymnasium an der Sthamerstraße, ein Bau aus der Nachkriegszeit. Albrecht bog nach links ab.

Die Wahrheit – und der bloße Augenschein, dachte er. Joanna hatte ihm überdeutlich zu verstehen gegeben, dass sie Hannes Jork als vollgültigen Ersatz empfand, wenn es galt, mit einem Pädagogen ein Gespräch über die schulische Situation von Jörg Albrechts ältester Tochter zu führen. Das war der Augenschein. Doch wenn keine unvorhergesehenen Ereignisse eintraten, bekam Albrecht seine Töchter exakt alle sechs Wochen zu sehen. In realistischer Einschätzung seiner Möglichkeiten hatte er keinen Widerspruch erhoben, als das Gericht das Sorgerecht Joanna zugesprochen hatte. Was also hätte sie daran hindern sollen, sich von ihrem Zahnarzt zu diesem Termin begleiten zu lassen? Mangelndes Interesse von Seiten Jorks? Mangelndes Vertrauen von Seiten Joannas, dass der Dentist eine Hilfe sein würde? Warum war sie dann nicht einfach allein gegangen?

Gab es möglicherweise doch noch etwas, das Joanna Jork,

geschiedene Albrecht, an dem Mann schätzte, mit dem sie sechzehn Jahre lang Tisch und Bett geteilt hatte? Etwas, das bei Hannes Jork, diesem golfspielenden Bruder Leichtfuß, durch Abwesenheit glänzte?

Eben das gedachte Jörg Albrecht an diesem Nachmittag herauszufinden.

Ihr Cabrio stand bereits auf dem weitgehend verwaisten Schulparkplatz. Jörg Albrecht bezweifelte, dass sie ihn schon gesehen hatte, wählte eine Parkbucht unter einer Baumgruppe, zog den Schlüssel ab, drehte den Rückspiegel zu sich herum.

Im zurückgekämmten Haar mehr weiße Strähnen als früher, doch wohlweislich war er am Vortag beim Friseur gewesen, hatte die Spitzen sorgfältig stutzen lassen. Der Krawattenknoten. Für eine Sekunde verstärkte sich das unangenehme Gefühl in seinem Magen, als er sich daran erinnerte, dass es eine Zeit gegeben hatte, in der *sie* seine Windsor-Knoten gebunden hatte. Er legte die hohle Hand vor den Mund, atmete hinein. Nichts zu riechen. Ein breites Lächeln, eine Grimasse, die Lippen von den Zähnen zurückgezogen. Keine Beanstandungen. Und nicht der kleinste verräterische Schimmer von Schweiß auf seiner Stirn.

Jörg Albrecht holte tief Luft und stieg aus dem Wagen, zog den Mantel über, strich den Kragen zurecht, streckte den Rücken. Joanna war ebenfalls ausgestiegen, hatte ihn aber immer noch nicht entdeckt, sondern begrüßte einen Herrn in einem weingummiroten Pullunder. Der Lehrer. Manchmal war die Wahrheit unschlagbar offensichtlich.

Albrecht schritt auf die beiden zu, etwas forscher, etwas bestimmter, als er sich fühlte. Jetzt hatte der Lehrer ihn entdeckt, sah ihm entgegen. Auch Joanna wandte sich um, in einer fließenden, mühelosen Bewegung. Sie hatte kein bisschen von ihrem Zauber verloren. Der sandfarbene Ton ihres Kostüms schmeichelte ihrem Teint und ihren weich fallenden, dunklen Haaren. Ja, sie sah ihm entgegen.

«Joanna», sagte er mit ernstem Lächeln, wandte den Kopf ein Stück, nickte dem Mann im Weingummipullunder zu.

Sie sahen Jörg Albrecht an, alle beide. Der Hauptkommissar hob fragend die Augenbrauen. Sie sahen ihn an und sagten kein Wort. Sie sahen ...

Sie starrten auf seine Füße. Auf seine Schuhe und seine ehemals hellbeige Anzughose.

* * *

«Raoul ist wirklich toll.» Oliver beugte sich über den Gartentisch. «Ich meine: Natürlich fehlt ihm seine Mutter», fügte er eilig an. «Uns allen fehlt sie ... Also uns allen beiden, ihm und mir.»

«Er ist sooooo *sweet*.» Die Frau – Jeannette – besaß die längsten künstlichen Fingernägel, die ich seit einer ganzen Weile zu Gesicht bekommen hatte. Wobei ich sie auch heute Abend kaum zu Gesicht bekam. Sie kraulten Olivers Oberschenkel. «Schatzi kauft mir jedes Mal Blumen», flötete sie. «Immer wenn ich übers Wochenende zu Besuch komme. Gelbe Rosen.»

«Sie passen zu deinen wunderschönen Augen, Schatzi.» Oliver.

Ich runzelte die Stirn. Ihre Augen? Gelb?

«Und Raoul kriegt das natürlich mit», plapperte Jeannette. «Ihr müsst euch das vorstellen, wirklich: Als ich letzten Freitag gekommen bin, waren da plötzlich *zwei* Sträuße. Rosen von Schatzi und von Raoul ein großer, großer Strauß Löwenzahn.»

Oliver lachte. Mein Ehemann stimmte ein, und selbst ich musste unwillkürlich lächeln. Raoul war tatsächlich toll. Der

Junge war inzwischen acht, und bei unserem letzten Wiedersehen hatte ich einen richtiggehenden Schreck bekommen, so einen Schuss hatte er gemacht.

Oliver war glücklich, unübersehbar. Nach Kerstins Tod hatte ich ihn noch nie so entspannt erlebt wie an diesem Abend, und wenn auch der kleine Raoul die neue Frau im Leben seines Vaters so begeistert akzeptierte, hätte ich dann nicht ebenso glücklich sein sollen? Oliver hatte dieses Glück verdient, der Junge sowieso, und diese Frau ...

Sie kraulte immer noch. Sein rechter Oberschenkel. *Ziemlich* weit oben an seinem rechten Oberschenkel. Ab und an sah Oliver in ihre Richtung und warf ihr einen tiefen, behaglichen Blick zu und hin und wieder ein Geräusch wie ... Ein brunftiger Wasserbüffel, dachte ich. Bereits den ganzen Abend ging das so. Dennis schien es nicht zur Kenntnis zu nehmen. Oder wollte er mir weismachen, dass er diese Fummelei für normal hielt? Ich für meinen Teil wusste allmählich nicht mehr, in welche Richtung ich schauen sollte.

«Ach, wenn das nur immer so sein könnte.» Oliver, träumerisch. «Seit drei Monaten suchen wir jetzt nach einer Stelle für Jeannette, aber allmählich habe ich das Gefühl, dass hier in Hamburg ...»

Kein Bedarf an einer peroxidblondierten Visagistin, dachte ich. Gesprochen *Wietschaschisstin*. Zumindest von Jeannette.

«O mein armer Schatzi.» *Kraul. Kraul.* «Ich seh schon: Ich muss doch erst mal so herkommen und mich dann von hier aus in Ruhe auf die Suche machen.»

Erst mal so. Ohne Job. Zu Oliver – und Raoul – in das Einfamilienhaus in bester Lage, das so gut wie abbezahlt war, auch dank des guten Geldes, das Kerstin jahrelang nach Hause gebracht hatte. Mein Urteil über diese Jeannette stand längst fest. Im Grunde hatte es im selben Moment festgestanden, in dem sie auf ihren Zwölf-Zentimeter-Absätzen aus dem Wagen gestiegen war, spätestens aber seitdem die beiden sich offenbar nur mit Mühe beherrschen konnten, jetzt, gleich und hier in unserer Sitzgruppe vor dem Spalier mit dem wilden Wein und vor dem Nachbarszaun übereinander herzufallen.

Wir hätten sie auf die Gartenhocker setzen sollen, dachte ich. Schließlich war *ich* schwanger und hätte einen bequemeren Platz gut gebrauchen können, ob ich nun Gastgeberin war oder nicht. Stattdessen rutschte ich auf dem Klapphocker hin und her, mein Göttergatte auf dem Gegenstück an der Stirnseite des Tisches, damit er gleichzeitig den Grill bedienen konnte. Zu wesentlich mehr als einer strengen Bemerkung in meine Richtung, dass ich meine Bratwurst wirklich aufessen müsste, weil ich mich schließlich für zwei zu stärken hätte, hatte es seitdem nicht gereicht. Zumindest bis jetzt.

Doch in diesem Moment: «Jaaaa ...» In tiefer Nachdenklichkeit. Seine Pranke, glitschig vom Grillfett, die plump meine Finger tätschelte. «Die Liebe kann Berge versetzen.»

Die Gabel lag in Reichweite meiner freien Hand. Ich brauchte die Finger nur auszustrecken. Sag bloß noch ‹Schatzi›!, dachte ich. Sag's bloß noch! Doch er hatte Glück. Er hielt den Mund. Vielleicht hatte er meinen Blick eingefangen.

Im Grunde hatte das Ganze nur ein Gutes: Ich dachte keine Sekunde an den Fall, keine Sekunde an Melanie Dahl. Umfallen, dachte ich. Und einschlafen.

Doch nichts dergleichen geschah. Ich brachte den Abend hinter mich. Eine Stunde später standen wir an der Auffahrt und beobachteten, wie die Rücklichter von Olivers Wagen hinter der Straßenbiegung unsichtbar wurden.

«Geschafft!», murmelte ich.

Wortlos drehte Dennis sich um und verschwand in den Garten.

Ich hob die Augenbrauen. Irgendetwas an dieser Reaktion war seltsam gewesen. Ich ging ihm nach.

Sein Rücken vor dem Grill. Er stocherte in der Glut, wo es schon seit einer halben Stunde nichts mehr zu stochern gab. Mit Bewegungen, als ob er den Grill als einen Feind betrachtete.

«Dennis?» Ich biss mir auf die Lippen. Auf einmal wusste ich sehr genau, was kommen würde.

Zwei Sekunden Schweigen, dann, ohne dass er sich umdrehte: «Gut, du magst sie nicht. – Und frag mich jetzt nicht, ob *ich* sie mag. Ich habe die Frau heute zum ersten Mal zu Gesicht bekommen. Aber dass Olli sie gern hat, ist wohl kaum zu übersehen. Ist es ...» Jetzt, ganz langsam, wandte er sich um. «Die beiden waren keine zwei Stunden hier, Hannah. Ich frage dich: Ist es wirklich zu viel verlangt, zwei Stunden lang zumindest ein bisschen höflich zu sein?»

Ich musste mich beherrschen, um nicht automatisch einen Schritt zurückzuweichen. Seine Stimme war leise – und eiskalt. Ein Ton, den ich keine fünf Mal von ihm zu hören bekommen hatte. Dennis war wütend, *ernsthaft* wütend, und wenn ich nur eine Sekunde darüber nachdachte: War er vollkommen im Unrecht?

Diese Sekunde nahm ich mir nicht.

«‹O, lasst euch von uns nicht stören›», schlug ich vor. «‹Mach nur, liebe Jeannette, wenn dir danach ist, Olli einen runterzuholen. Wir sind gar nicht da.› – So ungefähr?»

Er starrte mich an. «Die beiden haben ein bisschen rumgeschmust, Hannah. Mehr nicht. Was glaubst du, wie wir beide früher ...» Er schüttelte den Kopf. «Wirklich, ich erkenne dich gerade nicht wieder. Ich weiß einfach nicht, was mit dir ... Doch, natürlich weiß ich, was mit dir los ist. Und ich weiß selbst, dass ich mir das überhaupt nicht vorstellen kann. Was das für ein Gefühl sein muss in deinem Zustand.»

«*Ich bin in keinem ...*» Ich brach ab. Schüttelte den Kopf. Holte tief Luft. «Ja», sagte ich, so ruhig wie möglich. «Ich bin schwanger. Und ich weiß, dass ich damit nicht ... einfacher werde. Aber ... Du kanntest Kerstin. Du hast sie gerngehabt. Sie war etwas Besonderes, und wir beide hatten sie gern – wir hatten sie alle beide gern: Kerstin und Oliver. Und wir wissen, dass Oliver kein Dummkopf ist und dass er – er und Raoul ... dass die beiden etwas Besseres verdient haben als so eine ...»

«Ach?» Er stemmte die Fäuste in die Hüften, in seinem Rücken die Nachglut der Grillstelle. Die Grillzange hatte er nicht aus der Hand gelegt. Ein Bild, das mich zum Frösteln brachte. Barbarisch. Urtümlich. «Ach?», fragte er noch einmal. «Und weil wir beide das meinen, müssen wir alles tun, um Olli und Jeannette auseinanderzubringen?» Heftig schüttelte er den Kopf. «Nein, Hannah, diese Frau ist nicht Kerstin. Aber könnte es nicht trotzdem sein, dass sie das Beste ist, was Olli seit Kerstins Tod passiert ist? So sieht es für mich nämlich aus. Was immer er in dieser Frau sieht: Offenbar ist es genau das, was er sich gewünscht hat. Für den Moment zumindest, und wenn du dich erinnerst, wie er in den letzten Jahren war, ist das eine ganze Menge.»

«Und deshalb soll er die Erstbeste ...»

«Kerstin ist seit fast *drei Jahren* tot, Hannah!»

«Ich ...» Einen Moment lang hatte ich das Gefühl, als wäre das Brummen wieder da, das Brummen aus dem Sumpf. Das Brummen auf dem Weg zurück von Melanies Leiche. Doch es war nur ... Schwäche, dachte ich. Erschöpfung.

«Was würdest du denn tun?», fragte er. «Was würdest du denn tun, wenn ich nicht mehr da wäre? Würdest du nicht auch irgendwann versuchen, jemand anderen zu finden, auch wenn er ganz anders wäre als ich? Ein neues Leben, eine neue Familie?»

Ich öffnete den Mund, doch dann ... Ich schüttelte den Kopf.

«Ich weiß es nicht», murmelte ich. «Ich weiß es nicht, Dennis, aber ... Ich glaube, ich muss ins Bett.»

Meine Beine schienen mich nicht tragen zu wollen, als ich mich umwandte, mich ins Haus schleppte, die Treppen hoch ins Schlafzimmer. Schlafen, dachte ich. Nur nicht mehr denken. Dennis würde mir folgen, mich in den Arm nehmen, und aneinandergekuschelt würden wir einschlafen. Mit einem Mal gab es nichts anderes, das ich mir so sehr wünschte.

Doch ich hoffte vergeblich. Als ich durchs Schlafzimmerfenster hinab in den Garten blickte, saß er wieder vor dem Grill und stocherte in der Glut.

* * *

«Wirklich.» Joanna hielt die Hand vor den Mund, um ihr Schmunzeln zu verbergen. «So schlimm war es nun auch wieder nicht. Ich habe dich doch nicht zum ersten Mal so gesehen, und Herr Rosen ...»

«Der Mann hat mich angestarrt wie einen Geistesgestörten.» Finster blickte Albrecht in sein Weinglas.

Es war eine merkwürdige Situation. Sie hatten den Termin bei Claras Lehrer absolviert, und dieser Termin allein hätte ihm mehr als ausreichend Anlass zum Nachdenken geben sollen. Betrugsversuch mit dem Mobiltelefon, während einer laufenden Klassenarbeit. Und doch war dieser denkbar unerfreuliche Termin in eine Situation gemündet, wie er sie seit Jahren nicht mehr gekannt hatte. Der Nachmittag war zum Abend geworden, und Joanna und er saßen in einer Gaststätte und unterhielten sich. Nicht ganz wie alte Freunde, aber doch wie Menschen, die einander vertraut waren. Die die Gegenwart des anderen als angenehm empfanden, eben als vertraut.

«Mach dir keine Sorgen», sagte sie. «Er wird es überleben.»

Ihre Finger legten sich auf seinen Handrücken, wie zufällig. Vielleicht war es Zufall, jedenfalls keine Berechnung. Kaum angedeutet, leicht wie eine Feder und für einen Lidschlag nur.

Jörg Albrechts Haltung spannte sich. «Warum wolltest du, dass ich heute mitkomme?», fragte er unvermittelt. Er blickte auf.

Ihre Stirn zog sich zusammen. Sie kennt mich, fuhr ihm durch den Kopf. Sie kann in mir lesen wie kein anderer Mensch. In der Schule haben wir uns auf den Lehrer konzentriert, alle beide, aber hier: Sind wir deshalb – hier?

Sie holte Luft. «Jörg, bitte.»

Er schloss die Augen. Auch ich habe nicht verlernt, in ihr zu lesen, dachte er. Müdigkeit. *Bist du noch immer nicht darüber hinweg?* Eine letzte Spur einer fernen Zuneigung. Ein Bedauern und Mitgefühl ... Mitleid! Alles in gerade mal zwei Worten, seinem Namen und einem *bitte*.

Mehr war nicht notwendig. Brauchte er noch eine Antwort? Ganz gleich, wie sie ausfallen würde: Er hatte sich getäuscht, hatte sich an etwas geklammert, das überhaupt nicht da war. Das seit Jahren nicht mehr da war und niemals wiederkommen würde.

Ich habe mich zum Narren gemacht. Heute Nachmittag vor dem Lehrer und eben gerade wieder.

Ihr Kopfschütteln war nicht mehr als eine Andeutung, die Andeutung einer Andeutung. Doch er wusste, dass es da war. Nein, er hatte sich nicht lächerlich gemacht. Sie verwehrte sich dagegen. Doch das brauchte keine Worte, und keiner von ihnen würde Worte darum machen.

Sie sah ihn an. «Es gibt einen Grund», sagte sie ernst. «Einen Grund, aus dem ich dich dabeihaben wollte. Es ist nicht die Sache mit dem Smartphone allein. Clara macht im Augenblick eine schwere Zeit durch. Wie so ziemlich jedes Kind mit vierzehn, fünfzehn Jahren. Und für die Eltern ist diese Zeit nicht viel einfacher, für die Mutter schon gar nicht, wenn das Kind ein Mädchen ist. – Um es kurz zu machen: Sie ist der Meinung, dass ich nicht will, dass sie erwachsen wird, weil *ich* mich dann alt fühlen würde. Es wird immer schwieriger für mich, Zugang zu ihr zu finden. Ich hatte mir gedacht, wenn du einmal mit ihr sprichst ...»

Verstehe, dachte Albrecht. Ich bin schon alt. Immer gewesen.

Jetzt kehrte ihr Humor zurück. Wieder dieses leise Geräusch; sie hielt sich die Hand vor den Mund. «O Jörg, weißt du, was ich mich immer gefragt habe?»

Verwirrt sah er sie an.

«Wie bekommst du das nur hin? Mit deinen Zeugen, deinen Tatverdächtigen. Wie führst du ein ... Verhör nennt ihr das? Wie stellst du das an, wenn deine Täter dir jeden Gedanken an der Nasenspitze ablesen können?»

Er blickte in sein Glas, dann sah er auf. «Die meisten sind nicht so gefährlich wie du», sagte er leise.

Ihre Hand bewegte sich an ihren Hals, verharrte dort.

«Das war unter der Gürtellinie, Jörg», sagte sie. «Ich bin nicht gefährlich, für dich nicht mehr. Niemand ist ...» Sie legte ihre Hände auf dem Tisch ab. «Ein Mensch hat immer nur die Macht über uns, die wir selbst in seine Hände legen. Und ich will diese Macht nicht. Ich habe sie dir zurückgegeben.»

«Du bist ...»

«Ich bin glücklich.» Sie ließ ihn nicht zu Wort kommen. «Ich bin glücklich oder doch etwas, das dem sehr, sehr nahe kommt. Sieh mich an, ich lüge nicht. Ich weiß, dass du das nicht verstehen kannst, dieses Leben einfach nur ... zu leben. Und doch ist es die Wahrheit.»

«Die Wahrheit.» Ganz leise.

«Du hast zwei Töchter, auf die du stolz sein kannst. Das ist die Wahrheit. Sie werden bald erwachsen sein, doch sie werden nicht aufhören, dich zu brauchen. Ihren Vater. – Aber du solltest allmählich überlegen, was du selbst machen willst.»

«Machen?»

Sie nahm einen Schluck von ihrem Weißwein. «Etwas Neues», sagte sie. «Irgendetwas, solange es nur nicht mit deinem verflixten Beruf zu tun hat. – Ich rede gerne mit dem Mann, mit dem ich einmal verheiratet war. Allerdings nicht, wenn sich dieser Mann aufführt, als ob er mein *Witwer* wäre, der nur noch darauf wartet, dass auf dem Ohlsdorfer Friedhof ein Stein mit seinem Namen aufgestellt wird.»

Jörg Albrecht sah sie an. *Glücklich.* Oder doch etwas, das dem sehr, sehr nahe kam. Sechzehn Jahre lang hatte er sich bemüht, dieser Frau alles zu ermöglichen, was sie sich nur wünschen konnte, und was war ihre Antwort gewesen, am Ende? Eine Frage. Hast du jemals versucht zu erfahren, was ich eigentlich will?

Er hatte getan, was er konnte. Hatte für die Arbeit gelebt, um für seine Familie leben zu können. Hatte für die Toten gelebt, deren leblose Lippen jene eine, letzte, große Forderung stellten: Wahrheit. Und wenn die Bilder des Tages ihn nicht verlassen wollten, wenn er gespürt hatte, dass sie ihm insgeheim nach Hause nachgeschlichen waren, sich in seinem Kopf eingenistet hatten, hatte er sie nicht entweichen lassen, sie eingesperrt im Käfig seines Hirns. Alles, um diese Frau nicht zu belasten mit der Welt, in der er lebte, jeden Tag. Hatte er ihr jemals die Frage gestellt, ob sie davon hören wollte? Hatte er sich selbst jemals ehrlich und aus tiefstem Herzen die Frage gestellt, wie es in Joanna aussehen musste?

Glücklich. Etwas, das dem sehr, sehr nahe kam. Aber wie

sollte sie auch vollständig glücklich sein? Sie selbst hatte bekommen, was sie sich immer gewünscht hatte. Doch wenn sie wissen wollte, mit welchem Preis dieses Glück bezahlt worden war, musste sie nur einen Blick über den Tisch werfen. Ein Mann, in dessen Leben ein Begriff von Glück ... Er konnte ja gar nicht mehr sagen, was das überhaupt war mit seiner Wohnung, die er hasste, mit dem Büro in der Königstraße, das sein wahres Zuhause war, mit seinen Schuhen voller Schlamm vom Höltigbaum. Mit der Wahrheit. Mit der kalten, klaren, grauen Wahrheit.

Er griff nach seinem Glas, führte es an die Lippen, schloss die Augen, als er es wieder absetzte.

«Es tut mir leid», sagte er. «Wir hätten nicht herkommen sollen.»

Sie antwortete nicht. Und das war Antwort genug. Oder doch nicht? Als er die Lider wieder öffnete, hatte er den Eindruck, sie beobachte ihn sehr genau. Ja, natürlich spürte sie, dass etwas von dem, was sie gesagt hatte, bei ihm angekommen war. Und nun? Sollte er etwa begeistert aufspringen, verkünden, dass er künftig sonntags den Tanztee aufsuchen und das Scrabblespielen anfangen würde? Sie konnte kaum ...

Ein Geräusch.

Er brauchte volle zwei Sekunden, um es einordnen zu können: sein Mobiltelefon.

Ein entschuldigender Blick zu Joanna, als er in die Tasche der Anzugjacke griff. Es gelang ihr, nicht die Augen zu verdrehen. Wie oft?, dachte er. Wie oft hat sie diese Szene erlebt? Und doch war alles anders diesmal.

«Albrecht.»

«Hallo, äh, guten Abend ...» Die Stimme war unverkennbar, selbst mit verstopfter Nase. «Äh, Martin Euler hier, also ...»

Die Verbindung war schlecht, was Rückschlüsse zuließ, wo

sich Euler in diesem Moment aufhielt: in den Kellern des Gerichtsmedizinischen Instituts. In den Autopsiesälen.

«Kein Problem», sagte Albrecht mechanisch und wurde sich im selben Moment bewusst, dass sich Euler überhaupt nicht entschuldigt hatte. Weder für die Qualität der Verbindung noch für die späte Störung, wofür es allerdings auch gar keinen Grund gab. Schließlich war der Gerichtsmediziner selbst noch bei der Arbeit, der vorgerückten Stunde zum Trotz. Von seiner Tropfnase zu schweigen. «Was kann ich für Sie tun, Martin?», erkundigte sich der Hauptkommissar.

«Also ...» Ein Räuspern. «Es ist wegen heute Mittag. Sie erinnern sich? Sie haben mich da ziemlich kalt erwischt. Die Tote, die aussah, als wäre sie bei einem Ritual auf diesem Altar gestorben, während sie in Wirklichkeit drapiert worden war, eben damit es so aussieht, als ob sie ... Und das, obwohl es keine Menschenopfer gab am Höltigbaum. Und die Penetration, von der ich ausgehen ...»

«Jajaja.» Unwillig. «Die Kondome.»

Joanna zog die Augenbrauen hoch, sah unauffällig zu den Nachbartischen. Er musste lauter gesprochen haben als beabsichtigt.

«Nun rücken Sie schon raus damit, Martin!» Und er wurde auch nicht leiser. «Was haben Sie für mich?»

«Also.» Kunstpause. «Um es kurz zu machen: Ich habe hier den sehr eindeutigen Beweis, dass Sie sich getäuscht haben, Hauptkommissar. Wir haben es sehr wohl mit einem Ritual zu tun. Ich habe nicht den Hauch eines Zweifels.»

Jörg Albrecht war für mehrere Sekunden stumm. *Nicht den Hauch eines Zweifels.* Euler war kein Mann, der sich unnötig so weit aus dem Fenster lehnte.

Er starrte auf sein Glas. «Sie sind in Eppendorf, Martin? – Warten Sie auf mich! Ich komme zu Ihnen.»

«Wenn Sie das wirklich ...»

«Zwanzig Minuten.» Er beendete das Telefonat, starrte auf das Smartphone. «Und danke», murmelte er.

Joanna musterte ihn nachdenklich. «Dass es nicht einfach ist, mit dir verheiratet zu sein, ist mir seit zwanzig Jahren klar. Was es bedeuten muss, zu deiner Mannschaft zu gehören, darüber habe ich nie so genau nachgedacht.»

«Euler gehört nicht zu meiner Mannschaft.» Albrecht öffnete bereits sein Portemonnaie. «Die Gerichtsmediziner ziehen wir von Fall zu Fall hinzu. Aber Martin Euler ist der Beste.»

Ein Geräusch. Wieder das Telefon. Diesmal reagierte er sofort.

«Martin, bitte entschuldigen Sie. Ich hätte mich zumindest ...»

«Moin.»

Eine Silbe genügte. Albrecht wusste auf der Stelle, wen er am Apparat hatte. Hinnerk Hansen war der Einzige, der selbst nach Einbruch der Dunkelheit noch mit *Moin* grüßte.

«Hansen.» Gemurmelt. Die Hinweise aus der Bevölkerung, die er dem alten Mann aufgedrückt hatte, der wie kein Zweiter wusste, was bei dieser Sorte Spuren in aller Regel herauskam. Nichts.

«Ich denke, ich hab da was, das Sie gerne heut noch hören würden.» Ein Geräusch, das der Hauptkommissar eine Sekunde lang nicht einordnen konnte. Doch, natürlich: die Salmiaktüte. Er verfluchte die Vorliebe seiner Mitarbeiter für dramatische Kunstpausen. «Ich meine ...» Hansen. «Hört ja nun jeder gern, dass er mal wieder recht hatte.»

«Recht hatte?»

Albrecht biss sich auf die Zunge. Er kam sich vor wie ein Echo. Diesmal war er wirklich auf dem besten Weg, sich zum Narren zu machen. Davon abgesehen, dass ein Mensch nicht entfernter davon sein konnte, recht zu haben, als das bei ihm in dieser Ermittlung der Fall war. Ein Ritual. *Nicht den Hauch eines Zweifels.*

«PrinceInvest», sagte Hansen.

Albrechts Augenbrauen schnellten in die Höhe. «Wie?»

«Ihnen sind doch garantiert auch schon mal diese Wagen aufgefallen», kam es aus dem Telefon. «Autonummer HH-PI. Die, bei denen man denkt: Wieder so ein Pinneberger, der nicht klarkommt damit, dass es ihn ins Ausland verschlagen hat. – Sind aber gar keine Pinneberger. Zumindest die meisten nicht, denke ich. Sind Firmenwagen. Das PI steht für *PrinceInvest*.»

Jörg Albrecht spürte, wie sich die Haare in seinem Nacken aufstellten. Er wusste nur noch nicht, *warum*.

«Ja?», fragte er leise.

«Ich hab hier zwei Zeugen, die einen von denen gesehen haben. Hat ihnen die Vorfahrt genommen, sagen sie, gestern, als es dunkel wurde, und ist dann weg, mit quietschenden Reifen. – Er kam aus der Zufahrt zum Höltigbaum.»

THOR

Die extrafovealen Areale am Rande der Netzhaut verfügen über eine weit überdurchschnittliche Anzahl von Stäbchen, die für die Hell-Dunkel-Unterscheidung zuständig sind. Ein Umstand, der das Sehen in der Dunkelheit ermöglicht, soweit es sich nicht auf einen einzelnen fokussierten Punkt bezieht, sondern auf ein weiteres Panorama, in dem dann sogar Bewegung besonders effizient wahrgenommen werden kann.

Prinzipien, die ihm, Thor, nicht bekannt waren, ausgenommen natürlich in ihren Auswirkungen. Überall war Leben, tausend winzige Bewegungen hier draußen. Hier draußen, wo es geschehen war in der Nacht zuvor.

Es war das zweite Mal, dass sie hierher zurückkehrten, das zweite Mal an diesem Tag, und diesmal näherten sie sich über den Fahrdamm, der, anders als am Morgen, menschenleer war. Es war eine besondere Zeit hier draußen, eine Zeit, in der er, Thor, sie für sich allein hatte, nicht von ihrer Seite wich, ganz wie ihr Pakt es verlangte, bei ihr verharrte, wenn sie unvermittelt stehen blieb.

So wie jetzt.

Was hat sie gesehen? Ihre Augen richteten sich in die Dunkelheit. *Kann es bloßer Zufall gewesen sein?* Langsam drehte sie den Kopf hin und her, witternd, ja, witternd beinahe. *Nein. Sie muss mit ihnen gesprochen haben. Doch was können sie ihr erzählt haben?*

Schweigen. Eine Stille, die unvollkommen war, erfüllt von tausend Geräuschen, doch das Brummen, das Dröhnen war nicht darunter.

Nichts, das gefährlich werden könnte. Und er wird schweigen. Er weiß, dass er schweigen muss. Höchstens, wenn sie ...

Ganz langsam wandte sie sich um, weg von dem Ort, an dem es geschehen war, bis sie – beinahe – in die Richtung blickte, aus der Thor und sie gekommen waren.

Höchstens, wenn sie mit IHR sprechen würde. Wenn er nicht achtgibt. Wenn SIE ihr vertraut, wie SIE der anderen vertraut hat. Natürlich, SIE kann nichts wissen, doch ist das eine Garantie?

Er, Thor, spürte, wie eine Veränderung mit ihr vorging. Ein Frösteln, eine plötzliche Anspannung, ein Atem von Furcht, ohne dass er wusste, was er dagegen unternehmen sollte, als noch eine Winzigkeit näher zu rücken. Er, Thor, war bei ihr, und ihr Pakt würde Bestand haben.

Bis in den Tod.

Sie sah ihn kurz an, und irgendetwas von seiner Geste schien bei ihr anzukommen. Doch die Anspannung wollte nicht weichen.

SIE sieht viel. Wie auch immer SIE das tut. Hat es eine Bedeutung, ob SIE etwas weiß oder nicht? – Es wird auf ihn ankommen. Die Stimme nur noch ein Flüstern. Er kennt den Preis, wenn er versagen sollte.

drei

Ich laufe. Mein Atem geht hektisch, bildet Wolken vor meinem Gesicht, Wolken, die ich kaum erkennen kann in dem dichten Nebel, der mich umgibt.

Meine Füße versinken im weichen Boden, im Morast, der sich an ihnen festklammert, sich bei jedem Schritt weigert, sie wieder freizugeben. Doch ich kann den Boden nicht sehen. Grauer Dunst hängt zwischen den Zweigen urtümlicher Gewächse, die sich meinen Fingern entziehen. Als ob sie einem fremden, einem eigenen Willen gehorchen.

Ein durchdringendes Brummen erfüllt mein Bewusstsein, und diesmal ist es überall. Ich bin zu einem Teil dieser Welt geworden. Und ich höre andere Geräusche, den Lauten von Vögeln ähnlich, aber tiefer, bedrohlicher, fremdartiger. Sie umringen mich, sind Teil der atemlosen Jagd.

Bin ich die Jägerin? Die Gejagte? Ich darf nicht stehen bleiben. Nur dieses Wissen ist in mir. Ich bin fremd hier, und ich bin auf der Suche. Nach Zuflucht? Nach Beute? Ich kann es nicht sagen. Ich laufe.

Ein Umriss zwischen den Bäumen. Er bewegt sich, doch ich bin nicht in der Lage, die Natur seiner Bewegungen auszumachen. Ein menschlicher Umriss? Ich bin mir nicht sicher. Ungefähr von menschlicher Größe – oder größer, massiger? Ja, er bewegt sich, bewegt sich in dieselbe Richtung wie ich, aber wir halten Abstand, er und ich. Wenn ich einem Hindernis ausweiche, einer wässrigen Lache, verschlungenem Wurzelwerk, das sich tückisch aus dem Nebel reckt, korrigiert auch er seine Richtung.

Der Atem in meiner Brust geht mühsam. Mein eigenes schweres Stöhnen in meinen Ohren, als ich mich weiter vorankämpfe, und ich weiß, dass ich Schmerzen haben muss, doch ich spüre sie nicht.

Licht fällt durch das Blätterdach der Bäume hoch über mir, in schrägen Strahlen, die sich gegen den Nebel abzeichnen, alle Farben in einem Ton, der im vertrauten Spektrum nicht vorkommt. Helleres Licht jetzt von vorn, wir bewegen uns auf eine Lichtung zu, und für eine Sekunde, als ich den Kopf gehetzt zu meinem unheimlichen Begleiter wende ...

Es ist der Hirsch. Ich weiß es, ohne ihn wirklich gesehen zu haben. Der große, stolze, schweigende Hirsch, der mich still betrachtet und sich dann mit mächtigen Sprüngen entfernt hat. Er gibt keinen Laut von sich, es sei denn, das Brummen, die schweren, tiefen Töne wie von altertümlichen Kriegshörnern sind seine Laute.

Wir hetzen weiter. Mit trockenem Krachen bricht morsches Holz, und mit einem Mal stehe ich im Freien, in einem weiten, üppigen Wiesengelände. Es ist anders diesmal und doch vertraut. Ich bin nicht gelähmt; ich drehe mich um, doch es ist nicht meine Entscheidung. Da ist etwas anderes, das jede meiner Regungen steuert, mich zwingt, mich langsam umzuwenden.

Der Rand des fremdartigen Waldes ist immer noch ganz nahe. Die Zweige erzittern, als ich spüre, wie etwas, wie der Hirsch, wie mein geisterhafter Gefährte näherkommt. Meine Kehle schnürt sich zusammen. Ich kann den Blick nicht abwenden, ich will nicht, doch jede Faser meines Körpers schreit danach.

Die Zweige teilen sich, als er ins Freie tritt, und er ist kein Hirsch, jetzt nicht mehr. Er ist nackt, sein Körper mit Blut bedeckt, doch ich erkenne ihn sofort.

Joachim Merz.

Mit einem Keuchen fuhr ich in die Höhe.

Das Brummen war noch immer in meinen Ohren, doch es hatte sich in ein an- und abschwellendes Rauschen verwandelt, und im selben Rhythmus zog sich ein Schraubstock um meine Stirn zusammen und gab wieder nach. Das Licht der Straßenlaternen draußen vor dem Schlafzimmerfenster pulsierte zwischen Nacht und heller Glut, sekundenlang.

Ein undeutliches Murmeln, ein dezentes Schmatzgeräusch. Dennis drehte sich in seiner Betthälfte auf die andere Seite, zog mir einen Teil der Decke weg – und schlief weiter.

Ich saß aufrecht im Bett, schweißgebadet, atmete schwer, während das Rauschen zögernd abebbte.

Ein Albtraum. Einer von der schlimmsten Sorte. Mir war bewusst, dass wir im Traum die Eindrücke des Tages verarbeiten, und die Begegnung auf dem Fahrdamm hatte selbst schon etwas Albtraumartiges gehabt. Kein Wunder, dass sie zurückkehrte. Irgendwie musste mein Unterbewusstsein damit fertigwerden. Doch ... *Joachim Merz?*

Ich sah auf die Nachttischuhr: vier Uhr vierunddreißig. Weniger als eineinhalb Stunden bis zum Aufstehen.

Schwerfällig ließ ich die Beine aus dem Bett gleiten, stemmte mich hoch, tappte hinüber ins Badezimmer. Ein kurzer Blick in den Spiegel: kreidebleich, wie erwartet. In diesem Zustand würde mich Dennis jedenfalls nicht zur Arbeit fahren lassen.

Ich sackte auf die Kloschüssel, die Unterarme auf den Knien, Kopf und Oberkörper von der Schwerkraft nach vorn gezogen, soweit mein monströs geschwollener Bauch das zuließ. Joachim Merz.

Was würdest du denn tun, wenn ich nicht mehr da wäre? Würdest du nicht auch irgendwann versuchen, jemand anderen zu finden, auch wenn er ganz anders wäre als ich? Ein neues Leben, eine neue Familie?

War es das gewesen? Dennis' inquisitorische Fragen? Doch, Albtraum oder nicht, das war nun der größte Blödsinn der Welt. Wenn es tatsächlich einen Menschen gab, mit dem ich ein neues Leben, eine neue Familie ... Merz? Undenkbar.

Wie lange war es her, dass ich zum letzten Mal an ihn gedacht hatte? Nicht so wahnsinnig lange, wenn ich ehrlich war, doch wie ließ sich das auch umgehen bei einem Menschen, der jederzeit vollständig unerwartet auf der Mattscheibe auftauchen konnte, in den Nachrichten, in den großen Talkshows zu gewichtigen gesellschaftlichen Themen, die man nur zu gern mit einem hochkarätigen Gast aus der Welt der Rechtsprechung garnierte. Wenn er dabei eine Figur machte wie Joachim Merz, galt das natürlich doppelt und dreifach.

Es war ein fremdartiges Gefühl, noch immer. Sich vorzustellen, dass es diese Hände mit den gepflegten, langgliedrigen Fingern gewesen waren, die meinen Körper berührt hatten, diese Lippen, denen zweifellos auch die unvoreingenommene Fernsehzuschauerin jede Sündhaftigkeit zutraute. Joachim Merz, der legendäre Staranwalt, bei dem ich bis heute nicht begreifen konnte, was ihn denn nun so sehr faszinierte an einer mittelmäßig attraktiven Ermittlungsbeamtin, und den ich doch ... der mich doch ...

Ich hatte die Wahl gehabt. Die Entscheidung war meine gewesen. Dennis, den ich seit bald zehn Jahren kannte und der bei all seinen Fehlern der ehrlichste, der verlässlichste und, ja, der liebevollste Ehemann war, den eine Frau sich nur vorstellen konnte. Oder Joachim Merz, mit dem ich die unglaublichsten und intensivsten Nächte meines Lebens verbracht hatte, ganz in seine Hand gegeben. Wenn sich das auch ursprünglich durch ein Missverständnis ergeben hatte, weil ich in einer gewissen Phase meiner Ehe davon überzeugt gewesen war, dass Dennis zwar in der Tat liebevoll, doch weder sonderlich ehrlich noch sonderlich verlässlich war, sondern das genaue Gegenteil.

Jedenfalls hatte ich die Wahl gehabt, unter wahrhaft haarsträubenden Umständen. Und ich hatte mich für Dennis entschieden. Ich hatte mich für das kleine Mädchen entschieden, das nun in meinem Körper heranwuchs. Damals hatten wir zum ersten Mal offen darüber sprechen können, dass es das und nichts anderes war, was wir uns mehr als alles andere wünschten: ein Kind. Und seitdem war Joachim Merz Geschichte.

Zumindest bis zu dieser Nacht. Warum tauchte er ausgerechnet jetzt wieder auf?

Ich stützte die Hände auf die Knie, holte tief Atem. Doch er war ja gar nicht wiederaufgetaucht. Es war ein Traum gewesen. Mein Unterbewusstsein hatte sich zu Wort gemeldet, und nach den Erlebnissen am Höltigbaum war es kein Wunder, wenn es verrücktspielte. Und schließlich träumte ich hin und wieder sogar von meiner Oma, die seit fünfzehn Jahren tot war, mich im Schlafzustand aber immer noch mit ihrem legendären Honigkuchen verwöhnte.

«Ein Traum», murmelte ich. «Mehr nicht.» Und wer weiß, was da alles reingespielt hatte. Zumindest stand jetzt fest, dass ich um den Jack Daniels in Zukunft einen großen Bogen machen würde.

Ein Traum.

Standing on a beach with a gun in my hand / staring at the sea, staring at the sand

Mein Handy! Ich fuhr in die Höhe. Zwei Schritte, dann packte der Schwindel nach mir, doch ich kämpfte dagegen an, wankte zum Bett, zum Nachttisch.

«Ja!» In das Smartphone.

«Albrecht. – Guten Morgen.» Er klang ... Ich kam nicht dazu, darüber nachzudenken, wie er klang. «Ich hoffe doch, ich habe Sie nicht geweckt?» Um kurz vor fünf? Wie kam er nur auf diese Idee? «Aber ich habe eine kleine Überraschung für Sie. Wenn Sie sich rasch fertig machen könnten? Ich stehe vor Ihrem Haus.»

* * *

Wiedergutmachung? Jörg Albrecht schüttelte unmerklich den Kopf, während er den Dienstwagen den Elbbrücken entgegenlenkte. Hannah Friedrichs saß schweigend auf dem Beifahrersitz und verzehrte das Frühstück, das er an der Autobahnraststätte organisiert hatte: Milchkaffee und frische Croissants. Augenscheinlich konnte sie beides gut gebrauchen. Sie sah noch blasser aus als am Vortag.

Nein, Wiedergutmachung hatte nichts damit zu tun. Es war die richtige Entscheidung gewesen, dass er sie gestern Morgen nach Hause geschickt hatte. Doch genauso richtig war es, dass sie jetzt dabei war. *Sie sind am Fall.* Er hatte es versprochen, und er war ein Mann, dem seine Zusagen heilig waren. Er glaubte zwar nicht daran, dass es so kommen würde, aber was wollte er ihr erzählen, wenn es womöglich gar keinen Fall mehr gab, wenn sie zum regulären Dienstbeginn in der Königstraße eintraf? Und außerdem ... Es war ein unbestimmtes Gefühl. Friedrichs hatte es verdient, das war es. Zumindest zum Teil war es das. Tatsache war aber auch, dass sich dieses Bedürfnis nach ausgleichender Gerechtigkeit gegenüber Faber oder Matthiesen keineswegs mit derselben Intensität eingestellt hätte. Warum also bei Hannah?

Ein Mensch hat immer nur die Macht über uns ... Albrecht runzelte die Stirn. Hannah Friedrichs, seine eigene Mitarbeiterin? Nun, sie hatte ihm das Leben gerettet. Später wiederum hatte er umgekehrt ihr das Leben gerettet – nachdem es zuvor durch sein

Verschulden in Gefahr geraten war. Nein, er würde nicht von *Macht* sprechen, doch Friedrichs gehörte zu den Menschen, denen er jenes Geschenk gewährte, das er gemeinhin in äußerst sorgfältig bemessenen Dosen verteilte: Vertrauen.

Sie schluckte den letzten Bissen ihres Croissants herunter, spülte mit Kaffee nach.

«Besser?», fragte er.

Sie wandte sich zu ihm um. Ihre Augen waren ... verschattet. Er hatte kein besseres Wort. Zwar wollte er nicht ausschließen, dass die Tageszeit vielleicht doch eine Rolle spielte. Schließlich war und blieb es eigentlich noch einmal eine Stunde früher, als die Uhr zeigte. Zugleich aber wusste er, wer Hannah Friedrichs war. Diejenige unter seinen Beamten, die ihren Beruf aus einer Motivation heraus ausübte, die der seinen vergleichbar war. Die sich nicht täuschen ließ von einem Anschein, nicht zurückschreckte vor komplizierten Denkwegen. Die mit der Größe einer Aufgabe wuchs, anstatt vor ihr in die Knie zu gehen. Wenn er ihre Aufmerksamkeit wollte, brauchte es nur eins: eine Herausforderung.

«Wagen Sie eine Prognose?», erkundigte er sich und warf ihr einen Seitenblick zu. «Wohin sind wir unterwegs?»

Sie kniff die Augen zusammen. Ein Ratespielchen? Doch ihr Gesichtsausdruck veränderte sich. Was immer ihr im Kopf herumgegangen war; jetzt war sie bei ihm.

Sie biss sich auf die Unterlippe, zögerte einen Augenblick, doch dann: «Wir fahren zu einer Hausdurchsuchung», sagte sie.

Albrecht hob eine Augenbraue.

«Es ist ... ein Ausschlussprinzip», sagte sie langsam. «Bestände Gefahr im Verzug, hätten Sie stärker gedrängelt, oder ... Nein, in diesem Fall hätten Sie mich natürlich gar nicht erst zu Hause abgeholt. Und für ein gewöhnliches Verhör, eine Zeugenbefragung ...» Ein Nicken zu einem der Displays im Armaturenbrett. «Fünf Uhr einundzwanzig. Ziemlich ungewöhnliche Uhrzeit. Wir werden bei irgendjemandem vor der Tür stehen, der nicht damit rechnet, dass wir kommen», fasste sie zusammen. «Die frühen Morgenstunden – unsere größte Chance, die Leute zu Hause anzutreffen.»

«Hmmm.» Albrecht setzte den Blinker, um einen Tanklastwagen zu überholen. «Ich könnte natürlich auch die Absicht haben, Ihnen eine neue Spur zu präsentieren – oder einen neuen Leichenfund.»

Ein leises Geräusch. Es war kein Kichern, nein, eher ein Schnauben. Doch die Aussage war dieselbe.

«Mit Sicherheit kein neuer Leichenfund. Bei einem neuen Toten wären Sie niemals so ...» Für einen Moment schien sie nach dem richtigen Wort zu suchen. «Sie wären niemals so aufgeräumt.»

Aufgeräumt? Jörg Albrecht runzelte die Stirn. Was hatte Joanna gesagt? An seiner Nasenspitze könne man seine Gedanken ablesen? Er würde auf seine Nase achtgeben müssen beim anstehenden Termin. Er brummte wortlos. Und wusste, dass Friedrichs es als das Kompliment nehmen würde, das es war.

Sie verließen die Autobahn an der Anschlussstelle Stapelfeld. Kein verunglückter Gefahrguttransport heute – der Tanklaster fuhr weiter geradeaus. An der ersten Ampel beobachtete er, wie Friedrichs den Kopf wandte: die Zufahrt zum Industriegebiet. Der Weg, den sie gestern genommen haben musste, zusammen mit Lehmann, zum Höltigbaum und dem Fundort der Leiche. Und einige Stunden zuvor jemand anders. Ein Stück abseits, dachte Albrecht. Ein Stück entfernt von der direkten Strecke zwischen dem Geschäftshaus von PrinceInvest und der Adresse in Meiendorf, die er von Winterfeldt erhalten hatte. Doch wäre nicht alles andere auch eine Überraschung gewesen?

Er hatte die Adresse in das Navigationsgerät eingegeben. Eine der technischen Neuerungen, mit denen er sich am Anfang schwergetan hatte, die er inzwischen aber nicht mehr missen mochte. Bedeutend simpler, als während der Fahrt mit dem Stadtplan zu hantieren. Und ein Gewinn für die Verkehrssicherheit.

Die Bundesstraße hinaus nach Ahrensburg, für einige hundert Meter dieselbe Strecke wie am Tag zuvor. Ein früher Pendlerstrom kam ihnen entgegen. Dann bog er links ab.

Ein Neubaugebiet. Die Siedlung begann soeben zu erwachen. In Wohnküchen flammten Lichter auf, Kinder wurden für den Schultag geweckt. Genauso musste es ein paar Kilometer entfernt in einem restaurierten Bauernhaus in Ohlstedt aussehen. Joanna würde Milch in die Mikrowelle stellen für die heiße Schokolade. Bei ihm jedenfalls tranken die Mädchen nach wie vor ihre heiße Schokolade, alle beide. Ein ganz gewöhnlicher Morgen, tröstlich in seiner eintönigen Abfolge.

In einem dieser Häuser aber mit ihren frisch angelegten Vorgärten, den jungen Ziersträuchern entlang der hell gekiesten Wege würde dieser Morgen einen schmerzhaften Bruch bedeuten. Ehefrau, zwei Söhne, soweit war Albrecht informiert. In diesem Haus würde von heute an eine neue Zeitrechnung gelten, in der die Epoche *vor* diesem Morgen und die Epoche *danach* auseinanderklafften wie zwei unterschiedliche Welten.

Zur Zieladresse ging es rechts ab, nur noch wenige Meter jetzt. Am Straßenrand wartete ein Zivilfahrzeug der hansestädtischen Polizei mitsamt zwei in Zivil gekleideten Beamten. Ein Vorgehen, dem Albrecht den Vorzug gab. In aller Regel war es nicht notwendig, auch noch mit Blaulicht und Peterwagen anzurücken, selbst wenn die Nachbarn vermutlich auch so zwei und zwei zusammenzählten, wenn die frühmorgendlichen Besucher das Haus am Ende mit Stapeln sachdienlichen Materials wieder verließen.

Albrecht nickte den Beamten zu. Der Fahrer saß in der offenen Tür und rauchte. Streng genommen ein Verstoß gegen die Dienstvorschriften, die der Hauptkommissar in diesem Punkt tatsächlich eher streng auslegte, seitdem er selbst von den Zigaretten weggekommen war. Doch er wollte vor Friedrichs keinen kleinlichen Eindruck erwecken.

Friedrichs … Er stellte den Wagen ab, drehte sich zu ihr um. Sie schwieg, blickte auf die rot geklinkerte Doppelhaushälfte, vor der sie stehen geblieben waren.

Da war noch immer etwas. Oder *schon wieder*? Etwas, das er nicht vollständig zu fassen bekam und das nicht zu Hannah passte. Eine ungewohnte Nachdenklichkeit? Irritation? Unruhe? Von allem etwas? Doch da war die Uhrzeit, und da war ihr Zustand.

«Hannah?»

Sie nickte knapp, stieg mühsam ins Freie. Doch, sie war bei ihm. Nur war er sich plötzlich nicht mehr sicher, ob er ihr, sich selbst und dieser Ermittlung einen Gefallen tat, wenn er ihr diese Durchsuchung präsentierte wie eine Geburtstagstorte.

* * *

Die Fahrt war zu lang gewesen. Zu viel Zeit zum Denken. Bevor wir in die Wohnsiedlung eingeschert waren der Blick auf das weite Brachland am Höltigbaum, das sich zögernd aus der Dämmerung schälte, nebelverhüllt, nicht anders als gestern um diese Zeit.

Mit einem Mal war alles wieder da gewesen: die innerliche

Kälte, die ich empfunden hatte, während Lehmann und ich auf Albrecht warteten. Als ob der unfassbare Dunst in der Lage wäre, nicht allein sämtliche Schichten der Kleidung zu durchdringen, sondern auch die Schutzschicht der menschlichen Haut. Melanies toter Körper, der Körper einer Frau, zu der ich eine Verbindung spürte, die ich nicht benennen konnte. Das Brummen, die schemenhafte Gestalt, der Hirsch. Und mein Traum, dieser Traum, den ich nicht aus dem Kopf bekommen hatte, die gesamte Fahrt über. Denn kaum waren wir unterwegs gewesen, kaum hatte ich Albrecht den Gefallen getan, auf sein Ratespiel einzusteigen, als in meinem Kopf ein völlig anderer Gedanke aufgeblitzt war. Ein Gedanke, der mir eine Gänsehaut verursacht hatte. Die noch immer da war.

Konnte es sein … war es möglich, dass ich in diesem Traum gar nicht ich selbst, sondern *Melanie* gewesen war? Ging diese Verbindung so weit, dass ich …

Ich biss mir auf die Lippen, starrte auf Albrechts Rücken, als er die Gartenpforte des Hauses öffnete, abwartete. Auf dem Gehweg näherten sich die beiden Zivilpolizisten, grüßten, hinter ihnen zwei weitere Gestalten, die ich im selben Moment erkannte. Martin Euler sah etwas menschlicher aus als am Vortag. Wahrscheinlich waren die allergieauslösenden Substanzen dünner gesät in der Vorortsiedlung. Er nickte mir lediglich zu, und der andere …

«Herr Staatsanwalt.» Albrecht schüttelte ihm die Hand.

«Moin.» Staatsanwalt Ludvig van Straaten blieb einsilbig, wiederholte das Manöver bei mir.

Natürlich, dachte ich. Bei einer Durchsuchung brauchten wir einen Staatsanwalt oder noch besser den Richter selbst, der die Maßnahme angeordnet hatte. Vermutlich hatte er die Aufgabe in diesem Fall delegiert.

«Gehen wir?», erkundigte sich van Straaten.

Albrecht nickte düster, setzte sich an die Spitze, gab mir ein Zeichen, ihm zu folgen. Dahinter kam der Rest.

Über den kiesgestreuten Weg auf die Eingangstür zu. Ich hätte ihm die Wahrheit sagen sollen, dachte ich. In meinem Magen war ein äußerst unangenehmes Gefühl erwacht. Irgendetwas war nicht in Ordnung mit mir. Ich war nicht in der Lage, weiter an dieser Ermittlung teilzunehmen. In meinem Kopf gingen Dinge vor, für die ich keine Erklärung hatte.

War ich tatsächlich Melanie gewesen, als ich im Traum durch den Nebel zwischen den Bäumen irrte? War ich … Ich kniff die Augen zusammen: War ich schwanger gewesen in meinem Traum? Wenn ich mich an die Träume der letzten Monate erinnerte, hatte die Veränderung meines Körpers dort fast nie eine Rolle gespielt. Im Traum – und nur dort – konnte ich mich weiterhin mühelos bewegen. Aber sollte ich tatsächlich Melanie gewesen sein … *Blödsinn! Du hast wirres Zeug geträumt, das ist alles! Du bist vollkommen neben der Spur!* … Wenn ich tatsächlich Melanie gewesen war: Konnte dieser Traum dann nicht ein Hinweis gewesen sein, der mir irgendwie, von irgendwo … Hatte ich in diesem Traum dann etwas erlebt, das auch Melanie erlebt hatte? Melanie hatte seit Beginn der Grabungen im Bauwagen geschlafen, dort draußen, in der Einöde am Höltigbaum mit ihren Sümpfen und Waldstücken. Diese Flucht, ja, es *musste* eine Flucht gewesen sein, durch den Wald, durch den Nebel. Eine Flucht vor ihrem Mörder?

Reiß dich zusammen! Hinter Albrecht nahm ich die Stufen zur Haustür und versuchte den wirren Gedankenstrom in meinem Kopf irgendwie zum Stillstand zu bringen. Ihn zumindest zu zwingen, sich in einen *logischen* Gedankenstrom zu verwandeln.

Selbst wenn das, was Melanie gesehen, was sie erlebt hatte, auf irgendeine gespenstische Weise Zugang zu meinem Kopf gefunden hätte: Wäre sie tatsächlich auf der Flucht gewesen, hätte sie dann nicht versucht, sich im Bauwagen zu verbarrikadieren? Warum hätte sie dort draußen warten sollen, auf der Grabungsstelle? Nach Eulers Worten war sie durch den Angriff überrascht worden. Und, nein, im Traum war ich mir nicht vorgekommen, als ob mich etwas verfolgte. Eher als wären wir – der Hirsch und ich – gemeinsam auf der Jagd gewesen. Der Hirsch, der sich als Joachim Merz entpuppt hatte. Und spätestens an dieser Stelle war es eindeutig, dass der Traum Unsinn war, von vorn bis hinten. Gedankenabfall, wie jeder Traum. Es gab nicht den Hauch einer Verbindung zu Joachim Merz.

«Hannah?» Albrecht, genau im selben Tonfall wie eben im Wagen. Er war vor der Haustür stehen geblieben.

Mit einem Mal spürte ich, wie die Kälte in meinem Innern deutlicher wurde. Diese Tür ... hinter dieser Tür: Joachim Merz?

Nein. *Nein!* Nicht Merz, unmöglich! Nicht Joachim Merz mit seinem villenartigen Anwesen am Elbufer, mit seinem Penthouse über den Dächern von Rotherbaum, mit seinen Klienten aus Showbusiness, Politik und Hochfinanz. Merz und diese solide kleinbürgerliche Doppelhaushälfte: unmöglich, undenkbar. Und doch war ich mir nicht sicher, wie meine Stimme sich in diesem Moment anhören würde.

Ein Nicken zumindest gelang mir. Doch, ich war da.

Albrecht betrachtete mich einen Moment lang skeptisch, dann strafften sich seine Schultern, und er drückte den Klingelknopf.

Sekunden vergingen. Hielt ich die Luft an? Natürlich tat ich das. Schon von der Straße aus hatten wir hinter einem der Sprossenfenster im Erdgeschoss Licht gesehen. Eine Halbgardine: die Küche, wie überall um diese Uhrzeit. Bewegte sich der Stoff?

Schritte.

Albrecht trat auf die oberste Stufe. Ein Blick, der mich anwies, ein Stück zurückzutreten. Ich reagierte nicht darauf, konnte nicht reagieren, starrte auf die Tür, die sich öffnete und ...

Eine Frau, die ich noch nie gesehen hatte. Nicht ganz schlank, etwa in meinem Alter, ein Handtuch turbanartig um den Kopf gewunden. Eine durchschnittliche Ehefrau in einer durchschnittlichen Vorortsiedlung – wäre da nicht ihr Blick gewesen, der zwischen Albrecht, mir und den anderen hin und her huschte, schließlich wieder beim Hauptkommissar hängenblieb.

«Ja?» Nicht viel mehr als ein Flüstern.

Sie ist nicht so überrascht, wie sie sein sollte. Ich wusste, dass derselbe Gedanke auch Albrecht durch den Kopf schoss.

Es war nicht das erste Mal, dass ich bei so einer Aktion dabei war, und ich hatte die unterschiedlichsten Reaktionen erlebt. Misstrauen, Unglaube, Feindseligkeit. Einige Leute hatten sich minutenlang geweigert, die Tür zu öffnen, was ich ihnen nicht mal übel nehmen konnte, wenn bei Nacht und Nebel plötzlich wildfremde Menschen auf der Treppe standen. Während der Sommermonate dürfen Hausdurchsuchungen ab vier Uhr früh stattfinden, und gar nicht so selten suchen wir uns genau diese Uhrzeit aus, um die nun wirklich mit ziemlicher Sicherheit jemand zu Hause anzutreffen ist.

Ich kannte die Reaktionen, und ich kannte auch diesen ganz bestimmten Blick. Den Blick derjenigen, die längst begriffen hatten, wer da geklingelt hatte und was er wollte.

Mein Herzschlag beschleunigte sich. Woher auch immer Albrecht diese Adresse hatte: Wir waren nicht umsonst gekommen.

«Jörg Albrecht», sagte er und hielt der Frau seinen Dienstausweis hin. «Ich muss Sie bitten, uns reinzulassen.»

«Wir ...» Wieder der unstete Blick. «Ich ...»

«Sie sind Frau Sibylle Unwerth? Ist Ihr Mann zu Hause?»

«Ich ... ja. Nein. Ja. Aber er schläft noch. Ich ...»

«Mama?»

Albrechts Haltung veränderte sich. Es war nur eine winzige Bewegung oder eigentlich eher die Tatsache, dass er sich plötzlich nicht mehr bewegte, seine Haltung einfror.

Ein kleiner Junge, Kindergartenalter. Er war barfuß, musste gerade dabei gewesen sein, seinen Schlafanzug auszuziehen. Einen Arm im Stoff verheddert, sah er uns mit großen Augen an. «Mama?» Ängstlicher. «Was sind das für Leute?»

«Würden ...» Sibylle Unwerths Stimme zitterte. Ihre Hand legte sich auf das Türblatt. «Könnten Sie einen Moment hier draußen ...»

«Es tut mir leid.» Jörg Albrecht. Die Frau musste einfach hören, dass es ihm tatsächlich leidtat. «Aber das ist leider nicht möglich. Wenn Sie bitte Ihren Mann wecken würden?»

Er trat einen Schritt vor, über die Schwelle. Stolpernd wich sie zurück. Im Stillen fluchte ich auf ihren Mann. Schließlich war längst klar, von wem wir wirklich etwas wollten, und das war jedenfalls nicht diese Frau, Sibylle.

«Ich ...» Sie warf einen gehetzten Blick zu dem Jungen, dessen Augen verräterisch zu glitzern begannen.

Kurz entschlossen gab ich Albrecht einen dezenten Schubs. Ich konnte nicht sagen, ob er überrascht wurde, doch jedenfalls trat er jetzt vollständig in den Flur, dessen Boden mit Fliesen in einem warmen Rotton ausgelegt war. Ich folgte ihm sofort, ging neben dem Jungen in die Hocke, sodass meine Knie schmerzhaft protestierten.

«Na, soll ich dir mal mit deinem Schlafanzug helfen?» Ich streckte nicht die Hand aus. Wenn er sich bedrängt fühlte, würde alles nur noch schlimmer werden. «Ui!» Ich legte den Kopf schräg. «Ist das etwa *Bob der Baumeister* da vorne drauf?»

Er sagte kein Wort, doch nach einem Moment nickte er zögernd und ließ zu, dass ich vorsichtig seine Hand durch den Ärmel führte. Über seine Schulter fing ich den Blick seiner Mutter ein. Ein erleichterter Blick, dankbar, während sie schon an der Treppe war, die ins Obergeschoss führte.

Albrecht blieb an meiner Seite. Van Straaten und die anderen hatte er mit knappen Worten gebeten, draußen auf der Treppe zu warten. Zumindest dem Staatsanwalt musste das Procedere vertraut sein. Wichtig war, dass wir im Haus waren. Ob wir der Frau auf Schritt und Tritt folgten, lag in Albrechts Ermessen.

«Das hast du ganz toll gemacht», lobte ich den Kleinen, sobald ich ihn aus dem Schlafanzugoberteil befreit hatte. «Wo sind denn deine Anziehsachen? In der Küche?»

In Wahrheit konnte ich sie bereits sehen, durch eine offen stehende Tür, über einen Stuhl drapiert.

Doch ich registrierte, wie seine Stirn sich in Falten legte. «Mama sagt, wird dürfen keine Fremden reinlassen. Nicht mal Leo.»

Leo? Ein fremder Mensch? Oder, nein, sein großer Bruder wahrscheinlich. Irgendwo im Haus hörte ich Geräusche: das Badezimmer. Wenn der Vater noch im Schlafzimmer war ...

Schritte, und diese waren ganz anders, auf der Treppe. Füße in Hausschuhen kamen ins Bild, eine Pyjamahose, und erst in diesem Moment atmete ich tatsächlich auf. Es war lächerlich, doch irgendein hinterletzter Winkel in meinem Kopf musste ernsthaft damit gerechnet haben, dass Sibylle Unwerths Ehemann niemand anders war als Dr. Joachim Merz, bekannt aus Funk, Fernsehen und furiosen Schwurgerichtsprozessen.

Doch es bestand wenig Ähnlichkeit. Mittelgroß, Geheimratsecken, etwas älter als seine Frau – und eine Gesichtsfarbe wie bei Martin Eulers Objekten im Obduktionssaal.

«Sie ...»

«Jörg Albrecht, Kriminalpolizei. – Herr Unwerth, wir müssen in Ihrem Haus und auf dem Anwesen eine Durchsuchung vornehmen. Ihr Wagen steht in der Garage? Würden Sie mich begleiten?»

Unwerth öffnete den Mund. Doch dann nickte er, ohne gesprochen zu haben.

* * *

«Meinen Koffer, bitte.»

Euler lag flach auf dem Rücken. Über seiner Kleidung trug er einen Schutzanzug, auf der Hofeinfahrt war eine Plane ausgebreitet. Jörg Albrecht hatte beobachtet, wie der Gerichtsmediziner unter dem BMW mit dem Kennzeichen HH-PI verschwunden war. Im Moment allerdings sah er lediglich eine kunststoffumhüllte Hand, die ziellos in der Luft herumruderte.

Er bückte sich, trug den Koffer zum Wagen, öffnete ihn. «Brauchen Sie was Bestimmtes?»

«Zweite Reihe von oben. Durchsichtige Behälter mit Wa... Wa...» Ein heftiges Niesen, ein Ruck, der durch den Körper des Mediziners ging, und im nächsten Moment ein dumpfes Klong!, bei dem selbst Albrecht der Kopf weh tat.

«Wattestäbchen», vollendete der Hauptkommissar und reichte Euler das Gewünschte.

«Danke.» Gepresst. Unterdrücktes Fluchen, während der Gerichtsmediziner seine Arbeit fortsetzte.

Jörg Albrecht bewunderte diesen Mann. Ein Automobil war kein Leichnam. Streng genommen wäre Eulers Aufgabe lediglich gewesen, bei der Durchsuchung angefallene Proben im Labor zu prüfen, nicht aber, sich selbst vor Ort nach möglichen Spuren umzusehen. Doch selbstverständlich hatte der Mann seine einschlägigen Erfahrungen.

«Sie haben was?», fragte Albrecht.

Keine Antwort, mehrere Sekunden lang, dann: «Der Wagen war vor kurzem in einer Waschanlage.» Dumpf, unter dem BMW hervor. «Deshalb habe ich sonst so wenig gefunden, zumindest außen. Das vernichtet mögliche Spuren recht zuverlässig – zumindest, wenn auch der Unterboden ...» Ein neues, vage schmerzhaftes Geräusch, dann ein erschöpftes Ausatmen. «Das war hier nicht der Fall.»

Albrecht hob die Augenbrauen. «Unter dem Wagen? Haben wir irgendeinen Hinweis, dass Melanie Dahl in einen Autounfall verwickelt war?»

«Ich habe nur die Hinweise, die ich mit eigenen Augen sehe.» Geknurrt. «Und hier unten ist Blut, und es ist jedenfalls nicht alt. Unterhalb der Beifahrertür.»

«Ich ...»

Albrecht drehte sich um. Unwerth, drei Schritte entfernt, die Schultern eingesunken, doch die Hände zu Fäusten geballt.

«Ich hatte einen Wildunfall, vor ein paar Tagen, also ...» Eilig. «Nichts Großes. Nichts, das man melden muss. Ein Kaninchen oder ... so. Also bin ich in die Waschanlage ...»

Albrecht sah ihn nicht an. Er betrachtete die Ehefrau, die mehrere Schritte Abstand hielt, die Hände um eine Thermoskanne, deren Deckel sie mit unwillkürlichen Bewegungen öffnete und wieder schloss. Dass den Ermittlern bei einer Durchsuchung Kaffee angeboten wurde, kam häufiger vor, als man hätte vermuten sollen. Die Motive für solche freundlichen Gesten mochten wechseln, doch in diesem Fall ging er davon aus, dass er mit Hilflosigkeit der Tatsache recht nahe kam.

Und dass Sibylle Unwerth von diesem Wildunfall soeben zum ersten Mal hörte, stand nicht in Frage.

Sein Blick glitt weiter. Vor zehn Minuten hatte sich die Nachbarin von gegenüber blicken lassen, zum zweiten Mal bereits.

Bei diesem erneuten Besuch hatte sie noch einmal versichert, dass es ihr überhaupt nichts ausmache, die beiden Jungen der Unwerths in die Schule beziehungsweise in den Kindergarten zu fahren. Falls sie sonst noch irgendwie helfen könne? Bei der letzten Bemerkung hatte sie ganz eindeutig Jörg Albrecht im Auge gehabt.

Spontan erinnerte sich der Hauptkommissar, dass er sehr gute Gründe gehabt hatte, das Reetdachhaus in Ohlstedt zu erwerben. Einen Resthof mit wohltuendem Abstand zur nächsten Nachbarschaft.

«Sie müssen nicht die ganze Zeit dabei sein, wenn Sie nicht wollen.» Friedrichs, die sich an Sibylle Unwerth wandte. «Sie dürfen natürlich, wenn Sie mögen, aber grundsätzlich ...»

«Nein. Nein, ich will ... Ich möchte ...» Ein krampfhaftes Einatmen. «Bitte, Sie können doch nicht wirklich glauben, dass ...» Ein Ton in ihrer Stimme, gepresst, zu hoch, schmerzhaft hoch, um am Ende unvermittelt abzubrechen. Ein neuer, letzter Versuch: «Dass mein Mann so etwas ...»

Sie nannte das Etwas nicht beim Namen.

Albrecht nickte vor sich hin. Selbstverständlich hatte er den Unwerths mitteilen müssen, aus welchen Gründen die Durchsuchung vorgenommen wurde. Der Ehemann hatte die Gelegenheit bekommen, in der Sache Stellung zu nehmen, was sich aber darin erschöpft hatte, dass er jede Verbindung zu Melanie Dahl im Allgemeinen und der Bluttat im Besonderen vehement abgestritten hatte – gefolgt von unkoordiniertem Gestammel von Überstunden und vorhöllenhaften Verkehrsstaus, die dafür verantwortlich waren, dass er am bewussten Abend später nach Hause gekommen war als gewöhnlich.

«Vielleicht gehen Sie doch besser wieder rein.» Friedrichs schenkte der Frau ein tröstendes Lächeln. «Wir müssen leider sämtlichen Spuren nachgehen, auf die wir stoßen. Nur so können wir herausfinden, was wirklich geschehen ist. Und genau das kann Ihren Mann ja schließlich auch entlasten.»

Ein Argument, das sich nicht von der Hand weisen ließ, dachte Jörg Albrecht. Nicht selten vermochte es die Verdächtigen und ihre Angehörigen tatsächlich ein Stück weit zu beruhigen. Ihre Reaktion in diesem Moment ließ Schlüsse zu, vorausgesetzt ...

Vorausgesetzt, Martin Euler suchte sich nicht genau diesen Augenblick aus, um sich unter dem Wagen heraus ins Freie zu hieven, den Glasbehälter mit der Probe triumphierend in die Luft gereckt. «Na also: fertig verpackt!»

Albrecht nickte säuerlich. «Ob es sich um menschliches Blut oder ... Kaninchenblut *oder so* handelt, können Sie ad hoc vermutlich nicht sagen?»

Der Mediziner schüttelte den Kopf. «Unmöglich. Aber ich setz mich ran, sobald ich im Labor bin. Ob es Menschenblut ist, kann ich sofort bestimmen, Blutgruppe und so weiter. Alles andere ...»

«In Ordnung. – Elf Uhr auf der Dienststelle, auch wegen der anderen Sache?»

Euler nickte wortlos. Der Hauptkommissar wandte sich um.

Unwerth sah ihn an, kreideweiß im Gesicht, schuldbewusst, unübersehbar. Zwei von zehn Verdächtigen wurden in einer solchen Situation widersetzlich, zum Teil gewalttätig. Die übrigen acht allerdings trugen genau diesen Gesichtsausdruck zur Schau, ganz unabhängig davon, ob sie im Sinne der Tat, der sie verdächtigt wurden, nun schuldig waren. Albrechts Beamte waren in Kellergeschossen schon auf ganze Hanfplantagen gestoßen, während in Wahrheit in einem Fall von häuslicher Gewalt ermittelt wurde. Und selbstredend durften diese unverhofften Entdeckungen strafrechtlich verwertet werden.

«Wenn Sie nichts mehr zu Protokoll geben wollen, darf ich

mich jetzt verabschieden», sagte der Hauptkommissar. «Sie können das allerdings jederzeit noch gegenüber dem Herrn Staatsanwalt und den beiden Beamten nachholen, die sich im Haus umsehen.»

Der Mann nickte wortlos. Seine Fäuste lösten sich zögernd.

Ein Mörder? Die wenigsten Straftäter trugen die Spuren ihrer Vergehen wie entstellende Messernarben im Gesicht. Albrecht hatte geahnt, dass er hier keine letztgültige Antwort finden würde. Es sei denn, der Mann hätte ihm den Gefallen getan, die Tatwaffe im Handschuhfach zu verstauen. Oder er hätte spontan ein wirklich überzeugendes Alibi hervorzaubern können, was von Anfang an eher unwahrscheinlich gewesen war, nachdem sich die beiden Zeugen die Autonummer eingeprägt hatten.

HH-PI. PrinceInvest.

Die entscheidende Begegnung dieses Morgens stand Jörg Albrecht noch bevor.

«Friedrichs?» Er drehte sich um, und die Beamtin blickte ihn an. «Fahren wir?»

* * *

Das Haus der Unwerths verschwand aus dem rechten Seitenspiegel.

Kapitel abgeschlossen, dachte ich. Zumindest für uns. Was wir an Schutt und Asche in der Neubausiedlung zurückließen, und zwar gleichgültig, ob Sibylles Ehemann nun mit Melanies Tod zu tun hatte oder nicht, das war nicht mehr unser Problem.

Allerdings fragte ich mich, ob es das nicht doch sein sollte. Natürlich, wir hatten unsere Dienstanweisungen. Wenn sich ein bestimmter Verdacht herauskristallisierte und wir befürchten mussten, dass der Verdächtige als Allererstes sämtliche

Spuren beseitigen würde, sobald wir ihn aufs Revier vorluden: Hatten wir dann eine Wahl? Nein, die hatten wir nicht. Trotzdem war ein Verdächtiger noch kein Verurteilter. Er war noch nicht einmal ein Angeklagter. Und seine Familie hatte erst recht nichts mit der Sache zu tun.

Und dennoch würde die Nachbarschaft in der freundlichen kleinen Vorortsiedlung in Zukunft tuschelnd die Köpfe zusammenstecken, sobald sich die Unwerths auf der Straße blicken ließen. *Die Leute, bei denen die Polizei war.* Ob es überhaupt bekannt wurde, weswegen wir dort gewesen waren, stand in den Sternen. Falls Martin Euler tatsächlich gerade Kaninchenblut gesichert hatte, war das kaum zu erwarten. Sibylles Mann konnte sich als eine der vielen Spuren ins Nichts erweisen, die bei einer jeden Ermittlung auftauchten.

Für die Nachbarn allerdings würde das keinen Unterschied machen. Und auch für die Familie selbst nicht. Ich hatte Sibylles Blick gesehen. Ja, sie hatte ihren Mann mit Klauen und Zähnen verteidigt. Und doch glaubte ich etwas gespürt zu haben: einen Verdacht, auch bei ihr. Dass sie dem Vater ihrer Kinder tatsächlich einen Mord zutraute, wollte ich bezweifeln, aber immerhin hatte dieser auf Albrechts mehrfache Nachfrage kein sinnvolles Alibi liefern können, wofür es zweifellos noch eine ganze Menge anderer Gründe geben konnte. Eine Affäre mit einer Arbeitskollegin war da nur der Anfang. Weniger schlimm als ein Mord natürlich – es sei denn für eine bestimmte Sorte Ehefrau.

Doch ob Sibylle ihrem Mann nun tatsächlich die Hölle heiß machen würde oder nicht, Fakt war: Wir waren in das Heim der Unwerths eingedrungen, quasi bei Nacht und Nebel; in den Ort, an dem ein Mensch sich sicher fühlte. Und das reichte aus, um die Balance einer Familie zu erschüttern – und mehr als das.

Nein, welche Folgen dieser Besuch haben würde, würden wir vermutlich niemals erfahren.

Ich löste den Blick vom Seitenspiegel. Für mich selbst hatten die vergangenen eineinhalb Stunden denselben Effekt gehabt wie eine kalte Dusche. Die kalte Dusche, die ich heute Morgen, nach meinem Albtraum, hätte brauchen können und die ausgefallen war, weil Albrecht vor der Tür gestanden hatte.

Erst jetzt, dachte ich, war ich tatsächlich wach, und die letzte Spur des Traums war verschwunden. *Botschaften aus dem Totenreich. Joachim Merz.* Ich hatte mir tatsächlich eingebildet, er könnte plötzlich in einer Doppelhaushälfte in Meiendorf in der Tür stehen.

Vorsichtig ließ ich den Blick zur Seite wandern. Ich kannte Jörg Albrecht. Seine Gabe, Dinge zu sehen, die man eigentlich nicht sehen konnte, beschränkte sich keineswegs auf steinzeitliche Waffen. Doch ich konnte aufatmen. Auf seiner Stirn standen zwar nachdenkliche Falten, aber aus irgendeinem Grund war ich mir sicher, dass sie nichts mit mir zu tun hatten. Er bog links ab, zurück auf die Bundesstraße, diesmal allerdings Fahrtrichtung stadtauswärts. Fragend sah ich ihn an.

«Er verbirgt etwas», sagte er jetzt, anstatt das Manöver zu kommentieren. «Unwerth. – Nun, wir werden sehen. Zusätzlich zum Blut hat Euler verschiedene Fasern gesichert, aus dem Innern des Wagens natürlich. Sie waren ja dabei. Wir werden sehen, ob wir sie mit dem Opfer in Verbindung bringen können.»

«Sie ...» Ich räusperte mich. «Sie klingen nicht eben überzeugt.»

Albrecht antwortete nicht, ein oder zwei Minuten lang. Eine Allee säumte die Straße; auf der Gegenfahrbahn bewegte sich der Pendlerverkehr im Schritttempo. Ein Grenzstein mit dem Wappen Stormarns und weiter rechts die Senke mit dem Stellmoorer Quellfluss. Die Sonne hatte es leichter heute Morgen, der Nebel war nur eine Ahnung weit draußen.

«Hansen hat mich angerufen», sagte der Hauptkommissar unvermittelt. «Gestern, bei meinem privaten Termin.»

Ich musste einen Moment lang umschalten, doch dann war mir klar, wovon er sprach. «Die Hinweise aus der Bevölkerung», murmelte ich.

Albrecht nickte. «Sie wissen selbst, was von diesen Hinweisen zu halten ist, in neunhundertneunundneunzig von eintausend Fällen. Wenn die Medien ausreichend auf den Putz hauen, stehen Wegners Telefone nicht mehr still. Und in diesem Fall können wir noch froh sein, dass niemand Fotos gemacht hat, bevor der Leichnam abtransportiert wurde, angefangen mit Dahls Kollegen. Irgendjemand hätte das gedruckt oder gesendet, und der Rest hätte nachgezogen. Wie jedes Mal. Und wenn sie sich nur darüber aufgeregt hätten, dass die Konkurrenz solche abscheulichen Bilder veröffentlicht.»

«Ihr Kopf war fast …»

«… vom Rumpf getrennt. Was kann die Presse sich Besseres wünschen? – Aber selbst ohne diese Details hatte Irmtraud Wegner gestern dermaßen viel Kundschaft, dass Hansen bis zum Abend gebraucht hat, ehe er auf den möglicherweise entscheidenden Anruf gestoßen ist.»

«Unwerths Wagen.»

«Es ist nicht Unwerths Wagen. Es handelt sich um ein Firmenfahrzeug von PrinceInvest, und die Zeugen versichern übereinstimmend, dass es vorgestern Abend gegen neun das Gelände am Höltigbaum verlassen hat. Sie kennen die Zufahrt: Sie ist ungepflastert. Seydlbacher ist bereits vor Ort und überprüft, ob Abdrücke des Reifenprofils zu finden sind. Doch nach dem Auftrieb gestern früh …»

Ich nickte stumm. Die Gaffer. Und die Aufnahmewagen von

Kanal Sieben, Neun und sonst was. Kaum zu erwarten, dass jetzt noch irgendwelche Spuren vorhanden waren. War das aber der Fall, wären sie auf jeden Fall nach dem Zeitpunkt entstanden, zu dem wir das letzte Lebenszeichen von Melanie hatten.

«Wir hatten den Wagen», murmelte Albrecht. «Winterfeldt hat die Register durchgesehen, sodass wir ihn zuordnen konnten. Der *Firma* zuordnen. Aber wer am bewussten Abend mit diesem Wagen unterwegs war ...»

Ich hob die Augenbrauen. «Sie haben bei PrinceInvest durchgerufen?»

«Winterfeldt hat durchgerufen oder durchgetwittert oder wie der Mann das macht. – Mit diesen Datenmenschen kommt er am besten zurecht. Und sie waren ausgesprochen kulant, nachdem sie sich einmal rückversichert hatten, dass sie die Adresse herausgeben dürfen. Mit anderen Worten ...»

Jetzt dämmerte es mir. «Die Konzernzentrale weiß Bescheid.»

Albrecht nickte düster. «Wäre Ihnen etwas Besseres eingefallen? Wir hätten uns natürlich heute tagsüber das Firmengelände mit dem gesamten Fuhrpark vornehmen können, doch was glauben Sie, was Isolde Lorentz mir erzählt hätte?»

Die Polizeipräsidentin, im Kollegenkreis bekannt als der *Rote Drache*, nach ihrer Haarfarbe. In diesem Fall wäre sie allerdings absolut im Recht gewesen, wenn sie Albrecht zu verstehen gegeben hätte, dass ein solcher Einsatz wegen Unverhältnismäßigkeit nicht in Frage kam.

«Zumindest scheint die Zentrale Unwerth nicht gewarnt zu haben», sagte ich.

Albrecht sah starr geradeaus. «Danke für die tröstenden Worte. Genau über diesen Umstand denke ich nach, seitdem der Mann in seinen Hauspuschen die Treppe runterkam. – Will uns PrinceInvest demonstrieren, dass die Firma nichts zu verbergen hat? Oder wäre es einfach Wahnsinn gewesen, in einer solchen Situation zu mauern? Doch auf der anderen Seite: Wäre es nicht bereits derselbe Wahnsinn, einen Menschen in einem Firmenwagen loszuschicken, um die Frau zu töten, wenn jeder weiß, welche Ungelegenheiten sie dem Unternehmen bereitet hat?»

«Das würde bedeuten, dass Unwerth tatsächlich zufällig dort war», sagte ich leise. «Was er abstreitet. Er behauptet, überhaupt nicht dort gewesen zu sein.»

Wieder schwieg Albrecht, doch diesmal nur für wenige Sekunden. «Zufälle gibt es nicht, Hannah.» Finster. «Aber manchmal gibt es Zeichen.»

Ich schluckte. Nein, ich würde nicht wieder anfangen, an meinen Traum zu denken.

«Und diese Zeichen», murmelte er, «weisen mit dicken, giftgrünen Pfeilen in Richtung PrinceInvest.» Schaltung. Die Straße war frei, wenigstens in unserer Richtung, stadtauswärts nach Ahrensburg. Fünfter Gang.

Ich sah ihn fragend an. «Aber die Konzernzentrale befindet sich in Hamburg.»

«Und Fürst Skanderborg befindet sich auf dem Schloss seiner Väter. – Gewarnt oder nicht: Wir werden seiner Durchlaucht einen Besuch abstatten.»

* * *

«Einen gewissen Humor kann man ihm jedenfalls nicht absprechen», murmelte Jörg Albrecht.

Er spürte Friedrichs fragenden Blick.

«Oben, über dem Tordurchgang. Das Wappen der Familie. Und direkt darunter?»

Sie legte den Kopf in den Nacken, kniff die Augen zusammen. «Verschnörkelt. Ist das ein Buchstabe?»

«Ein griechischer Buchstabe. Vielleicht erinnern Sie sich an Ihren Mathematikunterricht.»

«Mathe...» Sie brach ab. «Der Kreisumfang. Die Zahl Pi.»

«PI.» Albrecht nickte. «*Princeinvest*. – Kommen Sie.»

Er spürte, wie ihm Friedrichs kopfschüttelnd folgte, als er durch das Tor schritt. Es existierte weder eine Klingel noch sonst eine elektronische Vorrichtung, mit der man sich hätte anmelden können. Gleichzeitig ließ eine eingelassene Sperre nicht zu, dass sie mit dem Wagen passierten. Also zu Fuß.

Albrecht sah sich um. Die etwas über mannshohe Mauer, die das Gelände umgab, stellte keine Befestigungsanlage dar, sondern lediglich eine Umfriedung für einen weitläufigen Park. Geschotterte Wege, die sich zwischen gepflegten Rasenflächen und schattenspendenden Bäumen dahinwanden. Lediglich die Mittelachse führte schnurgerade auf eine mächtige Freitreppe zu, die sich mit großer Geste von der weiß gekalkten Schlossfassade abhob. Der Kontrast zur Wildnis am Höltigbaum hätte nicht größer sein können.

«Das ist ...» Friedrichs ließ den Blick über die ausladende Schlossanlage schweifen. «... sein Stammschloss? Ist Skanderborg nicht eine Stadt in Dänemark?»

«Korrekt», bestätigte Albrecht. «Tatsächlich gehörte diese Gegend bis vor hundertfünfzig Jahren mehr oder weniger zu Dänemark, und irgendeinen Namen musste das Kind nun mal haben. Fürst Skanderborg entstammt einer Nebenlinie des schleswigschen Herzogshauses, das wiederum eine Nebenlinie der dänischen Krone darstellt. Anderswo führen solche kleinen Adelsfamilien längst eine mehr oder minder bürgerliche Existenz, doch die Skanderborgs haben früh ihr Ohr am Puls der Zeit gehabt.»

«Immobilien?»

Albrecht stellte fest, dass Friedrichs Schwierigkeiten hatte, seinem Tempo zu folgen. Er wurde langsamer, allerdings nicht ruckartig. Inzwischen schien sie voll bei der Sache zu sein, aber er war sich nicht sicher, ob sie die Rücksicht auf ihren Zustand nicht vielleicht doch wieder in Vorbehalte gegenüber ihrer Eignung als Ermittlerin übersetzen würde. Dabei zog er diese Eignung keine Sekunde lang in Zweifel. Er hatte lediglich die Entscheidung getroffen, dass sie bei dieser Ermittlung an seiner Seite besser aufgehoben war als auf der *anderen* Spur, mit der sie sich würden auseinandersetzen müssen. Martin Eulers Spur. Der Spur von gestern Abend.

Doch darüber würde er Friedrichs wie den Rest der Mannschaft zum geeigneten Zeitpunkt unterrichten. Heute Mittag, auf der Dienststelle. Bis dahin sollte sie davon ausgehen, dass PrinceInvest ihre einzige Spur war.

Der unverfälschte Blick, dachte er, der alles Vorwissen ausblendete. Am effektivsten funktionierte er, wenn Jörg Albrecht gar nicht erst zuließ, dass sich Vorwissen einstellte. Zumindest bei Hannah Friedrichs, wenn er es denn schon bei sich selbst nicht verhindern konnte.

«Immobilien?», wiederholte die Oberkommissarin.

Albrecht runzelte die Stirn. Konnte *diese* Sorte Vorwissen schaden?

«Geschickte Heiraten», sagte er schließlich. «Wenn man sich ohnehin ausrechnen kann, dass es niemals etwas werden wird mit königlichen Würden, kann man sich die Dame seines Herzens auch aus bürgerlichen Kreisen erwählen. Aus *wohlhabenden* bürgerlichen Kreisen, wohlgemerkt. Hier die Tochter eines Reeders, dort die Erbin einer Bankierssippe. Unterschätzen Sie nicht die Anziehungskraft, die ein klingendes von und zu in solchen Kreisen ausübt. Die heutige Fürstin stammt aus der Chemie- und Schwerindustrie. Erst dieses finanzielle Polster hat es den Skanderborgs ermöglicht, die halbe Gegend für ein Trinkgeld aufzukaufen. Und *das* war die Grundlage für das Immobiliengeschäft. Für PrinceInvest. – Wobei es gerade mit dem Gelände am Höltigbaum noch eine ganz besondere Bewandtnis hat. Ist es Ihnen aufgefallen? Wir befinden uns hier gar nicht so weit entfernt vom Rand des Naturschutzgebiets. Und tatsächlich ist zumindest ein Teil des Geländes, auf dem nach dem Willen des Konsortiums demnächst Industrieschlachthöfe und Produzenten von Hygieneartikeln ihre Fahnen gen Himmel recken werden, seit Kaisers Zeiten im Besitz der Familie. Erst der aktuelle Fürst hat sie ins Unternehmen eingebracht.»

«Ein Grund mehr also ...», begann Hannah Friedrichs, doch mitten im Satz brach sie ab. Plötzlich lautes Hundegebell. Instinktiv schob Albrecht sich nach vorn, vor Friedrichs.

Im selben Moment kamen die Hunde auch schon in Sicht: vier von ihnen, mit neugierig zuckenden, puscheligen Schwänzen, fröhlich umeinandertollend. Der größte von ihnen hätte in eine voluminösere Damenhandtasche gepasst. Und sie liefen nicht frei.

«Entschuldigen Sie.» Eine Frau um die fünfzig, für die Gartenarbeit gekleidet. «Ich war mir nicht sicher, ob ich einen Wagen gehört hatte. Die meisten Leute kommen durch den Vordereingang. – Es tut mir leid, aber die Anlage ist Privatbesitz und kann nicht besichtigt ...»

Vordereingang. «Jörg Albrecht», sagte Jörg Albrecht. Die Hunde waren klein und eher verspielt, offensichtlich noch nicht ausgewachsen. Dennoch hatte er sie aufmerksam im Auge, als er die Hand in die Anzugtasche gleiten ließ und den Dienstausweis hervorholte.

«Oh.» Die Frau beugte sich vor. Den meisten Leuten genügten das Wappen der Freien und Hansestadt oben links in der Ecke und der überdimensionale Polizeistern rechts daneben. Und die wenigen Ausnahmen hatten in den seltensten Fällen eine knappe Handvoll neugierig schnüffelnder Welpen dabei. Die Frau warf einen kurzen Blick zur Seite, während sie das Dokument studierte. «Offenbar riechen Sie interessant», murmelte sie mit einem Nicken auf ein braun-weiß geflecktes Exemplar, das sich an Albrechts frischer Anzughose aufrichtete.

«Wir würden gerne mit Fürst Skanderborg sprechen», bemerkte der Hauptkommissar. Er bewegte sich nicht. Hätte er sich bewegt, hätte er der Frau den Ausweis wegziehen müssen. Mittlerweile musste sie seine Dienstnummer auswendig können.

Hannah Friedrichs war in die Knie gegangen und streichelte die Welpen.

«Mein Mann ist im Büro.» Endlich signalisierte die Haltung der Frau, dass er das Dokument wieder einstecken konnte. «Seinem Privatbüro.» Eine Kopfbewegung zum Schloss. «Sie gehen die Geschäftsbücher durch. – Kommen Sie mit?»

Nichts lieber als das, dachte Jörg Albrecht. Allerdings mit Sicherheitsabstand. Unauffällig wischte er sich die Hose ab, während Friedrichs mit der Frau – der Fürstin Skanderborg – voranging.

Die mächtige Freitreppe. Tadellos gepflegt, nicht anders als der parkartige Garten. PrinceInvest schien nach wie vor gute Geschäfte zu machen. In der Eingangshalle musste er die Augen zusammenkneifen. Schummeriges Halbdunkel, der Geruch und das Gefühl von hohem Alter.

Er konnte nicht mit Sicherheit sagen, was er sich von diesem Besuch versprach, doch seit dem Moment, in dem er vor der toten Melanie Dahl gestanden und begriffen hatte, dass die Hinweise auf ein rituelles Opfer einfach zu deutlich waren, hatte er gewusst, dass er dem Herrn dieses Anwesens im Rahmen seiner Ermittlung gegenüberstehen würde. Noch verstand er die Zusammenhänge nicht. Unwerths Anwesenheit am Tatort sprach für eine Verwicklung von PrinceInvest, Martin Eulers Entdeckung sprach dagegen. Doch alldem haftete etwas Plakatives an.

Ich begreife überhaupt noch nichts, dachte er. Alles, was er sah, konnten Kulissen sein, die der Täter in Position gebracht hatte, um den Blick der Ermittler zu verwirren, ihn abzulenken von den wahren Spuren. Das aber bedeutete, dass diese Spuren vorhanden sein mussten, unsichtbar noch unter der Camouflage, die ein Werk des Täters sein konnte oder eine Folge von Ereignissen, die mit dem Fall womöglich überhaupt nichts zu tun hatten. Ja, die Spuren waren da, direkt vor Albrechts Augen, aber noch war er unfähig, sie zu sehen.

Und schon deshalb war es wichtig, war es unumgänglich, dass er ein Gefühl bekam für die Akteure in diesem Spiel.

Das gesamte Gebäude atmete diesen Geruch hohen Alters. Gedämpft hallten die Schritte der Besucher von den Mauern wider. Düstere, überlebensgroße Porträts an den Wänden, Skanderborgs in stählernen Harnischen, Skanderborgs in Mühlradkragen und barocken Samtroben: eine große Vergangenheit, doch sie war bereits Inszenierung. In historischer Zeit hatte die Familie keineswegs die Macht und den Einfluss besessen, die sie heute hatte. Eine Täuschung, dachte er. Seine Aufgabe bestand darin, ihr nicht zu erliegen.

Die Fürstin plauderte mit Friedrichs, während die beiden Frauen langsam die Treppe hinaufstiegen. Thema Hunde, vermutete er und stellte fest, dass die Oberkommissarin eines der Tiere auf den Arm genommen hatte. Fürstin Skanderborg schien ihm eine patente Frau zu sein, die sich in der verblichenen Patina dieses Heims mit einer Selbstverständlichkeit bewegte, die nur Menschen eigen war, für die all das tatsächlich selbstverständlich war.

Auf dem Treppenabsatz hielt sie inne, wartete, dass Albrecht zu ihr und Friedrichs aufschloss. Eine von Stuck dramatisch gerahmte Tür.

«Er wird nicht begeistert sein», bemerkte sie, doch das Schulterzucken, das die Worte begleitete, drückte weniger vollständige Gleichgültigkeit denn eine kleine diebische Freude aus. «Oh ...»

Plötzlich eine Bewegung: die Hundeleine. Bevor der Hauptkommissar begriff, wie ihm geschah, hatte er sie bereits in der Hand.

«Frederick mag die Jungs und Mädchen nicht im Büro haben», erklärte die Fürstin entschuldigend, wobei sich ihr Gesichtsausdruck nicht veränderte. Höchstens dass die unterdrückte Heiterkeit noch eine Spur deutlicher wurde.

Sie klopfte. Albrecht hörte keine Antwort. Die Welpen ...

«Frederick, hier sind zwei Herrschaften von der Polizei, die sich gern mit dir ...»

Sie hatte die Tür geöffnet. Der Welpe, der bereits draußen im Park versucht hatte, an Albrechts Bein emporzuklettern, unternahm einen neuen Versuch. Der Hauptkommissar widerstand dem Bedürfnis, das Tier mit einer wenig zartfühlenden Bewegung abzuschütteln. Der erste Moment, der erste Eindruck: ein vergleichsweise zweckmäßig eingerichteter Raum. Schreibtisch, Regale, Sekretär: dunkles Holz, frühes neunzehntes Jahrhundert. Zwei Männer, der ältere von ihnen Frederick Fürst Skanderborg, Albrecht kannte ihn aus der Presse. Er stand hinter dem Schreibtisch, die Fäuste aufgestützt, auf der Arbeitsfläche Papiere. Jetzt blickte er auf, sah zur Tür. Ein schmales Gesicht mit einem schütteren dunklen Haarkranz, randlose Brille, Augen, aus denen Intelligenz sprach, doch in diesem Moment Unwille über die Störung. Der zweite Mann ...

Er hatte sich noch nicht umgewandt. Wenn sich Albrecht die Szene später ins Gedächtnis zurückrief, war er sich sicher, dass er sich in dem Moment, in dem es geschah, noch nicht umgewandt hatte.

Hannah Friedrichs. Ein Laut von ihren Lippen, ein Keuchen. Sie hatte einen besseren Blick in den Raum; außerdem musste sie nicht mit einem Bündel Welpen kämpfen. Albrecht hatte sie kaum noch zur Kenntnis genommen; nur aus dem Augenwinkel sah er, wie sie plötzlich taumelte, sah ihre Hände, die an die Brust fuhren.

Schon hatte er die Leine losgelassen, fing Hannah Friedrichs auf, im selben Moment, in dem die Welpen mit begeistertem Kläffen in den Raum stürmten und jetzt, ja, erst jetzt ...

Der Mann drehte sich um. Dunkle Haare, ein sonnengebräuntes Gesicht, auf männliche Weise attraktiv und – in diesem Moment – mit einem fragenden, irritierten Ausdruck.

«Verflucht», murmelte Albrecht.

Rechtsanwalt Merz.

vier

Ich konnte nicht sagen, wie lange ich *weg* gewesen war. Eine typische Synkope, eine Ohnmacht, wie sie durch eine physische oder psychische Ausnahmesituation ausgelöst wird, dauert in der Regel nur wenige Sekunden, dann dämmert der Besinnungslose auch schon wieder ins Bewusstsein zurück.

Handbuchwissen. Es hätte mich beruhigen sollen, dass es noch da war. Doch zur Beruhigung bestand keinerlei Anlass.

Ich saß in einem Sessel in Skanderborgs Büro. Genauer gesagt saß ich nicht, sondern *versank* in dem altertümlichen Möbel. Eine Gestalt, die sich über mich beugte, mir etwas unter die Nase hielt ... *Riechsalz?* Es hätte gepasst in diesem alten Gemäuer, doch im selben Moment stieg mir das Aroma in die Nase.

«Wir brennen ihn selbst.» Die Fürstin. «Nehmen Sie ein Schlückchen. Es hilft. Ich hatte das auch, als ich ...» Ein Nicken auf meinen Bauch.

Meine Hand wollte mir noch nicht gehorchen, doch ich ließ zu, dass die Fürstin das Fläschchen an meine Lippen führte. Ein grauenhaftes Brennen in meinem Mund. Ich konnte gar nicht anders, als zu schlucken. Die Tränen schossen mir in die Augen, als der Schnaps mir ein Loch in den Magen ätzte, doch ich spürte, dass das Wundermittel anschlug.

Wie durch einen Schleier die übrigen Gestalten. Albrecht, mit finsterem Gesichtsausdruck, hinter ihm der Fürst, und am Schreibtisch ...

Ich hatte es gewusst. Mit einem Mal, nun, nachdem mein Körper in Eigenregie die Reset-Taste gedrückt hatte, konnte ich die Tatsache ganz ruhig feststellen. Der Traum hatte ihn angekündigt, und nun war er hier. Nicht in einer Doppelhaushälfte in Meiendorf, sondern in einer Umgebung, in die er passte. Bei den Schönen, Reichen und Mächtigen.

Umwerfend, dachte ich. Wie immer. Wobei es selbst für einen Mann, für den es Routine war, am Eingang zum Gerichtssaal kichernden jungen Dingern Autogramme zu schreiben, ein neues Bild sein musste, wenn er so *buchstäblich* umwerfend wirkte.

Dunkler Designeranzug, offenes weißes Hemd, das dichte schwarze Haar, attraktiv meliert an den Schläfen, kunstvoll in Form gestrubbelt. Bereit für die Kameras, bereit für sein Hollywoodgrinsen, bei dem die Zuschauerinnen weiche Knie bekamen, bereit, mit seinem dunklen Timbre zu einem seiner gefürchteten Kreuzverhöre anzusetzen, um einen Zeugen der Anklage auseinanderzunehmen, während den Staatsanwälten der Schweiß ausbrach. Nur eines passte nicht dazu: seine Haltung.

Den Hintern am Schreibtisch, die Hände auf die Tischkante gestützt. Auf den ersten Blick hielt er sich lediglich abseits, während sich die Herrin des Hauses bemühte, die bedauernswerte schwangere Beamtin wieder hochzupäppeln. Eine Geste der Rücksichtnahme, des Verständnisses, sicher auch ein Zeichen, dass er die Situation erfasst hatte und mit ihr umzugehen wusste. Ja, Herr der Situation, wie es anders überhaupt nicht denkbar war.

Ganz genau so hätte es gewirkt, hätte ich nicht in der Vergangenheit den einen oder anderen Blick auf Facetten dieses Mannes werfen können, die der Allgemeinheit weniger vertraut waren. Selbst wenn ich weit entfernt davon war, sie zu verstehen, weit entfernt davon, zu begreifen, warum gerade ich etwas so Besonderes sein sollte für einen Dr. Joachim Merz. Weil ich *echt* war, wie er einmal gesagt hatte, wozu ich mir eigentlich auch nur meinen Teil denken konnte. Eines aber blieb Tatsache: Ich *war* etwas Besonderes für ihn, und mit einem Mal war ich mir jedenfalls sicher, dass er sich in diesem Moment in Wahrheit *äußerst* unwohl fühlte und nur froh sein konnte, dass sich alles um mich drehte, sodass es niemand mitbekam, falls sich gerade ein Schweißtropfen von seiner Stirn löste und sich Richtung Hemdkragen auf den Weg machte.

Eine beiläufige Geste: Er strich sich über die Stirn.

Strike!

Unsere Blicke trafen sich. Es war ... Es waren so viele Dinge in diesem Blick: unverhohlene Neugier im ersten Moment. Schließlich hatten wir uns seit mehr als einem Jahr nicht gesehen. Auch Besorgnis. Dennis selbst hatte mir erzählt, dass Merz im Krankenhaus dabei gewesen war, in jener Nacht am Ende des Sieverstedt-Falls, als niemand hatte sagen können, ob ich es schaffen würde. Und mehr als das. Sehnsucht? Verlangen? Er selbst hätte zweifellos das zweite Wort gewählt.

Aber selbst das war noch nicht alles. Da war etwas, das ich nicht kannte, nicht einordnen konnte. Kein Zurückstoßen in seinem Blick, und doch war es dem nahe. Als ob er darum kämpfte, einen Abstand aufzubauen, eine unsichtbare Mauer zwischen ihm selbst und mir. Als ob die Breite des Raumes, die zwischen uns lag, nicht ausreichte. Als ob er mich ...

«Und?» Die Fürstin. «Hatte ich recht? Es geht besser!»

Ich blinzelte. «Ja, ich ...»

Im nächsten Moment entwich mir die Luft aus den Lungen. Einer der Welpen, der braun-weiße und frechste von allen. Er war direkt auf meinem Schoß gelandet. Seine Nase, seine weiche Zunge ...

«Merlin!» Die Fürstin zog entschlossen an seinem Geschirr, und mit einem sichtbaren Ausdruck des Bedauerns sprang das

Tier auf den Boden. «Bitte entschuldigen Sie. Wir sind noch ganz am Anfang.»

«Kein ... Problem.» Meine Hände legten sich auf die Sessellehnen. «Wirklich, das war nur ein winziger Moment. Ich bin schon wieder ...»

«Hannah.» Jörg Albrecht. Er hatte die ganze Zeit kein Wort gesagt. Anders als Joachim Merz besaß er die Gabe, sich tatsächlich im Hintergrund zu halten, sodass man seine Anwesenheit fast vergaß. Jörg Albrecht *beobachtete*, und ich fragte mich, was er in den letzten Minuten alles beobachtet hatte. Schließlich wusste er von Merz und mir, keine Details selbstverständlich, aber mehr als genug, um zu begreifen, warum mir gerade der Boden unter den Füßen weggekippt war.

Doch sobald er in Aktion trat, konnte er die Szene beherrschen, wenn er nur wollte. Und der Blick, den er mir zuwarf, ließ an Deutlichkeit nichts zu wünschen übrig: Keine Bewegung! Kein Wort!

Er wandte sich um. «Fürstin Skanderborg. – Fürst.» Merz wurde in den Blick einbezogen, ohne dass sein Name fiel. «Gewiss haben Sie Verständnis, dass wir uns zunächst verabschieden. Wenn es Ihnen recht ist, würde ich Sie später am Tag noch einmal aufsuchen, um Ihnen einige Fragen zu stellen.»

Die Angesprochenen nickten, Merz nur angedeutet. Ich selbst stellte fest, dass ich ebenfalls nickte.

Seine Formulierungen waren mir nicht entgangen: dass *wir* uns jetzt verabschieden. Würde *ich* Sie später am Tag noch einmal aufsuchen.

Womit die Sache dann wohl klar war. Ich war raus aus dem Fall.

* * *

Die Dienststelle in der Königstraße, wenige Minuten bis zum Beginn der Besprechung. Albrecht ließ die Oberkommissarin in sein Büro treten, bedeutete ihr, sich zu setzen, schloss die Tür.

Ein *Déjà-vu*, dachte er. Der Morgen, an dem er sie das letzte Mal aus einer laufenden Ermittlung abgezogen hatte. Er hatte nicht vergessen, wie dieser Fall geendet hatte.

Er setzte sich ebenfalls, blickte einen Moment auf die Tischfläche, auf der sich die Memos türmten. Obenauf ein Post-it mit der Handschrift Irmtraud Wegners: *Isolde Lorentz anrufen!!!* Drei Ausrufezeichen. Höchste Dringlichkeitsstufe.

«Hannah.» Er legte die Finger ineinander. «Ich möchte mich entschuldigen.» Er sah, wie sie den Mund öffnete, hob eine Hand. «Ich weiß, was Sie sagen wollen, und mir ist diese Parallele ebenfalls aufgefallen. Damals habe ich genauso begonnen, mit einer Entschuldigung. Und der Grund war derselbe: Ich hatte nicht ahnen können, dass der aktuelle Fall Merz berührt. Doch hier ...» Er holte Luft. «Hier enden die Gemeinsamkeiten.»

Ihre Augen wurden zu schmalen Schlitzen. «Sie haben *nicht* vor, mich von der Ermittlung abzuziehen?»

Er schüttelte den Kopf. «Ich habe Ihnen mein Wort gegeben, Hannah. Sie sind am Fall – wenn Sie das noch immer wollen. Wir werden in den kommenden Tagen einer Reihe unterschiedlicher Spuren nachgehen, und unser Fachmann für die Wirtschaft ist Matthiesen, der mich begleiten kann, wenn ich später noch einmal nach Ahrensburg fahre. In Wahrheit aber ist PrinceInvest nur *eine* Spur.»

«Sie meinen ...»

«Was ich meine, werden Sie gleich zusammen mit den anderen erfahren.» Er sah auf die Uhr. «Was ich von Ihnen wissen möchte, ist nur eins: Können Sie mir Ihr Wort geben, dass der

Vorfall auf dem Schloss lediglich eine einmalige Episode war, ausschließlich auf die Anwesenheit von Merz zurückzuführen? Fühlen Sie sich nach wie vor in der Lage, Ihren Dienst zu tun? Uns an *anderer* Stelle bei dieser Ermittlung zu unterstützen? Wie es aussieht, werde ich Ihre Hilfe wirklich brauchen können.»

Er sah, wie sie den Mund öffnete, doch sofort hob er wieder die Hand. «Nein!», sagte er. «Bitte nehmen Sie sich einen Moment Zeit. Überlegen Sie, bevor Sie antworten.»

Bewusst wandte er den Blick ab, auf die Unterlagen, die seine Mitarbeiter ihm zusammengestellt hatten. Ein kurzer Bericht von Seydlbacher: keine verwertbaren Spuren an der Zufahrt zum Höltigbaum, zumindest was einen bestimmten BMW anbetraf. Das war zu erwarten gewesen. Von Faber eine Auflistung der einschlägig vorbestraften Sexualstraftäter, soweit sie sich momentan in Freiheit befanden. Auf den ersten Blick war kein Name dabei, der den Hauptkommissar ansprang. Weiter unten auf dem Stapel die Morgenpost, wie auch immer Lehmann es angestellt hatte, an eine vierzehn Tage alte Ausgabe zu kommen. Vermutlich über eine weibliche Kraft im Archiv des Blattes.

Albrecht zog die Zeitung zu sich heran. Melanie Dahl. Das Interview, an das er sich erinnerte. Auf dem Foto war die junge Frau ganz in dunkle Farben gekleidet. Das lange schwarze Haar fiel auf einen Rollkragenpullover, die Archäologin blickte selbstsicher in die Kamera. Vielleicht eine Spur zu selbstsicher? Herausfordernd, dachte er, auch die Aufmachung, das dunkle Make-up auf ihren blassen Zügen. War es diese Herausforderung, die sie mit ihrem Leben bezahlt hatte?

Er sah wieder auf und stellte fest, dass Friedrichs die Aufnahme ebenfalls musterte. Nein, es war kein *Mustern*. Sie war *gefesselt*. Und er verstand sie ja. Den Körper eines Menschen zu sehen, den die Hand des Täters so grauenhaft zugerichtet hatte, und danach ein solches Bild, mitten aus dem Leben: Es war *falsch*. Jeder Mensch, der diese beiden Bilder im Kopf nebeneinanderlegte, spürte, dass es falsch war. Es durfte nicht hingenommen werden. Sie mussten herausfinden, was geschehen war. Die Wahrheit.

«Sie haben eine Entscheidung getroffen», stellte er fest.

Friedrichs nickte, ruckartig, fuhr sich mit der Zunge über die Lippen. «Ich bin dabei», sagte sie leise.

* * *

Melanie.

Ich hatte den Mund bereits geöffnet, war im Begriff gewesen, Albrecht die Wahrheit zu sagen – zumindest so viel von der Wahrheit, wie ich vertreten konnte, wenn ich wieder auf meinen Posten zurückkehren wollte, sobald unsere Kleine aus dem Gröbsten raus war. Mein *Zustand* also, ganz allgemein, der es einfach nicht mehr zuließ, dass ich an den Ermittlungen teilnahm. Über den Albtraum, mit dem Joachim Merz sich angekündigt hatte, über alles andere hätte ich den Mund gehalten.

Ich war wirklich fest entschlossen gewesen – bis zu dem Augenblick, in dem Albrecht die Morgenpost zum Vorschein gebracht hatte. Melanies Foto. Melanie, die im Zentrum all dessen stand, was seit gestern Morgen geschehen war, und um die sich alles andere zu gruppieren schien: das gespenstische Brummen, der Nebel, die urmenschliche Gestalt mit ihren beinahe tänzerischen Verrenkungen. Der Hirsch. Und der Traum. Der Traum, der mir in meinem noch immer nicht vollständig wachen Zustand wie etwas vorgekommen war, das mehr war als ein Traum. Eine Botschaft von ... von irgendwoher. Ich hatte dagegen angekämpft, und am Ende war es mir gelungen, die Vorstellung zu vertreiben. Bis ich den Beweis bekommen hatte.

Bis die Fürstin die Bürotür geöffnet und Joachim Merz im Raum gestanden hatte.

Ich hatte Angst. Hier geschah etwas, das nicht zu erklären war, am allerwenigsten mit dem Instrumentarium der modernen Kriminalistik und Forensik. Und ich selbst war mittendrin. Und doch spürte ich, dass ich keine Wahl hatte. Ich *musste* dabei sein.

«Gut», sagte Albrecht und legte die Zeitung zurück auf den Stapel seiner Unterlagen, Melanies Bild nach unten. Es fühlte sich an, als ob sich eine Hand von meiner Kehle löste. «Das hatte ich gehofft», erklärte er, stand auf, hielt mir wieder die Tür auf. Ich trat auf den Flur wie in einer anderen Sorte Traum.

Die Kollegen schlüpften bereits in den Besprechungsraum. Irmtraud Wegner hinter ihrer Arbeitstheke mit ganzen Batterien von Telefonen nickte uns zu, für den Moment gerade keinen Hörer am Ohr. Ihr zeltartiges Gewand hatte heute ein grünliches Muster, grün wie die wuchernde Vegetation in einem Wald, der einer anderen Welt angehörte.

Albrecht trat kurz an die Theke, legte ein kleines gelbes Post-it ab. «Lassen Sie mich raten: Mit Presse- fängt es an, mit -konferenz hört es auf?»

«Um dreizehn Uhr auf dem Präsidium.» Unsere vollschlanke Sekretärin verzog keine Miene. «Wenn Sie flott machen da drin, schaffen Sie's noch.»

Albrecht brummte eine Antwort, die weder ich noch vermutlich Irmtraud Wegner verstehen konnten, und wandte sich ab.

Hinnerk Hansen war an der Tür zum Besprechungsraum stehen geblieben, grinste mir aufmunternd zu, als er uns beiden den Vortritt ließ. Während Albrecht sich an seinem Whiteboard postierte, ließ ich mich neben Hansen in der hintersten Reihe nieder – unsere Stammplätze. Ich mochte diesen alten Mann, in dessen Vokabular das Wort Hektik nicht vorkam.

Nur wenn er seine magenwandzerfressenden Salmiaks verteilte, lehnte man besser dankend ab.

Der Hauptkommissar wartete, bis alle saßen, Martin Euler auf einem zusätzlichen Stuhl ganz vorne neben Faber und Matthiesen. Schließlich nickte Albrecht knapp.

«Hervorragend. – Wir kommen heute aus mehreren Gründen zusammen. Doch zunächst ...» Ein Blick über alle Kollegen. «Winterfeldt, sind Sie weiter mit diesen Programmen auf dem Handy des Opfers? – Nein? – Matthiesen?»

Ein tiefes Seufzen aus der ersten Reihe. Klaus Matthiesen regte sich. «Also, wie gesagt: PrinceInvest scheint Diskretion quasi zur Unternehmensmaxime erhoben zu haben. – Einmal bildlich gesprochen.»

War das bildlich gesprochen? Albrechts Miene verriet mir, dass das gerade auch sein Gedanke war.

«Nach wie vor also keine Namen?», hakte er nach. «Keine Namen mit Ausnahme von Skanderborg?»

Kopfschütteln, dann, vorsichtig: «Wenn ich es einmal so formulieren darf: Sie wissen, wie kompliziert solche Unternehmensstrukturen und Beteiligungen manchmal aussehen. Firma X, die eine Beteiligung an Firma Y innehat, die wiederum Anteile an Firma Z hält. Wenn wir das alles bis auf die Ebene der einzelnen Anleger zurückverfolgen, ist es durchaus möglich, dass wir am Ende ...» Die Schultern gehoben, die Hände ausgebreitet, Handflächen nach oben. Sie waren leer.

«Verstehe», murmelte Albrecht.

«Und ähnlich auf der Ebene der Vorstände, der Aufsichtsräte und ...»

«Verstehe.» Albrecht. Eindeutig, dass er für den Augenblick genug verstand. «Wenn sich die Verantwortung auf zu viele Schultern verteilt, wird es schwierig, von Verantwortung überhaupt noch zu sprechen. – In Ordnung.»

Ob es wirklich in Ordnung war, wollte ich nicht beurteilen. Allerdings bezweifelte ich, dass Albrecht damit gerechnet hatte, auf dieser Spur die entscheidenden Erkenntnisse zu finden, mit denen wir den Fall am Ende klären konnten. Sonst hätte er sie kaum aus der Hand gegeben.

«In Ordnung», wiederholte er, sah in die Runde. «Wie Sie wissen, hat Hansen gestern Abend etwas in Erfahrung gebracht, das unserem Fall möglicherweise eine neue Wendung gibt. Danke noch einmal für die Überstunden, Hansen.»

Hansen hatte sich ein Salmiak in den Mund geschoben und ließ es gegen seine Dritten klackern. Ein bisschen klang es wie Beifall. Der Rest der Runde nickte lediglich zustimmend. Offenbar war man bereits informiert: ein Firmenwagen von PrinceInvest, der in der Tatnacht in großer Eile das Höltigbaum-Gelände verlassen hatte.

«Friedrichs und ich haben heute Morgen beim Fahrer eine Hausdurchsuchung vorgenommen», fuhr Albrecht fort. «Genauer gesagt kam es vor allem darauf an, mögliche Spuren am Wagen zu sichern. – Euler?»

Der Mediziner räusperte sich. «Ich habe eine gute und eine schlechte Nachricht. Welche wollen Sie zuerst?»

Albrecht antwortete nicht, warf ihm lediglich einen Blick zu. Der zu genügen schien.

«Nun», murmelte Euler. «Streng genommen macht es auch nur in einer Reihenfolge Sinn. – Also die gute Nachricht: Ich hatte recht. Bei dem Blut, das ich unterhalb der Beifahrertür gefunden habe, handelt es sich eindeutig um menschliches Blut. Ein überfahrenes Kaninchen war übrigens von vornherein so gut wie ausgeschlossen. Gehört zu meinen übelsten Allergenen, und ich hätte viel heftiger ...» Er blickte auf, hüstelte kurz. «Außerdem wären die Spritzer anders angeordnet gewesen. Stattdessen sieht es so aus, als ob der Wagen die Person seitlich erfasst hätte. Mit Sicherheit hat es auch an der Tür selbst Spuren gegeben, die aber in der Waschanlage entfernt wurden. Doch auch so ...»

Er verstummte. Fragend sah Albrecht ihn an.

Euler hob die Schultern. «Wie gesagt: Wir haben ausreichend Blut für unsere Tests. – Und jetzt kommt die, wenn Sie so wollen, schlechte Nachricht: Ich habe noch nicht sämtliche Untersuchungen vornehmen können, kann aber jetzt schon eindeutig sagen, dass es sich nicht um Melanie Dahls Blut handelt.»

Mehr als ein halbes Dutzend Beamte, die sich kollektiv im Stuhl nach vorn beugten.

«Melanie Dahl hatte Blutgruppe A negativ», erklärte Euler. «Das Blut unter dem Wagen dagegen ist AB positiv. – Ach ja, und es stammt von einer Frau. Europäerin – im weiteren Sinne.»

«Was bitte ist eine Europäerin *im weiteren Sinne?*» Angesichts dessen, was wir gerade zu verdauen hatten, hatte sich Albrecht bemerkenswert unter Kontrolle.

Von Euler erneutes Achselzucken. «Südeuropa, würde ich sagen. Südosteuropa. Vielleicht auch der Vordere Orient. Die Staatsangehörigkeit lässt sich natürlich nicht ablesen, wohl aber der ethnische Hintergrund. Es gibt bestimmte typische Merkmale, die ...»

Albrecht hob die Hand. «Einer von Dahls Mitarbeitern müsste ...»

«Karim.» Max Faber. «Türkische Vorfahren, würde ich sagen.»

Albrecht nickte. «Aber Sie sagen, dass das Blut von einer Frau stammt, Euler? Das ist sicher?»

«Sicherer als alles andere. Es könnte sich natürlich um eine Verwandte ...»

«Das ist Spekulation.» Albrecht schnitt ihm das Wort ab. Er

trat vor die Tafel, schien einen Moment zu zögern, bevor er ein Stück unterhalb des Namens Melanie Dahl einen Kasten zeichnete: *Weibliche Person, Südosteuropa.*

«Ob die Frau noch lebt, können Sie nicht sagen?», erkundigte er sich.

Der Gerichtsmediziner schüttelte den Kopf. «Wir haben ausreichend Blut für die Tests, aber wenn Sie sich beim Kartoffelschälen schneiden, verlieren Sie mehr. – Also immer von dem ausgehend, was ich *unter* dem Wagen ...»

«An der Tür könnte wesentlich mehr gewesen sein», murmelte Albrecht. «Wir wissen es also nicht. Wir haben eine zweite Tote – oder aber eine mögliche Zeugin. Welches von beidem, lässt sich nicht sagen.» Er drehte sich langsam um. «Hannah?»

Ich sah ihn an.

«Sie haben sich gut geschlagen heute Morgen», bemerkte er. «In Meiendorf», fügte er überflüssigerweise hinzu. «Ich hatte den Eindruck, dass Sie einen gewissen Draht zu ...»

«Sibylle», murmelte ich. «Sie hat meine Nummer, die Bürodurchwahl. Aber ich kann mir nicht vorstellen, dass uns das irgendwie weiterhilft. Wenn jemand etwas weiß, dann ist es ihr Mann. Und irgendetwas sagt mir, dass sie die Letzte ist, mit der er über die Sache sprechen würde. Was auch immer die Sache nun ist.»

Albrecht nickte zögernd. «Behalten wir das im Hinterkopf.» Er holte Luft. «Und halten wir fest: Wir haben es mit zwei Sorten Blut zu tun. Dem Blut einer südosteuropäischen Frau mit der Blutgruppe AB positiv und dem Blut Melanie Dahls mit der Blutgruppe A negativ. – Martin, Sie sind heute noch aus einem zweiten Grund hier. Würden Sie uns jetzt bitte erläutern, was Sie mir gestern Abend erzählt haben?»

Euler nickte, stand auf.

Ich konnte nicht sagen, was es war. War es das ganze Gerede über Blut? Ich war Kriminalbeamtin, mein gesamtes Erwachsenenleben lang. Es ist nicht so, dass man abstumpft im Laufe der Zeit, und für jemanden, der kein Blut sehen kann, ist das jedenfalls der falsche Job. Und doch, in diesem Moment:

Blut. Die Umklammerung der fremdartigen Bäume. In den wirren Abläufen meines Traums hatte ich mich von ihr gelöst, war auf der freien Wiesenfläche stehen geblieben, hatte mich umgedreht, darauf gefasst, dass ich ihn sehen würde. Ihn, den Hirsch, meinen geisterhaften Begleiter.

Aber es war Joachim Merz gewesen, nackt, sein Körper besudelt mit Blut.

Eine plötzliche Kälte ergriff von mir Besitz, sodass ich unwillkürlich die Arme um meine Schultern schlang.

«Salmiak?», flüsterte Hinnerk Hansen.

* * *

Euler räusperte sich.

Albrecht nickte ihm zu. Er hatte sich auf dem Stuhl niedergelassen, den bisher der Gerichtsmediziner besetzt hatte.

«Also.» Der Mediziner ließ eine Hand in die Hosentasche gleiten. Kein Taschentuch diesmal. Er holte ein kleines elektronisches Gerät hervor. «Wenn wir ...» Eine Geste zum Whiteboard. Lehmann war bereits auf den Beinen, schob es beiseite, sodass eine große Leinwand zum Vorschein kam.

«Danke», murmelte Euler. «Sind wir ... Marco?»

Albrecht drehte sich nach hinten, bekam eben noch mit, wie die Hand des Computerexperten – und nur sie – hinter dem Bildschirm seines Laptop zum Vorschein kam, die Spitzen von Daumen und Zeigefinger aneinandergelegt: *Alles bereit.*

«Danke.» Ein leises Geräusch, und die Leinwand wurde hell.

«Melanie Dahl», erklärte der Gerichtsmediziner. Die Präsentation zeigte die lebende Archäologin, das Foto aus der Morgenpost, allerdings nur für eine Sekunde, bevor es von einer Aufnahme vom Fundort des Leichnams abgelöst wurde. Die Vergänglichkeit des Lebens, dachte Jörg Albrecht. Im Zeitraffer.

«Wir hatten gestern darüber gesprochen, dass die Auffindungssituation eindeutig auf eine rituelle Tat hinzuweisen schien», fuhr Euler fort. «So eindeutig, dass der Hauptkommissar vermutete, es könnte womöglich die Absicht des Täters gewesen sein, genau diesen Eindruck zu erwecken, sodass wir beginnen würden, in eine falsche Richtung zu ermitteln.»

Faber und Matthiesen nickten an Albrechts Seite, der Rest, unsichtbar für den Hauptkommissar, vermutlich ebenfalls. Man entsann sich.

«Tatsächlich ist eine solche Vermutung nicht von der Hand zu weisen», versicherte der Mediziner eilig. «Tatsache ist, dass Melanie Dahl keineswegs auf diesem improvisierten Opfertisch gestorben ist, und auch die leere Kondompackung neben der Leiche erscheint beinahe wie ein bewusst zurückgelassenes Accessoire, das unser Denken in eine bestimmte Richtung lenken soll, während die Hinweise auf eine Penetration bestenfalls mehrdeutig sind. Der Verdacht, dass überhaupt kein Ritual stattgefunden hat, war also nicht von der Hand zu weisen.»

Er machte eine Pause, sah uns der Reihe nach an. «Nun ja», murmelte er. «Ein bisschen ging's natürlich um die Ehre. Vielleicht bin ich da wirklich etwas empfindlich, wenn jemand mehr sieht als ich. – Jedenfalls ... Irgendwie konnte ich das nicht auf mir sitzenlassen gestern Mittag. Also habe ich mir die Leiche noch einmal vorgenommen.»

Er streckte den Arm aus, drückte überdeutlich eine Taste. Das Bild wechselte.

«Der rechte Oberschenkel der Toten», erklärte er. Die Auf-

135

nahme musste in seinem Labor entstanden sein. Albrecht identifizierte den gebürsteten Stahl des Autopsietisches. Euler wies
auf einen Bereich nahe dem Rand des Bildes. «Deutlich erkennen Sie hier, an der Unterseite, dunkle Verfärbungen. *Livores*,
Leichenflecken. Da die ersten Leichenflecken häufig bereits eine
halbe Stunde nach dem Tod eines Menschen zu sehen sind,
stellen sie in unserem Fall keine Hilfe für die genaue Bestim-
mung des Todeszeitpunkts dar. Interessanter sind *diese* Spuren. – Blut.»

So weit hätte er sich für diese Feststellung keine besondere
Stelle des Körpers aussuchen müssen, dachte Albrecht. Ver-
schiedenste Partien am Leib des Opfers waren blutbesudelt.
Doch angespannt wartete er, dass der Gerichtsmediziner weitersprach.

«Was zugegeben noch keine außergewöhnliche Entdeckung
ist», gab auch Euler zu. «Interessant ist die Form der Blutspuren, die sich hier anzudeuten scheint: mehrere Linien, parallel
nebeneinander. Hat jemand von Ihnen eine Vermutung?»

Faber, zögernd: «Sie sagten es eben ja selbst: Das Opfer ist
nicht auf diesem Altar gestorben. Der Täter könnte sie an der
Hüfte angehoben haben, um sie ...»

Euler schüttelte den Kopf. «Er hat sie natürlich angehoben.
Einen solchen Abdruck habe ich an der linken Schulter isolieren können. Übrigens hat er Handschuhe getragen; Fingerabdrücke sind so wenig zu finden wie irgendwelche anderen Hinweise, die Aufschluss über seine Identität geben
könnten. – Das hier ist etwas anderes. Wählen wir eine neue
Ansicht.»

Das Bild wechselte.

«Die rechte Brust des Opfers. Wieder fällt die ungewöhnliche Form der Blutspuren ins Auge, beinahe wie angedeutete
Linien, senkrecht zur Körperachse. Sie werden mir zustimmen,

dass es sich hierbei eindeutig *nicht* um einen Handabdruck des Täters handeln kann.»

«Es sei denn, er hätte sechs Finger pro Hand.» Gemurmelt, irgendwo von links. Lehmann.

Euler ließ sich nicht aus dem Konzept bringen. «Wenn es sich aber nicht um einen Handabdruck handelt, was ist es dann?», fragte er. «Wir haben mehrere Bereiche, in denen das Blut, das aus der großen Halswunde geflossen ist, einfach verwischt wurde, vermutlich bei dem Manöver, mit dem der Täter die Tote auf der erhöhten Fläche platziert hat. Doch ebenso haben wir ...» Wieder wechselte das Bild, zeigte eine neue Ansicht der Blutspuren auf der rechten Brust. «Ebenso haben wir diese rätselhaften Spuren, die sich einer Einordnung zu entziehen scheinen.»

«Es ...»

Albrecht drehte sich um. Hannah Friedrichs. Ihre Arme lagen vor der Brust, als ob sie fror. Oder war es eine Abwehrreaktion angesichts der Bilder?

«Es sind Buchstaben», flüsterte sie. «Ich kann sie nicht entziffern, doch das war schon im ersten Moment, schon am Höltigbaum, als wir vor dem Opfer standen ... Dort muss es noch deutlicher gewesen sein, bevor die Leiche bewegt wurde. Es sah aus wie Kritzeleien. Doch ich konnte sie nicht ...»

«Sie konnten sie nicht lesen», stellte Albrecht fest. «Weil es sich nämlich nicht um Buchstaben handelt, wie wir sie kennen, sondern ...» Er stand auf, deutete auf die stabartige Linie ganz links, die von einer zweiten, kürzeren Linie quer überdeckt wurde, sodass sie wirkte wie ein durchgestrichenes I. «Ein N», erklärte er. «Ein N in heidnischer Runenschrift.»

«Sakra!» Ein Fluch: Seydlbacher. Der Rest schwieg, doch es war ein deutliches Schweigen. Sie erkannten die Bedeutung dieser Entdeckung.

«Etwas weiter rechts glaube ich ein K zu entziffern», fuhr Albrecht fort. «Wobei ich weit entfernt davon bin, mich in der Materie auszukennen. Doch selbst wenn wir noch im Zweifel sein sollten, selbst wenn mit einigem Überlegen eine andere Erklärung möglich erschiene ... dass die Manipulationen am Leichnam vielleicht Spuren hervorgerufen haben könnten, die rein zufällig die Form von Zeichen in altnordischer Opferschrift angenommen hätten ... – Martin.»

Euler holte Atem. «Ich habe das Blut an diesen speziellen Bereichen einer Analyse unterzogen, aus der ganz eindeutig hervorgeht, dass es sich nicht um Melanie Dahls Blut handelt. Genauso wenig allerdings um das Blut der uns unbekannten Frau mit der Blutgruppe AB positiv.»

Er trat einen Schritt beiseite. Die kryptischen Linien auf der Leinwand schienen plötzlich den gesamten Raum zu füllen.

«In Wahrheit handelt es sich überhaupt nicht um menschliches Blut, sondern um – Hirschblut.»

* * *

Es war dieser Moment, ganz genau dieser Moment, in dem ich wirklich Grund gehabt hätte, Angst zu bekommen.

Doch das menschliche Hirn ist eine seltsame Sache, und vermutlich braucht man nicht mal einen Bullenjob, um das früher oder später mitzukriegen. Als ich mitten in der Nacht aufgewacht war, war ich in heller Panik gewesen – wegen eines simplen Albtraums. Als Joachim Merz dann tatsächlich bei Fürst Skanderborg im Büro gestanden hatte, war ich dagegen schon recht cool mit der Sache umgegangen. Zumindest nachdem ich wieder zu Bewusstsein gekommen war. Und jetzt, in diesem Moment, da sich das letzte Puzzlestück an Ort und Stelle legte: der Hirsch ...

Möglicherweise ist die Erklärung ganz einfach. Der menschliche Körper kann auf einen Schlag nur eine bestimmte Menge Adrenalin produzieren. Vielleicht war mein persönliches Kontingent für heute schlicht erschöpft.

Ich starrte auf die Leinwand: Zeichen in einer urmenschlichen Schrift, mit Hirschblut geschrieben. Mein Körper hatte sich dermaßen abgekühlt, dass ich das Gefühl hatte, mir würde nie wieder warm werden, doch das war alles.

Hansen warf mir einen nicht zu deutenden Blick zu, und ich nickte nur stumm. Ich wartete ab. Albrecht hatte mir die Wahl gelassen, und selbst wenn ich das Gefühl gehabt hatte, eigentlich keine Wahl zu haben: Ich hatte meine Entscheidung bereits getroffen. Ich war dabei.

«Danke, Martin.» Albrecht nickte dem Mediziner zu, der sich wieder auf den Stuhl neben Faber setzte. «Und damit stehen wir vor einer vollständig neuen Ausgangslage. Kann irgendjemand von uns noch Zweifel haben, dass ich mich getäuscht habe, als ich die Vermutung äußerte, das Szenario eines Rituals sei lediglich vorgeschoben, um von den wahren Hintergründen der Tat abzulenken? Hauptmeister Lehmann?»

Ich sah, wie Nils Lehmann zusammenzuckte. Ob er schon wieder mit seinem Smartphone zu Gange gewesen war, konnte ich nicht sagen, doch auf jeden Fall wurde er überrascht.

«Äh, warum glauben Sie, dass ich da Zweifel habe?»

«Weil Sie immer Zweifel haben», bemerkte Albrecht kühl. Zwei Sekunden Schweigen, dann: «Wenn Sie uns Ihre aktuellen Zweifel an dieser Stelle mitteilen würden?»

«Nun ...» Ja, unser Jüngster hatte sein Handy tatsächlich ausgepackt, doch er hielt es halb verdeckt unter der Handfläche, unsichtbar für Albrecht, sichtbar für uns in der letzten Reihe. «Sie sagen doch selbst, der Täter wollte, dass es wie ein Ritual aussieht. Also schneidet er Melanie mit diesem Steinmesser die Kehle durch, legt die Leiche auf den Altarblock und lässt gleich noch die Kondompackung liegen. Sie jetzt auch noch mit Hühnerblut ...»

«Hirschblut.»

«... mit Hirschblut vollzukritzeln: Ist das nicht dasselbe in Grün? Oder besser in Blutrot?»

Albrecht nickte. Und tatsächlich, dachte ich: Nils Lehmann hatte schon wesentlich dämlichere Kommentare von sich gegeben.

«Richtig.» Der Hauptkommissar war an die Tafel getreten. *Feuersteinmesser / Rituelle Aufbahrung / Hinweis auf Penetration* hatte er auf der linken Seite vermerkt, aber alle drei Begriffe standen in Klammern. Sein Marker näherte sich der Auflistung – im letzten Moment wurde er zurückgezogen.

«Und doch nicht richtig», stellte Albrecht fest. «Weil ein fundamentaler Unterschied existiert zwischen der Mordwaffe, der Auffindungssituation und der Vermutung eines Sexualdelikts auf der einen Seite und den Runen auf der anderen. – Sie haben die Spuren von Hirschblut genau unter die Lupe genommen, Martin. Wann genau sind die Runen auf dem Körper des Opfers angebracht worden?»

Sämtliche Augen sahen den Gerichtsmediziner an. Er wirkte wieder wesentlich vorzeigbarer als am Tag zuvor, war wieder sehr viel mehr der Martin Euler, den wir kannten – und dem es keineswegs unrecht war, im Mittelpunkt der Aufmerksamkeit zu stehen und sein forensisches Genie gewürdigt zu sehen.

«Nun.» Eine sehr deutliche Kunstpause. Er zog ein Taschentuch hervor, faltete es auseinander, dass es beinahe selbst einem Ritual glich, tupfte sich dezent über die Stirn. «Die genaue Uhrzeit ist natürlich schwierig zu bestimmen ...»

«Martin.» Albrecht, mahnend.

Ein Seufzen. «Eine relative Angabe fällt allerdings nicht

schwer. Das Hirschblut – die Runen – war zuerst da. Es wurde auf den lebenden Körper Melanie Dahls aufgetragen und hatte wenigstens mehrere Minuten Zeit zum Antrocknen. Erst dann wurde sie getötet. Ihr eigenes Blut hat die Zeichen an einigen Stellen verwischt, undeutlich gemacht. Also noch undeutlicher, als sie sowieso schon …»

«Ein Ritual.» Albrecht kürzte die Ausführungen ab. «Wer auch immer die Runen angebracht hat, musste sich der Archäologin nähern, und das kann nur mit ihrem Einverständnis geschehen sein. Martin Euler hat weder Hinweise auf eine Fesselung noch auf betäubende Substanzen gefunden. Wobei wir natürlich Zwang mit vorgehaltener Waffe nicht ausschließen können. Doch so oder so: Es gab ein Ritual. Und damit müssen wir uns eine neue Frage stellen: Wer hat dieses Ritual mit Melanie abgehalten?»

«Wer?» Faber, blinzelnd. «Der Täter, denke ich doch. Oder?»

Albrecht betrachtete ihn. Schien zu warten. Doch Faber sah ihn nur an, einigermaßen ratlos.

«Ich …» Ich strich mir über den Arm. Die Gänsehaut von heute Morgen war immer noch da, aber irgendwie hatte ich akzeptiert, dass sie nun einmal da war. Ich war am Fall. Ich sollte und wollte an dieser Ermittlung teilnehmen, und die Suche nach Melanies Mörder war inzwischen komplizierter geworden, als wir uns jemals hätten träumen lassen.

«Hannah?» Albrecht nickte mir zu.

«Ich denke, da gibt es mehrere Möglichkeiten», sagte ich. «Melanie hat an einem Ritual teilgenommen, das ist jetzt klar. Jemand, dem sie vertraut hat, hat Runen auf ihren Körper gezeichnet. Mit Hirschblut. Sie …» Ich setzte neu an. «Versuchen wir uns den Moment vorzustellen: Vielleicht liegt sie tatsächlich auf diesem Altarblock, auf dem ihre Kollegen sie am nächsten Morgen gefunden haben.»

«Aber ...» Nils Lehmann. Mit einem Seitenblick brachte Albrecht ihn zum Schweigen.

Ich schloss die Augen. Ein inneres Frösteln. Es war, als könnte ich die Szene tatsächlich vor mir sehen: Melanie in der Dunkelheit. Schemenhafte Gestalten um sie, doch keine Gesichter. «Das Hirschblut trocknet jetzt», sagte ich leise. «Mehrere Minuten lang. Die Person, der sie vertraut hat, entfernt sich. Melanie ist allein. Vielleicht ist es sogar genau das: Sie wundert sich, dass sie plötzlich allein ist, und deshalb steht sie von dem Altarblock auf, will sich umsehen. Und in diesem Moment nähert sich der Täter. Nähert sich im Dunkeln. Es kann dieselbe Person sein, die die Runen gemalt hat, doch sie *muss* es nicht sein.»

«Nicht mit Sicherheit», warf Faber ein. «Aber doch sehr wahrscheinlich. Wenn da noch jemand gewesen wäre, hätte der doch nicht einfach zugeschaut.»

«Wissen wir das?» Albrecht.

Ich schlug die Augen auf. «Nein», murmelte ich. «Weil wir keine Ahnung haben, wie das ursprüngliche Ritual aussah. Wenn Melanie mitgemacht hat, hat sie mit Sicherheit nicht damit gerechnet, dass es mit ihrem Tod enden würde. Der Täter könnte jemand sein, der das Ritual unbemerkt beobachtet und sich die Situation zunutze gemacht hat. Ein Ritual, das musste ihm klar sein, würde den Verdacht eben in eine bestimmte Richtung lenken. Und da er sich nicht sicher sein konnte, dass wir die Runen finden, hat er selbst noch andere, deutlichere Zeichen hinterlassen: die Tötung mit dem Feuersteinmesser und auch die Kondome. Vielleicht ... vielleicht hat er die Runen selbst gar nicht gesehen, wenn er sich ihr von hinten genähert hat.»

«Stimmt.» Lehmann. «War ja dunkel. Nachts.»

«Oder er war eben doch am ursprünglichen Ritual beteiligt.

Dann wäre er vorübergehend verschwunden und später wiedergekommen, als Melanie nicht damit gerechnet hat. Oder er wusste überhaupt nicht, dass tatsächlich ein Ritual stattfindet. Aber all das wissen wir nicht. Es kommt darauf an, wer er überhaupt ist. Wie er zu Melanie, zu den Ausgrabungen und den Archäologen stand oder ob er gar nichts mit ihnen zu tun hatte. Es kommt darauf an, warum er sie eigentlich getötet hat.»

«Nichts davon wissen wir mit Sicherheit», nickte Albrecht. «Nachdem wir nun tatsächlich Spuren eines Rituals gefunden haben, sind wir gezwungen, die Frage der Motivation komplett neu zu überdenken. Alles, was wir wissen, ist, dass wir nichts wissen. – *Tabula rasa*. Die ausgewischte, jungfräuliche Schreibtafel, bereit, neu beschrieben zu werden.»

Reflexartig griff er nach dem Schwamm, zögerte dann aber, riss sich offensichtlich zusammen und verzichtete darauf, unsere bisherigen Ermittlungsergebnisse tatsächlich zu tilgen.

«Ich habe mich gestern bemüht, einen Eindruck von den Mitarbeitern des Opfers zu bekommen», murmelte er. «Aus bestimmten Gründen habe ich Zweifel, dass sie mir bei einem zweiten Versuch das Vertrauen entgegenbringen würden, das unerlässlich ist bei Beteiligten, die in dieser Ermittlung eine derartige Rolle spielen.»

Er verschloss seinen Marker, betrachtete uns.

«Dieser Teil der Untersuchung wird von nun an Ihre Aufgabe sein, Hannah. Die Archäologen haben mir zugesagt, uns weiter zur Verfügung zu stehen, und mit Sicherheit werden sie schon gestern mit einer eingehenden Befragung gerechnet haben.» Leiser. «Ein Grund mehr, bis heute zu warten. – Sie finden sie dort, wo sie offenbar in den vergangenen Wochen ständig anzutreffen waren, Sonn- und Feiertage eingeschlossen. Auf der Grabungsstelle am Höltigbaum.» Pause. Schließlich, mit hörbar weniger Einsatz: «Nehmen Sie Lehmann mit.»

* * *

Wenn Sie flott machen da drin, schaffen Sie's noch.

Jörg Albrecht warf einen Blick auf seine Armbanduhr. Zwölf Uhr siebenundfünfzig. Nun, er hatte es geschafft. Würde es schaffen. Was nicht bedeutete, dass er der bevorstehenden Veranstaltung mit unbändiger Begeisterung entgegensah.

Die Wahrheit, dachte er. Seine Aufgabe. Er war weit entfernt davon, diese Wahrheit für sich allein anzustreben. Die Wahrheit gehörte allen. Er leistete die Arbeit, die sich mit polizeilichen Ermittlungsmaßnahmen bewerkstelligen ließ, und vertraute ansonsten der Weisheit des Justizapparats. Seine Zweifel an diesem Apparat standen auf einem anderen Blatt.

Die Ermittlung. Der Prozess. Das Urteil. Und dann die Bevölkerung, die selbstredend ein Recht auf Informationen besaß. Der geregelte Ablauf, wie der Gesetzgeber ihn vorgesehen hatte. Ein sinnvoller Ablauf.

Wäre da nicht die Meute der bunten Blätter und der privaten Sendeanstalten gewesen, die sich seit einem Vierteljahrhundert bemühte, dem Hauptkommissar Knüppel zwischen die Beine zu werfen. Die den Ermittlungen vorgriff mit ihren irrwitzigen Verdächtigungen und Verschwörungstheorien. Die das Urteil sprach, bevor Martin Euler auch nur sämtliche Spuren gesichert hatte, und die im wahrsten Sinne des Wortes kurzen Prozess machte. Selbiger dauerte exakt so lange, wie das Thema stattliche Einschaltquoten verhieß.

Nein, Jörg Albrecht war kein Freund von Pressekonferenzen. Und er bezweifelte, dass der Polizeipräsidentin dieser Umstand bis heute verborgen geblieben war.

Er schüttelte sich. Zumindest war er pünktlich. Er hatte die Tür seines Privatfahrzeugs zugepfeffert, im Laufschritt die Treppe zum Präsidium genommen, das seine Gebäudeflügel in sämtliche Himmelsrichtungen streckte wie tentakelartige Gliedmaßen; gefolgt von zwei kostbaren Minuten, in denen der Mensch an der Sicherheitsschleuse, der Albrecht schon Dutzende von Malen gesehen hatte, den Dienstausweis des Hauptkommissars geprüft hatte. Und nun der Aufzug, der Jörg Albrecht auf die Führungsebene beförderte und ihm den Magen in die Kniekehlen sacken ließ. Das Frühstück von der Autobahnraststätte: seine letzte Mahlzeit. Vor sieben Stunden.

Die stählernen Fahrstuhltüren glitten auf.

Der Krakenarm, in dem das Büro der Polizeipräsidentin untergebracht war, wies auf den Parkplatz, und bis heute fragte sich Jörg Albrecht, ob das ein Zufall war. Ob Isolde Lorentz sie sich zunutze machte, ihre Position – in jeder Bedeutung des Wortes –, um vom Schreibtisch aus nach ihrer Beute Ausschau zu halten. Auf jeden Fall war sie zur Stelle, auf dem raufasertapezierten Korridor, ihre Augen fünfundvierzig Zentimeter von Albrechts Nasenspitze entfernt.

«Oh, Sie haben es tatsächlich einrichten können?»

Der Hosenanzug in einem dezenten Mintton bildete einen nicht ungeschickt gewählten Kontrast zu ihrem feuerrot auftoupierten Haar. Wobei der farbliche Aufwand unnötig gewesen wäre. Ihre Augen hätten gereicht, jedenfalls wenn sie diesen Ausdruck trugen, der dafür sorgte, dass die Umgebungstemperatur reflexartig um mehrere Grade nach unten schnellte.

Nein, stellte Jörg Albrecht fest, wenn sie sich in einer gewissen Stimmung befand, war seine oberste Vorgesetzte alles andere als unansehnlich.

«Es erschien mir nicht vollständig ungeschickt, wenn ich über den aktuellen Stand der Ermittlung komplett orientiert bin», erwiderte er. «Bevor ich den Medien Rechenschaft ablege.» Den letzten Halbsatz nur eine Winzigkeit deutlicher betont als den Rest. Ob sie nach dem Köder schnappen wollte, überließ er der Frau Präsidentin.

Ein Paar eisig grüner Augen musterte ihn. Wortlos. Man sollte nicht den Fehler begehen, diese Frau zu unterschätzen, dachte Jörg Albrecht. Was ihn nicht daran hinderte, hin und wieder zu testen, wie weit er gehen konnte.

«Die Pressekonferenz wurde eine halbe Stunde nach hinten verlegt», verkündete sie knapp. Sie war schon ein halbes Dutzend Schritte entfernt, als sie sich über die Schulter umdrehte. «Mitkommen!»

Das Büro der Behördenleiterin war Jörg Albrecht vertraut. Wobei er auf die Einrichtung niemals groß geachtet hatte, die überdeutlich vom selben Architekten stammte, der auch für den Rest der Bausünde verantwortlich zeichnete. Am stärksten hatte ihn immer die Tür beeindruckt, schallisoliert wie in einem Verhörzimmer. *Und niemand hört die Schreie ihrer Opfer.*

Mit einem stummen Nicken wies Lorentz auf den unbequemen Besucherstuhl. Der Hauptkommissar strich sich die Hose glatt und ließ sich nieder.

Sie blickte auf ihre Arbeitsfläche. Leer. Rechts oben in der Ecke ein akkurat ausgerichteter Stapel mit Aktenmaterial. Sie hob den Blick.

«Sie waren in Ahrensburg», stellte Isolde Lorentz fest.

Jörg Albrecht hob eine Augenbraue. Er war auf einiges gefasst gewesen, nicht zuletzt auf Fragen zum Verlauf seiner Ermittlung. Stattdessen eine Feststellung. Es bedurfte keiner übersinnlichen Begabung, um sich einen Reim darauf zu machen, wie Lorentz an ihr Wissen gelangt war. Er sah das Bild deutlich vor sich, wie der Fürst zum Telefonhörer griff, bevor Albrecht und seine Mitarbeiterin auch nur den Dienstwagen erreicht hatten, eskortiert von der Herrin des Hauses und einem Rudel schwanzwedelnder kleiner Ungeheuer.

«Und ich war überzeugt davon, dass ich sämtliche Radarfallen an der Strecke kenne», murmelte er.

Sie kniff ein Auge zusammen, versuchte den Sinn der Bemerkung zu erfassen. Er konnte den Sekundenbruchteil, in dem es ihr gelang, exakt bestimmen.

Lorentz fuhr in die Höhe. Die Lehne ihres Schreibtischstuhls knallte gegen die rückwärtige Bücherwand, sodass ein Porträtfoto des Ersten Bürgermeisters – mit persönlicher Widmung – mit einem matten *Klapp!* vornüberkippte. «Haben Sie auch nur den Hauch einer Vorstellung?», zischte sie. «Auch nur den *Hauch*, auf was für einem Gelände Sie sich bei dieser Ermittlung bewegen? Auf vermintem Gelände! – Und, nein, die launige Bemerkung, dass sich das Verbrechen schließlich auch auf einem ehemaligen militärischen Übungsgelände zugetragen hat, ist der Situation genauso unangemessen wie ...»

«Wie eine Vorgabe, in welche Richtung ich zu ermitteln habe?»

Lorentz brach ab. Ihr Blick fixierte ihn. «Sie unterstellen mir, dass ich versuche, Einfluss auf Ihre Ermittlungen zu nehmen?»

Albrecht zögerte. Er war zu weit gegangen, und das war ihnen beiden klar. Doch er ließ sich einfach nicht gerne anschreien, selbst wenn die Rage einen bemerkenswerten Teint auf die Wangen der Frau Präsidentin zauberte.

«Das war nicht meine Absicht», sagte er ruhig. «Falls dieser Eindruck entstanden ist, möchte ich mich entschuldigen. Mir ist bewusst, dass ich in einem Fall, in den Kaliber wie der Fürst verwickelt sind, mit besonderer ... Diplomatie vorgehen muss.»

«Indem Sie ohne konkreten Anlass bei Skanderborg im Vorgarten stehen?» Sie hatte sich nicht wieder gesetzt.

Albrecht holte Luft, atmete ein und wieder aus. Isolde Lorentz hatte ihre Position zur Genüge deutlich gemacht. Er dachte nicht im Traum daran, sich die Stoßrichtung seiner Ermittlungen von irgendjemandem diktieren zu lassen. Nun aber wusste er zumindest, wo er behutsam vorgehen musste – und sei es nur, um am Ende einen absolut unumstößlichen Beweis vorlegen zu können, dem sich auch die Präsidentin nicht würde verwehren können. Wenn er denn existierte.

«Ja», sagte er, blickte zu Lorentz auf, die sich jetzt zögernd wieder in ihren Stuhl gleiten ließ. «Genau das. Indem ich ohne konkreten Anlass bei Fürst Skanderborg vorstellig geworden bin, weil ich seine Seite der Geschichte hören wollte. Seine Seite der Auseinandersetzung mit den Archäologen. Weil ich nur so das ganze Bild bekommen kann und damit die Chance, das Verbrechen zu klären.»

Ein kurzes Schweigen. Die Präsidentin neigte nachdenklich den Kopf. «Mit anderen Worten könnten wir es demnach sogar so ausdrücken, dass Sie in seinem Interesse gehandelt haben. In einem Akt der Rücksicht, ja, der Wertschätzung.»

«Solange Sie mich nicht zwingen, es so auszudrücken.»

Sie blickte auf, und ganz kurz war das misstrauische Funkeln wieder da, doch dann wurde ein Kopfschütteln daraus. «Sie zu irgendetwas zwingen zu wollen, habe ich schon vor mehreren Jahren aufgegeben», murmelte sie.

Albrecht beschloss, nicht an seinen mehrmonatigen Aufenthalt in einem auf psychische Gebrechen spezialisierten Sanatorium zu denken, den er den dienstlichen Anordnungen dieser Frau verdankte. Nur zu seinem Besten. Selbstredend.

Unvermittelt blieben ihre Augen wieder an ihm haften, und er hatte den Eindruck, dass ihre Haltung sich veränderte. Als ob sie ihn auf eine neue, eine forschende Art betrachtete und, ja, zuletzt eine Entscheidung traf. Sie schien sich um eine Winzigkeit zu entspannen, legte die Hände übereinander.

«Manchmal frage ich mich, ob es nicht am sinnvollsten wäre, wenn wir diese Geschichten tatsächlich ausblenden würden», sagte sie. So leise, als ob die schallgeschützte Tür nicht existierte. «Sämtliche Nachfragen und Einwendungen ins Leere laufen lassen mit dem Hinweis auf laufende Ermittlungen. – Sie erinnern sich, wie das Areal unter Naturschutz gestellt wurde? Stellmoorer Tunneltal und Höltigbaum? Ein halbes Leben her und ...» Ihre Mundwinkel zuckten. «Drei oder vier Erste Bürgermeister. – Aber dann ... Dann gab es irgendwann Wahlen, und wie es eben so ist, braucht ein neuer regierender Senat eine neue Vision, mit der er sich in die Geschichtsbücher eintragen kann. Und ist die Wirtschaft, sind Arbeitsplätze nicht sehr viel wichtiger als noch so eine Freilauffläche, um mit den Hunden Gassi zu gehen?»

Sie sah Albrecht an, und er fragte sich, ob sie tatsächlich eine Antwort erwartete. Wenigstens die Erwähnung der Hunde war Zufall. Hoffte er.

«Also wird ein neuer Plan entworfen.» Sie sprach schon weiter. «Ein Industriegebiet soll entstehen. Gerne darf es dem bisherigen Gewerbegebiet das Wasser abgraben – das liegt schließlich auf der schleswig-holsteinischen Seite und füllt nicht das Säckel unseres Finanzsenators. Dafür müssen aber anderswo wieder Ausgleichsflächen ausgewiesen werden – wegen der Natur. Und als man endlich so weit ist, kommt irgendjemand auf die Idee, dass es sich bei dem Gelände ja um ein bedeutendes prähistorisches Fundgebiet handelt.»

«Vermutlich nicht der Finanzsenator», bemerkte Albrecht.

Sie sah kurz auf, und für eine Sekunde war etwas in ihren Augen, das er nicht einordnen konnte. War sie sich nicht sicher, ob er einen Scherz gemacht hatte? Doch schon war es wieder vorbei.

«Nein», murmelte sie. «Vermutlich nicht. – Trotzdem bedeuten die gerichtlichen Auseinandersetzungen neue Verzögerungen, und kaum ist das durchgestanden ... Sie ahnen es? Schon wieder eine Wahl, wieder neue Visionen, und der Traum von Arbeitsplätzen am Höltigbaum ...»

«Sie wollen sagen, der neue Senat hat überhaupt nicht vor, das Bauvorhaben umzusetzen?»

Sie schüttelte den Kopf. «Wenn Sie mich fragen, ob sich der alte Senat mehr für die Arbeitsplätze interessiert hat und der neue mehr für die Umwelt? Keine Ahnung. Ich will sagen, dass es nicht *sein* Projekt ist, sondern ein Projekt des Vorgängersenats. Doch alles wieder rückgängig zu machen, noch vor dem ersten Spatenstich?»

«Dem ersten Spatenstich für das Industriegebiet», sagte Albrecht leise. «Die Archäologen sind schon mittendrin.» Mit einem Mal ein Gedanke. Er hielt die Luft an. «Was ...», murmelte er. «Was wäre, wenn die Grabungen nun tatsächlich auf spektakuläre neue Erkenntnisse stoßen würden? Erkenntnisse, die das Bauvorhaben unbegrenzt verzögern und diese Verzögerung so kostspielig machen würden, dass PrinceInvest am Ende abspringt? Der Senat könnte den Vorgang zu den Akten legen, aber verantwortlich ...»

«Sehen Sie?» Dunkelgrüne Augen, die ihn nachdenklich betrachteten. «Verstehen Sie jetzt, was ich meine?» Sie drehte sich um, stellte das Porträtfoto des Bürgermeisters sorgfältig wieder an Ort und Stelle. «Vermintes Gelände.»

* * *

«*Ganz nett!*»

Nils Lehmanns Stimme überschlug sich nicht, doch sie schien nicht weit davon entfernt.

«Mein Foto sei ganz nett, schreibt sie.» Kopfschütteln. «Nett ist ein *Hamster*!» Kunstpause, dann, gemurmelt: «Was denkst du? Ob ich's trotzdem mal versuche? Eigentlich sieht sie ... na ja, an sich sieht sie ganz nett aus.»

Beinahe wie vor eineinhalb Tagen. Beinahe. Nils Lehmann und ich waren auf dem Weg zur Ausgrabungsstätte.

Ich schloss die Augen, allerdings nur für einen Moment. Schließlich musste ich fahren – oder *wollte* ich fahren. Wenn jemand am Steuer ständig auf dem Smartphone rumtippte, machte mich das nervös, und nervös war ich ohnehin schon, auch ohne dass unser Jüngster mich zwang, sein Liebesleben in Echtzeit zu verfolgen. Meine Hypothese, dass der Körper nur ein begrenztes Arsenal an Adrenalin zur Verfügung hatte, um einen Menschen in Horrorzustände zu versetzen, begann sich jedenfalls gerade in Luft aufzulösen.

Es war ein sonniger Frühlingsnachmittag, von Nebel keine Spur. Auf dem freien Gelände flanierten Spaziergänger, ein junges Paar hatte eine Decke zum Picknick ausgebreitet, alles nur ein paar hundert Meter vom Schauplatz eines Mordes entfernt – etwas weiter allerdings von der Müllverbrennungsanlage am Rande des Industriegebiets.

Doch all der freundlichen Szenerie zum Trotz hatte ich ein mulmiges Gefühl ... Dieser Ort. War es Melanie selbst gewesen, oder war es in Wahrheit dieser Ort, der alles darangesetzt hatte, dass ich zurückkam? Der Nebel, der Hirsch, das unfassbare brummende Geräusch. Schon glaubte ich es wieder in meinen Ohren zu spüren. Sie waren noch nicht fertig mit mir.

Doch ich konnte nicht anders. Ich hatte meine Entscheidung getroffen, und es war wie ... wie ein innerer *Zwang*. Nicht allein der Mörder kehrte immer wieder an den Schauplatz der Tat zurück, dachte ich. Das Opfer ebenso? Die Ermittlerin. Die auf jeden Fall. Brav wie ein Lamm auf dem Weg zur Schlachtbank. Ein Lamm am Steuer meines Nissan, der über die unbefestigten Wege holperte. Ein Schlagloch in der rechten der beiden Fahrrinnen. Ich versuchte auszuweichen, aber ... Der Ruck ging mir durch Mark und Bein.

«He!» Protestierend. «Ich war mir noch gar nicht sicher, ob ich das wirklich abschicken wollte!»

Ich verkniff mir einen Kommentar, und aus dem Augenwinkel sah ich, dass auch der junge Herr Lehmann nun offenbar bereit war, auf Arbeitsmodus umzuschalten. Das Smartphone verschwand, stattdessen ein kurzer Blick in den Schminkspiegel – wegen des seriösen Äußeren vermutlich, das bei einem Kriminalbeamten nicht unterschätzt werden durfte. Wobei man geteilter Meinung sein konnte, in welchem Maße sich auch ein noch so sorgfältig frisierter Hähnchenkamm-Look mit einem seriösen Äußeren vertrug.

Ich selbst behielt die Augen auf der ausgefahrenen Piste. Ein Stück von der Grabungsstelle entfernt parkte in einer Abzweigung einer unserer Peterwagen, und ich nickte den uniformierten Kollegen zu. Ihre Aufgabe bestand nicht in weiteren Nachforschungen. Sie sollten lediglich verhindern, dass sich neue Gaffer einfanden, die den Archäologen das Leben schwermachten. Spaziergänger und Ausflügler waren allerdings längst hinter uns zurückgeblieben. Hier draußen war nichts als Weite und Leere, durchzogen von Gräben, gesäumt von niedrigem Buschwerk.

Endlich kam die Baumgruppe in den Blick, in ihrem Schatten der Bauwagen, der Melanie als Unterkunft gedient hatte. Was mochte das für ein Gefühl gewesen sein, überlegte ich, alleine hier draußen? Die wenigsten Menschen rechnen damit, tatsächlich Opfer eines bizarren Verbrechens zu werden, doch musste ihr nicht mulmig gewesen sein, umgeben von den Geräuschen der Nacht? *Ein Brummen und Sirren und Flüstern.* Nein, es war nicht wirklich da.

Hatte all das keine Bedeutung gehabt für sie? Es fiel mir schwer, mir das vorzustellen. Doch was wusste ich schon über die wahre Melanie? Noch hatte ich nicht einmal mit den Menschen gesprochen, die sie gut gekannt hatten. Wenn sie aber Angst gehabt hatte, dieselbe Angst, die auch ich gespürt hatte, draußen auf dem Fahrdamm, den Nebel vor meinen Augen, das unheimliche Geräusch in meinen Ohren, das bis ins Innere meines Schädels zu dringen schien ... Wenn es dieselbe Angst gewesen war: Was war ihr so wichtig gewesen, dass sie trotzdem hiergeblieben war? Ihre Arbeit, die Ausgrabung?

Ich stellte den Wagen ab, an genau demselben Fleck, an dem wir auch gestern gestanden hatten. Ein oder zwei Gestalten, halb unsichtbar in den ausgeschachteten Gruben. Als sich der Wagen näherte, hatten sie ganz kurz die Köpfe gehoben, doch schon waren sie wieder in ihre Arbeit vertieft – im wahrsten Sinne des Wortes, einen halben Meter unter Geländeniveau.

«Es kommt ihnen wohl vor allem auf diese ...» Nils Lehmann. «Wie sagt man: ‹Grabstelle›? Also: auf die Stelle da vorne an.» Er wies mit einem Nicken auf einen Bereich auf der anderen Seite der Bäume. Dort waren die Gräben noch nicht so verwinkelt wie an der Grabungsstelle, an der man Melanie gefunden hatte. «Sie sind richtig durchgedreht gestern, weil die Gaffer da rumgelaufen sind und die Leute vom Fernsehen. Da müssen sie die wichtigeren Funde gemacht haben.»

«Dort drüben?» Ich kniff die Augen zusammen, versuchte die einzelnen Gestalten zu unterscheiden. Ein älterer Mann mit Halbglatze war dabei, der sich aufgerichtet hatte, sich den Schweiß von der Stirn strich, kurz in unsere Richtung sah, aber keine Anstalten machte, uns zu begrüßen. Auf jeden Fall außerhalb der Hörweite, solange wir uns in normaler Lautstärke unterhielten. «Natürlich», sagte ich nachdenklich. «Sie konnten nicht wissen, dass die Gaffer dort rumlaufen würden. Niemand konnte das wissen. Sie hätten eher damit rechnen müssen, dass an der anderen Grabungsstelle, dort, wo Melanie gestorben ist, eine Menge los sein würde. Die Spurensicherung und alles, was dazugehört.»

«Stimmt.» Gemurmelt. «Da haben sie Pech gehabt. Also doppelt. Einmal wegen Melanie natürlich und dann ...» Achselzucken. «Na ja.»

Ich sah ihn an. Ich hatte nicht den Eindruck, dass er meinem Gedankengang bis ins Letzte gefolgt war.

«Stell dir vor, du wärest einer von ihnen», sagte ich. «Von den Archäologen. Und du wolltest Melanie umbringen – jetzt erst mal ganz egal, warum. Und eine deiner beiden Grabungen ist dir wichtiger als die andere. Wo würdest du uns die Leiche finden lassen?»

«Uns?» Verständnisloses Gesicht.

«Die Polizei.»

«Oh.» Plötzlich eine Veränderung. «Oh! Du denkst, sie hätten die wichtigere Grabung schützen wollen und sie deswegen ...» Er riss die Augen auf. «Denkst du denn, dass die Archäologen Melanie ...»

«Ich denke gar nichts!», knurrte ich und drehte mich um. Ich hasste es, wenn ich mich anhörte wie Albrecht.

An den Bäumen vorbei. Der Boden war matschig. Ich hatte normale dunkle Sneakers an zu meinen schwarzen Stretchjeans, einem von den beiden Paaren, in die ich im Moment noch reinpasste. Es würde kein Vergnügen werden, sie wieder sauber zu kriegen.

Zwei Männer in der Grube: der Glatzkopf und ein anderer,

mit dunklerem Teint. *Karim*, erinnerte ich mich. Faber hatte ihn erwähnt, als von den Blutspuren der Frau aus Südeuropa die Rede gewesen war. Ein dritter stand am Rand und schien auf einem Klemmbrett etwas zu skizzieren. Dreitagebart; er sah nicht übel aus.

Ich ging auf ihn zu. «Hannah Friedrichs, von der Kripo.»

Er ließ seine Zeichnung sinken, blinzelte. «Gestern war …» Sein Blick fiel auf Lehmann, und er beendete den Satz nicht, sondern nickte jetzt. Natürlich, mich hatten sie vermutlich gar nicht bewusst zur Kenntnis genommen, aber mein jüngerer Kollege war dabei gewesen, als Albrecht versucht hatte, seinen Eindruck zu bekommen.

«Morten Anderson», stellte der junge Mann sich vor. «Ich bin für die Dokumentation zuständig – unter anderem. Jeder von uns hat eigene Schwerpunkte.»

Jetzt blickte der Mann mit der Halbglatze auf. Diesen Dialog hatte er mitbekommen. «Wir wollten eigentlich weiterarbeiten, solange Licht da ist. Aber wenn Sie Fragen haben …»

«Das …» Ich zögerte. «Vielleicht später», sagte ich. Auf der Fahrt nach Meiendorf hatte Albrecht von seinem Gespräch mit den Männern – und einer Frau – erzählt. Ich war nicht in der Verfassung gewesen, aufmerksam zuzuhören, erinnerte mich aber, dass er erwähnt hatte, der ältere Mann, Bernd Gabelitz, habe das Gespräch mehr oder weniger an sich gezogen. Es konnte nicht schaden, wenn ich die Einschätzungen aller Beteiligten zu hören bekam. Einzeln.

«Sie dokumentieren?», wandte ich mich wieder an Morten Anderson. Mit einer halben Körperdrehung von der Grube weg signalisierte ich, dass ich ein paar Schritte gehen wollte. «Gab es einen bestimmten Bereich Ihrer Grabung, für den sich Melanie Dahl ganz besonders interessiert hat?»

Morten warf einen kurzen Blick zu seinen beiden Kollegen,

folgte mir dann aber ohne zu zögern. Ich hatte die Richtung zum Bauwagen eingeschlagen, an der Baumgruppe vorbei. Lehmann hielt sich zwei Schritte hinter uns.

«Ich …» Morten strich sich durch die Haare. Keine Fönwelle, dachte ich. Manche Männer sahen einfach von Natur aus gut aus. «Melanie war die Theoretikerin von uns», sagte er. «Schließlich hat sie die Grabung geleitet. – Ich weiß, wie sich die meisten Leute Archäologen vorstellen. Immer mit Dreck unter den Fingernägeln.» Ein kurzes Lächeln blitzte auf, als er seine eigenen Fingernägel präsentierte, etwas schüchtern, jedenfalls nicht einstudiert. Ich korrigierte sein Alter gedanklich um ein paar Jahre nach unten: Mitte zwanzig, höchstens. Ein Bart konnte täuschen. «Melanie … Nicht dass sie nicht mit anpacken konnte, aber sie hat eher vom Büro aus gearbeitet. Einordnungen, vergleichende Analysen. In Wahrheit ist das der größere Teil der archäologischen Arbeit: Papierkram. Wenn auch viele von uns am liebsten draußen im Feld arbeiten.»

Im Feld, dachte ich. Nicht auf dem Feld. Einen halben Meter unterhalb der Grasnarbe.

«Da wird Ihr Papierkram sicherlich sehr wichtig gewesen sein für sie», sagte ich und wies mit einem Nicken auf das Klemmbrett. «Hatten Sie mehr mit ihr zu tun als die anderen?»

Wir hatten einen Punkt erreicht, an dem man das Dickicht nur schwer passieren konnte. Morten bat mich mit einer Geste, stehen zu bleiben, und bog einige Stachelzweige beiseite. Mitten in der Bewegung hielt er plötzlich inne. «Moment», murmelte er, ging in die Knie.

Als er wieder hochkam, hielt er einen kleinen Gegenstand in der Hand. «Eine Pfeilspitze», erklärte er.

Ich sah nur ein blasses, spitzes Etwas, konnte nicht einmal das Material bestimmen.

«Knochen.» Er schien meine Gedanken gelesen zu haben.

«Wahrscheinlich aus den Geweihstangen. Stein ist natürlich haltbarer, lässt sich aber schwieriger bearbeiten. Die Geweihe von Rentieren dagegen lassen sich relativ einfach formen und sind gleichzeitig ausreichend hart, um Rentiere zu töten. Eine komische Vorstellung, finden Sie nicht?»

Ich nickte, und doch spürte ich einen Anflug der schon vertrauten Kälte. Nein, das klang nicht komisch. Nicht, wie ich das Wort verstand. Das Beutetier, getötet mit einem Teil seines eigenen Körpers. Ein Rentier. Heute gab es keine Rentiere mehr am Höltigbaum, aber Rehe und Hirsche lebten hier. Melanie Dahls toter Körper, beschmiert mit Hirschblut, mit urzeitlicher Runenschrift.

Ich wog meine Worte vorsichtig ab. Wir wussten jetzt, dass bei Melanies Tod tatsächlich ein Ritual eine Rolle gespielt hatte. Was wir nicht wussten, war, ob einer der anderen Ausgräber sich an solchen Praktiken beteiligt hatte. Ob die anderen auch nur davon gewusst hatten. Schließlich hatten sie irgendwo in der Stadt geschlafen.

«Waren solche urzeitlichen ... Bräuche ein besonderer Schwerpunkt in Melanies Arbeit?», erkundigte ich mich, ließ die Worte bewusst eher beiläufig klingen, während ich mich durch den Pfad im Gestrüpp tastete, den er mir frei gemacht hatte.

Zunächst keine Antwort. Lehmann folgte mir, zuletzt Morten selbst, der die Pfeilspitze in die Hosentasche hatte gleiten lassen. Entweder war in diesem Fall keine gesonderte Dokumentation notwendig, oder er würde das später nachholen.

«Bräuche?» Ein offener, fragender Ausdruck in seinen Augen. Konnte er gespielt sein? Ich war mir nicht sicher. Er hatte ein paar Sekunden Zeit gehabt, sich vorzubereiten. Bambi, dachte ich, mit Augen wie ein scheues Reh und Rentierknochen in der Hosentasche.

«Solche Jagdrituale», erklärte ich. Nun nahm ich den Begriff doch in den Mund, und mir war klar, dass er hier nicht richtig zutraf. Doch schließlich war ich eine simple Polizeibeamtin, woher sollte ich mich mit solchen Details auskennen?

«Ach so.» Er nickte. «Ja, das war tatsächlich eines von Melanies Spezialgebieten. Das Kultwesen. – Eine dieser typischen theoretischen Geschichten, weil es darauf ankommt, wie man bestimmte Funde interpretiert. Wenn Sie – da bewegen wir uns jetzt in einer späteren Zeit – zum Beispiel ein Gefäß finden, können Sie mit ziemlicher Sicherheit davon ausgehen, dass irgendwann mal jemand daraus getrunken hat. Ein Kulttheoretiker aber wird davon ausgehen, dass im Rahmen einer religiösen *Zeremonie* daraus getrunken wurde. Er wird versuchen, die Verzierungen auf dem Gefäß zu deuten, schauen, welche Hinweise auf die Form und den Hintergrund kultischer Handlungen sich dahinter verbergen könnten.»

Runen? Das Wort lag mir auf der Zunge, doch es wäre zu deutlich gewesen.

Und im selben Moment schien sich Mortens Gesicht aufzuhellen. «Melanie hat einen Aufsatz darüber geschrieben. Ein Exemplar müsste im Wagen liegen. – Möchten Sie es lesen?»

«Im Wagen?» Überrascht sah ich zu Melanies Unterkunft. «Ich dachte, meine Kollegen hätten das Material gesichert?»

Ein entschiedenes Kopfschütteln. «Aber doch nicht unsere Fachliteratur. Das hätte Bernd niemals zugelassen. Wir brauchen dieses Material, um weiterzuarbeiten, schließlich haben wir nur noch ein paar Wochen. Das Ganze muss ja leider irgendwie bezahlt werden. – Warten Sie einen Moment? Kann allerdings etwas dauern, so wie es jetzt da drin aussieht.»

Ich hatte den Mund bereits geöffnet, um Morten aufzuhalten, doch dann verzichtete ich darauf. Dieser Aufsatz konnte tatsächlich wichtig sein. Und gleichzeitig: Aus dem Augenwinkel hatte ich etwas entdeckt, das mir eine andere Frage beantwortete, die ich gerade hatte stellen wollen.

«Kein Problem», murmelte ich, doch Morten Anderson hörte mich sowieso nicht mehr. Er war bereits im Bauwagen verschwunden.

* * *

Diesmal entschied sich Jörg Albrecht für den Vordereingang. Er lenkte den Wagen in die Hofeinfahrt, stellte ihn auf einer Schotterfläche vor dem Hauptportal des Schlosses ab, wo ein einzelner Wagen wartete, ein blankpolierter Porsche. Sichernd sah sich der Hauptkommissar in sämtliche Richtungen um, bevor er ausstieg. Keine Spur von der Fürstin und den haarigen kleinen Biestern.

Er kam allein; es war ein kurzfristiger Entschluss gewesen, dabei aber nicht weniger durchdacht. Matthiesen war ein Meister der gefälschten Bilanzen – zumindest wenn es darum ging, solche Bilanzen zu erkennen. In einem Hintergrundgespräch, bei dem Andeutungen, versteckte Betonungen, Fallstricke, die sich aus sorgfältig gewählten Formulierungen ergaben, eine Rolle spielen konnten, war Jörg Albrecht stärker, wenn er Beinfreiheit besaß. Und schließlich handelte es sich um kein Verhör, bei dem es immer sinnvoll war, einen zusätzlichen Zeugen an der Hand zu haben.

Er betätigte die Türklingel, die sich eher wie ein Türgong anhörte, spannte sich an, als irgendwo aus dem Gebäudeensemble das Kläffen der Hundemeute zu vernehmen war. Aber es war der Schlossherr selbst, der öffnete.

«Das Personal hat offenbar Ausgang», murmelte der Fürst. Albrecht hob die Augenbrauen, doch anscheinend war das eine Standardbegrüßung, wenn Skanderborg persönlich an die Tür kam.

Der Fürst war gekleidet wie am Morgen. Er geleitete den Hauptkommissar eine Folge steiler Stufen hoch, eine andere Treppe als mehrere Stunden zuvor, aber am Ende eines Korridors erreichten sie denselben Büroraum. Und Albrecht stellte fest, dass das Büro nicht leer war.

«Hauptkommissar Albrecht.» Ein Lächeln wie die Klinge eines Richtschwerts: ebenso schmal und ebenso einladend.

«Dr. Merz.» Jörg Albrecht bemühte sich um exakt denselben Tonfall.

Skanderborg wies auf einen Besucherstuhl. Chippendale, dachte Albrecht. Ein Zwillingsbruder des Möbels, auf dem der Anwalt Platz genommen hatte. Skanderborg hatte sich hinter seinem Schreibtisch niedergelassen.

«Mir ist natürlich klar, warum Sie hier sind», begann der Fürst, bevor Albrecht den Mund öffnen konnte. «Und mir ist bewusst, dass es sich um kein Verhör oder ... etwas Derartiges handelt. Doch um allen Seiten Aufwand zu ersparen, habe ich mich entschlossen, meine Aussage schriftlich niederzulegen.»

Zwei DIN-A4-Seiten, einzeln unterschrieben, zusammengehalten von einer goldenen Büroklammer. Sie wurden über den Tisch gereicht.

Albrecht verzog keine Miene. Er hatte bereits begriffen: Deshalb war der Anwalt hier. Von Geschäftsbüchern hatte die Fürstin erzählt? Wahrscheinlich wusste sie es wirklich nicht besser. Der Fürst hatte diesen Text am Morgen verfasst, mit Unterstützung von Merz, um sich abzusichern. Und er machte kein Geheimnis daraus.

«Um die Angaben kurz zusammenzufassen ...» Skanderborg legte die Hände auf dem Tisch übereinander. Eine ruhige Geste, dachte Albrecht. Die Geste eines Mannes, der nichts zu fürchten hatte. Doch so einfach würde der Hauptkommissar sich nicht täuschen lassen. Der Fürst hatte seit dem Morgen Zeit gehabt, sich auf diese Begegnung vorzubereiten. Und falls er in den Mord verwickelt war, noch einmal mehr als vierundzwanzig Stunden länger.

«Der Tod dieser jungen Frau bestürzt mich», erklärte Skanderborg. «Angesichts der unangenehmen Vorgeschichte bestürzt er mich doppelt.» Ein Nicken zu Merz. Albrecht stutzte. War es Friedrichs Affäre gewesen, die im Namen von PrinceInvest den Prozess geführt hatte, der die archäologische Grabung hatte abwenden sollen? Daran besaß er keine Erinnerung, doch er hatte die Berichterstattung auch nicht intensiv verfolgt. In jedem Fall war der Vorgang ungewöhnlich. Merz war Strafverteidiger und weiß Gott nicht unterbeschäftigt. Wenn er für Skanderborg in einer solchen Angelegenheit tätig geworden war, musste es sich um ein besonderes Verhältnis handeln.

«Weiterhin habe ich hier ...» Der Fürst griff zur Seite. «... einen Auszug aus dem Protokoll unserer Anlegerversammlung vom Juni des vorvergangenen Jahres, in dem beurkundet wird, dass ich von Anfang an meine Bedenken vorgetragen habe.»

«Bedenken?»

«Bedenken gegen die Ansiedlung eines Industriegebiets auf dem Gelände des Höltigbaums und des anschließenden Stellmoorer Tunneltals. Bedenken, mit denen ich mich leider nicht durchsetzen konnte.»

«Sie ...»

«Ich bekleide eine hervorgehobene Position in unserem Unternehmen.» Der Fürst ließ Albrecht nicht zu Wort kommen. «Und ich halte den größten einzelnen Anteil an PrinceInvest. Doch er ist weit entfernt von einer Mehrheit und selbst von einer Sperrminorität. Aus unterschiedlichen Gründen war ich der Auffassung, dass es ein Fehler wäre, in dieses Projekt zu investieren, aber leider konnten meine Argumente nicht überzeugen.»

Albrecht nahm das neue Papier ebenfalls entgegen, eine knappe Seite diesmal. Er warf nur einen kurzen Blick darauf.

«Und doch haben Sie sich monatelang für das Industriegebiet starkgemacht», sagte er.

«Selbstverständlich.» Skanderborg nickte knapp. «Die Entscheidung wurde per Mehrheitsbeschluss getroffen, also habe ich getan, was ich konnte, dass das Projekt ein Erfolg wird.»

«Und Ihre Verbindungen spielen lassen?»

«Das gehört zu meinen Aufgaben.»

«Auch gegen Ihre Überzeugung?»

Diesmal zögerte der Fürst. Dann, unvermittelt: «Glauben Sie an die Weisheit eines jeden einzelnen Gesetzes, Herr Albrecht?»

Der Hauptkommissar legte die Stirn in Falten. «Ich bin mir nicht sicher, ob ich Ihnen folgen kann.»

«Wie jeder Mensch haben Sie persönliche Überzeugungen, ein persönliches Rechtsgefühl.» Die Hände des Fürsten lagen wieder ruhig übereinander. «Verfolgen Sie also nur jene Taten, die Ihnen persönlich strafwürdig erscheinen? Oder fühlen Sie sich der Gesamtzahl der Vorschriften verpflichtet, die Ihnen aus Ihrem Beruf erwachsen?»

Albrecht öffnete den Mund.

«Der Mörder, der Triebtäter, der Kinderschänder: Glauben Sie daran, dass ihnen dieselben Rechte, derselbe Schutz des Gesetzes zukommen sollten wie jedem anderen? Stehen Sie daneben, wenn der aufgewühlte Volkszorn Anstalten macht, den Täter an der nächsten Astgabel aufzuknüpfen – oder greifen Sie ein?»

Albrecht sah den Fürsten an – und schloss den Mund, ohne gesprochen zu haben.

«Jeder Mensch handelt gegen seine Überzeugungen», stellte Skanderborg fest. «Ständig. – Ich habe dieses Projekt nach Kräften unterstützt. Weil ich es für meine Pflicht hielt.»

Der Hauptkommissar senkte den Kopf. Unvermutet begann er einen gewissen Respekt gegenüber diesem Mann zu entwickeln.

Er warf einen Seitenblick auf Merz. An der Miene des Anwalts ließ sich nichts ablesen.

Albrecht räusperte sich. «Dennoch waren Sie davon überzeugt, dass der Bau eines Industriegebiets am Höltigbaum ein Fehler wäre. Was hat Sie zu dieser Überzeugung gebracht?»

Diesmal sah der Fürst an ihm vorbei. «Zwei Gründe», sagte er nach einem Moment. «Der Erfolg dieses Unternehmens war abhängig von politischer Unterstützung, und politische Mehrheiten können wechseln.»

Albrecht nickte, in Gedanken bei dem Gespräch, das er vor wenigen Stunden geführt hatte. «Und der zweite Grund?»

Skanderborg überraschte ihn. Der Fürst stand auf, ging an seinen Besuchern vorbei ans Fenster. Mit einer Geste bat er Albrecht, an seine Seite zu treten.

Der Schlosspark und sein alter Baumbestand, die gepflegten, kiesgestreuten Wege. Skanderborgs Ehefrau, die Haare unter einem Kopftuch verborgen; die schminkkoffergroßen Monster wieselten um ihre Füße. Albrecht beglückwünschte sich zu seinem Einfall mit der Vordertür. Offenbar kehrten sie soeben von einem Rundgang durch den Park zurück. Das braun-weiße Biest, mit dem der Hauptkommissar unliebsame Bekanntschaft gemacht hatte, war deutlich von den anderen zu unterscheiden.

Doch der Fürst schien etwas anderes im Blick zu haben. Jenseits der Bäume ging das Auge über die Umfriedung hinweg in die offene Landschaft hinein.

«Wie Sie wissen, hat es mit dem Gelände am Höltigbaum eine besondere Bewandtnis», sagte Skanderborg mit gedämpfter Stimme. «Das dürfte einer der Gründe sein, aus denen Sie unmittelbar bei mir und nicht in der Zentrale vorstellig geworden sind. Wir bewirtschaften heute nur noch einen Bruchteil der Fläche, die ursprünglich zu diesem Anwesen gehörte. Den Park, den Schlossgarten ...» Ein Nicken hinüber zum westlichen Rand des Parks. «Und zwei der Wirtschaftsgebäude für das persönliche Steckenpferd meiner Frau.» An den weiß gekalkten, niedrigeren Gebäuden glaubte der Kommissar etwas zu erkennen, das Hundezwinger sein mochten. «Und doch befinden sich darüber hinaus noch eine ganze Reihe anderer, weitverstreuter Flurstücke im Besitz meiner Familie. Seit dreioder vierhundert Jahren. Eine lange Zeit, denken Sie? Nun, lange genug, als dass ich auch hier eine besondere Verantwortung empfinde. Eine *Pflicht*. Vor uns, Herr Albrecht, gab es unsere Eltern und Großeltern, unsere Ahnen bis ins x-te Glied, so weit die Aufzeichnungen zurückreichen. Lange davor aber gab es andere Menschen, gab es unser aller gemeinsame Vorfahren. Und hier ganz in der Nähe, zu beiden Seiten des Stellmoorer Tunneltals, haben diese Menschen Spuren hinterlassen, eine Erinnerung. – Neue Ansiedlungen für die Industrie kann man an vielen Orten bauen, Herr Albrecht. Die Erinnerung aber ... die Erinnerung ist unersetzlich.»

Er wandte sich um, holte Luft und wies mit dem Kopf auf die Blätter in Albrechts Hand. Nicht auf das Protokoll der Anlegerversammlung, das seine Bedenken gegen das Projekt dokumentierte, sondern auf seine Aussage, die er gemeinsam mit Merz aufgesetzt hatte.

«Und aus diesem Grund war ich der Meinung, dass die archäologischen Untersuchungen wichtig sind. Aus diesem Grund habe ich Melanie Dahls Grabung finanziert.»

Albrecht starrte ihn an.

Die Papiere lösten sich aus seiner Hand und segelten in eleganten Kurven zu Boden.

* * *

Ich drehte mich um. Ein unwirklich blauer Himmel spannte sich über dem Ausgrabungsgelände und dem weiten Brachland am Höltigbaum. Alle Gegenstände warfen scharfe Schatten, und ich hatte das Gefühl, das Auge reiche heute weiter als an gewöhnlichen Tagen. Ein gutes Zeichen? Ich hoffte es. Wir mussten nach Dingen Ausschau halten, die man uns nicht freiwillig zeigen würde.

Die ältere der beiden Ausgrabungsstätten. Die Absperrbänder hingen reglos bis fast auf den Boden. Nicht die Ahnung eines Windhauchs war zu spüren. Und dennoch hatte sich dort drüben gerade etwas bewegt: nicht unmittelbar an dem rechteckigen Erdblock, der wie ein Altar wirkte und auf dem der Täter Melanies Leichnam platziert hatte, aber nicht weit davon entfernt.

Ich warf einen Blick über die Schulter und nickte Lehmann zu. Zur Abwechslung schien er voll bei der Sache; sein Smartphone blieb unsichtbar.

Wir überquerten die freie Fläche, folgten einem ausgetretenen Pfad. Der Boden war fest in diesem Bereich, sogar auffällig trocken. Natürlich, dachte ich. Bestände die gesamte Gegend aus Sumpf, hätten die Ausgräber noch ganz andere Probleme bekommen.

Die junge Frau kniete am Grund der Grube, schien an etwas zu arbeiten, das noch im Boden eingeschlossen war. Ich sah einen schreiend orangefarbenen Plastikeimer aus dem Baumarkt, eine Art Maurerkelle und eine kleine Handschaufel, aber im Moment arbeitete sie mit einem weichen Pinsel. Die Sonne, die allmählich dem bebauten Gelände von Meiendorf und Volksdorf entgegensank, schien uns mehr oder weniger in die Augen. Unsere Schatten fielen also hinter uns, die junge Archäologin konnte sie nicht sehen, und doch war ich mir sicher: Sie wusste, dass wir da waren.

«Wenn wir Sie einen Moment stören dürfen», sagte ich. «Hannah Friedrichs, von der Kripo.»

Sie reagierte nicht. Der Pinsel veränderte seine Richtung. Um was für ein Fundstück es sich handelte, konnte ich nicht erkennen. Ihr Körper verdeckte es. Jeans und Windjacke, dazu ein ausgefranster Schal, eigentlich zu warm für diesen Nachmittag.

«Wir haben nur ein paar kurze Fragen», setzte ich noch einmal an. Mit Sicherheit hatte Albrecht den Namen der Frau erwähnt, bloß konnte ich mich nicht erinnern. Ich hielt Ausschau nach einer Art Treppe oder Leiter. Ein halber Meter tief, lächerlich. Vor ein paar Monaten wäre es jedenfalls lächerlich gewesen, doch bei meinen derzeitigen Körperformen ... sicher nicht unmöglich, aber dass ich mich auf Klettertouren einlassen sollte, weil die junge Dame kein Interesse hatte, sich mit uns zu unterhalten, war beim besten Willen nicht einzusehen.

Dann eben die unfreundliche Schiene. Ich holte Luft.

«Sara?»

Aus meinem Rücken, kaum in normaler Gesprächslautstärke. Natürlich, Nils Lehmann war gestern dabei gewesen. Aber warum der Vorname? Und ob das überhaupt einen Unterschied ...

Doch sie war schon auf den Beinen.

«Oh.» Ein durchschnittliches Gesicht, eher schmal, halblange dunkle Haare, die sie sich eilig hinter die Ohren strich.

Ihr Teint wirkte blass, aber da war eine Ahnung von Röte auf den Wangen. «Oh ... Hi, Nils!»

Ich war mir nicht sicher, was ich gerade für ein Gesicht machte, doch das Mädchen achtete ohnehin nicht darauf. Lediglich meinen Babybauch hatten ihre Augen mit kurzer Überraschung gestreift. *Nils.* Und die Reaktion sprach Bände. Albrecht hatte nicht erwähnt, dass Lehmann nach der Befragung noch länger am Tatort zurückgeblieben war, aber so musste es nach menschlichem Ermessen gewesen sein. Dass man sich nähergekommen war, während unser Herr und Meister daneben stand, bezweifelte ich stark.

«Sara, wenn wir dich noch ein paar Sachen fragen könnten? Wir haben die Aufgaben neu verteilt.» Irgendwie schaffte er es, den Satz auf eine Weise zu betonen, als hätte *er* solche Entscheidungen zu treffen. «Hannah hier, meine Kollegin, soll sich ein bisschen umsehen.»

Ich warf ihm einen überdeutlichen Blick zu.

«Oberkommissarin Friedrichs», sagte er eilig. «Hannah, das ist Sara ... äh ...»

«Sara Grabowski.» Sie stützte sich mit einer Hand auf dem Rand der Grube ab und kam mit einer mühelosen Bewegung hoch, für die ich einen Moment lang einfach nur Neid empfand.

Sara war kleiner, als ich gedacht hatte, keine eins siebzig jedenfalls, und vermutlich noch jünger als Morten Anderson. Und, ja, sie war blass. Dunkle Ringe lagen unter ihren Augen, die von mehr erzählten als von einer Nacht mit zu wenig Schlaf, auf ihren Wangen verräterische Spuren, in denen sich etwas den Weg durch den Staub gebahnt haben musste, das mit ziemlicher Sicherheit kein Schweiß gewesen war. Deshalb also hatte sie nicht reagiert, als ich sie angesprochen hatte. Hier stand jemand, dem Melanies Tod wirklich naheging.

Gedanklich strich ich eines der möglichen Motive für die Tat von meiner Liste: Eifersucht. Zumindest wenn sie von Sara Grabowski ausging. Melanie, Morten, Sara – das hätte ich mir vorstellen können. Bis vor ein paar Sekunden jedenfalls.

«Danke», murmelte ich, musste mich einen Moment lang sammeln. «Frau Grabowski, zunächst einmal mein Beileid. Ich weiß, dass Sie nicht nur Kollegen gewesen sind, sondern ... Freunde.»

Sie nickte stumm. Ihr plötzlicher Elan war verflogen. Ich spürte Nils einen halben Schritt hinter mir, und sie warf ihm kurz einen Blick zu, doch offenbar war ihr klar, dass ich das Gespräch führen würde.

Es gibt Beamte, die sich für eine solche Situation eine Taktik zurechtlegen. Viele von ihnen arbeiten einfach nach Lehrbuch. *Hatte das Opfer Feinde?* Mit bedeutungsschwangerer Stimme. Vielleicht sind sie auch ein bisschen zu träge, um sich immer was Neues auszugrübeln. Dabei geht es gar nicht auf Teufel komm raus um etwas Neues. Das war etwas, das ich von Albrecht gelernt hatte: ohne große Erwartungen in eine solche Situation zu gehen. Zu oft führten sie dazu, dass man das wirklich Wichtige übersah.

«Wir haben schon ein bisschen mit Ihren Kollegen gesprochen», sagte ich. Das war nicht ganz die Wahrheit; eigentlich hatten wir nur mit Morten gesprochen, und im Moment wünschte ich mir, dass er noch ein Weilchen im Bauwagen zu tun haben würde. Irgendetwas sagte mir, dass das Mädchen offener sprechen würde, wenn keiner der anderen dabei war.

«Wir möchten uns natürlich ein Bild von Melanie machen», erklärte ich. Zu spät ging mir auf, dass ich beim Opfer automatisch den Vornamen gewählt hatte, doch Sara schien es nicht zu bemerken. «Über ihre wissenschaftlichen Schwerpunkte und ihre Art zu arbeiten wissen wir schon ganz gut Bescheid. Und wir wissen, dass ihre Arbeit ihr sehr wichtig gewesen ist. Aber zum Glück gibt es ja keinen Menschen, der *nur* arbeitet.» Ein leichtes Lächeln. «Als Freunde haben Sie sicher auch mal nach Feierabend ...»

Ihre Stirn schien sich ganz leicht zusammenzuziehen. Ging ihr Blick für eine Sekunde an mir vorbei, hielt Ausschau, ob ihre Kollegen zu sehen waren?

«Nach Feierabend», murmelte sie. Ihre Zunge fuhr über ihre Lippen. Sie hob die Schultern. «Melanie war ... Es ist immer schwierig, einen Menschen zu beschreiben, mit ein paar Sätzen. Gerade wenn er tot ist. – Die Arbeit war ihr wirklich wichtig. Das ist sie uns allen. Das ist kein Job wie jeder andere, bei dem man auf die Uhr schaut, wann Feierabend ist. Wir arbeiten hier jeden Tag, so lange, wie das mit dem Licht möglich ist.»

«Melanie hat sogar hier geschlafen.»

«Genau. Bei ihr war das wirklich noch stärker als bei uns anderen. Natürlich hat sie viel an den Auswertungen gearbeitet, hat die unterschiedlichen Formen der Fundgegenstände verglichen, überlegt, welche davon wir jetzt der Hamburger oder der Ahrensburger Kultur zuordnen können – die liegen mehrere tausend Jahre auseinander.»

«Aber?» Ich spürte ein Prickeln im Nacken. Bis zu diesem Moment gab das Mädchen ungefähr das wieder, was uns auch Morten erzählt und was auch Albrecht von seinem ersten Gespräch mit den Archäologen mitgebracht hatte, doch das *aber* war so deutlich zu hören: Der entscheidende Punkt, dachte ich.

«Das reicht nicht aus», erklärte Sara. «Man kann noch so konzentriert wissenschaftlich arbeiten, mit den kompliziertesten Geräten, C14 und alles. Wenn Bernd Ihnen seinen Maschinenpark zeigt, würden Sie ...» Sie brach ab, setzte neu an. «Aber am Ende reicht das alles nicht aus, Pfeilspitzen sortieren und die Techniken vergleichen, mit denen die Späne aus dem

Geweih gelöst wurden. So erfahren Sie nichts über die ... die Menschen. Das sind Menschen gewesen hier draußen. Die haben gejagt und ihre Beute irgendwie verarbeitet, und da finden wir jetzt die Reste. Aber was das für Menschen waren, wie sie ... was ihnen wirklich wichtig war, wie sie gedacht und gefühlt und woran sie geglaubt haben und ...»

«Ihr Kult», sagte ich und dachte an Morten Andersons Worte. «Ihre Religion.»

«Genau. Ihr Aberglaube. Wie sich das angefühlt hat für sie, wenn sie zu ihren Göttern gebetet haben, Jagdgöttern oder Sonnengöttern oder Göttern für das Wetter. Oder ...» Ein Nicken auf meinen Bauch. «Für die Fruchtbarkeit. Wir wissen zum Beispiel, dass sie ausschließlich weibliche Rentiere geopfert haben, in einem Teich versenkt, drüben im Stellmoorer Tunneltal. Aber warum das so war, dazu muss man ...»

«Ja?» Ich spürte, dass wir ganz nahe waren.

Sara holte Luft. «Um zu wissen, wie diese Menschen gedacht haben, muss man ein bisschen zu einem von ihnen werden.»

Das Prickeln in meinem Nacken hatte auf meinen Hinterkopf übergegriffen. *Ein bisschen zu einem von ihnen werden.* Was anderes bedeuteten die Rituale, bedeuteten die Runen, das Blut? Sie war dabei gewesen. Mit einem Mal war ich mir sicher: Dieses Mädchen war dabei gewesen.

«Sara?»

Es war nicht meine Stimme, auch nicht Lehmanns – oder Mortens. Sie kam von weiter weg, aus meinem Rücken. Ich sah mich um: Bernd Gabelitz, er stand zwischen den Bäumen. In seiner Latzhose sah er einen Moment lang aus wie der Mann mit der Mistforke auf diesem berühmten amerikanischen Gemälde, das zwei ziemlich verbiesterte Menschen vor einem Heuschober zeigt.

«Ich …» Sara. Jetzt war alle Farbe aus ihrem Gesicht gewichen. «Ich glaube, Bernd will was von mir.»

Vor allem will er nicht, dass du etwas erzählst, wenn er nicht dabei ist, dachte ich. Wahrscheinlich war Morten soeben wiederaufgetaucht, und Gabelitz hatte jetzt erst begriffen, dass wir uns gar nicht mehr mit dem Dokumentationsexperten unterhielten.

«Er kann bestimmt einen Moment warten», sagte ich rasch. «Er will ja sicher auch, dass wir denjenigen finden, der Melanie diese Dinge angetan hat.»

Ihr Blick jagte von mir zu einem Punkt über meiner Schulter. Ich *wusste*, dass Gabelitz nicht mehr unter den Bäumen stand. Er kam auf uns zu, mit großen Schritten. Ich fluchte im Stillen. Unterschiedliche Gefühle huschten über Saras Gesicht. Sie hatte meine letzte Bemerkung registriert, den unausgesprochenen Verdacht.

«Ich …»

«Sara!» Er war fast da. Nur noch ein paar Sekunden.

«Der Nornenweg!» Geflüstert. «Immer der Straße nach, bis in den Wald.»

Ich hob die Augenbrauen. «Was …»

Sie war schon an mir vorbei.

«Hast du das verfluchte Drucksprühgerät hier?» Gabelitz, in meinem Rücken. «Du weißt genau, dass wir es drüben brauchen.»

Ich drehte mich um. Seine Glatze glänzte in einem ungesunden Rot. Ob es ihm wirklich um ein Sprühgerät ging, was auch immer das sein mochte und wozu es bei einer archäologischen Grabung diente? Unmöglich? Nichts war unmöglich.

Ich tauschte einen Blick mit Nils Lehmann. Auf seinem Gesicht stand ein großes Fragezeichen.

Nornenweg?

fünf

Jörg Albrecht schätzte es nicht, wenn die Initiative in der Hand der Gegenseite lag. Wenn es sich bei dieser Gegenseite um eine Person handelte, mit der er im Zuge einer Ermittlung ein Gespräch zu führen hatte, galt das verstärkt.

Verspätet ging ihm auf, wie geschickt der Fürst Regie geführt hatte. Seine Aussage, die bereits schriftlich formuliert war. Was er außerdem mündlich dazu äußerte, konnte später nach Belieben relativiert werden; schließlich saß sein Anwalt daneben, der womöglich etwas ganz anderes gehört hatte als der Hauptkommissar. Dann die Geschicklichkeit, mit der Skanderborg eine – zugegeben nicht sonderlich durchdachte – Nachfrage Albrechts umgedreht und aus dem Verhör, das nicht so heißen durfte, ein Gespräch auf gleicher Augenhöhe gemacht hatte. Und am Ende die spektakuläre Enthüllung: Derselbe Mann, der scheinbar davon profitieren würde, falls die archäologische Grabung nach dem Tod Melanie Dahls nicht zu Ende geführt werden konnte, hatte diese Grabung in Wahrheit finanziert.

Albrechts Gedanken hatten sich überschlagen. Seydlbacher. Auf die Vorgänge im Vorfeld der Grabung hatte er den Beamten aus Süddeutschland angesetzt. Hatte der Bayer nachlässig gearbeitet? Nein, dachte Jörg Albrecht. Er selbst hatte Seydlbacher am Morgen von dem Vorgang abgezogen und ihn nach Reifenspuren suchen lassen, von denen jeder denkende Mensch hatte wissen müssen, dass sie nicht mehr zu finden sein würden. Davon abgesehen, dass ein simples uniformiertes Spurensicherungsteam diese Aufgabe genauso gut hätte erledigen können. Im Übrigen aber wusste Jörg Albrecht, welche Möglichkeiten existierten, die wahre Herkunft einer Finanzierung zu verschleiern. Und es lag auf der Hand, dass Skanderborg genau das getan hatte. Nicht etwa, um irgendwelchen Ermittlern Sand in die Augen zu streuen, sondern um mögliche Nachforschungen seiner Anleger in die Irre zu führen, deren Interessen die Grabung denkbar zuwiderlief.

Matthiesen, dachte der Hauptkommissar. Seinen Wirtschaftsmann hätte er auf den Vorgang ansetzen müssen. Wenn ein Mensch die Schuld trug, dann war es Jörg Albrecht.

Das alles war ihm durch den Kopf geschossen.

Skanderborgs Aussage und das Protokoll der Anlegerversammlung lagen wieder auf dem Tisch. Albrecht hatte sich bemüht, noch einmal nachzuhaken, doch im Grunde war ihm bewusst, dass dieser Versuch sinnlos war. Der Fürst hatte seine Motivation dargelegt. Als Aushängeschild von PrinceInvest hatte er sich für ein Projekt einsetzen müssen, das ihm widerstrebte. Als Privatmann dagegen hatte er dafür gesorgt, dass es nicht zustande kam. Ein Verhalten, das schlüssig erschien und überzeugend, gerade *weil* es ungewöhnlich war. Und eine Haltung zum Ausdruck brachte, der der Hauptkommissar nur mit Respekt begegnen konnte.

Jörg Albrecht holte Luft. «Um nun doch noch zum ursprünglichen Anlass meines Besuchs zu kommen, Fürst Skanderborg: Ich möchte mich noch einmal für die Hilfsbereitschaft bedanken, mit der Ihre Mitarbeiter uns gestern Abend unterstützt haben, als wir herausfinden mussten, welcher Ihrer Beschäftigten mit dem Wagen am Höltigbaum gewesen ist.»

Skanderborg deutete eine Bewegung an: jederzeit, wenn er den Ermittlern eine Hilfe sein konnte.

Albrecht nahm sie zur Kenntnis. «Ihr Angestellter hat nach seiner Aussage ...»

Ein Räuspern. «Ich erlaube mir, den Herrn Hauptkommissar darauf hinzuweisen, dass es sich bei meinem Mandanten nicht um den *Inhaber* von PrinceInvest handelt.» Merz. «Sondern lediglich um ein Mitglied des Vorstands mit speziellen repräsentativen Aufgaben. Von einem Angestellten meines Mandanten zu sprechen ist daher ...»

Albrecht knurrte. Vermutlich so laut, dass die beiden Männer es hörten. Im selben Moment, in dem er versuchte, doch noch so etwas wie einen echten Dialog mit Skanderborg einzufädeln, grätschte die Pest von einem Anwalt dazwischen. Aber bevor es Merz gelang, neu anzusetzen, hob der Fürst die Hand.

«Lassen Sie uns nicht um solche Formulierungen streiten, Herr Albrecht. Was Herr Dr. Merz zum Ausdruck bringen möchte, ist lediglich der Umstand, dass ich mit dem operativen Geschäft von PrinceInvest sehr wenig zu tun habe. Mit Sicherheit bin ich nicht darüber informiert, welcher Mitarbeiter zu welchem Zeitpunkt mit welchem Wagen unterwegs ist. In Wahrheit ...» Für eine Sekunde schien so etwas wie Humor durchzuschimmern. «In Wahrheit habe ich gar nicht gewusst, dass die Mitarbeiter die Firmenwagen von Fall zu Fall für die Heimfahrt nutzen. Offenbar geschieht das, damit sie am nächsten Morgen sofort zu einem unserer Objekte aufbrechen können, ohne den Umweg über die Zentrale. Und ob das nun in diesem Fall ein Herr ...» Ein kurzer Blick auf die Arbeitsfläche, die jetzt leer war: Skanderborg hatte Mühe, sich an den Namen zu erinnern. «Ob es nun ein Herr Unwerth oder ein Herr Müller, Meier, Schmidt war, der einen bestimmten Wagen genutzt hat – so leid es mir tut, aber in der Zentrale kenne ich drei oder vier Herrschaften aus der Leitung, mit denen ich regelmäßig zu tun habe, meine Vorzimmerdame und den Pförtner. In dieser Hinsicht ...» Er hob die Schultern. «Ich befürchte, dass ich Ihnen hier keine große Hilfe sein kann.»

Der Hauptkommissar nickte stumm. Wenn er seinerseits ganz ehrlich war: Hatte er etwas anderes erwartet? Sein Besuch hatte keinem konkreten Zweck gedient. Er hatte wissen wollen, mit was für einem Menschen er es zu tun hatte, und einerseits hatte ihn Skanderborg mit seiner Enthüllung mehr als überrascht. Doch andererseits ... Er hatte diesen Gegner keineswegs unterschätzt. Die Erfahrung dieses Gesprächs gab allenfalls Anlass, ihn noch einige Stufen höher anzusiedeln. Denn *dass* es sich bei Skanderborg um einen Gegner handelte, auf die eine oder andere Weise, daran hegte er keinen Zweifel. Wenn Jörg Albrecht auf den Plan trat, dann fingen sie an zu lügen. Alle.

Sie tauschten noch eine Handvoll Höflichkeiten aus, bis Albrecht den Fürsten bat, ihn seiner Gemahlin zu empfehlen. Etwas zu spät wurde ihm bewusst, dass er tatsächlich *Gemahlin* gesagt hatte. Skanderborg quittierte die Worte mit einem Nicken und fügte Genesungswünsche an Albrechts junge Kollegin hinzu. «Wenn ich Ihnen ansonsten noch irgendeine Hilfe sein kann ...» Er war aufgestanden. Sie schüttelten einander die Hände.

Albrecht versprach, in diesem Fall nicht zu zögern. Eine Bemerkung, die ihm ernst war. Eine innere Stimme sagte ihm, dass er nicht zum letzten Mal in diesem Raum gewesen war.

Merz hatte sich ebenfalls erhoben, bot an, dem Hauptkommissar den Ausgang zu zeigen. Angesichts eines Wohnsitzes, der Dutzende von Räumlichkeiten umfassen musste, war das Anerbieten mehr als eine bloße Plattitüde. Albrecht hatte bereits überlegt, auf welcher Route er einen Zusammenstoß mit der Fürstin und ihrer vierbeinigen Entourage am sichersten vermeiden konnte.

Die Bürotür schloss sich hinter ihnen. Der düstere Korridor, der Atem des Alters. Ein Ort der Geheimnisse, dachte Jörg Albrecht. Das war zu spüren, bei jedem Schritt. Geheimnisse, die ganze Lebensalter zurückreichten. Die Frage war, ob eines von ihnen seine Ermittlung berührte.

Schließlich die Tür ins Freie. Merz öffnete. Albrecht dankte mit einem Nicken, im Begriff ...

«Hannah ...»

Er drehte sich um, hob die Augenbrauen. Der Anwalt war stehen geblieben, in einer angespannten Haltung, und er sah blass aus, aschfahl unter der gesunden Bräune – wie auch immer sie zustande gekommen war.

«Frau Friedrichs geht es ... wieder gut?», erkundigte sich Merz.

Albrecht musterte ihn. Die Frage kostete den Mann Überwindung, unübersehbar. Dennoch zögerte der Hauptkommissar, sie zu beantworten. Er war Zeuge gewesen, als Hannah Friedrichs sich zwischen den beiden Männern in ihrem Leben hatte entscheiden müssen. Und Hannah hatte sich entschieden – für ihren Ehemann. Was danach geschehen war: Wäre Albrecht noch eine Sekunde schneller gewesen, hätte er ihr auch das monatelange Krankenlager ersparen können, aber immerhin war sie nunmehr vollständig wiederhergestellt. Und der Hauptkommissar hatte nicht die Spur eines Zweifels, dass in ihrem Leben kein Platz war für einen Joachim Merz, in diesen Tagen weniger denn je.

Und dennoch, dachte er. Gab es einen Menschen, der es besser kannte als er selbst, dieses Gefühl, einen Menschen zu lieben, der unerreichbar geworden war? Vermutlich nicht. Doch wenn das bedeutete, dass er sich seine Entscheidung demnach von einer Emotion, von *Mitgefühl*, diktieren ließ, dann war er sich dessen zumindest bewusst.

«Es geht ihr besser», sagte er kühl. «Es geht ihr *gut*. Und was mich persönlich anbetrifft, werde ich alles in meiner Macht Stehende tun, dass dieser Zustand anhält. Unter anderem wird sie an möglichen Kontakten zu PrinceInvest nicht mehr beteiligt sein.»

Merz senkte den Kopf. Er akzeptierte den Treffer; möglicherweise wollte er gar Respekt für die Entscheidung des Hauptkommissars zum Ausdruck bringen. Albrecht war es gleichgültig. Oder zumindest beinahe.

Er betrachtete den Mann. «Wenn Sie ebenfalls zu Frau Friedrichs Wohlergehen beitragen wollen, würde ich Ihnen empfehlen, sich von ihr fernzuhalten.»

Wieder ein Nicken. Albrecht war im Begriff, sich mit einem gemurmelten Gruß abzuwenden, doch ... *da war noch etwas.*

Der Anwalt ließ seine Hand in die Hosentasche gleiten. Einen Moment lang spannte sich Albrecht an, doch als sie wieder zum Vorschein kam, hielt sie – eine Visitenkarte?

Stumm wurde sie dem Hauptkommissar entgegengestreckt.

Albrecht runzelte die Stirn. Es war tatsächlich eine Visitenkarte, allerdings mit einem handgeschriebenen Zusatz auf der Rückseite: eine Adresse draußen vor der Stadt. Ein Datum, eine Uhrzeit: morgen Abend.

«Was ...»

«Ich würde Ihnen empfehlen, sich eine Idee standesgemäßer zu kleiden», bemerkte Merz. Ein kurzes, ironisches Lächeln. «Wenn nicht gar ein wenig *über* Ihrem Stand.»

Albrechts Stirnrunzeln vertiefte sich. Ein gewisses Faible für wertige Anzüge war eine Schwäche von ihm. Er trug nicht dieselbe Designerkluft wie der Anwalt, aber seine Garderobe war niemals von der Stange, und heute war sie anders als am Vortag obendrein sauber. Was nun diese Bemerkung ...

«Und ich würde Ihnen empfehlen, nicht allein zu kommen», fügte der Anwalt an. «Und, nein, ich denke nicht an ein bewaffnetes Einsatzkommando. Ihre Begleitung darf gerne ebenfalls nach etwas aussehen.»

«Ich ...»

Ein tiefes Seufzen. «Wenn Sie einen Augenblick warten, gebe ich Ihnen auch noch eine Adresse, unter der Sie passende Damen finden können.» Wieder jenes überlegene Lächeln. «Die Ausgabe mit Ihrer Spesenrechnung einzureichen, würde ich Ihnen allerdings eher nicht empfehlen.»

«Was zur Hölle ...»

«Sie wollen Ihren Fall lösen?» Merz' Stimme war vollständig verändert. «Ich gebe Ihnen die Gelegenheit dazu. Möglicherweise. Was Sie daraus machen, liegt bei Ihnen.»

«Sie wollen mir helfen, meinen Fall zu klären? Welcher Teufel sollte mich reiten, Ihnen zu glauben, dass Sie mich ...»

«Möglicherweise habe ich einfach nicht gerne Schulden?» Den Kopf leicht geneigt.

«Schulden? Weil ich Ihnen eine Frage zu Friedrichs' Zustand beantwortet habe?»

«Nein. Doch ohne Sie wäre Hannah nicht mehr am Leben.»

«Sie können mir glauben», knurrte Albrecht. «Für Sie habe ich das mit Sicherheit nicht getan.»

«Möglicherweise ist mir das vollkommen bewusst.» Wieder dieselbe Geste. «Herr Hauptkommissar.»

Merz schob sich an ihm vorbei, steuerte seinen Wagen an. Albrecht hätte sofort wissen müssen, dass der dunkle Porsche in der Einfahrt nicht den Skanderborgs gehörte. Keines dieser aufgemotzten Renommierfahrzeuge, aber dennoch zu exaltiert für die Schlossbewohner.

Albrecht sah ihm nach. Kurz vor dem Wagen wandte sich der Anwalt noch einmal um.

«Es muss kein Escort sein», erklärte er. «Einfach jemand mit ...» Eine Hand wurde gehoben. Ein Fingerschnippen. «Stil. Jemand, der sich in der Gesellschaft bewegen kann. Etwas Hirn würde auch nicht schaden.»

Die Fahrertür des Wagens. Merz glitt hinter das Steuer, geschmeidig wie ein Panther. Ein Fahrmanöver, das den Kies in der Auffahrt aufstieben ließ. Zwei Sekunden später war er durch das breite Portal verschwunden.

* * *

«*Die Nornen (altnordisch Nornir) sind in der nordischen My... Mysto...*» Nils Lehmann kniff die Augen zusammen. «*Mythologie.* Also, in der nordischen Mythologie sind das *schicksalsbestimmende weibliche Wesen, von denen einige von Göttern, andere von Zwergen oder Elfen abstammen sollen. Innerhalb der indogermanischen Religionen und Mythologien besteht eine Verwandtschaft mit den römischen Parzen und den griechischen ...* keine Ahnung, wie man das ausspricht.» Er ließ das Smartphone sinken. «Klingt jedenfalls gruselig. – Also, das steht jetzt nicht bei Wikipedia. Dass das gruselig klingt.»

Ich nickte stumm. Ob es dort stand oder nicht, auf jeden Fall traf es zu. Wenn man in den letzten eineinhalb Tagen erlebt hatte, was ich erlebt hatte, traf es doppelt und dreifach zu. Gruselig.

Wir waren auf dem Weg. Ich hatte die Zielstraße ins Navigationsgerät eingegeben, und zwei Sekunden später hatte mich ein neuer Schauer gepackt: Beinahe genau an dieser Stelle war ich heute schon einmal gewesen. Der Nornenweg zweigte rechts von der Landstraße nach Ahrensburg ab, hundert Meter, nachdem es auf der anderen Seite in die Wohnsiedlung mit dem Haus der Unwerths ging. Aber das musste einfach Zufall sein. Der Wagen mit Sibylles Mann war in der Tatnacht jedenfalls am exakt entgegengesetzten Ende des Naturschutzgebiets beobachtet worden.

Für uns bedeutete das allerdings, dass wir gezwungen gewesen waren, die gesamte Fläche des Höltigbaums erneut in einem großen Bogen zu umfahren, Zwischenstation in Lehmanns geliebtem McDonalds am Ortseingang Rahlstedt. Einen Kaffee auf dem Weg, dachte ich. Und einen Kaffee wegbringen. In den letzten Wochen war ich so gut wie unfähig, an einer Gelegenheit fürs Klo vorbeizufahren. Und gleichzeitig hatte ich die Pause nutzen können, um Dennis eine WhatsApp-Nachricht zu schicken. *Kann später werden. Liebe Dich.* Die letzte Bemerkung eher eine Formel als etwas, das mir aktuell besonders auf der Seele brannte. Nicht nach dem vergangenen Abend. Und heute stand kein Grillen an; Dennis würde es überleben, wenn er tatsächlich mal vor mir zu Hause war.

Und nun stadtauswärts. Diesmal hatten wir den Pendlerstrom voll erwischt. Das Licht schimmerte schon gelblich, als ich von der Straße bog.

Ein asphaltierter Fahrweg, zu beiden Seiten von Alleebäumen gesäumt und so schmal, dass mir der Schweiß ausbrach, als ich mir vorstellte, dass uns hier ein anderer Wagen entgegenkommen könnte. Die Straße führte direkt in die Senke des Tunneltals hinein, links eine Baumschule, rechts ein Gestüt, die letzten Vorposten der Zivilisation.

«Festhalten», murmelte ich. Ein Bahnübergang, die Überlandstrecke nach Lübeck, dahinter ging es scharf nach links, parallel zur Eisenbahn. Zwei vereinzelte Wohnhäuser, dann wieder rechts, an einer Pferdekoppel entlang und über den Wasserlauf hinweg und dann ...

Nils Lehmann reckte sich auf dem Beifahrersitz vor. «Da vorne muss es sein», flüsterte er. «An den Bäumen ist die Pflasterstraße zu Ende.»

Ich antwortete nicht.

Die Bäume. Es waren Laubbäume, mehr als eine einzelne Alleereihe diesmal, ihr Grün bereits so kräftig, dass ich nicht genau abschätzen konnte, wie weit sich der Wald zum etwas bewegteren Gelände am Höltigbaum hinzog. Doch wenn ich die Umrisse des Naturschutzgebiets auch nur annähernd richtig im Kopf hatte, dann war ich auch hier schon einmal gewesen. Nicht genau hier, sondern ...

Drüben, dachte ich. Meine Hände und Füße wurden schlagartig kalt, und ich hatte plötzlich Mühe, das Steuer zu halten. *Auf der anderen Seite.* Jenseits des Waldes verlief ein Fahrdamm, der die Ausgrabungsstätte und den Fundort der Leiche mit der Siedlung in Schleswig-Holstein verband. Der Weg, den ich gestern Morgen gefahren war. Dort war es gewesen, auf der anderen Seite dieses Waldstücks, wo sich der Nebel gesammelt hatte, aus dessen Herzen ein Brummen und Sirren und Flüstern ertönt war und in dem eine Erscheinung, die sich in einen Hirsch verwandelt hatte ...

«Hannah!» Lehmann, plötzlich alarmiert.

In letzter Sekunde trat ich auf die Bremse.

«Puh.» Ein rügender Blick. «Gerade hab ich echt Angst gekriegt. Ich dachte, du setzt uns voll ...»

«Still!»

Er brach ab, sah, nein, starrte mich an. «Hannah?»

«Still!», zischte ich. Da war ein Geräusch, und ich war mir sicher, dass ich es mir nicht einbildete. Es wurde deutlicher, von Sekunde zu Sekunde. War es dasselbe Geräusch? Das Geräusch, das ich kannte? Es war ein Rumpeln und Zischen und Poltern.

Ein durchdringender Signalton. Zwei Sekunden später rauschte ein paar hundert Meter hinter uns der Express an die Ostsee durch.

Schweigen, bis es wieder vollständig still war. Die einzigen Laute kamen von einem Vogel, der irgendwo direkt über uns in den Zweigen sitzen musste. Als ob er mich auslachte.

«Ähm ...» Lehmann. «Du bist dir sicher, dass du ... also, dass du richtig fit bist? Ich meine, uns läuft ja nichts weg hier. Genauso gut können wir morgen ...»

Ich hatte die Fahrertür bereits geöffnet, wuchtete mich ins Freie. Der Vogel war jetzt richtig laut. Zu sehen war er nicht. Es roch nach Erde. Nach Feuchtigkeit. Intensiver als auf der anderen Seite des Naturschutzgebiets. Es roch – urtümlicher? Vielleicht wollte ich mir das nur einbilden.

Mein Kollege kam um den Wagen herum. «Echt, Hannah. Wir haben's gleich sechs, und wenn das hier draußen dunkel ...»

«Sommerzeit», sagte ich kühl. «Wir haben noch mindestens eineinhalb Stunden.»

«Wow.» Gemurmelt. «Du kennst dich aus. Trotzdem ...»

Ich achtete nicht mehr auf ihn. Mit einem Blick stellte ich fest, dass ich mich getäuscht hatte. Der Weg ging doch noch weiter oder, nein: Unter den ersten Bäumen stieß er auf einen anderen Weg, der nach rechts am Waldrand entlanglief, auf der linken Seite aber eine Kehre beschrieb und sich dahinter tiefer in das Gehölz hineinzuziehen schien. Schon von hier aus konnte ich erkennen, dass sich Baumwurzeln durch den Belag gebohrt hatten. Nein, hier war die Fahrt zu Ende. Dies war der Ort, an den Sara uns hatte lotsen wollen.

Dort drüben, dachte ich. Hier draußen.

Lehmann ließ die Schultern sinken. «O-kay.» Auf der ersten Silbe betont. «Dann sind wir jetzt also hier.» Er bückte sich, hob etwas auf, betrachtete es von allen Seiten. Ein Seufzen. «Anscheinend mach ich was falsch. Ganz normaler Stein.» Er ließ seinen Fund fallen. «Was denkst du?», fragte er. «Warum hat sie uns hier rausgeschickt?»

«Das werden wir nie erfahren», murmelte ich. «Wenn wir uns nicht umsehen. – Links oder rechts?»

«Was?»

«Welche Richtung nimmst du?»

«Hannah, ich denke wirklich, dass wir zusammenbleiben sollten.»

«Wir haben's gleich sechs», zitierte ich. «Wenn wir noch was sehen wollen, müssen wir uns ranhalten. Du gehst nach rechts. Wenn wir in zehn Minuten nichts gefunden haben, kehren wir um und treffen uns wieder hier.»

«Hannah ...»

«Das ist eine dienstliche Anweisung. Und im Übrigen ...» Ich griff in meine Jackentasche, präsentierte mein Smartphone. «Okay?»

Schicksalsergeben: «Okay. – Aber wenn irgendwas ist ...»

Ich hatte ihn bereits stehenlassen, ging zielstrebig bis zu der Stelle, an der der Weg seine Kehre beschrieb, tiefer in den Wald hinein. Erst dort blieb ich stehen, ohne mich umzusehen, lauschte, wie Lehmanns Schritte leiser wurden, raschelnd im Laub des letzten Herbstes.

Ich hielt einen Augenblick inne, stieß den Atem aus. Allein, endlich. Nils Lehmann konnte ein wirklich lieber Kerl sein, aber zuletzt war er mir vorgekommen wie ein Störsender, der immer wieder irgendwelche wilden Signale in den Äther funkte, während ich versuchte, mich einzustellen auf ... Worauf?

Es gab einen Grund, aus dem ich hier war, und Saras geflüsterte Fahranweisung war nicht mehr als der letzte Impuls gewesen. An Melanies totem Körper hatte es begonnen, über die unheimliche Begegnung auf der anderen Seite dieses Waldstücks bis zu meinem beängstigenden Traum, der Schritt für Schritt Wahrheit geworden war. Zumindest hatte es diesen Anschein.

Dieser Ort also. Warum empfand ich keine Angst? Ich trat an einen der Bäume, legte eine Hand auf seine Borke und ... lauschte? Kopfschüttelnd ließ ich die Hand wieder sinken.

Du führst dich auf wie eine Irre.

«Nein», flüsterte ich. «Das tue ich nicht. *Zufälle gibt es nicht.*» Albrechts Worte, auf dem Weg zum Schloss der Skanderborgs. «*Aber manchmal gibt es Zeichen.*»

Und in diesem Fall waren die Zeichen sehr, sehr deutlich gewesen.

Ich begann den neuen Weg entlangzugehen, folgte der geschwungenen Linie der Straßenführung, tiefer ins Gehölz. Die Sonne stand inzwischen tief in meinem Rücken. Eine leichte Abendbrise war erwacht, und die Zweige regten sich, tausend winzige, schattenhafte Bewegungen auf dem mürben Asphalt.

Eine Panzerstraße, dachte ich. Aus der Zeit, als dieser Teil des Geländes ein Truppenübungsplatz gewesen war. Doch längst hatte die Natur ihn zurückerobert. Ich hörte die Laute der Vögel, andere Geräusche am Boden, raschelnde Geräusche. Das Brummen? Nein, nichts, das ihm ähnlich war.

Man muss ein bisschen zu einem von ihnen werden, hatte Sara gesagt. Hier draußen? Hatten sie sich hier getroffen, Melanie, Sara selbst – und andere? Dieser Ort musste eine besondere Bedeutung haben, *gehabt haben* in Melanies Fall. Deshalb hatte ihre junge Mitarbeiterin uns hergeschickt. Dieser Ort, an dem der Nebel am Morgen am dichtesten war, sich nur widerwillig auflöste. Als ob es hier etwas gäbe, etwas Geheimes und Mächtiges, dachte ich. Ein Tor. Ein Tor in eine andere ... eine andere Zeit?

Nicht zum ersten Mal im Verlauf der letzten sechsunddreißig Stunden stellte sich in meinem Kopf die Frage ein, ob ich nicht mit vierzehn, fünfzehn Jahren schlicht und einfach zu viele Fantasy-Schmöker gelesen hatte.

Ein *magischer* Ort. Von so etwas hatte ich als junges Mädchen geträumt. Ein Ort, an dem man sie betreten konnte, die andere, die magische und geheimnisvolle Welt. Jedenfalls würde sie magischer sein als die Siedlung mit dem Reihenhaus meiner Eltern in Escheburg. *Zu einem von ihnen werden.*

An einigen der Bäume waren Zeichen angebracht. Ich konnte sie nicht deuten, doch jedenfalls waren es keine Runen. Waldarbeiter, dachte ich. Wahrscheinlich sollten die Bäume gefällt werden. Im hohen Gras am Wegrand glitzerte es, aber es waren keine winzigen Feengeschöpfe, sondern jemand hatte eine leere Twix-Packung weggeschmissen. Zum Verrotten würde sie vermutlich länger brauchen als die Pfeilspitzen der Urmenschen.

Doch dieser Ort *hatte* eine Bedeutung! Selbst wenn ich mir alles andere einbildete: Sara hatte uns hergeschickt, und sie hatte dabei geflüstert. Etwas, von dem Gabelitz nichts wissen durfte. Nur was sollte das sein? Ein Weg, dachte ich. Ein Weg in die Vergangenheit. Ein Weg zu einem Ort, an dem diese Vergangenheit noch gegenwärtig war. Aber Sara war Archäologin, und Melanie war ebenfalls Archäologin gewesen. Sie hatten tagtäglich zu tun mit den Hinterlassenschaften der Vergangenheit, während ich selbst weder einen Faustkeil noch eine Pfeilspitze aus einem Rentiergeweih jemals auch nur in der Hand gehabt hatte. War es ein Wunder, dass dieser Ort, *ihr* Ort, zu mir nicht so deutlich sprach wie zu ihnen? Dass ich größere Mühe hatte, mich einzustimmen auf die ... die andere Welt?

Abrupt blieb ich stehen.

«Du spinnst, Friedrichs», flüsterte ich. «Irgendwann in den letzten beiden Tagen bist du richtig, richtig auf den Acker gefahren. Du steckst in einer Mordermittlung. Und das Einzige, was du über die Leute weißt, die hier möglicherweise mit Hirschblut Urmensch spielen, ist, dass sie deinem Opfer mit einem Feuersteinmesser die Kehle durchgeschnitten haben. Du hast dir gestern fast in die Hosen gemacht, als du dieses Geräusch gehört hast, und ganz nebenbei bist du *schwanger*. Du wirst jetzt auf der Stelle kehrtmachen, zurück zur Kreuzung marschieren und drauf warten, dass Lehmann zurückkommt.»

Ich verstummte. Selbstgespräche. Noch ein Hinweis, dass in meinem Oberstübchen gerade irgendwas nicht stimmte.

Dann lieber das Hintergrundrauschen, dessen Name Lehmann war. Unser Jüngster war zwar nicht ganz so phantasielos wie Matthiesen, doch ich bezweifelte, dass ihm von einem irgendwie *magischen* Ort eine realistische Gefahr drohte. Vermutlich hatte er abgewartet, bis ich außer Sichtweite war, um dann sein Smartphone zu zücken, nachzuschauen, ob das *ganz nette* Mädel wohl schon geantwortet hatte.

«Also», gab ich mir Anweisung. «Rückmarsch.»

Ich tat das Gegenteil. Ich schloss die Augen. Ein letzter Versuch. Gerade hatte ich schon das Gefühl gehabt, dass der Wald vor mir lichter wurde, es nicht mehr weit war bis zur anderen Seite, wo ich den Nebel gesehen hatte – und alles andere.

Zehn Schritte, dachte ich. Dann würde ich die Augen öffnen und sehen, was immer Sara uns hatte zeigen wollen. Und wenn ich es nicht sah, würde ich umkehren. Definitiv. Zehn Schritte. Ich spürte keine Veränderung, doch ich hielt die Augen weiter geschlossen. Zwölf Schritte, dachte ich. Fünfzehn.

«Vorsicht!»

Ich stolperte, riss die Augen auf, fing mich gerade noch rechtzeitig. Einen Meter vor mir hatte eine Wurzel das Pflaster gesprengt, ragte Zentimeter aus dem Asphalt. Zwei Schritte weiter, und ich hätte …

Ganz langsam drehte ich den Kopf.

Sie saß auf einer Bank, links am Wegrand. Sitzfläche und Lehne aus Holz, das Gestell aus Metall, schon leicht angerostet. Die Frau selbst … Im ersten Moment schien sie komplett in Weiß gekleidet zu sein, doch das war eine Täuschung. Ein beiger Faltenrock, ein heller Blazer, um die Schultern ein Mantel

in derselben Farbe, das eisgraue Haar zu einem strengen Knoten gebunden. Doch sie wirkte nicht streng, nur ziemlich aufmerksam. Sie betrachtete mich, ohne ein Wort zu sagen.

«Danke», murmelte ich.

Noch immer spielte das Licht der tiefstehenden Sonne
zwischen den Zweigen, schuf den Anschein von Bewegung
am Boden. Ein verwirrendes Spiel. Illusionen von Dingen, die
überhaupt nicht da waren – und andere Dinge, die unsichtbar
blieben, wenn man nicht ganz genau hinsah? Die Bank stand
ein Stück vom Weg zurückgesetzt, und das Unterholz zwischen
den ersten Bäumen war dicht, aber ich konnte kaum mehr als
zehn Meter von dieser Frau entfernt gewesen sein, als ich die
Augen geschlossen hatte. Und ich hatte sie nicht gesehen.

«Manchmal sieht man den Wald vor lauter Bäumen nicht»,
sagte sie. Einen Moment lang schien sie mit sich selbst zu reden, doch dann stützte sie sich auf die Lehne ihrer Bank und
kam etwas mühsam hoch. «Die Augen aufhalten hilft allerdings ganz gut.»

Ich spürte, wie mir Röte ins Gesicht stieg. Sie musste beobachtet haben, wie ich mich bewegt hatte, mit geschlossenen
Augen wie eine verrückte Eso-Jüngerin.

«Ich …» Ich fuhr mir über die Lippen. «Danke noch mal. Ich
war nicht darauf gefasst, dass hier jemand …»

«Ich wohne drüben am Rand der Siedlung.» Ein Nicken über
die Schulter. «Mein Abendspaziergang. Es ist herrlich hier um
diese Uhrzeit – kein Mensch. Normalerweise.»

Ich nickte, doch im selben Moment der Gedanke: Ich war
Beamtin im Dienst, und auf eine Weise, die mir immer spinner-
ter vorkam, spielte dieses Waldstück eine Rolle in meiner Ermittlung. Und diese alte Dame machte hier jeden Abend ihren
Spaziergang.

«Hannah Friedrichs», sagte ich. «Von der Hamburger Kripo.»

Sie neigte den Kopf. Überrascht wirkte sie nicht. Doch schließlich waren die Zeitungen und die Nachrichtensendungen der Kabelkanäle seit gestern Morgen voll mit den Berichten zu Melanies Tod. Die Leute konnten sich ausrechnen, dass wir die Gegend im Naturschutzgebiet unter die Lupe nahmen.

Und tatsächlich. «Ich hatte schon mit Ihnen gerechnet», murmelte sie.

Ich nickte, doch noch in der Bewegung ... ein flaues Gefühl in meinem Magen. *Ich hatte schon mit Ihnen gerechnet.*

Sie hat etwas gesehen! Mein Herz überschlug sich. Deshalb hatte Sara uns hergeschickt: eine Zeugin!

* * *

Etwas über eine Stunde Zeit.

Das kleine Café hatte eine besondere Bedeutung für Jörg Albrecht. Eine geographische, ja, eine beinahe geometrische Bedeutung. Es lag am Schnittpunkt verschiedener Achsen seines Lebens, wie es sich momentan gestaltete: von Skanderborgs Schloss, wo er seinen Termin im aktuellen Fall absolviert hatte, zu einer Reihenhaussiedlung in Langenhorn, wo seine Verabredung für den heutigen Abend auf ihn wartete. Von der Dienststelle in der Königstraße zu dem Anwesen mit dem gepflegten Reetdachhaus am Rande von Ohlstedt. Der Schnittpunkt musste sich irgendwo hier in Poppenbüttel befinden. Oder doch nicht weit entfernt.

Und im Übrigen war der Kaffee nicht übel.

Seine Finger drehten das Kärtchen hin und her. Das Kärtchen, das der Winkeladvokat ihm aufgenötigt hatte. Schon von der Handschrift ging eine unglaubliche Arroganz aus.

Eine Adresse, dachte der Hauptkommissar. Und eine Uhrzeit. Morgen Abend. Es wäre ein Leichtes gewesen, die Adresse im Vorfeld zu überprüfen, doch genau das hätte allen Grundsätzen widersprochen, nach denen Jörg Albrecht eine Ermittlung führte. Der reine, unverstellte Blick, der erste Eindruck, unbelastet von jedem Vorwissen. Und Merz war so manches; ein Idiot war er nicht. Osteuropäische Totschläger, die hinter der Eingangstür auf Albrecht und seine Begleitung warteten ... ausgeschlossen. Wenn der Hauptkommissar darauf verzichtete, die Örtlichkeit in Begleitung eines Zugriffskommandos aufzusuchen, bedeutete das keineswegs, dass er ein solches Kommando nicht hinter der nächsten Ecke in Bereitschaft halten würde. Für alle Fälle. Und selbstredend musste Merz das klar sein. Nein, der Anwalt war kein Idiot, und wenn Albrecht dem Mann auch einiges zutraute: Seine Methoden waren ganz andere.

An erster Stelle stand die Manipulation. Aber zumindest für diesen Abend würde Jörg Albrecht ihr nicht erliegen. Entschlossen ließ er die Karte in seine Anzugjacke gleiten.

Dann griff er nach dem Mobiltelefon, zögerte für eine halbe Sekunde und gab die Nummer in Ohlstedt vollständig ein. Fast abergläubisch hatte er es bis heute vermieden, sie im Kurzwahlverzeichnis abzuspeichern. Die Gefahr, dass er sie jemals vergessen könnte, war auf diese Weise auf alle Zeit abgewandt. *Etwas Neues.* Selbst wenn er Joannas Mahnung folgte und sich tatsächlich aufraffen konnte, seinem Leben in ausgewählten Bereichen eine neue Richtung zu geben: *Vergessen* würde das nicht einschließen. Niemals.

«Clara Albrecht.»

Er brummte zufrieden. Den ungefähren Zeitpunkt seines Anrufs hatte er mit Joanna vereinbart. Seine Tochter hatte auf ihn gewartet. Und der Ton in ihrer Stimme ließ Rückschlüsse darauf zu, in was für einer Stimmung sie gewartet hatte. Die Stimme: einer der Schwachpunkte, wenn ein Mensch sich bemühte, seine tatsächlichen Gefühle sorgfältig zu verbergen. Die winzigsten mitschwingenden Töne konnten einen entscheidenden Hinweis darstellen, wenn der Hauptkommissar ... Wütend fegte er den Gedanken beiseite. Er befand sich in keiner Ermittlung. Zumindest in diesem Moment nicht. Er sprach mit seiner ältesten Tochter. Einem Mädchen, das die Hilfe seines Vaters brauchte.

«Hallo, Clara.» Wie hörte seine eigene Stimme sich an? Er wusste, dass sie sich veränderte, wenn er mit den Mädchen sprach. «Du weißt, warum ich anrufe?»

«Du ...» Ein leises Geräusch. «Ihr wart bei Herrn Rosen, du und Mama.»

«Das waren wir.» Eine Feststellung. Kein Vorwurf. Wie er reagieren würde, hing davon ab, wie Clara reagierte. «Dein Lehrer hat uns von der Klassenarbeit erzählt. Ist es richtig, was er uns erzählt hat?»

Woher soll ich wissen, was er euch erzählt hat? Der natürliche Impuls. Zeit gewinnen. Er lauschte, doch stattdessen kam etwas anderes. Ein leises Schlucken. Beinahe geflüstert. «Ja, das ist richtig.»

Er hob die Augenbrauen. Keine Ausflüchte. Sie gab es offen zu, unternahm keinen Versuch, sich herauszureden. Seine älteste Tochter, die ganz genau wusste, dass sie bei ihrem Vater nur lange genug nach dem richtigen Hebel suchen musste, um jedwede Situation auf magische Weise in Wohlgefallen aufzulösen: ob ein Ball in den Scheiben von Nachbar Flentjes Gewächshaus gelandet war oder ob Joanna beschlossen hatte, dass Clara für den Kinofilm eindeutig noch zu klein war, und wenn er hundert Mal ab zwölf Jahren freigegeben war. *Ja, das ist richtig.*

Er räusperte sich. «Du weißt, dass es Betrug ist, wenn du dir bei einer Klassenarbeit die richtigen Antworten mit dem Handy besorgst.»

«Ich ...» Er hörte, wie sie Luft holte. «Ich habe mir keine Antworten besorgt. Herr Rosen macht immer solche ... Ankreuztests. Multiple Choice. Doch es gibt da ein Muster, so Zeichen am Rand, und wenn man da die Formel hat und die ...» Sie verstummte. Wieder ein Atemzug, etwas leiser diesmal. «Aber das macht es nicht besser. Das macht keinen Unterschied.»

Albrecht schwieg. Bemerkenswert, dachte er. Ein Versuch, sich herauszureden, indem sie ausdrücklich darauf hinwies, dass sie sich *nicht* herausredete. Die bereits etwas höheren Weihen der Manipulation. Eine Sekunde lang fragte er sich, ob er nicht fast schon wieder stolz sein sollte. Dann fiel ihm das Kärtchen ein, in seiner Anzugjacke, und blitzartig war da die Frage, wie wohl ein Joachim Merz gewesen sein mochte als Schüler in der neunten Klasse.

«Nein», sagte er ruhig. «Ich denke, das macht tatsächlich keinen Unterschied.»

Schweigen.

«Du hast für die Arbeit eine Fünf bekommen?»

«Ja.» Geflüstert. «Und die nächsten sechs Wochen muss ich am Freitag im Schulgarten arbeiten nach dem Unterricht.»

Schweigen.

«Ich ...»

Albrechts Brummen war eine Aufforderung, weiterzusprechen.

«Freitags fahren wir immer in die Stadt, Laura und Yvonne und ich. Zum Shoppen und ... Wenn es wenigstens nicht der Freitag wäre!»

Jörg Albrecht nickte, unsichtbar für das Mädchen. Er begann zu begreifen, wie der Hase lief. «Und Laura und Yvonne sind vermutlich ohne die Hilfe ihrer Handys zurechtgekommen.»

«Yvonne hat ganz genauso ihr Handy benutzt! Und Laura hat

von Yvonne …» Die Stimme, deren Ton sich mit einem Mal vollständig verändert hatte, brach plötzlich ab.

«Sie sind nur nicht erwischt worden», vollendete Jörg Albrecht den Gedanken.

Er schloss die Augen. Der weitere Verlauf des Gesprächs spielte keine eigentliche Rolle mehr. Er wusste, wie es ausgehen würde, wusste, was er morgen tun würde, aus einem Impuls heraus, der – wie er vermutete – im menschlichen Erbgut festgelegt war.

Konnte er akzeptieren, dass sein eigen Fleisch und Blut bestraft wurde, weil Laura und Yvonne schlicht *cleverer* betrügen konnten als Clara Albrecht? Das konnte er. Bis zur allerletzten Minute würde sie diese Gartenstunden ableisten – an einem beliebigen Wochentag zwischen Montag und Donnerstag.

Doch zumindest musste das Mädchen das jetzt noch nicht wissen. Selbst wenn sie es vermutlich ahnte, dachte er. Auf magische Weise.

Sie verabschiedeten sich. Albrecht trug dem Mädchen Grüße auf, an Swantje und nach einem sekundenkurzen Zögern auch an ihre Mutter. Dann beendete er das Gespräch und ließ das Gerät sinken. Er fühlte sich nicht wesentlich besser als vor dem Anruf.

Muster, dachte er. Zeichen am Rand. Lehrer Rosen schien eine Möglichkeit gefunden zu haben, wie er sich die Korrekturarbeit erleichtern konnte. Die wahre Bedeutung der Zeichen … Albrecht stutzte. «Die wahre Bedeutung der Zeichen», murmelte er.

Jeder konnte diese Zeichen sehen, schwarz auf weiß am Rande der Klassenarbeit. Ihre Existenz war kein Geheimnis. Das Geheimnis lag einzig und allein in ihrer *Bedeutung*.

«Ein N», murmelte er und rief sich Melanie Dahls geschändeten Leib vor Augen. «Und ein K. Möglicherweise. – Was noch?»

Runen. Er war ein blutiger Laie in ihrer Entzifferung, aber was mochte ein Mensch, dem die Deutung solcher Zeichen vertraut war, auf dem Leib des Opfers lesen? Eine Botschaft? Eine Unterschrift womöglich?

«Ein Paläograph», sagte er leise. Die Erforschung historischer Handschriften war ein Lehrfach an Universitäten. Ob in der Hansestadt ein derartiger Lehrstuhl existierte? Er hatte keinen Schimmer, doch der Standort war das geringste Problem, auch wenn sich ein Experte aus Übersee vermutlich mit Martin Eulers Fotos würde begnügen müssen. Der entscheidende Schritt, dachte er. Die entscheidende Botschaft der Zeichen: ihre Bedeutung. Für heute Abend war es zu spät, morgen aber würde er mehr als ein wichtiges Telefonat zu führen haben.

Doch zunächst ... Er sah auf die Uhr. Der Verkehr im Norden Hamburgs war kein Vergnügen um diese Uhrzeit, und zu seinen Verabredungen am ersten Dienstag im Monat war er noch niemals zu spät gekommen, in mehr als einem Vierteljahrhundert nicht. Eine Konstante in seinem Leben. Und Konstanten waren wichtig, dachte er, als er die Geldbörse aus der Tasche zog. Seine eigene Verabredung wie das Shoppen mit Laura und Yvonne.

* * *

Eine Zeugin! Einen Moment lang war ich ohne Atem. Und exakt auf diesen Moment musste das kleine Wesen in meinem Leib gewartet haben. Jule. Sie hatte sogar schon einen Namen. Ein herzhafter Kick in Richtung meiner rechten Hüfte, der mich schmerzhaft zusammenzucken ließ, doch immerhin: Im selben Moment bekam ich wieder Luft.

Die alte Frau sah mich aufmerksam an. Kein Drängen, keine

Eile. Als ob sie gemerkt hätte, was mich einen Moment lang hatte innehalten lassen.

«Sie haben mit mir gerechnet», begann ich etwas heiser. «Sie wollen sagen ...»

Die Hand der alten Dame beschrieb eine Geste. Ein Abwinken? Halb abwesend, halb ein Zeichen, dass sie mich um einen Moment Geduld bat. Sie tastete nach hinten, über die Bank. Ein Gehstock, sie hatte ihn mit dem Griff über die Lehne gehängt.

Eine Zeugin. Meine Gedanken überschlugen sich. Immer wieder hatte ich das Gefühl, hier draußen *richtig* weit draußen zu sein, solange nicht plötzlich der Schnellzug an die Küste durchkam. Doch in Wahrheit waren die gutbürgerlichen Vorortsiedlungen nur ein, zwei Kilometer entfernt. Ein Abendspaziergang. Wenn in diesem Waldstück regelmäßig irgendwelche seltsamen Sachen abliefen, dann *musste* das jemand mitbekommen haben.

Die Dame hatte ihren Gehstock zu sich herangeholt. Probeweise schien sie ihn auf dem Boden aufzustützen. Er hielt. «Wenn Sie Fragen haben, kommen Sie am besten einfach mit», bot sie an. «Es wird jetzt schnell dunkel, und Sie sehen aus, als könnten Sie einen heißen Tee vertragen.»

Tat ich das? Der Kaffee war erst zwanzig Minuten her, aber dass ich so aussah, wollte ich gerne glauben.

Wir gingen den Weg zusammen weiter, und tatsächlich: Der Wald lichtete sich. Wenige Schritte nur, und wir standen am Rand des Wiesengeländes. Ein Stück entfernt glaubte ich den Fahrdamm zu erkennen, auf dem ich gestern unterwegs gewesen war – es sei denn natürlich, es war irgendein anderer Fahrdamm. Die Entfernungen konnten täuschen hier draußen.

Ich räusperte mich. «Sie kommen hier jeden Abend vorbei», fragte ich, «auf Ihrem Spaziergang?»

Sie hob die Schultern. Mit ihrem Stock war sie überraschend flott. Beinahe hatte ich das Gefühl, als würde sie sich meinem Tempo anpassen und nicht umgekehrt.

«Es ist ein schöner Ort», sagte sie. «Weit draußen und doch nicht weit zu laufen von meinem Haus aus. Ein schöner Ort, um sie zu spüren – die Zeit.»

Mein Herz überschlug sich unvermittelt. «Zeit?»

«Die Pappeln sind früh in diesem Jahr», murmelte sie. «Ein, zwei Wochen, und die Samen werden zu Boden fallen. Der Weg wird von ihnen bedeckt sein wie von Schnee.»

Ganz langsam entspannte ich mich wieder. *Diese* Sorte Zeit.

«Der Wechsel der Jahreszeiten», sagte sie leise, hob die freie Hand, schien etwas in die Luft zu zeichnen. «Ein Kreis.»

Ich nickte und musste einen Moment lang etwas schuldbewusst an unseren Garten zu Hause in Seevetal denken. Wenn ich wirklich gewollt hätte, hätte ich selbst in meinem derzeitigen Zustand noch das eine oder andere anstellen können. Stauden zurückschneiden, Unkraut zupfen. Sonst was.

«Alles ist ein Kreis.» Noch leiser. «Die Dinge entstehen ...» Ein Nicken auf meinen Bauch. «Sie werden und wachsen – und sie vergehen.» Lächelnd hob sie ihren Stock ein Stück an.

«Nur dass es in der Natur im nächsten Jahr wieder von vorn losgeht», murmelte ich – und hätte mir im nächsten Moment auf die Zunge beißen können. Keine sonderlich taktvolle Bemerkung gegenüber einer alten Dame, die bis ans Ende ihrer Tage auf ihren Stock angewiesen sein würde.

Doch sie schien den Einwurf überhaupt nicht gehört zu haben. Sie nickte nicht einmal.

«So.» Ein tiefes Seufzen. «Beinahe geschafft.»

Wir waren abgebogen, auf einen schmalen Weg, der an der Rückseite des Waldstücks entlangführte. Jetzt passierten wir eine Baumgruppe, und im nächsten Moment lag eine kleine

Hofstelle vor uns, ein Häuschen aus rotem Backstein, das sich zwischen zwei mächtige Pappeln duckte, umgeben von einem hölzernen Zaun, dahinter eine Wiese mit Obstbäumen. Von weitem musste es aus beinahe jeder Richtung unsichtbar sein. Höchstens das Licht konnte zu sehen sein, wenn es draußen allmählich dunkler wurde, gelbliches, einladendes Licht hinter einem Sprossenfenster im Erdgeschoss, das zu einem Erkerzimmer gehören musste. Mit einem Mal stellte ich fest, dass ich mich tatsächlich auf einen heißen Tee freute.

«Bitte.» Geschickt reckte meine Führerin ihren Stock vor, stupste ihn gegen die Gartenpforte, die ohne das leiseste Quietschen aufschwang.

Ein schmaler, gepflasterter Weg: Kopfsteinpflaster, nicht der brüchige Asphalt der Panzerstraße, in den Fugen Inseln saftigen Mooses, links und rechts des Weges Beerensträucher. Weiter im Hintergrund konnte ich ein Scheunengebäude erkennen, und aus ihm waren Geräusche zu hören – jemand arbeitete. Was mich überraschte, war, dass ich nirgends ein Auto sah. Es musste seltsam sein, hier draußen zu wohnen ohne einen Wagen, aber irgendwie auch ... gemütlich, dachte ich. Heimelig. Langsam, aber auf eine angenehme Weise langsam. Auf eine Weise, dass man plötzlich wieder Luft bekam. Wie ein eigener kleiner Kosmos, der sich selbst genug war.

Erst als wir die Haustür fast erreicht hatten, entdeckte ich hinter den Obstbäumen eine ungepflasterte Piste, die in Richtung Siedlung führte. *Am Rand der Siedlung* war eine ziemlich großzügige Formulierung. Wahrscheinlich hatte der Ehemann, ein Sohn, eine Tochter meiner Gastgeberin einen Wagen und war noch unterwegs.

Die Haustür, in einem tiefen Grünton gestrichen. Offenbar war sie nicht abgeschlossen.

«Dann kommen Sie mal herein.» Die alte Dame selbst humpelte voraus. Eine langgestreckte Diele, die Wände aus unverputztem Fachwerk, auf dem Fliesenboden weiche Teppiche. «Therés? – Wir sind zurück.»

Wir? Aber im selben Moment hörte ich auch schon Geräusche, leichte Schritte, und eine Sekunde später stand ein junges Mädchen in der Diele. Ein gerade geschnittenes Leinenkleid, strohblonde Haare, die Zopffrisur wie eine Krone um den Kopf gesteckt. Ein kurzer Blick zu mir aus einem schmalen, überraschend ernsten Gesicht – nicht halb so neugierig, wie ich in dieser Situation gewesen wäre.

«Wir nehmen den Tee in der Stube», erklärte meine Gastgeberin. «Und ...» Ein kurzes Zögern.

«Mutter?»

«Honigbrot.» Die weißhaarige Dame nickte, wie zu sich selbst, wandte sich zu mir um. «Honigbrot, wie klingt das?»

«Das ist wirklich ...», begann ich, aber mit einem Mal: *Honigbrot.* Vielleicht war mir der Duft in die Nase gestiegen, ohne dass ich ihn bewusst registriert hatte, aber mit einem Mal wusste ich, dass nicht von simplem Brot mit Honig die Rede war, sondern von *Honigbrot,* wie meine Oma es gebacken hatte. Frisch gebackenes Honigbrot mit Mandelstiften. Altes Familienrezept, hatte sie immer behauptet, aber wer weiß, wie viele Familien in den Dörfern rund um Hamburg sich diese Rezepte teilten? Und auf jeden Fall ...

«Das klingt wirklich lecker», sagte ich. «Sehr, sehr gern.»

«Na also.» Ein Lächeln breitete sich auf ihrem faltigen Gesicht aus, während sie sich den Mantel von den Schultern streifte, mir mit einem Blick signalisierte, dass sie ohne Hilfe zurechtkam. Sorgfältig hängte sie ihn über einen altertümlichen Garderobenständer.

Ich gab mir Mühe, mich nicht zu auffällig umzusehen. Schon diese Diele war ein faszinierender Ort mit ihrem dunklen Holz, den gerahmten Bildern an den Wänden, matt geworden vom Atem der Jahrzehnte, einer schweren, altertümlichen Truhe weiter hinten auf dem Gang, bei der ich auf den ersten Blick überzeugt war, dass sie Kostbarkeiten enthielt, die ich mir überhaupt nicht vorstellen konnte. Ganz alltägliche Kostbarkeiten natürlich, gestärkte Leinenhemden vielleicht oder bestickte Bettwäsche, die diese Familie seit Generationen hütete. Wie mochte erst die Stube aussehen?

«Oh.» Die alte Dame wandte sich um. «Bitte entschuldigen Sie. Ich schleife Sie hier ins Haus und ... Ich heiße Grethe. Grethe Scharmann.»

Sie streckte mir die Hand entgegen. Ihr Druck war warm und fest, ein sehr bewusster Händedruck aus einer Zeit, in der es etwas Besonderes und Außergewöhnliches gewesen war, wenn sich zwei Menschen die Hand gaben. Eine Auszeichnung beinahe. Verdient hatte ich sie nicht. Diese Frau war Zeugin in einem Mordfall, und ich war Beamtin im Dienst. Das Erste, was ich hätte tun müssen: mich nach ihrem Namen zu erkundigen.

«Na, dann kommen Sie mal mit.»

Hier im Haus verzichtete sie auf ihren Stock. Die Tür war nur angelehnt gewesen, gehorchte auf den leisesten Druck.

Mir blieb die Luft weg. Möglicherweise gab ich einen erstickten Laut von mir. Wenn das so war, war die alte Dame – Grethe – zu höflich, um ihn zur Kenntnis zu nehmen.

Die Wohnstube war ein Traum. Ein Holzofen, dunkles Gusseisen, in dem ein Feuer flüsterte. Der Wasserkessel für den Tee stand bereits dampfend auf der Herdplatte. Im Erker ein schwerer Tisch mit gedrechselten Beinen und passenden Stühlen, an dem eine ganze große Bauernfamilie Platz gehabt hätte – und mit Sicherheit auch Platz gehabt *hatte*, vor ein oder zwei Generationen. Auf der Tischfläche eine schneeweiße, gewebte Leinendecke. Im Hintergrund eine zweite Tür, von der ich vermutete, dass sie in die Küche führte, und neben ihr ein Schau-kelstuhl, verziert mit Schnitzereien, so aufwendig und verwir-rend, dass mir einen Moment lang schwummerig vor Augen wurde. Oder vielleicht war es auch ein ganz anderer Impuls. Dieser Stuhl sah dermaßen gemütlich aus, dass ich mich am liebsten einfach hätte hineinfallen lassen, ganz gleich, wie das auf meine Gastgeberin gewirkt hätte – wäre ich mir nur sicher gewesen, ohne Hilfe wieder rauszukommen.

«Mein Gott», flüsterte ich.

Grethe schnalzte missbilligend mit der Zunge.

«Entschuldigung», murmelte ich. «Aber dieser Stuhl ist ein-fach … wunderschön.»

«Hm. Matthias wird sich freuen, wenn er das hört. Seien Sie nur nicht zu begeistert. Der Junge wird übermütig, wenn er zu viel Lob bekommt.»

«Ihr Sohn?»

«Ah.» Sie schien mich nicht gehört zu haben. «Unser Honig-brot.»

Therés setzte das duftende Gebäck auf dem großen Tisch ab. Lächelnd und mit einem Nicken forderte Grethe mich auf, mich niederzulassen, wählte selbst einen Stuhl, von dem aus sie schräg durch das Fenster auf den Garten und das dahinter-liegende Waldstück blicken konnte. Aus irgendeinem Grund wusste ich, dass dies ihr Stammplatz war. Ich warf noch einen etwas wehmütigen Blick auf den Schaukelstuhl, doch auch die Sitzplätze am Tisch waren so bequem, dass ich auf der Stelle getröstet war. Und das Honigbrot, sein Duft …

«Honigbrot», murmelte ich. «So was habe ich ein halbes Leben nicht mehr gegessen.»

Ein feines Lächeln. «Na, habe ich es nicht gesagt? Das Leben ist ein Kreis, und irgendwie kommen wir immer wieder zum Anfang zurück. Ah, unser Tee.»

Mit Mühe hielt ich meine Finger von dem Teller mit dem Brot zurück, während das junge Mädchen zuerst mir und dann der alten Frau eingoss. Ein Kräutertee. Ich glaubte etwas zu riechen, das ich für Hopfen hielt, doch in Bezug auf Gerüche traute ich mir seit Beginn der Schwangerschaft nicht mehr recht über den Weg. Manches kam überhaupt nicht mehr bei mir an, andere Aromen dagegen nahm ich sehr viel intensiver wahr als vorher. Und dieser Tee, das Honigbrot, das ganze Haus mit seiner freundlichen Bewohnerin ...

Du bist aus der Spur, Friedrichs. Richtig, richtig aus der Spur. Die Stimme in meinem Hinterkopf war kaum mehr als ein Flüstern, doch offenbar hatte sie nicht vor, einfach den Mund zu halten. Ob ich ihr allerdings zuhörte, dachte ich: Das lag ganz bei mir.

Grethe nickte mir zu, und ich streckte die Hand nach der Tasse aus.

Standing on a beach with a gun in my hand / staring at the sea, staring at the sand

Ich zuckte zusammen. Mein Handrücken, die Tasse! Der Tee schwappte über, und ich keuchte auf, als der Inhalt kochend heiß über meine Finger spritzte. Ich versuchte die Tasse festzuhalten, doch zu spät: Sie kippte von der Untertasse, die aromatische, dunkle Flüssigkeit ergoss sich quer über die Tischdecke.

«O mein Gott!»

«Gehen Sie an Ihr Telefon!» Der Blick der alten Dame hatte sich verändert. Er duldete keine Widerrede.

Ich tastete nach meinem Smartphone, suchte mit der anderen Hand nach einer Serviette, doch Grethes Geste gebot mir Einhalt.

Rufannahme. Verflixt, Lehmann! Es waren wesentlich mehr als zwanzig Minuten vergangen, seit wir uns getrennt hatten.

«Nils?» Ich ging ran, atemlos.

«Hannah, ich such dich überall! Ist alles okay?»

Ich nickte reflexartig. «Ja», sagte ich. «Ja, ich bin bei ... einer Zeugin.»

«Eine *Zeugin*?»

Der Ton in seiner Stimme ärgerte mich, gleichzeitig fiel es mir schwer, ihn übelzunehmen. Im Wald fand man Pilze und keine alten Damen, die einen zu Tee und Honigbrot einluden. Ganz gleich, was es für ein Wald war und warum man eigentlich ...

Es war dieser Moment, genau dieser Moment, als etwas zum Stillstand kam – und sich etwas anderes in Bewegung setzte: mein bewusstes Denken, das Denken von Hannah Friedrichs, Erster Stellvertreterin an Hamburgs wichtigstem Kriminalkommissariat.

Grethe Scharmann schien mein Gespräch mit Lehmann nicht weiterzuverfolgen. Sie hatte sich vorgebeugt, machte aber keine Anstalten, dem quer über den halben Tisch verteilten Malheur mit ihrer Serviette zu Leibe zu rücken. Stattdessen: Ihre Finger berührten die Spritzer, schienen vom Zentrum an der umgestürzten Tasse nach außen zu wandern, neu anzusetzen. Sehr aufmerksam, sehr *bewusst*, als ob sie ...

Als ob sie *las*.

Der Wald. Der Wald am Ende des Nornenwegs. Der Ort, an dem ein Brummen und Sirren und Singen in der Luft hing und der Nebel sich bis weit in den Morgen hinein hartnäckig hielt. Der Ort, an dem sich eine urmenschliche Kreatur in einen Hirsch verwandeln konnte oder in – andere Dinge.

Joachim Merz, blutbesudelt. Blut in wirren Zeichen auf Melanies Körper. Dunkle Spuren von Tee im Gewebe einer leinenen Tischdecke.

Magie? Ich wusste nicht, ob Magie existierte, doch was ich begriff, war etwas anderes.

Ein Kreis. Von allem Anfang an. Melanies toter Körper, die unheimliche Begegnung, mein Traum und zuletzt Sara Grabowskis geflüsterte Anweisung.

Eine *Zeugin?* Nein. Mehr als eine Zeugin. Hier war der Mittelpunkt. *Sie* war der Mittelpunkt. All das hatte nur einen Zweck gehabt. Mich hierherzuführen, in Grethe Scharmanns Wohnstube.

* * *

Konstanten. Der erste Dienstag im Monat, seit nahezu dreißig Jahren. Doch, dachte Jörg Albrecht, als er in die Wohnstraße in Langenhorn einbog. Es war wohl angemessen, von einer Konstanten zu sprechen, ja vielleicht sogar ... Er zögerte. Zögerte tatsächlich körperlich, sodass er erst im letzten Moment das Steuer nach rechts zog und den Wagen am hintersten Ende der Parkbucht zum Stehen brachte.

Ja, vielleicht ließ sich sogar von einem *Ritual* sprechen. Die Abende hatten in der Tat etwas Rituelles, angefangen mit der Begrüßung: *Herr Bürgermeister?* Und der geknurrten Antwort: *Der Name ist Schultz!* Der alte Herr schätzte es nicht, mit seinem ehemaligen Amtstitel angesprochen zu werden, während für Jörg Albrecht genau das eine Selbstverständlichkeit darstellte, einem Mann gegenüber, der mehr als ein Vierteljahrhundert an der Spitze der Freien und Hansestadt gestanden hatte. Vor langer, langer Zeit. Und auch der Rest des Abends besaß seine festen Formen: das Schachbrett zwischen den beiden Männern, das Monat für Monat um einhundertachtzig Grad gedreht wurde, ohne dass sie auch nur einen Zug gemacht hatten, der Rotwein aus großen Gläsern und – weniger zu Albrechts Begeisterung, zumindest in den letzten Jahren nicht – die nikotingesättigte Atmosphäre, die Heiner Schultz' Arbeitszimmer

und das gesamte, sonst so wenig spektakuläre Reihenhaus er-
füllte.

Und ihre Gespräche. Nur im Ausnahmefall berührten sie
ganz unmittelbar den Wirkungsbereich des fünfundneunzig-
jährigen Gastgebers, all die offenen Baustellen der menschlichen Zivilisation. Auch das kriminalistische Schaffen seines
Jahrzehnte jüngeren Gastes war in der Regel nicht der konkrete
Gegenstand. Diese Dinge mochten den Ausgangspunkt bilden,
doch wie von selbst geschah es, dass zu vorgerückter Stunde die
großen Geister der Geschichte zu ihnen an den Tisch traten,
um die eine große Frage aufzuwerfen: die Frage, wie der ganz
gewöhnliche Mensch aus den Gedanken von Männern und
Frauen, deren Leiber längst zu Staub geworden waren, Schlüsse
ableiten konnte, eine Richtschnur für das eigene Handeln. So-
krates. Seneca. Marc Aurel.

Es waren magische Abende – wobei Schultz jeden Gedanken an Magie in der ihm eigenen, streng rationalen Argumentation zerpflückt und beiseitegeschoben hätte. Für
Jörg Albrecht indessen blieben sie magisch; sein persönliches
Geheimnis, von dem exakt ein anderer Mensch wusste: jene
Frau, die ihm vor vierundzwanzig Stunden geraten hatte, sich
irgendwas *Neues* zu suchen, das so überhaupt keine Beziehung zu seinem beruflichen Leben hatte. Nun, genau das
besaß er längst. Nur dass es eben nicht *neu* war, auch wenn
Heiner Schultz und Jörg Albrecht die letzten Menschen gewesen wären, die neue Gedanken ausgesperrt hätten. Doch im
Grunde ...

«Im Grunde ist es seit dreißig Jahren dasselbe», murmelte
Albrecht, während er ausstieg, den Wagen per Knopfdruck ver-
riegelte, den einzigen Wachmann grüßte. «Und genau darauf
kommt es an. Auf die Konstante.»

Die Haustür. Maria, die osteuropäische Pflegekraft. Der langgestreckte Flur mit zeitgenössischer Kunst an den Wänden. Der Durchgang zum Arbeitszimmer.

Ein Klavierkonzert klimperte aus unsichtbarer Quelle, hart am Rande der Hörbarkeit. Albrecht wusste, dass der alte Mann sich am anderen Ende des Raumes befand, in seinem Rollstuhl, hinter dem Tisch mit dem Schachbrett, unsichtbar inmitten der Nikotinschwaden. Doch irgendetwas war *anders*.

«Herr Bürgermeister?»

Schweigen.

Albrecht lauschte. Irritation. Ein Anflug von Beunruhigung. Schließlich ging sein Gastgeber auf die hundert, und seine Gesundheit ...

«Neinneinnein!» Eine Stimme. «Neinneinneinneinnein! Sein Name ist Schultz. – Oh.»

Jörg Albrecht hatte sein gesamtes Erwachsenenleben im Polizeidienst zugebracht. Polizeidienst war kein Kampfeinsatz; dennoch kam es höchst selten vor, dass sich ihm jemand näherte, ohne dass er das mitbekam. Ganz gleich, aus welcher Richtung, und selbst in einem schummerigen Flur voller Tabakqualm.

Die Gestalt war fast einen Kopf kleiner als er, was täuschen konnte, denn sie – *er*, es war eine Männerstimme – bewegte sich gebeugt, auf einen Stock gestützt, doch gleichzeitig durchaus flink, schien in der freien Hand, die unbeabsichtigt gegen Albrechts Arm gestoßen war, etwas zu jonglieren. Jetzt wurde es aufgefangen. Es war ...

«Unser Kaffee. Stellen Sie sich vor: Er ist vorhin erst damit rausgerückt, dass wir Besuch bekommen!»

Wir? *Kaffee?*

Schon war der Unbekannte an Albrecht vorbei, vertrieb dabei die Rauchschwaden, sodass Schultz hinter dem Schachbrett sichtbar wurde, mit einem Gesichtsausdruck, den Albrecht nicht recht einordnen konnte. Und etwas anderes fesselte seinen Blick: eine Kaffeekanne, knallrot. Ein Fremdkörper in der Atmosphäre dieses Zimmers, der den Augen wehtat. Beherzt stellte der dem Hauptkommissar unbekannte alte Herr sie neben dem Schachbrett ab, wandte sich wieder zum Durchgang.

«Und jetzt die Tassen. – Oh.»

Er blieb vor Albrecht stehen. Keinen Tag jünger als Schultz, eine Nickelbrille, hinter der hellwache kleine Äuglein funkelten, auf dem Kopf Büschel schlohweißen Haares, bei denen der Hauptkommissar sich gescheut hätte, von einer Frisur zu sprechen. «Ingolf Helmbrecht.» Die Hand, jetzt wirklich frei, wurde ausgestreckt. Händeschütteln. «Sie müssen Kommissar Albers sein. Ich bin wirklich gespannt, aber ... Zuerst die Tassen. – Neinneinnein, Maria, genießen Sie Ihren Feierabend! Wir haben hier alles im Griff.»

Verschwunden, den Flur hinab. Albrecht spürte einen Anflug von Schwindel. *Konstanten*. Je länger und zuverlässiger sie Bestand hatten, desto schwerer die Erschütterung, wenn sie unvermittelt nachgaben.

Das Tischchen mit dem Schachspiel. Albrechts Stammsessel war an die Längsseite des Tisches gerückt worden. Stattdessen ein hölzerner Stuhl, der auf den Hauptkommissar zu warten schien.

«Herr Bürgermeister?»

Die altersfleckige Hand des Gastgebers hob sich zu einer abwinkenden Geste, bewegte sich dann zu Zigarettenschachtel und Feuerzeug. Albrecht war sich nicht sicher, aber zitterte sie eine Spur mehr als gewöhnlich, als Schultz sich Feuer gab?

Der Hauptkommissar ließ sich nieder. «Entschuldigen Sie», murmelte er. «Ich war nicht ganz darauf vorbereitet, dass Sie einen Gast haben.» *Noch* einen Gast, dachte er. In dreißig Jahren war das ganze zwei Mal vorgekommen: Einmal hatte sich der französische Staatspräsident zu ihnen gesellt, einmal der ehemalige Außenminister der Vereinigten Staaten.

Lungenzug. Schultz sah der Tabakwolke nach, die sich irgendwo unter der Decke verlor. «Ich sage nicht, dass Professor Helmbrecht besser keinen Kaffee mehr trinken sollte.» Pause. «Was ich sage, ist, dass er heute bereits vierzehn Tassen hatte. Und er brüht sie selbst.»

Albrecht nickte stumm, wagte gedanklich die These, dass es sich jedenfalls um kein Gebräu handeln dürfte, durch das man den Tassenboden erkennen konnte.

Er räusperte sich. «Der Professor ist ein Freund von Ihnen?»

Schultz schwieg für einen Moment. Glut fiel in den Aschenbecher. Sein Blick schien sich im blauen Dunst zu verlieren. «Sehr alter Freund.» Gemurmelt. «Ein sehr, sehr alter Freund, für den man immer eine offene Tür hat.»

Albrecht neigte den Kopf. Der ehemalige Bürgermeister war bekannt dafür, Entscheidungen sorgfältig abzuwägen. Wenn seine Tür für diesen speziellen alten Freund *automatisch* offen stand, dann musste das eine besondere Bedeutung haben.

«Und Sie kennen sich ... woher?», erkundigte sich der Hauptkommissar vorsichtig.

Qualmwolke. «Zug.»

Erwartungsvoll sah Albrecht ihn an, doch Schultz schien nicht die Absicht zu haben, etwas hinzuzufügen. Und eine Nachfrage stand außer Diskussion. Augenscheinlich lag es bei Jörg Albrecht, dem Gespräch eine Richtung zu geben. Eine *andere* Richtung.

«Womit haben Sie die vergangenen Wochen verbracht, Herr Bürgermeister?», erkundigte er sich. Eine ihrer Standarderöffnungen, aus der sich alles Mögliche ergeben konnte. Erörterungen über Senecas Gottesbegriff, über die gestiegenen Kosten für den Bau der Elbphilharmonie oder die militärstrategische Ausrichtung der Volksrepublik China. Alles das und anderes mehr.

Doch diesmal war die Antwort kurz: ein wortloser Blick. Albrecht konnte nicht mit *Sicherheit* sagen, dass er sich in Richtung Flur und Küche bewegte, doch die Schlussfolgerung schien ihm nicht aus der Luft gegriffen. Die Tür des ehemaligen Ersten Bürgermeisters stand Ingolf Helmbrecht schon eine ganze Weile offen.

Albrecht bezweifelte nicht, dass die beiden alten Herren auf ihre Weise anregende Gespräche führten, schließlich war der Mann Professor. Doch auf jene Sorte geistiger Anregung, für die er selbst die Abende in Langenhorn schätzte, durfte der Hauptkommissar heute offensichtlich nicht zählen. Wenn, dann musste sie von *ihm* ausgehen.

Ein Gedanke. Wenn heute ohnehin alles anders war: Was, wenn er tatsächlich auf seinen konkreten Fall zu sprechen kam? Schließlich berührte das Verbrechen Ebenen der Politik, auf denen sein Gegenüber bereits zu Hause gewesen war, als die meisten der aktuellen Akteure noch damit beschäftigt gewesen waren, ihre Mehrheiten für die Wahl zum Klassensprecher zu organisieren. Leises Klirren aus Richtung Küche, aber Helmbrecht blieb unsichtbar. Es war eine Gelegenheit.

«Können Sie sich an die Einrichtung des Naturschutzgebiets erinnern, Herr Bürgermeister?», fragte Albrecht mit gedämpfter Stimme. «An der Grenze zu Schleswig-Holstein? Am Höltigbaum?»

Die Zigarettenglut glomm auf. Ein Zug, der die Länge des Tabakstäbchens um einen vollen Zentimeter schrumpfen ließ. Mit geschlossenen Augen: «Ich entsinne mich, ja, doch diese Vorgänge haben sich bereits eine Weile nach meinem Ausscheiden aus dem Amt zugetragen. Ich war damit nicht mehr befasst.»

«Aber Sie haben sie verfolgt.» Albrecht beugte sich vor, tastete im Dunst nach seinem Weinglas, stellte fest, dass es heute nicht vorhanden war, und zog die Hand zurück. «Können Sie sagen, wie Sie damals entschieden hätten? Hätten Sie ein Naturschutzgebiet eingerichtet, oder hätten Sie eher versucht, Investoren für ein Industrie...»

Eine leicht gehobene Hand. «Diese Frage stellt sich nicht, Jörg. Man hat mich damals nicht um Rat gebeten.» Die Zigarette verschwand im Aschenbecher. Schultz zündete übergangslos eine neue an. «Doch wenn man das getan hätte, hätte ich vermutlich empfohlen, sich nicht überstürzt für eine der beiden Möglichkeiten zu entscheiden.»

Albrecht nickte. Eine Argumentation, die Heiner Schultz ähnlich sah. Eine durchdachte Entscheidung, die weiter reichte als bis zur nächsten oder übernächsten Wahl.

«Wäre ich indessen gezwungen gewesen, mich zu entscheiden ...» Eine Geste mit der Zigarette – doch sie wurde nicht zu Ende geführt.

«Und hier haben wir unsere Tassen!» Professor Helmbrecht humpelte um Albrecht herum, ließ sich auf dem Sessel, Albrechts Stammsessel, nieder, verteilte die Tassen auf dem Tisch. «Ein Schlückchen für Sie, Kommissar Albers?»

Der Hauptkommissar nickte, behielt aber weiterhin Schultz im Blick. Mit Sicherheit waren es nicht solche Gesten, die ihre Freundschaft ausmachten – wenn sich von einer Freundschaft im eigentlichen Sinne überhaupt sprechen ließ –, doch mit einem Mal spürte er das dringende Bedürfnis, *irgendetwas* zu tun, um dem ehemaligen Bürgermeister die Gesellschaft seines *anderen* Gastes zumindest für diesen Abend erträglicher zu gestalten.

«Wären Sie gezwungen gewesen, sich zu entscheiden ...?», griff er Schultz' Worte auf, die Stimme am Ende gehoben.

Der Hausherr öffnete den Mund, aber ... «Was für eine Frage!» Helmbrecht. «Natürlich nimmt er noch einen Kaffee!» Die Tasse wurde vor Heiner Schultz abgestellt. «Drei Stück Zucker?»

«Vier.» Gebrummt.

Albrecht biss die Zähne zusammen. Es musste einen Weg geben, diesen Menschen irgendwie ...

«Und was haben Sie heute Schönes gemacht, Kommissar Albers?» Helmbrecht musterte ihn neugierig, blinzelte, nahm die Nickelbrille von der Nase. «Undurchschaubar.» Gemurmelt.

Es war jener eine, entscheidende Tropfen. Der eine Tropfen, der das Fass zum Überlaufen brachte.

«Leichen angeguckt», bemerkte Albrecht kühl. «*Tote* Leichen. *Blutverschmierte* tote Leichen.»

«Oh.»

«Blutverschmierte, *mit heidnischen Zeichen bedeckte* tote Leichen.»

«Oh!»

«*Entstellte*, blutverschmierte, mit heid...»

«Und was für Zeichen?»

Albrecht brach ab. «Bitte?»

«Was für Zeichen? – Hexenkreise? Pentagramme?»

«Runen. Ich ...»

«*Oh!*»

Ein Räuspern. Schultz. Ein tiefer Zug an der Zigarette. «Ich muss mich bei Ihnen entschuldigen, Jörg. Es wäre meine Aufgabe gewesen, Ihnen den Professor richtig vorzustellen. Professor Helmbrecht gilt als bedeutendster lebender Experte für historische Paläographie in seiner Generation.»

Albrecht war nicht bereit, genauer über die Aussage nachzudenken. Es war nicht ganz einfach, ihn zu verleiten, ernsthaft unfreundlich zu werden, aber Helmbrecht war es gelungen. Was die Aussagekraft von Schultz' letzter Bemerkung relativierte, war im Übrigen das Lebensalter der beiden Herren. *Lebende* Experten konnten in dieser Generation ganz allgemein nur noch äußerst dünn gesät sein.

«Ein Ruf, der ihm seit mehr als einem halben Jahrhundert vorauseilt», präzisierte Schultz. «Zu seinen Spezialgebieten zählt die Entstehung der altnordischen Runenschrift.»

Albrecht hatte etwas sagen wollen, doch jetzt blieb er stumm, sah von Helmbrecht zu Schultz und zurück zum Professor. «Oh», murmelte er schließlich.

Helmbrecht hatte sich ihm vollständig zugewandt, nickte eifrig, seine eigene Kaffeetasse randvoll. «Sie haben sie nicht zufällig dabei?»

Albrecht starrte ihn an. «Die *Leiche*?»

«Sprachen Sie nicht gerade noch von mehreren?»

Albrecht biss sich auf die Zunge. Nein, er würde sich nicht entschuldigen. «Nur eine», sagte er knapp. «Und die befindet sich dort, wo sie hingehört. In der Gerichtsmedizin.»

«Ach so? Es ist nicht zufällig möglich, sie sich dort einmal anzusehen?»

Albrecht öffnete den Mund. Natürlich war es möglich, sie sich dort anzusehen. Dafür war die Gerichtsmedizin da. Martin Euler tat nichts anderes, als sich Leichen anzusehen. Und davon zu erzählen, wie er sich Leichen angesehen hatte. Weil genau das nämlich Eulers Beruf war, während dieser alte Mann ...

Dieser alte Mann war Paläograph. Experte für historische Handschriften im Allgemeinen und Runen im Besonderen. Und vor kaum einer Stunde hatte Jörg Albrecht festgestellt, dass er die Hilfe eines Handschriftenkundlers bitter nötig hatte. Eines Handschriftenkundlers, der sich die Zeichen auf der Haut des Opfers ansah und sie beurteilte – im Idealfall allerdings in Form eines prägnanten schriftlichen Gutachtens.

Wie von selbst wanderte sein Blick langsam nach rechts. Schultz hatte die Augen geschlossen, schien tief in Gedanken versunken. Seine Lippen bewegten sich unmerklich, formten einen Rauchkringel, der langsam der Decke entgegenschwebte. Man hätte glauben können, er spräche ein stilles Gebet, was selbstredend ausgeschlossen war bei einem Mann, dessen einziger Gott die Ratio war, und doch …

«Nein», hörte Jörg Albrecht sich sagen. «Ein Besuch in der Forensik ist bedauerlicherweise nicht möglich. – Allerdings kenne ich einen unserer Mediziner recht gut. Unter Umständen kann ich einmal mit ihm reden, fragen, ob wir angesichts der … speziellen Umstände in diesem Fall eine Ausnahme machen können.»

Ein Hüsteln von der anderen Seite des Tisches. Schultz hielt die Augen nach wie vor geschlossen. Doch Albrecht musste sich erheblich täuschen, wenn er sich die Erleichterung des Bürgermeisters nur einbildete.

* * *

Ein Brummen und Wispern und Sirren.

Meine Hände waren in den Taschen meiner Windjacke vergraben, schützend vor den Bauch gelegt, nur leicht allerdings, denn sie waren eiskalt. Grethe Scharmann hatte recht gehabt: Binnen Minuten hatte die Dämmerung eingesetzt, und mit der Dämmerung war die Kälte gekommen, eisige Kälte.

Die alte Frau stand einige Schritte von mir entfernt, hier draußen im Hof wieder auf ihren Stock gestützt. Ihr Blick ging geradeaus, nicht in meine Richtung. Doch ich war mir sicher, dass ihr keine meiner Regungen entging. Mich dabei anzusehen: war schlicht unnötig. Sie würde erkennen, dass ich zitterte, wenn ich die Finger aus den Taschen zog. Und selbst so: Ja, sie wusste es auch so.

Matthias. Der junge Mann musste Matthias sein, obwohl er mir beinahe zu jung vorkam, um ein Sohn meiner Gastgeberin zu sein. Die fließenden, geschickten Manöver, mit denen er sich um die eigene Achse drehte wie ein Tänzer oder Akrobat, hierhin, dorthin, einen Arm in die Höhe streckte, dann wieder waagerecht vom Körper weg. Und ständig war die Hand, waren die Finger in rhythmischer Bewegung, hielten ... Was hielten sie? Das Ende einer Schnur, an deren Spitze ... Ich konnte nicht erkennen, was es war: ein kleiner Gegenstand, den er in der Luft rotieren ließ, mal schneller, mal langsamer, vorwärts, rückwärts. Und mit jeder dieser Veränderungen verwandelte sich zugleich das Geräusch, der Laut, das Brummen und Wispern und Sirren.

«Ein Schwirrholz», sagte Grethe Scharmann leise. «Wobei der Name täuscht. Es wird nicht aus Holz geschnitzt, sondern aus Knochen. Den langen Röhrenknochen der Hinterbeine, nicht anders als vor zwölftausend Jahren.»

Ein Gedanke in meinem Kopf, doch ich kam nicht dazu, auch nur den Mund aufzumachen.

«Nein», murmelte sie. «Natürlich kein Rentier heutzutage, aber das bedeutet ja keinen großen Unterschied. Sie hätten kein Problem gehabt, das Tier zu wechseln. Damals.» Eine winzige Pause. «Die Alten. – Sie hätten das genommen, was sie zur Verfügung hatten. In diesem Fall dürfte es Hirsch sein. Oder Reh. Da müssen Sie Matthias fragen.»

Doch ich fragte nicht. Ich schwieg. Ich war mir nicht sicher, wie meine Stimme sich anhören würde in diesem Moment.

Ich hatte mein Gespräch mit Lehmann beendet, nachdem ich ihm Grethes Anweisungen durchgegeben hatte, wie er fahren musste, um zu uns auf den Hof zu kommen. Ziemlich umständlich: den gesamten Nornenweg zurück und auf die Bundesstraße Richtung Ahrensburg, von dort in die Wohnsiedlung abbiegen und sie auf Schleichwegen wieder verlassen. Mit Sicherheit würde es ein Weilchen dauern, bis er eintraf, und das war mir nur recht bei allem, was ich zu verdauen hatte.

Keine bloße Zeugin, keine harmlose alte Dame, die auf ihrem Abendspaziergang vielleicht ein paar seltsame Dinge beobachtet hatte – und trotzdem *genau das*. Grethe Scharmann spielte mir nichts vor. Das war mir vom ersten Augenblick an klar gewesen. Ein Kreis. Das Leben war ein Kreis. Das ließ sich so dahinsagen. Erst wenn man anfing darüber nachzudenken, schien es mit einem Mal sehr viel mehr zu bedeuten: eine ganze Philosophie? Eine Religion?

Ich war nicht dazu gekommen, weiter darüber nachzudenken. Ich hatte das Gespräch beendet, das Smartphone aus der Hand gelegt, und bevor ich den Mund hatte öffnen können, um mich noch einmal für mein Unglück mit der Teetasse zu entschuldigen, war es losgegangen.

Das Brummen und Wispern. Das Sirren und Schwirren und Flüstern. Ich musste ein Gesicht gemacht haben ... Die alte Frau hatte die Augenbrauen gehoben und mich gebeten, einfach mit rauszukommen.

Und nun stand ich hier. Matthias war ein schlanker junger Mann, einen Stoppelbart im Gesicht, die Haare eine offene, wilde Mähne. Er trug Lederkleidung, die allerdings keine Ähnlichkeit hatte mit irgendeiner Motorradrocker-Kluft. Tierhaut, dachte ich, und mit Sicherheit hatte er sie selbst bearbeitet. Sie war um die Hüften zu einer Art Kittel geschnürt, seine Arme waren nackt. An den Füßen dasselbe Material, mit Lederbändern um die Knöchel befestigt. Ganz genau so, wie ich mir einen Menschen aus einer Epoche vorgestellt hätte, die Tausende von Jahren zurücklag und deren Überreste nun als uraltes Geheimnis tief unter der Erde ihrer Entdeckung harrten. Bis sich Menschen wie Melanie und ihre Ausgräber daranmachten, diese Geheimnisse zu entschlüsseln, sie dem Boden zu entreißen. Die Vergangenheit wieder lebendig zu machen.

Gestern Morgen: der Nebel, das Geräusch. – Doch die Wahrheit war ... *das hier?*

Die Gestalt war viel zu weit vom Fahrweg entfernt gewesen, als dass ich hätte Einzelheiten erkennen können, doch es gab keinen Zweifel mehr, dass er es war, den ich gesehen hatte. Kein Spuk. Keine Magie. Matthias.

Und der Hirsch? Nun, er war eben ein Hirsch gewesen. Denn natürlich gab es Hirsche und Rehe am Höltigbaum und im Tunneltal. Und gestern Morgen war es neblig gewesen, sodass weder Matthias noch ich das Tier bemerkt hatten, das Deckung gesucht haben musste, eingeschüchtert von den Geräuschen des Schwirrholzes. Als der junge Mann sein Training beendet hatte, hatte sich der Hirsch eben wieder hervorgewagt, nur wenige Schritte entfernt von mir. So simpel.

Keine Magie. Nicht die Spur von ihr. Und doch war alles hier draußen erfüllt davon, und das Zentrum war eine alte Frau in beigem Blazer und Faltenrock.

Langsam drehte ich mich zu ihr um. «Sie ... Sie haben Melanie Dahl gekannt?»

Sie sah noch immer geradeaus, auf Matthias, der es bei aller Konzentration, die für das Spiel mit dem Schwirrholz notwendig sein musste, sichtbar genoss, seine Geschicklichkeit einem kleinen Publikum vorzuführen.

Grethes Schultern hoben sich, als sie tief einatmete. «Ja.» Sie sprach leise. «Ich habe sie gekannt. Wir alle haben sie gekannt. Matthias, Therés, auch alle übrigen – unsere Gemeinschaft ist größer, doch die anderen werden Sie heute nicht kennenlernen. Melanie ist in den letzten Wochen eine von uns geworden. Und doch habe ich ... befürchtet, dass so etwas geschehen würde. So etwas wie vorgestern Nacht. Vom ersten Tag an.»

Die Kälte. Sie war noch nie so deutlich gewesen. Ein Gefühl, als hätte etwas den festgestampften Lehmboden des Hofes unter meinen Füßen weggezogen und mich in eine verborgene Grube gestürzt, angefüllt mit Eiswürfeln.

«Sie ...»

Schwer stieß die alte Frau die Luft aus. Eine Kopfbewegung in meine Richtung, weniger als ein Nicken, doch mir war klar, dass es ein Zeichen war, ihr zu folgen, zurück zum Haus, das wir durch eine Hintertür verlassen hatten.

Sie glitt wieder auf ihren Platz. Die Stube schien unverändert, von Therés keine Spur. Etwas in mir selbst hatte sich verändert. Dies war nicht allein die Wohnstube einer freundlichen alten Dame; es war mehr. Ein Zentrum. Das Zentrum jener unfassbaren Atmosphäre, die ich in diesem Teil des Höltigbaums, des Tunneltals zu spüren glaubte.

«Sie wussten, dass Melanie in Gefahr war?», flüsterte ich. «Sie wussten ... Sie wissen, wer ...»

Sie hob die Hand. «Ruhig, bitte.»

Erst in diesem Moment stellte ich fest, dass sich doch etwas verändert hatte. Meine umgekippte Tasse war verschwunden, nur der unsymmetrische Fleck war noch da, die dunklen Spritzer auf dem hellen Leinen. Und ein frisches, unbenutztes Gedeck.

Grethe griff nach der Teekanne, goss mir mit geübten Bewegungen ein.

«Danke», murmelte ich. «Diesmal bin ich vorsichtig, versprochen.»

Sie nickte stumm, wartete ab, bis ich die Tasse zum Mund geführt hatte, einen Schluck nahm. Der Geschmack war ... Ja,

Hopfen, wie ich schon vermutet hatte. Sollte Hopfen nicht beruhigend wirken? Als hätte die alte Frau geahnt, dass ich so etwas würde brauchen können. Doch es waren noch mehrere andere Aromen in dem Gebräu, Nuancen, die ich nicht einschätzen konnte.

«Das tut wirklich gut», sagte ich leise. Und das war noch untertrieben. Innerhalb von Sekunden schien mich der aromatische Aufguss von innen zu wärmen. Ich holte Luft. «Trotzdem ...»

«So einfach ist es leider nicht.»

Ich blinzelte. «Was?»

Der Blick der alten Frau ging an mir vorbei. «Sie haben mich gefragt, ob ich wusste, dass Melanie in Gefahr war. Ob ich Ihnen sagen könnte, von wem ihr Gefahr drohte. – Doch so einfach ist es nicht.»

Ich setzte die Tasse ab. «So einfach ist *was* nicht? Sie wollen sagen, Sie hatten einfach das Gefühl, dass sie ...»

Ich suchte nach den richtigen Worten. Dass Melanie ein Mensch war, der die Gefahr anzog? Das klang albern, und doch wusste ich, dass es solche Menschen gab. Wie es Menschen gab, die das Pech anzogen. Wenn wir auf der Dienststelle chinesisches Essen bestellten, konnten wir uns hundertprozentig darauf verlassen, dass Marco Winterfeldt einen Glückskeks erwischte, der auf wundersame Weise leer war. Wenn Winterfeldt bei Regenwetter zu Fuß unterwegs war, war es selbstverständlich, dass direkt vor ihm ein Wagen durch die Pfützen fuhr und er bis auf die Knochen durchnässt ins Büro kam. Wenn Winterfeldt ein Butterbrot fallen ließ, landete es mit tödlicher Sicherheit mit der Butter nach unten. Und genauso, wie ihn das Pech verfolgte, gab es Menschen, die die Gefahr anzogen.

«Nicht ganz.» Grethe Scharmann.

Diesmal war es keine Kälte. Mir blieb einfach die Luft weg.

Sie konnte doch unmöglich wissen, was ich gerade gedacht hatte!

«Nein», sagte sie und betrachtete mich. «Nicht im Detail.»

Ich öffnete den Mund. Es kam nicht mal ein Krächzen.

Sie schüttelte den Kopf. «Hannah.» Ihre Hand legte sich auf meine Finger, als wäre es die selbstverständlichste Sache der Welt. Ebenso, dass sie mich mit dem Vornamen ansprach.

«Es ist nicht ganz einfach, doch ich will versuchen, es Ihnen zu erklären. Wir bilden uns ein, unsere Gedanken wären persönliche Geheimnisse, und gegenüber den meisten Leuten sind sie das auch. Weil die meisten Leute verlernt haben, die Dinge zu spüren.»

«Zu ... spüren?» Vorsichtig führte ich die Tasse noch einmal zum Mund.

«Zu spüren. Zu spüren, wie andere Menschen sind, was in ihnen in einem bestimmten Moment vorgeht. Sie haben eben einen Satz begonnen: ob ich Ihnen sagen wollte, ich hätte einfach ein *Gefühl* gehabt. – Damit haben Sie von Ahnungen gesprochen, die jeder von uns kennt. Und die die meisten von uns beiseitedrängen, weil sie solche Ahnungen mit den Prinzipien, nach denen ihnen unsere heutige Welt zu funktionieren scheint, nicht vereinbaren können. Was Sie wissen wollten, war, ob Melanie ein Mensch gewesen sein könnte, der eine besondere Empfänglichkeit besessen hat für die gefährlichen und die dunklen Dinge. – Und das ist sie gewesen. Genau wie Sie es sind, Hannah.»

Ich zuckte zusammen. Im letzten Moment konnte ich verhindern, dass ich die Tasse gleich wieder umriss, doch die alte Frau hob die Hand. Sie wollte ausreden.

«Allerdings hätte fast jeder Mensch in diesem Moment so einen Gedanken gehabt», erklärte sie. «Und als ich dann sagte, *nicht ganz*, war es noch selbstverständlicher, was Ihr nächster

Gedanke sein musste: dass ich doch unmöglich wissen konnte, was Ihnen gerade durch den Kopf gegangen war. Nur: Konnte ich das tatsächlich nicht? Nun: *nicht im Detail*, wie ich sagte.»

«Dann war das keine ...» Ich scheute mich, das Wort auszusprechen.

Ein Lächeln. «Nein, das war keine *Magie*. Das war nicht mehr als Beobachtung. Ablesen, was in Ihnen vorgeht, ohne dass es Ihnen selbst richtig klar ist. Und auch der Rest ist nicht viel mehr.»

«Der Rest?» Die Wände des alten Hauses waren massiv, doch jetzt konnte ich von draußen wieder ein Geräusch hören. Rumpeln. Lehmann näherte sich mit dem Dienstwagen über die ungepflasterte Piste. «Also wussten Sie noch mehr von Melanie», sagte ich. «Sie wussten tatsächlich, dass sie in Gefahr war.»

«Es ist kein *Wissen*», sagte sie langsam. «Und doch mehr als eine *Ahnung*. Es ist wie einer unserer Sinne, die bei jedem Menschen unterschiedlich ausgeprägt sind. Der eine kann besonders gut hören, der andere besonders gut riechen ... Es ist übrigens Salbei. Im Tee. Der Geruch, bei dem Sie sich nicht sicher waren.»

Diesmal starrte ich einfach nur.

Die alte Frau lachte herzhaft. «Hannah, Sie haben Ihre Nase beinahe in die Tasse getunkt. – Und der Hopfen ist zu deutlich», sagte sie ernster. «Diese Note hätte jeder Mensch wahrgenommen.»

«So einfach», murmelte ich.

«So viele Dinge sind ganz einfach», sagte sie und sah mich dabei an. «Wenn wir uns nur erlauben, sie zu sehen. Zu hören, zu riechen, zu schmecken. Zu spüren. Stellen Sie es sich vor wie einen Schimmer. Oder einen Schatten. Etwas, das einen Menschen umgibt – und nicht nur den Menschen. Alle Dinge.»

«Eine ... Aura?»

Sie hob die Schultern. «Wenn Sie mich fragen, ist das ein unnötig geheimnisvolles Wort. Es ist ein Kreis. Er liegt in unzähligen Windungen, doch er ist immer geschlossen. Es gibt keinen Anfang – und kein Ende. Und natürlich sind sämtliche Kreise miteinander verflochten, auf die eine oder andere Weise, reichen über einen einzelnen Menschen hinaus. Und das ...» Wieder ein Lachen, doch diesmal wesentlich leiser. «Zugegeben: Das ist etwas komplizierter. Das erfordert eine gewisse Übung und zuweilen gewisse Hilfen, um den Geist auf den richtigen Punkt zu richten.»

Mir schwirrte der Kopf. Kreise. Kreise, die sich in Schlaufen legten, sich umeinanderschlangen.

Langsam drehte ich mich um. Der Stuhl. Der geschnitzte Schaukelstuhl, den ich bewundert hatte, als ich die Stube betreten hatte. Die Lehne, die gesamte Konstruktion: Mit Ausnahme der Kufen, auf denen er hin und her schaukeln konnte, gab es keine einzige klare Linie, sondern die Schnitzerei wirkte wie ein Gewirr von Bändern, von Schnüren, von Knoten. Ein Geflecht. Miteinander verschlungene Kreise.

«Bei Melanie war es sehr deutlich.» Die Stimme der alten Frau war jetzt kaum mehr als ein Flüstern. Ich sah sie nicht an, war plötzlich unfähig, meinen Blick von dem Stuhl loszureißen, von den Kreisen, die sich zu bewegen schienen im letzten Glühen des Sonnenuntergangs, das durch das Fenster fiel. Ja, sie schienen zu atmen wie ein lebendiges Wesen. Auf meiner Zunge der Geschmack von Hopfen – und Salbei. Und etwas anderem. Von mehr, sehr viel mehr.

«Ihre Kreise waren deutlich», murmelte Grethe Scharmann. «Aber da war so viel, das sie berührte, aus unterschiedlichen Richtungen an ihnen zog. Andere, stärkere Felder, die sie zu zerreißen drohten. Widersprüchlich. Und dunkel. Dunkel wie der Wind, der durch die Blätter weht, sie hierhin und dorthin zieht.»

Ihre Stimme. Es war mehr als eine Stimme. Ich sah die Bilder vor mir, sah die Blätter an den Bäumen, sah den Wind, der eine dunkle Farbe hatte, sah ihn, wie er an den Stämmen rüttelte, durch das Laubwerk fuhr, wie der Stuhl auf seinen Kufen hin und her ... Doch, nein, das war nicht möglich.

War es das wirklich nicht? Ich schüttelte mich, drehte mich ruckartig wieder zu Grethe um.

Sie sah mich an. Ihre Hände lagen flach auf dem Tisch. Sie lagen auf dem dunklen, unregelmäßigen Umriss, den der Tee hinterlassen hatte. *Mein* Tee.

Lächelnd zog sie die Finger zurück, legte die Hände ineinander. Eine Veränderung auf ihrem Gesicht. Ich hätte sie nicht beschreiben können, doch es fühlte sich an wie ein Schnitt, nein, wie eine Passage: als wenn sie von jener fremden Welt, der Welt der Kreise, Schlaufen und Knoten, zurückwechselte ins Hier und Jetzt. «Hatten wir nicht gerade den Wagen Ihres Kollegen gehört?»

Ich runzelte die Stirn. Ja, das hatten wir. Doch das war mehrere Minuten her. Warum kam er nicht rein?

Grethe stand auf, humpelte in den Flur. Ich schloss mich an. Die Vordertür. Unser Dienstwagen stand am Zaun, von Lehmann keine Spur. Stattdessen ...

«So? Ist es so richtig?» Matthias, irgendwo im Hof.

An der Front des Häuschens führte ein kiesgestreuter Weg entlang. Ich folgte der alten Frau.

«Ja, genau! Und jetzt vielleicht auf einem Bein?» Das war Lehmann. «Ja, super! Und jetzt mal richtig gefährlich. – Nein, Therés. Als ob du dich fürchtest vor ihm.»

Ein Kichern. Das Mädchen.

«Was zur Hölle ...», murmelte ich.

Die alte Frau warf mir einen strafenden Blick zu, doch im selben Moment hatten wir das Haus umrundet.

Matthias. Von seinem Schwirrholz war nichts zu sehen, stattdessen hielt er … eine Keule? Nein, es sah aus wie ein Beil, aber die Klinge wirkte unsymmetrischer, und ich konnte nicht erkennen, wie sie überhaupt am Stiel befestigt war.

«Ein Schulterblatt», murmelte die alte Frau. «Das Schulterblatt eines Hirschs. – Melanie war sich nicht sicher, ob sie als Werkzeuge oder als Waffen eingesetzt wurden. Möglicherweise beides.»

Im Augenblick diente das Ungetüm als Waffe – so sah es jedenfalls aus. Matthias hielt es drohend über dem Kopf erhoben, zähnefletschend, mit finsterem Gesichtsausdruck. Therés, zwei Schritte entfernt, schien in Panik erstarrt, die Finger umeinandergeschlungen wie in einer Bitte um Gnade.

«Wow! Klasse! – So bleiben! Ich komm noch etwas näher ran.» Nils Lehmann, das Smartphone vor sich ausgestreckt, das Display in seine Richtung. Die Handykamera, kein Zweifel. «So, und jetzt …»

«Hauptmeister Lehmann!» Der Klang meiner Stimme: ein Graupelschauer, der zu Boden ging.

«Oh.» Ein Blick in meine Richtung. «Hi, Hannah. – Ist das nicht …»

Irre. Das, vermutete ich, war das Wort, das er hatte sagen wollen. Ohne es allerdings auszusprechen. In genau diesem Moment musste er meinen Gesichtsausdruck bemerkt haben. Ganz langsam ließ er das Handy sinken.

Zehn Minuten später standen wir am Eingangstor des Anwesens. Matthias und Therés hatten schnell begriffen, was Grethe von dem improvisierten Fotoshooting hielt. Vermutlich in etwa dasselbe wie ich. Sie waren nicht mehr zu sehen.

Die alte Frau reichte mir die Hand. «Mir ist klar, dass all das etwas viel gewesen ist auf einen Schlag», sagte sie. «Aber Melanie war eine von uns, und es gibt hier niemanden, dem ihr Tod nicht nahegeht. Ich verspreche Ihnen, dass wir Ihnen helfen werden, so gut wir nur können. Ich selbst habe sie zwei Tage vor ihrem Tod zum letzten Mal gesehen, und ich vermute, dass das auch für die anderen gilt, aber hören Sie selbst. Stellen Sie Ihre Fragen. – Wenn Sie ungefähr um diese Zeit da sein würden morgen Abend: Dann sind alle hier. Wir haben eine kleine Feier.» Ein Blick zum Himmel. «Der Mond ist beinahe voll.»

Ich nickte. Vollmond. Anscheinend Grund genug zum Feiern. Ich konnte die Dinge nur noch mit Abstand betrachten. Etwas *viel* war maßlos untertrieben. Ich musste mich selbst erst wieder sortieren, bevor ich daran denken konnte, den Fall weiterzuverfolgen, und Lehmanns Aktion war für mich wie eine kalte Dusche gewesen.

«Sehr gern», sagte ich. «Und danke für … alles», schloss ich. Doch im selben Moment kam mir noch ein Gedanke. Etwas, das ich die ganze Zeit im Hinterkopf gehabt hatte. «Sie haben erzählt, es sei immer ein Kreis», sagte ich leise. «Ein geschlossener Kreis, der einen Menschen umgibt. – Aber wenn Melanie jetzt tot ist …»

«Dann ist ein Teil von ihr trotzdem noch da. Ein Mensch hat Anteil an vielen Kreisen, und keiner von ihnen steht für sich allein; sie sind miteinander verbunden auf eine Weise, die die Augen nicht wahrnehmen können. Die meisten Augen jedenfalls.» Ein Lächeln. «Habe ich es Ihnen nicht gesagt? Ich hatte schon mit Ihnen gerechnet.»

THOR

Das Trommelfell ist eine straff gespannte Membran, welche das Außenohr von der Paukenhöhle des Mittelohrs scheidet. Auftreffende Schallwellen versetzen diese Membran in Vibrationen, die über ein System von Gehörknöchelchen an die Hörschnecke und schließlich an das Corti-Organ weitergegeben werden. Erst hier werden die auftreffenden mechanischen Signale in Nervenimpulse übersetzt und in den Temporallappen der Großhirnrinde übermittelt.

Feinheiten der Anatomie, die sich spätestens seit der frühen Kreidezeit herausgebildet haben, über Abertausende von Generationen hinweg. Unerheblich für ihre Funktion, ob ihm, Thor, ihre Existenz bekannt war. Und das war nicht der Fall.

Was seinen auditiven Cortex nicht daran hinderte, in Aktion zu treten. Elektrische Impulse trafen ein, wurden erfasst und mit bekannten Mustern abgeglichen. Vorgänge, die tausendfach ablaufen, unbewusst, in jeder Minute.

Bis ein Signal eintrifft, das sich der Einordnung entzieht. Ein Signal, das nur eine Reaktion zulässt: ALARM!, in feurig lodernden Buchstaben.

Laute waren in der Luft, schrille Laute. Eine Kakophonie von Geräuschen. Sie waren nicht allein, nicht in dieser Nacht, er, Thor, und jene, an die der Pakt ihn band. Heute waren die anderen bei ihnen; sie hatte sie um sich gesammelt, und gemeinsam hatten sie den Weg angetreten, auf den gewohnten Pfaden, schweigend. Bis jetzt.

Auch in dieser Nacht war der Nebel aus den Wiesen gestiegen, deckte die ebene Fläche wie ein fadenscheiniges Leichentuch. Ein Vergleich, zu dem er, Thor, nicht gegriffen hätte. Er sah nur ihn, jenen, mit dem sie sich mehrfach getroffen hatte in den vergangenen Nächten, wenn einzig er, Thor, sie begleitet hatte. Niemals aber hier. Niemals an diesem Ort.

Alles war anders in dieser Nacht. Die Geräusche, ein schrilles Kreischen, ein tausendstimmiges Heulen, und auch er, Thor, hatte eingestimmt. Der Wind selbst schien einzustimmen. Doch da war kein Wind in dieser Nacht.

Es konnten Geräusche sein, konnten Gerüche sein oder Bilder. Alles war verschwommen, unklar. Es konnten Bilder sein, die nicht aus seinem, Thors, Kopf stammten. Phantome, die der hektische Lichtkegel der Taschenlampe schuf, der über das hohe Gras tanzte, ihn, Thor, für einen Augenblick erfasste, während er, der andere, weiter zurückwich, stolpernd, Schritt um Schritt.

Angst. Angst, die keine Grenzen mehr kannte. Angst, die die Schwelle zum Wahnsinn längst überschritten hatte.

Nur sie, sie allein war ruhig, während sie langsam voranschritt.

Du kanntest den Preis. Ihre Stimme war ein Flüstern. *Du kanntest den Preis.*

sechs

Hannah?»

«Hm?»

«Hannah?»

«Hmmmmmm!»

Ich hörte die Stimme. Doch es war so gemütlich, so kuschelig warm und weich. Ich versuchte mich tiefer ins Kopfkissen zu graben.

«Hannah!»

Das klang anders.

Normalerweise stand ich eine halbe Stunde vor Dennis auf. Sein Arbeitstag in der Makleragentur ging zu christlicheren Zeiten los als mein Dienst auf dem Revier, schließlich war er zur Hälfte sein eigener Chef. Es sei denn, irgendein Kunde war Frühaufsteher und wollte sich rasch noch ein Objekt ansehen, bevor er selbst zur Arbeit musste. Dann kam es vor, dass Dennis mich überraschte: frischgebrühter Kaffee, Brötchen vom Bäcker, sogar ein einzelnes Blümchen, ein paar Häuser weiter über den Gartenzaun geklaut. *Guten Morgen, Süße.* Oder, in den letzten Monaten: *Guten Morgen, ihr beiden.* Wenn eine solche Überraschung angesagt war, klang er vollkommen anders.

Es gelang mir, ein Auge zu öffnen. Dennis stand in der Schlafzimmertür, fertig angezogen, Hemd, Krawatte, und irgendwas an seiner Haltung, seinem Gesichtsausdruck sagte mir, dass etwas ganz und gar nicht in Ordnung war.

«Was ist denn los?» Ich stützte mich auf den Ellenbogen auf. Schon bei dieser Bewegung machte sich mein angeschwollener Leib bemerkbar.

«Du ...» Er schluckte. «Du kommst besser mal runter.»

Schon war er verschwunden. Mühsam kam ich in Sitzposition, schwenkte die Füße aus dem Bett. Mein Hirn war eine ungeordnete Masse, Reste eines Traums, der sich nicht richtig zusammensetzen wollte – zum Glück vielleicht nach der Nacht zuvor. Die Erinnerung an den Besuch bei Grethe Scharmann natürlich, doch vor allem ein großes Fragezeichen: Was im Himmel war passiert?

Reflexartig griff ich nach dem Smartphone, tappte barfuß die Treppe runter, die Hand am Geländer. Aus dem Wohnzimmer eine Stimme. Das Frühstücksfernsehen. Wollte Dennis mir irgendwas im Fernsehen ...

«... ist damit nun ein weit größeres Gebiet ins Visier der Fahnder geraten.»

Ich kannte die Stimme. Kevin Blankenburg, der neue Anchorman bei Kanal Sieben. Zwei Sekunden später stand ich in der Wohnzimmertür und blinzelte mir den Schlaf aus den Augen. Das Fernsehbild zeigte viel Grün, saftige Weiden: eine Außenszene. Die Schatten fielen anders als gestern Abend, so dass ich zwei Mal hinsehen musste. Der Waldrand, die Zufahrt über die Schnellbahntrasse. Kevin Blankenburg war nirgends zu sehen; seine Stimme kam aus dem Off.

«Live vor Ort heute Morgen meine junge Kollegin Lea Oswaldt, zum ersten Mal für Ihren Kanal Sieben. Lea, hörst du mich?»

Das war der Fall. Sie antwortete mit einem Nicken, während die Kamera sie heranzoomte. Tatsächlich, dachte ich. Eine ziemlich junge Kollegin, frisch von der Journalistenschule, wie sie aussah. Glatte dunkle Haare, ein bisschen zu modisch gekleidet für die Wildnis, wo die Panzerstraße ins Dickicht der Bäume führte. Am Nornenweg.

Unsere Ermittlung! Der Gedanke schlug ein wie ein Blitz. *Niemand* wusste von unserer Ermittlung am Nornenweg! Noch nicht einmal Albrecht wusste davon, solange ich keinen Bericht getippt oder ihn persönlich informiert hatte. Und was genau ich in diesen Bericht schreiben würde, speziell über den Besuch auf Grethes Hof, wusste ich selbst noch nicht. Wie konnte das Fernsehen irgendwas davon ...

«Ich höre dich, Kevin.» Lea Oswaldt, jetzt direkt in die Kamera. «Exklusiv auf Ihrem Kanal Sieben haben wir hier die ersten Bilder der neuen Spur, die die Polizei nach dem schrecklichen Tod von Melanie Dahl verfolgt. Inmitten der paradiesischen Natur ...» Sie brach kurz ab, um eine Bremse zu verscheuchen, die sich in der paradiesischen Natur auf ihre Stirn gesetzt hatte. «Hier draußen», setzte sie neu an, «in einem der beliebtesten Naherholungsgebiete der Hamburger, spuken noch ganz andere Geister, wie die Ermittlungsbehörden jetzt feststellen mussten. Welche Rolle – diese Frage muss von nun an gestellt werden – haben diese Kreise gespielt, als die ehrgeizige junge Archäologin in der Nacht zu gestern auf barbarische Weise abgeschlachtet wurde?»

Diese Kreise und die barbarische Weise wurden besonders betont, und das Bild ...

Ich taumelte zum Fernsehsessel, sackte zusammen. Das Bild: Matthias, die Zähne gefletscht, das beilartige Schulterblatt eines Hirschs drohend erhoben, das Mädchen Therés halb auf den Knien, die Hände flehend ineinander verschränkt. Dieses Bild: Die Perspektive war eine etwas andere, Grethe und ich waren in diesem Moment eben erst um die Hausecke gebogen. Doch auf dem Display von Nils Lehmanns Smartphone musste es ganz genau dieses Bild gewesen sein.

«O mein Gott», murmelte ich, sah reflexartig über die Schulter, doch Grethe Scharmann war nicht da, um mich zurechtzuweisen.

«Übel.» Dennis. «Denke ich mal», schränkte er ein. «Das sollte doch garantiert noch nicht raus, oder? Eigentlich schade.»

Er reckte den Kopf ein Stück vor. «Sieht sonst ganz nett aus, diese Lea Oswaldt.»

Ich rührte mich nicht. Wie betäubt. Und trotzdem: Ob Grethes Gabe, Dinge zu sehen, die andere Leute nicht sehen konnten, auf mich abgefärbt hatte? Ich wusste, was als Nächstes geschehen würde, in drei, zwei, eins ...

Standing on a beach with a gun in my hand / staring at the sea, staring at the sand

Unnötig, die Nummer zu überprüfen. «Hannah!» Lehmanns Stimme überschlug sich. «Hast du ... Siehst du das ...»

Ich antwortete nicht, sondern hielt das Handy in Richtung Fernseher. «... *werden wir uns bemühen, eine Stellungnahme des Sektenbeauftragten ...*»

«Hannah!» Flehend.

Müde brachte ich das Handy wieder ans Ohr. «Du wirst mir jetzt wahrscheinlich erklären ...»

«Nein!» Fast schluchzend. «Ich kann das nicht erklären. Ich begreife nicht, wie sie das ...»

«Du hast dieser ganz netten jungen Dame also nicht erzählt, dass du Polizist bist?»

Schweigen. Für ein paar Sekunden. «Also ...» Luftholen. «Nicht direkt. Es ist eher so ... Na ja ... Also, das steht in meinem Profil.»

Ruckartig richtete ich mich in eine halbwegs sitzende Haltung auf. «In deinem Profil auf einem Dating-Portal steht, dass du Polizist bist?»

«Klar.» Ich konnte vor mir sehen, wie er nickte, auf jene ganz besonders nachdrückliche Art, die von allen Menschen auf der Welt nur Nils Lehmann hinbekam. «Ich meine ...» Rasch nachgeschoben: «Stell dir das doch mal vor: Die Frauen, die da unterwegs sind, können doch nie wissen, was das für Typen sind, die auf der anderen Seite vor dem Rechner sitzen. Oder vor dem

Smartphone oder sonst was. Irgendwelche Irren womöglich. Bei einem Polizisten wissen sie zumindest, dass das kein ... na ja.»

Fast gegen meinen Willen musste ich nicken. Wer vollständig ausschloss, dass sich solche Irren auch im Ermittlungsdienst tummelten, musste zwar eine ziemlich naive Vorstellung von der Welt haben, aber grundsätzlich hatte unser Job schon einen seriöseren Anstrich. Und wenn die Frauen und Mädchen in so einem Portal ein bisschen vorsichtig waren, war das nur gut.

«Außerdem ...» Lehmann, leiser. «Natürlich macht das auch ein bisschen was her, wenn sie sich vorstellen, dass da jetzt so ein schneidiger Typ in Uniform sitzt.»

Ich stutzte. «Aber wir tragen doch gar keine Uniform auf dem PK.»

«Schon.» Noch leiser. «Aber das wissen die Frauen ja nicht.»

Pfeifend stieß ich den Atem aus. «Und woher wusste sie, an welchem Fall du arbeitest?»

«Das wusste sie nicht!» Sofort wurde er lauter, und ich glaubte ihm auf der Stelle. Unser Jüngster war eine Liga für sich, aber dass er mir ins Gesicht lügen würde, selbst durchs Telefon, war unvorstellbar. «Ich hab ihr nur ...» Nachdenklich. «Gut, ich hab ihr zwischendurch mal geschrieben, wo ich gerade unterwegs bin, weil wir uns vielleicht spontan noch treffen wollten. Aber sie war dann wohl zu weit weg. In der Speicherstadt. Da hat das nicht geklappt.»

«In der Speicherstadt, wo das Studio von Kanal Sieben steht», bemerkte ich. «Sie wird zwei und zwei zusammengezählt haben, wenn du vom Höltigbaum geschrieben hast oder dem Stellmoorer Tunneltal.»

«Hannah.» Jetzt wieder ganz klein. «Echt: Woher sollte ich wissen, dass sie bei der Presse ist? Da hat sie einfach nichts eingetragen im Profil. Und dass ich ihr dieses Foto geschickt habe: Du musst doch selbst sagen, dass das zum Schießen aussah. Und wirklich nicht nach Ermittlungsfoto. Ich wollte sie einfach etwas aufmuntern.»

«Mission accomplished», murmelte ich. «Wie es aussieht, kann sie sich über einen richtig tollen neuen Job freuen. Glückwunsch, Nils.»

«Hannah ...» Er schluchzte doch nicht wirklich? «Bitte ... Müssen wir das Albrecht erzählen? Woher sie das Foto hat? Ich meine, sie könnte das doch sonst woher und von sonst wem ...»

Ich kniff die Augen zusammen. «Du willst, dass ich dich *decke?*»

«Nur solange sich niemand beschwert. Bitte, Hannah! Ich hab in dem Haus bei Therés und Matthias keinen Fernseher gesehen. Gut, ich war auch nur ganz kurz drin, aber du vielleicht? Wahrscheinlich kriegen die das gar nicht mit, dass Lea das jetzt ...»

«Wenn die Nachbarn aus der Siedlung mit der Heugabel anrücken, werden sie das ganz schnell mitkriegen», zischte ich. «Was denkst du denn, wie die reagieren, wenn sie so was sehen? Die halten die Leute auf dem Hof jetzt für eine Killersekte!»

Und streng genommen haben wir keinerlei Beweis, dass sie das nicht auch sind, fügte ich in Gedanken hinzu.

«Und wenn Kanal Sieben an der Sache dran ist, wird Kanal Neun ganz schnell nachziehen», fuhr ich etwas ruhiger fort. «Und der ganze Rest. Die Zeitungen.»

Schweigen am anderen Ende. Aus dem Augenwinkel sah ich, dass Dennis mich aufmerksam beobachtete. Er hatte nur meinen Teil des Gesprächs mitbekommen, doch mit Sicherheit konnte er sich zusammenreimen, was Sache war. Schließlich kannte er Nils Lehmann.

«Fragt sich, ob *sie* das an die große Glocke hängen wird.»
Mein Ehemann, mit gedämpfter Stimme.

Fragend sah ich ihn an.

«Wie sie an das Foto gekommen ist.» Ein Nicken zum Fernseher, auf dem jetzt wieder Kevin Blankenburg zu sehen war. «Lea Oswaldt. Ich kann mir nicht vorstellen, dass das besonders gut kommt, wenn man als Journalistin Karriere machen will. Solche Recherchemethoden.»

Ich legte die Stirn in Falten. Hatte er recht? Bei einem Sender wie Kanal Sieben war ich mir gar nicht mal so sicher, doch, nein, wahrscheinlich hatte er tatsächlich recht. Lea Oswaldt würde den Mund halten, und damit würde auch der Sender dichthalten: Informantenschutz. Und die Leute vom Hof? Nein, ich konnte mir nicht vorstellen, dass von dort eine Beschwerde zu erwarten war. Wie es aussah, kam es tatsächlich auf mich allein an.

Ein tiefer Atemzug. «Gut», sagte ich. «Ich halte das Foto raus aus meinem Bericht. Ich war im Haus, du warst mit den beiden im Hof. Ich habe einfach nichts gesehen.»

«O Hannah ...»

«Lass mich ausreden!» Kunstpause. «Aber das ist alles, was ich für dich tun kann. Wenn es eine Untersuchung gibt, kann ich nicht für dich bürgen, dass du *keine* Fotos gemacht hast. Schließlich war ich nicht dabei.»

«Okay.»

«Und was dieses Dating-Portal anbetrifft ...»

«Ich hatte überlegt, ob ich einfach schreibe, dass ich Ingenieur bin.» Plötzlich sehr viel eifriger. «Das wollte ich immer werden als Kind, und ...»

«Du wirst dieses Profil löschen», sagte ich bestimmt. «Und auch kein neues anlegen. Ich weiß nicht, wie dieses Portal funktioniert, aber du kannst Marco Winterfeldt ja mal fragen, was man alles anstellen kann, wenn man die Handyverbindung von jemandem hat.»

«Hannah, das ist nun aber echt nicht fair!»

«Und du schleppst dein Smartphone den ganzen Tag mit dir rum bei unseren Ermittlungen. – Das ist meine Bedingung, Nils. Du sagst okay, oder ...»

Stille. Für zwei Sekunden. Dann kleinlaut: «Okay.»

Ich atmete auf. «In Ordnung», sagte ich. «Vielleicht schaust du dich einfach mal ein bisschen im richtigen Leben um», riet ich ihm, doch im nächsten Moment fiel mir Sara Grabowski ein und auf einen Schlag mehrere andere junge Damen, mit denen der junge Mann am anderen Ende der Leitung in meinem Beisein ganz zwanglos ins Gespräch gekommen war, und das während der Arbeitszeit. Was er erst nach Feierabend anstellte, wollte ich gar nicht wissen. Wenn ein Mensch in dieser Hinsicht eine Gabe besaß, dann war es Nils Lehmann.

«Okay», murmelte er.

«Wir sehen uns nachher», sagte ich. «In der Königstraße.»

Ich drückte die Taste mit dem kleinen roten Telefon, ließ das Handy sinken. Meine Hand legte sich auf meinen Bauch, spürte die Bewegungen des kleinen Mädchens. Sie schlief, ich war mir sicher. Wenigstens eine von uns, die heute Morgen hatte ausschlafen können.

«Hmm?» Dennis legte den Kopf auf die Seite.

Ein Stoßseufzer. «Frag besser nicht.»

Standing on a beach with a gun in my hand / staring at the sea, staring at the sand

Was jetzt noch? Ich kniff die Augen zusammen. Nicht Lehmann. Albrecht.

* * *

«Hauptkommissar?»

Jörg Albrecht brummte zufrieden. Er hatte nicht auf die Uhr gesehen, bevor er auf die Kurzwahl für Friedrichs Handy gedrückt hatte. Sinnlos letztendlich, wenn sechs Uhr dreißig in Wahrheit ja doch nicht sechs Uhr dreißig war. Auf jeden Fall klang sie wacher als gestern.

«Hannah, ich fürchte, dass wir vor einer Entwicklung stehen, die unserem Fall eine höchst unerfreuliche Wendung gibt.»

Schweigen. Dann ein unterdrücktes Seufzen.

«Hannah?»

«Sie haben es also auch gesehen?»

Er spürte, wie eine steile Falte auf seiner Stirn entstand. «Auch?»

Pause. «Kanal Sieben.» Etwas vorsichtiger jetzt. «Der Nornenweg.»

Nornenweg? Dann eine Erinnerung. Eine Stichstraße an der Chaussee nach Ahrensburg, an der er gestern vorbeigekommen war. Und vorgestern.

«Auf jeden Fall eine Ecke weg von hier», knurrte er. «Ich befinde mich an der Grabungsstelle, Hannah, und ...»

Etwas lenkte seine Aufmerksamkeit ab. Martin Euler. Eine Entdeckung? Winkte er gerade mit seinem Taschentuch, oder hatte er es einfach nur so gezückt, für die übliche Verrichtung? Albrecht zögerte – und revidierte seine Entscheidung.

«Nein», murmelte er. «Kommen Sie normal zum Dienst, Hannah. In die Königstraße. Ich werde Ihnen dort alles erzählen. Ihnen und den anderen.» Wenn die Fernsehfritzen nicht schneller sind, dachte er. Doch wenn die Aasgeier gerade über dem entgegengesetzten Ende des Naturschutzgebiets kreisten, war schon einiges gewonnen. Weit genug entfernt – von der Wahrheit. Weit genug entfernt, um seine Kreise nicht zu stören.

«Wir sehen uns auf dem Revier», erklärte er und beendete das Gespräch. «Und Entschuldigung für die Störung», murmelte er und wandte sich um.

«Hau... Haupt...» Ein herzhafter Nieser schnitt die übrigen Silben von Albrechts Dienstrang ab. Der Hauptkommissar wartete, während Euler das Taschentuch mit leidender Miene verstaute.

«Ich dachte, es geht Ihnen besser», bemerkte Albrecht.

Indigniert sah der Gerichtsmediziner ihn an. «Das war auch der Fall. Ganz wesentlich besser. – Bis Sie mich wieder hier rausgejagt haben in diese Hölle der Allergene!»

Dass der Mann sich überhaupt noch vor die Tür wagte, dachte Albrecht. Bei einem derartigen Leidensdruck.

«Ich werde tun, was ich kann, damit Ihnen ein weiterer Besuch erspart bleibt», versprach er. «Was wollten Sie von mir?»

«Ich wäre dann so weit.» Durch die Nase. «Alles gesichert drumrum, wobei ich befürchte ...»

Albrecht sah ihn an.

«Genauso viel wie beim letzten Mal.» Euler hob die Schultern. «Oder genauso wenig. Selbst wenn alles andere ...»

Der Hauptkommissar nickte. Es war nicht zu leugnen, dass alles andere anders war.

Bernd Gabelitz' Körper lag am Boden, auf einer von Eulers Plastikplanen. Ein niedergetretener Abschnitt im hohen Gras wies die Stelle aus, an der die Ausgräber ihn ursprünglich abgelegt hatten, als sie heute Morgen auf den Leichnam gestoßen waren. Schon vor dem Fund mit einem flauen Gefühl im Bauch, nachdem ihr Kollege nicht auf der Straße vor seiner Unterkunft auf sie gewartet hatte, wie sie stockend zu Protokoll gegeben hatten. Wobei das eigentliche Protokoll, das Gespräch mit den überlebenden Archäologen, Hannah Friedrichs anfertigen würde. Später am Tag. Albrecht hatte dem

Grüppchen lediglich zugenickt, war sich aber nicht sicher, ob die jungen Leute ihn überhaupt wahrgenommen hatten. Sara Grabowski, Morten Anderson und Karim, der mit Sicherheit auch einen Nachnamen besaß. Albrecht registrierte, dass Morten und Sara sich eine Wärmedecke teilten, die die Sanitäter ihnen um die Schultern gelegt hatten. Der junge Mann – und *nicht* das junge Mädchen – musste auf den Schock hin behandelt werden.

Die Befragung. Der Grund, aus dem er Friedrichs hatte anfordern wollen. Doch es war richtig, dass er seine Meinung geändert hatte. Sinnlos, wenn sie sich jetzt noch auf den Weg zum Tatort machte. In eineinhalb Stunden würde er seine Ermittler ohnehin in der Königstraße sehen, und bis dahin gehörte die Fundstelle in erster Linie Martin Euler. Und Jörg Albrecht, der darum kämpfte, sich einen ersten Eindruck von einem Tatort zu verschaffen, von dem er sich bereits achtundvierzig Stunden zuvor einen ersten Eindruck gemacht hatte. Bei einem anderen Opfer.

Er legte den Kopf in den Nacken. Ein orangefarbenes Plastikseil, das zu den Gerätschaften der Archäologen gehörte.

Ein weiteres Exemplar lag nur ein paar Meter entfernt aufgerollt unter der Kupplung des Bauwagens.

«Zweimal um den Ast geschlungen», erklärte Euler. «Am Ende eine einfache Schlinge – also, die Schlinge haben sie natürlich abgeschnitten, die anderen, als sie ihn entdeckt haben. – Der Ast befindet sich zweieinhalb Meter über dem Boden. Er hätte ein Stück klettern müssen. An seinen Schuhsohlen finde ich keinen Abrieb von der Baumrinde, aber das muss nichts bedeuten. Er war dreiundfünfzig Jahre alt, normalgewichtig, würde ich sagen. Ich vermute, er wäre da hochgekommen. Ohne hier ein endgültiges Urteil zu treffen. Wir wissen nicht, wie er in Form war.»

«Zusammen mit seinen Kollegen hat er den halben Acker umgegraben», brummte Albrecht und wies mit dem Kopf in Richtung der Spaten, die am Wagen lehnten.

«Stimmt auch wieder.» Schniefend.

«Was haben Sie sonst?»

Euler pustete sich eine Haarsträhne aus der Stirn. Jörg Albrecht verkniff sich prinzipiell jeden Kommentar zum Erscheinungsbild seiner Kollegen und Mitarbeiter. Sogar bei Lehmann. Sogar bei *Winterfeldt*. Wäre es allerdings *seine* Matte gewesen und diese Fransen in der Stirn hätten ihn dermaßen gestört, hätte er sich schon vor einer Weile für eine Kurzhaarfrisur entschieden.

«Nun ...» Der Blick des Gerichtsmediziners wanderte zum Bereich zwischen den Baumwurzeln. «Natürlich könnte ihn jemand angehoben, ihn nach oben gehievt haben. Dann wäre das Gras hier unten zertrampelt worden. – Und es *ist* zertrampelt worden. Als die anderen heute Morgen nämlich hochgeklettert sind und ihn ...»

Euler legte den Kopf in den Nacken, ließ ihn dann überdeutlich in Richtung Boden sacken.

«Verstehe», brummte Albrecht. «Und die Schuhsohlen der anderen?»

«Ich könnte sie bitten, mich das prüfen zu lassen. Dann könnte ich etwas finden oder auch nicht. Auf jeden Fall waren sie ja oben, um ihn abzuschneiden. Karim ... Erinnern Sie sich an den Nachnamen? – Nein? – Karim gibt außerdem an, dass er versucht hat, den Leichnam aufzufangen. Dabei muss Gabelitz' Kleidung verrutscht sein. Jedenfalls *ist* sie verrutscht. Was natürlich ebenso passiert sein könnte, als man ihn nach *oben* befördert hat. *Wenn* man ihn nach oben befördert hat.»

«Aber er ist durch die Schlinge gestorben?»

Euler nickte. «Das steht fest.» Er drehte sich um, ging mit einem unterdrückten Ächzen neben dem Leichnam in die Knie.

Das Gesicht des Toten war violett verfärbt, ebenso die monströs angeschwollene Zunge, die zwischen den Zähnen hindurch ins Freie gedrungen war. In den aufgerissenen Augen erkannte Albrecht punktförmige Einblutungen, *Petechien*, an die er sich aus anderen Fällen erinnerte. Hinweise auf einen Erstickungstod.

«Hier», sagte Euler. Er hatte einen Kugelschreiber gezückt, wies auf einen Bereich an Gabelitz' Hals. «Zwischenkammblutungen, hervorgerufen durch die Schlinge. Er ist so gestorben, wie es auch den Anschein hat: erhängt. Nur ob er das nun freiwillig ...»

Der Blick des Hauptkommissars glitt über den Leib des Toten. Lederne Halbschuhe, deutlich abgewetzt. Ein hässliches Flanellhemd, an Kragen und Ärmelaufschlägen abgestoßen. Eine Latzhose. Wenn es nicht dieselbe war, in der Albrecht ihn zwei Tage zuvor gesehen hatte, hatte er ein fabrikationsgleiches Ersatzpaar besessen, und keines von beiden konnte in jüngerer Zeit eine Waschmaschine von innen gesehen haben. Speckig und ausgebeult.

Albrechts Blick hielt inne. «Martin?», fragte er leise. *Ausgebeult.* Im Schritt des Toten ...

Der Gerichtsmediziner räusperte sich. «Äh, ja. – Das ist mir auch aufgefallen. Was Sie da sehen, ist das, was Sie zu sehen glauben.»

«Diese Leiche hat eine Erektion.»

Euler schluckte. Nickte. Albrecht hob die Augenbrauen. Der Mann würde doch nicht rot werden?

«Das ...» Eulers Daumen fuhr unter seinen Hemdkragen. «Das liegt am Sauerstoffmangel im Blut. Eine körperliche Reaktion, die bei einem Erstickungstod zuweilen eintritt. Speziell beim Erhängen.» Ein Räuspern. «Soll bei öffentlichen Hinrichtungen früher wohl ziemlich ... Also speziell bei den Damen im Publikum ...»

Albrecht musterte ihn. «Danke.» Kühl.

Er beugte sich vor, betrachtete die Hände des Toten. «Seine Fingernägel», sagte er leise.

«Richtig.» Euler schien aufzuatmen angesichts des Themenwechsels. «Gesplittert und zerschunden. Und ich habe dort auch einiges gefunden, das ich noch genauer untersuchen werde.» Er tätschelte seinen Koffer. «Aber wenn Sie mich fragen: Erde. Schmutz. Wie man das bei jemandem erwarten kann, der hier draußen seit Wochen am Rumbuddeln ist. Wenn wir Glück haben, Baumrinde.»

«Oder fremde Hautpartikel», murmelte Albrecht.

Der Gerichtsmediziner zuckte die Schultern. Der Hauptkommissar glaubte seinen Gesichtsausdruck zuverlässig deuten zu können: Die Hoffnung stirbt zuletzt.

«Aber warten Sie ab», bat Euler. «Noch hatte ich ihn nicht im Labor. Wer weiß, was ich noch finde, Hämatome zum Beispiel. – Treten nur *ante mortem* auf, solange das Blut noch zirkuliert. Jedenfalls nicht, wenn jemand einen Körper auffängt, in dem seit mehreren Stunden kein Leben mehr ist.»

«Und das können Sie mit Sicherheit sagen? Er ist nicht erst heute früh gestorben?»

Ein Kopfschütteln. «Vermutlich noch vor Mitternacht. Auf keinen Fall lange danach.»

«Gut», murmelte Albrecht. «Damit bleibt dann nur noch ein einziges Detail.»

Die Augen der beiden Männer wanderten über die Folie – zu einem Stück Folie. Einem viereckigen Stück schwarzer Plastikplane in Größe und Form eines Kopfkissenbezugs, halb entzweigerissen und nun in einem großformatigen, durchsichtigen Spurensicherungsbeutel verwahrt.

Die *Kapuze*. Der Tote hatte sie über dem Kopf getragen, hatten seine Kollegen ausgesagt, unter der orangefarbenen Leine fixiert, die ihn erdrosselt hatte. Nachdem sie das Seil zerschnitten hatten und der leblose Leib zu Boden gesackt war, hatten sie die Folie hektisch aufgerissen. Und wer wollte daran zweifeln, dass das der erste Impuls gewesen sein musste bei Laien in den Methoden der Kriminalistik und Forensik, selbst wenn sie im Grunde ihres Herzens längst erkannt hatten, dass schon die Leichenstarre eingetreten war. Dass in dem Mann, mit dem sie wochenlang Hand in Hand gearbeitet hatten, kein Leben mehr sein konnte. Instinktiv hatten sie Gabelitz Luft verschaffen wollen.

Das war die eine Möglichkeit.

Die andere Möglichkeit bestand darin, dass irgendjemandem klar gewesen war, dass eine einleuchtende Erklärung dafür hermusste, warum sich gewisse Fingerabdrücke auf dieser Plane befanden. Eines so wahrscheinlich wie das andere? Er wusste es nicht.

Ein Räuspern. «Ich werde natürlich prüfen, ob ich auch seine eigenen Fingerabdrücke finde.» Euler musste den Gedanken des Hauptkommissars gefolgt sein.

Albrecht schüttelte den Kopf. «Und was wäre das wert? Von Bedeutung wäre nur ein *negativer* Beweis. Wenn Sie *keine* Fingerabdrücke des Toten finden: Das wäre ein Indiz. Aber wenn Sie feststellen, dass er die Plane tatsächlich einmal in der Hand hatte? Was glauben Sie? Eine Plane, mit der Gabelitz vor den Augen des Täters hantiert hat, irgendwann im Zuge der Ausgrabungen. Oder er – der Täter – nimmt die Finger des Toten und drückt sie nachträglich gegen die Folie. Könnten Sie das nachweisen, wenn es so gewesen wäre? Dass er bereits tot war?»

«Nahezu unmöglich.» Euler schnaubte ins Taschentuch wie zur Bekräftigung.

«Was wir wissen, ist, dass wir nichts wissen», brummte Jörg Albrecht.

* * *

Bernd Gabelitz.

Zwei Worte auf dem Whiteboard, ein Stückchen unterhalb des Namens *Melanie Dahl*, ein Stückchen oberhalb des Kastens mit der Angabe *Weibliche Person, Südosteuropa*: die Unbekannte mit der Blutgruppe AB positiv, deren Blut Martin Euler an Unwerths BMW gefunden hatte. In diese Richtung, nach unten, hatte Albrecht allerdings Platz gelassen.

Eine kluge Entscheidung, dachte ich. Wer wollte jetzt noch mit Sicherheit sagen, ob nicht noch der eine oder andere Name dazukam.

«Die Ausgrabungen sind gegenwärtig unterbrochen.» Albrecht trat von der Tafel zurück. «Ich muss Ihnen kaum erzählen, dass die Archäologen – soweit noch am Leben – von dieser Anordnung nicht erbaut waren. Worauf wir natürlich keine Rücksicht nehmen dürfen. Die Möglichkeit, dass sie sich ebenfalls in Lebensgefahr befinden, ist nicht länger von der Hand zu weisen.»

Ein Blick in die Runde, als ob er sich vergewissern wollte, dass es keinen Widerspruch gab. Doch den gab es nicht, nicht einmal von Nils Lehmann, der kerzengerade auf seinem Stuhl in der Reihe vor mir saß. Brav, dachte ich. Bisher keinerlei Versuch, das Smartphone auszupacken.

«Aber es ist eben genau das», betonte Albrecht. «*Eine* Möglichkeit. Eine von mehreren. Die bis zur Stunde überlebenden Archäologen müssen als potenzielle weitere Opfer gelten, ebenso aber auch als potenzielle Täter. Einzeln, mit derselben Wahrscheinlichkeit aber auch alle zusammen. Dieselben Thesen also, die wir schon beim ersten Opfer in Erwägung ziehen mussten, wobei in Gabelitz' Fall eine weitere These hinzukommt, die wir nach den Umständen, unter denen Melanie Dahl zu Tode gekommen ist, nach menschlichem Ermessen ausschließen dürfen: die Möglichkeit einer Selbsttötung. Ich hoffe, dass wir zumindest in dieser Hinsicht klarer sehen werden, wenn ich noch einmal mit Martin Euler gesprochen habe.»

Ein frommer Wunsch, dachte ich. Ich erinnerte mich nur zu gut, wie lange wir vor zwei Jahren blind gewesen waren bei einer ganzen Kette vermeintlicher Selbstmorde. Mit dem Unterschied, dass Euler die allergiegeröteten Augen diesmal natürlich von vornherein aufhalten würde.

Albrechts Blick erfasste uns alle. «Bis dahin bleibt uns nichts anderes übrig, als von beiden Möglichkeiten auszugehen und sie in unsere Schlussfolgerungen einzubeziehen. – Winterfeldt?»

Ein Wogen, das durch die Mähne unseres Computermanns ging, als er sich am Bildschirm seines Laptops vorbeibeugte. «Aloha?»

«Was macht das Yogaprogramm?»

«Yogapro...»

«Die Apps auf dem Smartphone des Opfers. – Immer noch nichts? Nein ...» Albrecht hob die Hand. «Nehmen Sie sich die Zeit, die Sie brauchen.» Sein Blick bewegte sich weiter. «Matthiesen. Sie haben jetzt das Protokoll der Anlegerversammlung, auf der Fürst Skanderborg seine Bedenken in Sachen einer Bauinitiative am Höltigbaum dargelegt hat. Das Protokoll und damit endlich auch Namen. Wir wissen, wer sich neben dem Fürsten hinter der klingenden Bezeichnung PrinceInvest verbirgt. Sind Namen dabei, bei denen es bei uns klingeln sollte?»

«Klingeln?»

Albrecht schloss die Augen. Vermutlich hätte er sie am liebsten nach oben verdreht.

«Ah!» Matthiesen. «Sie meinen, ob wir bei einem der Herren … Moment.» Er griff nach einem Blätterstapel. «Ja, es sind tatsächlich ausschließlich Herren. Seltsam, nicht? – Vertreter der einzelnen Unternehmen, die ihrerseits am Unternehmen PrinceInvest beteiligt sind. Allerdings durchaus seriöse Herrschaften, soweit ich das sehe. Also in dem Maße, in dem das möglich ist in so einer Position.»

«Keine besonderen Verdächtigen?»

Ein winziges Zögern. Dann ein Kopfschütteln. «Niemand, auf den ich mit dem Finger zeigen würde. Womit ich sagen möchte: niemand, bei dem ich empfehlen würde, ihn gesondert zu überprüfen. Vorstandsvorsitzender ist seit einigen Jahren Hannes Altmann, und den …»

Albrecht nickte, und er war nicht der Einzige. Altmann war unter dem vorigen Ersten Bürgermeister Finanzsenator gewesen. Was ihn vielleicht nicht über jeden Verdacht erhaben machte, aber eben auch nicht gerade danach schrie, ihm einen bestialischen Mord anzuhängen.

«Also das, was wir erwarten durften», murmelte Albrecht. «Wirtschaftskapitäne, denen die günstige Lage des Geländes bewusst war und die alles getan haben, die Ansiedlung von Industrie dort zu verwirklichen trotz Skanderborgs Bedenken. Aber niemand, dem wir die Anstiftung zu einer solchen Tat unterstellen sollten.» Leiser. «Niemand Bestimmtes. – Überprüft werden müssen sie dennoch.» Mit Daumen und Zeigefinger begann er seine Nasenwurzel zu massieren.

Ich war mir nicht sicher, ob die Geste ihm bewusst war. Wir, seine Mitarbeiter, kannten sie jedenfalls. Jeder von uns trug einen Teil der Verantwortung bei einer Ermittlung, doch wie viel schwerer lastete sie regelmäßig auf Albrechts Schultern? Ermittlungsdruck, dachte ich. Aber von einer ganz anderen Sorte. Druck auf die Ermittler. Nach allem, was Lehmann mit seinem bescheuerten Foto angestellt hatte, lag vermutlich bereits das nächste Post-it auf Albrechts Schreibtisch, um ihm ein neues unangenehmes Zusammentreffen mit Isolde Lorentz zu bescheren.

Ein Knall. Ich zuckte zusammen. Doch es war lediglich Lehmanns Notizblock gewesen, der gerade direkt vor meine Füße gefallen war. Ich beugte mich vor, um ihn aufzuheben, doch bei solchen Bewegungen stieß ich inzwischen an meine Grenzen. Oder richtiger: Jule zeigte mir höchst nachdrücklich diese Grenzen auf. Hinnerk Hansen war schneller, kam schon wieder hoch, und ich sah, wie seine Stirn sich in Falten legte. Mit fragendem Gesichtsausdruck reichte er mir den Block.

Bitte! In krakeliger Schrift. Unser Jüngster war es offenbar nicht mehr gewohnt, irgendwas per Hand zu notieren. *Lass mich nicht im Stich!*

Ich verdrehte die Augen, gab ihm seine Kladde zurück. Als ich wieder aufblickte, stellte ich fest, dass Albrecht mich musterte. Er konnte nichts gesehen haben, unmöglich. Was nicht bedeutete, dass mir wohl war in meiner Haut.

«Also», sagte er auffordernd. «Dann geben Sie mir eine Einschätzung, Hannah. Was haben Melanie Dahls Kollegen Ihnen erzählt – und was hat speziell Gabelitz geäußert? Besonders verbunden wäre ich Ihnen, wenn Sie mir auch noch erklären könnten, was *das da* jetzt zu bedeuten hat.»

Beim *das da* ein Nicken auf Marco Winterfeldt, der natürlich nicht gemeint war. Er hatte Albrecht lediglich per Laptop Lea Oswaldts Reportage vorgeführt, die inzwischen als Konserve auf der Webseite des Senders stand.

Dann also hinein ins Vergnügen, dachte ich, holte Luft und

fing an zu erzählen, von Anfang an. Das Gespräch mit Morten Anderson. Ein Grunzen von Albrecht, als ich berichtete, wie ich Gabelitz ausmanövriert hatte, um mit Morten allein sprechen zu können, doch ich ging davon aus, dass es trotz allem ein anerkennendes Grunzen war. Als ich dazu kam, dass Kulttheorien ein besonderer Schwerpunkt in Melanies Arbeit gewesen waren, sah ich, wie er aufmerkte, eine entsprechende Notiz auf dem Whiteboard anbrachte. Dann das Gespräch mit Sara, ihre Aussage, dass man ein bisschen zu einem der Untersuchungsobjekte werden musste, um diese zu verstehen, und der Hinweis auf den Nornenweg. Schließlich unser Besuch dort, wobei ich bestimmte Elemente ausließ – so ziemlich alles, was mit Kreisen, Ahnungen und Teerezepten zu tun hatte, während ich das Schwirrholz durchaus erwähnte, die irritierenden Geräusche, die es verursachte. Kein Grund, das zu verschweigen. Für Albrecht und die anderen konnte dieser Part nicht mehr als eine Fußnote sein. Sie hatten nicht erlebt, was ich erlebt hatte.

«Melanie war eine von ihnen», schloss ich. «Nach den Worten der Zeugin. Nachdem uns Sara Grabowski dorthin geschickt hat, können wir wohl davon ausgehen, dass das zutrifft.»

«Und so laufen die dort rum?» Ein Nicken zu Winterfeldts Laptop.

«Wir haben es mit eigenen Augen gesehen», bestätigte ich.

Klang mein Tonfall verräterisch? Es gelang mir, nicht in Lehmanns Richtung zu sehen, aber ich war mir sicher, dass er gerade Blut und Wasser schwitzte.

«Allerdings laufen sie nicht alle so rum», schränkte ich ein. «Die alte Frau war ganz normal gekleidet. – Zumindest gestern Abend.»

«Aber wenn die Stimmung die illustre Runde überkommt, werden die Kostüme ausgepackt?»

Ich hörte seinen Unglauben. *Kostüme.* Genau dazu hatte mir Grethe Scharmann noch einige Worte gesagt, bevor sie Lehmann und mich zur Gartenpforte begleitet hatte. Und hätte sie das nicht getan, wäre es doch etwas gewesen, das ich spürte, so schwer es auch in Worte zu fassen war.

«Wie ich die Zeugin verstanden habe, ist genau das die Verbindung zu den Archäologen», erklärte ich in sachlichem Tonfall. «Auf ihre Weise sind sie selbst auf der Suche nach der Vergangenheit. Indem sie die Werkzeuge der Menschen von damals nachbauen – wie diese Axt aus der Hirschschulter oder das Schwirrholz – oder sich kleiden, wie sie glauben, dass die Menschen früher es getan haben.»

«Wozu mir allerdings dieses Leinenkleidchen nicht recht zu passen scheint, das wir an der jungen Dame auf Kanal Sieben bewundern durften», murmelte Albrecht. «Die junge Dame auf dem Foto», stellte er mit Blick auf Lehmann klar. «Nicht die Journalistin.»

Ich konnte nicht erkennen, was für ein Gesicht unser Jüngster machte. Dieses eine Mal hätte Albrecht keine merkwürdige Zwischenfrage befürchten müssen. Nils Lehmann betete vermutlich gerade, dass das Thema Foto ganz schnell durch war, ohne dass das Damoklesschwert auf ihn herniederging.

«Richtig.» Ich nickte. «Dieses Kleid gehört in eine spätere Zeit. Offenbar beschränken sie sich nicht auf die Urzeit, sondern interessieren sich auch für andere Epochen. Für die Germanen. Für die Wikingerzeit. Und was nun irgendwelche Riten anbetrifft ...» Ich hob die Schultern. «Na ja, sie feiern den Vollmond.»

«Kennen Sie das Mittelalterfest in Öjendorf?» Lehmann, an Albrecht gewandt und jetzt plötzlich doch sehr lebendig. «Da laufen ganz viele so rum. Da gibt's dann auch Ritterturniere und mittelalterliche Speisen – und Getränke.»

Vor allem Getränke, dachte ich. Dennis und ich waren ein einziges Mal dort gewesen, zum Glück am Wochenende. Meiner Erinnerung nach hatte ich den größten Teil des folgenden Tages mit dem Kopf über der Kloschüssel verbracht und auf jeden Fall beschlossen, dass der erste Met-Trunk meines Lebens auch der einzige bleiben würde.

Doch das war etwas vollkommen anderes gewesen. Lehmann traf nicht den Punkt, wenn er die Leute auf Grethes Hof als bunte Mittelaltertruppe darstellte. Aber was, wenn er *genau das* gesehen hatte? Mit der alten Frau hatte er nur ein paar Worte gesprochen. Eigentlich hatte er sich nur erkundigt, wo das Pissoir zu finden sei. Er hatte tatsächlich *Pissoir* gesagt. Deshalb erinnerte ich mich noch daran.

War auch Albrecht im Zweifel? Er schien zu zögern. Er zögerte sogar eine ganze Weile, bevor er schließlich nickte. «Womit noch immer nicht geklärt wäre, welche Rolle dann die alte Dame spielt, außer dass sie offenbar ihren Hof zur Verfügung stellt. – Und sie behauptet, Melanie Dahl in den letzten beiden Tagen ihres Lebens nicht mehr gesehen zu haben?»

Ich nickte. «Weder sie selbst noch irgendjemand aus ihrer Gruppe, wobei sie sich da nicht ganz sicher zu sein schien. Sie hat uns angeboten, die Leute einfach zu fragen.»

Albrecht atmete hörbar aus. «Dann sollten Sie das tun und diese Einladung für heute Abend annehmen. – Wenn ich Ihnen das zumuten kann, Hannah.» Äußerst vorsichtig. Kein Hinweis auf meinen Zustand, zumindest nicht ausdrücklich.

«Kein Problem», erwiderte ich ruhig.

Er musterte mich noch einen Moment lang, wandte sich dann ab, betrachtete sein Whiteboard.

Chaotisch. Ich war es gewohnt, dass aus seinen Auflistungen letztendlich nur er selbst schlau wurde, doch bei dieser Ermittlung schien tatsächlich nichts zueinander zu passen. Und ich war mir sicher, dass das auch meinen Kollegen bewusst war.

«Tausend mögliche Spuren», murmelte Albrecht. «Tausend mögliche Erklärungen. Sie tauchen auf, sind im nächsten Moment wieder verschwunden. PrinceInvest wollte die Grabung verhindern – aber wie wir erfahren, hat der geistige Kopf des Unternehmens sie persönlich finanziert, und der Rest der Versammlung bleibt blass und unauffällig. Ein BMW der Firma verlässt am Mordabend fluchtartig das Gelände am Höltigbaum – doch die Blutspuren am Wagen passen nicht zu Dahl. Mögliche Eifersüchteleien innerhalb des Teams? – Sie sind sich sicher, dass die Trauer dieser Sara Grabowski ehrlich war, Hannah? Die Trauer um Melanie Dahl?»

Ich nickte stumm.

«Dann habe ich keinen Anlass, daran zu zweifeln.» Daumen und Zeigefinger an der Nasenwurzel. «Und Bernd Gabelitz.» Nachdenklich. «Gabelitz, der auf Drucksprühgeräte und technische Analysen schwor und schwerlich begeistert gewesen sein dürfte über die Kontakte von Melanie Dahl und Sara Grabowski mit diesen Menschen auf dem Hof. – Doch genau dieser Gabelitz ist unser zweites Opfer. Wenn er ein Opfer ist, ein Opfer von Fremdeinwirkung. Und nun die fröhliche Gemeinde dort, bei der es bis zum Augenblick schwerfällt, ein Motiv zu erkennen, solange man nicht auf einem Redakteurssessel bei Kanal Sieben sitzt. Nirgendwo kommen wir weiter. Nichts scheint einen Sinn zu ergeben. Ich kann nur hoffen, Hannah ...» Er brach ab. Eine Wortmeldung. «Seydlbacher?»

Über die Schulter wandte sich unsere Verstärkung aus dem Süden halb zu mir um. Umschalten, dachte ich. Ganz schnell. Wort für Wort übersetzen.

«Sie ma ned bös, Hannah.» Ein Gesichtsausdruck, als ob er das ernsthaft befürchtete. «Aber des gfoid ma ned. Wenn die

Gschaftler vom Fernsehn so weida doa, dann gibt's da heid auf dem Hof ned bloß an Voimondzirkus. War's ned gscheider wann mir mit a paar Uniformierte ...»

Albrecht hob die Hand. Offensichtlich hatte er die Feinheiten erfasst. «Sie haben recht, Seydlbacher. Und doch nicht recht. Ganz offensichtlich hat Friedrichs einen besonderen Draht zu dieser ...» Ein Seitenblick auf das Whiteboard. «... Scharmann entwickelt.»

Stieg mir die Röte ins Gesicht? Seydlbacher konnte ich wegen seiner Bemerkung keinen Vorwurf machen. Aber Albrecht? Ich war davon überzeugt gewesen, dass ich genau darüber hinweggetäuscht hatte: dass die Begegnung mit der alten Frau für mich selbst noch eine ganz andere Bedeutung hatte. Kreise, dachte ich, die sich in Schlaufen legten, einander umfingen, aufeinander einwirkten, einander in diese oder jene Richtung lenkten. *Habe ich es Ihnen nicht gesagt? Ich hatte schon mit Ihnen gerechnet.* Was immer seit Melanies Tod vorging, was mit mir vorging: Diesen Kreis zu schließen war nur ein einziger Mensch in der Lage. Grethe Scharmann. Ich *musste* zu dieser Feier, unter allen Umständen, musste noch einmal mit der alten Frau reden. Doch es war unmöglich, dass Albrecht irgendetwas von unserer ... Verbindung mitbekommen hatte.

«Hannah?»

Ich zuckte zusammen. Albrecht. Wie lange war ich weggetreten gewesen?

Seine Augen hatten sich zu schmalen Sicheln geschlossen. «Ich sprach soeben davon, dass diese alte Dame offenbar einen Narren an Ihnen gefressen hat, so bereitwillig, wie sie Ihnen all diese Hintergründe erläutert hat. – Können Sie das bestätigen? Ältere Menschen haben offenbar zuweilen das Bedürfnis, Menschen einer jüngeren Generation quasi zu ... adoptieren. Ihnen etwas von ihrer Lebenserfahrung zukommen zu lassen.»

Jetzt war ich es, die die Augen zusammenkniff. Für eine Sekunde kam es mir vor, als ob er von etwas völlig anderem sprach. Etwas, das er selbst erlebt hatte? Doch schon war es wieder weg.

«Ist das der Fall?», fragte er. «Haben Sie das Gefühl, dass Sie etwas Besonderes sind für diese Grethe Scharmann? Ich würde Sie ungern auf so eine Mission schicken, wenn wir mit einem uniformierten Team dasselbe erreichen könnten.»

«Honigbrot!»

In der Reihe vor mir: Lehmann.

«Hannah hat erzählt, dass die alte Frau ihr Honigbrot serviert hat in diesem Häuschen.»

«Ganz sicher, dass es keine Lebkuchen waren?» Max Faber. Mehr als ein Hauch von Unglaube.

Albrecht maß ihn mit einem strafenden Blick, der sich im nächsten Moment radikal veränderte. «Honigbrot.» Gemurmelt. «Meine Mutter hatte ein altes Familienrezept.»

Ich unterdrückte das alberne Kichern, das unvermittelt in meiner Kehle aufstieg. Vielleicht war es auch nur die Erleichterung, denn ich sah, wie der Hauptkommissar knapp nickte.

«In Ordnung. Sie werden diese Feier besuchen, Hannah, zusammen mit Lehmann. Die Piste von der Siedlung her ist die einzige Zufahrt, richtig? – Seydlbacher, sorgen Sie bitte dafür, dass dort für alle Fälle einer unserer Peterwagen postiert wird.» Leiser. «Hoffen wir, dass wir ihn nicht brauchen.»

* * *

Eine Stunde später. Jörg Albrecht richtete seine Krawatte, prüfte ihren Sitz im matt gebürsteten Stahl der Aufzugskabine. Ein Gedanke war in seinem Kopf, ein Gedanke, der ihn nicht losließ. Er hatte einen Entschluss gefasst, der das bevorstehende

Gespräch zu etwas Neuartigem, noch nicht Dagewesenem machen würde. Ein ganz und gar logischer Entschluss, zwingend beinahe und damit unerlässlich für den Erfolg der Ermittlung.

Nur wenn das tatsächlich so war: Wie kam dann dieses entschieden unerquickliche Gefühl in seinem Magen zustande? Konnte es mit ihr zusammenhängen, mit Isolde Lorentz?

Keinen Fußbreit an Boden gewähren, dachte er, als die Türen des Fahrstuhls aufglitten. Die Präsidentin wusste mit Sicherheit nur zu genau, was sie sich von diesem zweiten Termin innerhalb von vierundzwanzig Stunden versprach. Ihr ohne eine festgefügte Verteidigung gegenüberzutreten konnte mehr als gefährlich sein. Tödlich, dachte Jörg Albrecht. Den Angriff, wenn der richtige Zeitpunkt gekommen war. Doch auf gar keinen Fall die Deckung vernachlässigen. Er verharrte vor der Bürotür, holte Luft – und klopfte.

«Herein!» Gedämpft durch mehrere Lagen isolierender Materialien.

Er öffnete, trat ein. «Frau Präsidentin …»

Eine zügelnde Geste. Die rechte Hand in einem merkwürdigen Winkel nach unten abgeknickt. Frischlackierte Fingernägel? Die linke, nach oben abgewinkelt, balancierte den Telefonhörer. Eine Haltung, die ihn an irgendetwas erinnerte. Tierreich, dachte er. Er brauchte zwei Sekunden, dann war es da: die Gottesanbeterin. Eine Gottesanbeterin in einem lindgrünen Hosenanzug, fähig, vollständig mit der Umgebung zu verschmelzen, stundenlang reglos zu verharren – bis zur Gelegenheit für den terminalen Biss.

«Aber ja.» Ins Telefon, in verständnisvollem Tonfall. «*Selbstverständlich* verstehe ich Ihre Situation. Sie können sich nicht vorstellen, wie mir die Arbeit über den Kopf wächst.» Albrecht wusste nicht zu sagen, wann seine oberste Vorgesetzte auf ein offenbar papierloses Büro umgestiegen war. Die Schreibtischfläche war jedenfalls leer. Der Tonfall schlagartig verändert: «In zwei Stunden habe ich die Akte auf dem Tisch!»

Ein entschlossener Tastendruck. Das Gespräch war beendet.

«Und danke», murmelte Albrecht reflexartig.

Stille. Unheilverkündendes Funkeln aus den schmalsten denkbaren Augenschlitzen.

«Ich bin pünktlich», stellte Albrecht fest.

Ein langer, prüfender Blick. «Kommt in Ihr Arbeitszeugnis. In dieser Hinsicht waren Sie stets ein Vorbild. – Was ist das für eine Rotte am Nornenweg?»

Albrecht nickte nachdenklich. «Junge Leute», erklärte er. «Ältere Leute. – Zumindest eine ältere Dame scheint im Spiel zu sein.»

«Übertreiben Sie es nicht, Albrecht.» Warnend.

Er hob die Schultern. «Ich habe noch nicht persönlich mit ihnen gesprochen. Es ist zu früh, sie abschließend zu beurteilen, doch zurzeit würde ich sagen, dass sie sich der experimentellen Form der Archäologie verschrieben haben. Traditionelle Handwerkskunst, Mittelaltervergnügen. Ursprünglich eine durchaus anerkannte wissenschaftliche Disziplin: Thor Heyerdahl, der mit einem nachgebauten primitiven Boot den Pazifik überquert hat – bis nach Polynesien. Sie erinnern sich?»

«Das dürfte in den Vierzigern gewesen sein.» Kühlschranktemperatur. «Ob ich mich erinnere? Besten Dank für die Blumen.»

Unauffällig biss er sich auf die Innenseite der Wangen. Hörbar ungnädig gestimmt, selbst für ihre Verhältnisse. Ein Problem mit ihren Zimmerpflanzen? Albrecht gab sich Mühe, beim Flurtratsch regelmäßig wegzuhören, doch eine besondere Leidenschaft der Frau Präsidentin für ihre Stubengewächse war ein stetig wiederkehrendes Thema. Er hatte sich immer vorgestellt, dass es sich um fleischfressende Pflanzen handelte.

Vermutlich aber kam das Thema überhaupt nur auf, weil es eben irgendwas zu reden geben musste, wenn zum ersten Mal in der Geschichte der Behörde eine Frau an der Spitze stand, und seitdem ihre Scheidung durch war ... Er vermied es, darüber nachzudenken, was wohl die Mitarbeiter redeten, seitdem *seine* Scheidung durch war.

«Ich langweile Sie doch nicht?» Den Kopf schief gelegt.

Seine Hand fuhr an seine Nasenwurzel, zog sich wieder zurück. «Nein, ich ...»

«Es tut mir leid.»

Albrecht zuckte zusammen. Er hätte schwören können, sie hätte soeben gesagt ...

«Die Medien fangen an, sich ihren eigenen Fall zu basteln», sagte sie. «Und Sie wissen, was das bedeutet. Das kann ein Vorteil sein, hält die Meute beschäftigt, sodass wir in Ruhe auf der richtigen Spur ermitteln können. Solange wir zwei Gefahren im Auge behalten: Wenn die Wahrheit am Ende ganz anders aussieht, haben wir die Bevölkerung auf den Barrikaden, weil wir das vermeintliche echte Verbrechen nicht aufklären. Oder aber diese Leute hatten von Anfang an recht und sind näher an der Wahrheit als Sie und Ihre Ermittler.»

«Die Wahrheit», murmelte er. «Sie haben meine Berichte gelesen, Frau Präsidentin. Ein zweiter Toter, über den wir noch weniger wissen als über das erste Opfer. Nicht einmal, ob es sich nicht in Wahrheit um einen Suizid handelt.» Leiser. «Worauf im Augenblick manches hindeutet. – Ob wir es mit einem oder mit zwei Ermordeten zu tun haben: Wir müssten vollkommen unterschiedlich ermitteln. Wenn es sich bei Gabelitz um das zweite Opfer desselben Täters handelt, dürfte feststehen, was im Mittelpunkt steht: die Ausgrabung. Doch wissen wir das? Und wie spielt dann die Gemeinschaft auf diesem gottverdammten Hof in den Fall?»

Eine andeutungsweise gehobene Augenbraue.

Albrecht schüttelte den Kopf. «Das Opfer – das erste Opfer – hatte in der Tat Kontakte zu der Gruppe am Nornenweg. Das ist meinen Mitarbeitern bestätigt worden. Nur erkenne ich kein Motiv, aus dem diese Menschen Melanie Dahl hätten töten sollen. So wenig, wie ich es bei ihren Kollegen von der Grabung erkennen kann. Jeder, aber auch wirklich jeder, scheint im Grunde begeistert gewesen zu sein von ihrer Arbeit. Selbst Skanderborg. Seitdem wir wissen, dass er die Grabung persönlich finanziert hat ...»

Sie nickte. Albrecht kniff die Augen zusammen. Etwas an diesem Nicken war ungewöhnlich. Mit einem Mal war die Erinnerung da: ihr gestriges Gespräch, Lorentz' Unverständnis, was er überhaupt bei Skanderborg zu suchen hatte. Ausschließlich auf die Beschwerde des Fürsten zurückzuführen? Es war ein Schuss ins Blaue, doch er konnte nicht anders: «Sie *wussten* davon? Schon vor meinem Bericht?»

Sie zögerte, rollte unvermittelt mit ihrem Bürostuhl zurück, vorsichtiger diesmal, das Porträtfoto des Bürgermeisters blieb an Ort und Stelle. Ein Griff in die Schreibtischschublade: Zigaretten.

«Es gab Gerüchte», erklärte sie, während sie sich eine ansteckte. «Doch wie Sie wissen, liegt es mir fern, Einfluss auf Ihre Ermittlungen zu nehmen.»

«Dann hat jemand nachlässig gearbeitet», murmelte Albrecht. «Der Fürst hatte ein Interesse, unter allen Umständen zu vermeiden, dass solche Gerüchte umgehen.»

Meergrüne Augen durch einen Schleier von Tabakdunst. War alles gesagt? Offenbar. Aber er verstand nicht. Nicht vollständig. Spielte das eine Rolle?

Albrecht war am Zug. Neuartig, dachte er. Noch nicht da gewesen. Doch die Zeit lief ihm davon. In eineinhalb Stunden hatte er einen Termin in der Gerichtsmedizin. Nein, *sie* hatten einen Termin: Jörg Albrecht und ein greiser Paläograph, der vermutlich jetzt schon ganz aus dem Häuschen war, weil er sich eine blutige, entstellte, vor allem aber mit Runenzeichen versehene Leiche anschauen durfte. Jörg Albrecht war am Zug, und er war niemals ein Mensch gewesen, den angesichts einer Herausforderung Nervosität gepackt hatte. Ein Bewusstsein war da gewesen, gewiss, für die entscheidende Bedeutung der kommenden Minuten, doch dieser Druck auf dem Magen war neu, das pulsierende Pochen ganz hinten in seinem Schädel, das ihm überdeutlich signalisierte, dass er es sich immer noch anders überlegen und einfach den Mund halten konnte. Die dumpfe Ahnung, dass der Gedanke, der sich in der vergangenen, weitestgehend schlaflos verbrachten Nacht in seinem Hinterkopf festgesetzt hatte, schlichter Irrsinn war … Doch all das machte letztendlich keinen Unterschied. Er war am Zug. Wobei …

Jörg Albrecht holte Luft. «Hätten Sie wohl eine Zigarette für mich?»

* * *

«Kontakt?»

Die Dame war mittleren Alters und sichtbar füllig. Um ihren Hals eine Brille mit vergoldeter Fassung. Ein Accessoire, dachte ich, keine Sehhilfe. Ihre Finger spielten um das Kettchen, an dem sie befestigt war, während sie einen Moment lang den Kopf hin und her wiegte. Eine Geste der Nachdenklichkeit, nicht sonderlich überzeugend.

«Nein», murmelte sie. «Eigentlich nicht. Ich wüsste überhaupt niemanden hier, der Kontakt hätte zu *diesen Leuten*.» Eine Sekunde Schweigen. «Höchstens vielleicht …» Die Stimme gedämpft. «Eine Straße weiter. Da ist die Tochter *tätowiert* und …»

Rasch wurde das Mikrofon zurückgezogen. Lea Oswaldt wandte sich wieder der Kamera zu. «Selbst für die allernächsten Nachbarn bleiben die Vorgänge am Rande des Höltigbaums also ein düsteres Geheimnis.»

Der Bildausschnitt veränderte sich, als die Kamera über ihre Schulter hinweg das Panorama des Naturschutzgebiets in den Blick nahm. Grethes Anwesen war aus dieser Richtung kaum zu erahnen. Lediglich die beiden hohen Pappeln, in deren Schatten sich das Wohnhaus duckte, hoben sich gegen den Nachmittagshimmel ab, während weiter im Vordergrund eine schwarz-weiß gefleckte Kuh gemächlich ins Bild spazierte, unvermittelt stehenblieb. Deutlich sichtbar ließ sie an ihrem hinteren Ende etwas fallen. Eilig schwenkte der Kameramann zurück auf die junge Reporterin.

Lea Oswaldt stierte in die Kamera, wortlos für eine halbe Sekunde. Wahrscheinlich war der Teleprompter noch nicht so weit. Dann: «Mit jedem neuen Opfer aber wächst die Angst in der kleinen Siedlung am Rande des Naturschutzgebiets», erklärte sie. «Mit jedem neuen Opfer wächst der Zorn über das Versagen der Ermittlungsbehör...»

Entschlossen drehte ich der Dame die Luft ab. Ein Mausklick, und das Browserfenster mit dem Livestream von Kanal Sieben war verschwunden.

Mit jedem neuen Opfer. Es waren gerade mal zwei, dachte ich wütend. Zwei zu viel natürlich, und wir würden alles dafür tun, dass es nicht noch mehr wurden, doch auf jeden Fall hatten sie beide zur Mannschaft der Archäologen gehört. Keinerlei Anlass zur Besorgnis für die Bewohner der freundlichen kleinen Siedlung mit ihren Brillen an Goldkettchen und (zweifellos!) Gartenzwergen im Vorgarten.

Nur dass *keine Besorgnis* für die Privatsender eben auch bedeutete *keine reißerische Berichterstattung* und daraus folgend *keine*

Werbeeinnahmen. Wenn sich also die Gelegenheit ergab, die Sache ein wenig aufzublasen …

Ich konnte nur hoffen, dass Seydlbacher schnell gehandelt und tatsächlich einen Peterwagen an die Zufahrt zum Hof geschickt hatte, wie Albrecht das angeordnet hatte. Wobei ich daran zweifelte, dass Grethes Gemeinschaft in diesem Moment bereits Gefahr drohte, am hellen Nachmittag. Nein, heute Abend würden die Kollegen ein Auge darauf haben müssen, ob irgendwelche Idioten auf die idiotische Berichterstattung ansprangen. Heute Abend – wenn auch Lehmann und ich vor Ort sein würden. Trotz allem hätte ich einiges dafür gegeben, wenn es schon so weit gewesen wäre. Doch das war nicht der Fall.

Seufzend rief ich ein Formular auf den Bildschirm. – Protokolle. Es gab aufregendere Tätigkeiten auf dem PK, aber die mündliche Berichterstattung in der Ermittlerrunde war nun mal immer nur der erste Schritt.

Morten Anderson. Sara Grabowski. Der Besuch auf Grethes Hof. Ich legte Aktenzeichen an, versuchte mich an die jeweilige Uhrzeit der Gespräche zu erinnern, begann zu notieren. Mit den Archäologen wollten Lehmann und ich später am Nachmittag noch einmal reden, diesmal über Gabelitz' Tod. Bis dahin würde ich meine Eindrücke von unserer ersten Begegnung festhalten.

Ein Klopfen an der Tür. Wenn man lange genug in einem Team zusammenarbeitet, reicht das in der Regel schon aus, um zu wissen, wer da gerade auf dem Flur steht. Bei Alois Seydlbacher hatte ich zum Beispiel immer das Gefühl, als hätte er ursprünglich vorgehabt, die Tür kurzerhand einzuschlagen, und es sich erst im allerletzten Moment anders überlegt. Doch dieses Geräusch konnte von einem Seydlbacher-Klopfen nicht weiter entfernt sein.

«Komm rein, Marco», sagte ich und schob mich gleichzeitig

ein Stück vom Schreibtisch zurück, genoss einen Moment lang die Atemfreiheit. Ich hatte mir niemals eine vernünftige Schreibposition angewöhnt, und jetzt, mit Babybauch, war mir erst richtig klar geworden, welch reiche Auswahl an Körperpartien einem Menschen weh tun konnte.

«Aloha.» Marco Winterfeldt steckte den Kopf durch den Türspalt, der Rest folgte iltisgleich nach. Unser Computermann öffnete eine Tür niemals vollständig. Immer nur so weit, dass er gerade eben durchpasste, und gleich wieder zu. *Klapp.*

Vor meinem Tisch blieb er stehen, sah mich an. Fragend gab ich den Blick zurück.

«Äh.» Er schüttelte sich. «Brauchst du was? Kann ich dir irgendwie ...»

Eine Fußmassage wäre nicht übel gewesen. Ich musste um meine neutrale Miene kämpfen. Winterfeldt, der nach allgemeiner Einschätzung im unfreiwilligen Dauerzölibat lebte, wäre auf den Vorschlag hin vermutlich auf der Stelle ohnmächtig geworden. Wobei ich mir sogar vorstellen konnte, dass er ein begabter Masseur war. Seine Hände bestanden scheinbar ausschließlich aus Gelenken.

«Danke», sagte ich, hob zur Demonstration eine Flasche Mineralwasser. «Wunschlos glücklich.»

«Oh.» Nicken. «Das ist gut.»

«Ja», sagte ich. «Das ist gut. – Du wolltest was von mir, Marco?»

Er zuckte zusammen. «Äh. Ja. Ja, natürlich. Deshalb hab ich mir gedacht, ich komm einfach mal vorbei. Also hierher. Zu dir.»

Ich hob die Augenbrauen. «Willst du dich setzen?», fragte ich vorsichtig, wies auf den Stuhl auf der anderen Schreibtischseite.

«Wie? – Oh. Ja, gern.» Er zog den Stuhl zurück, warf einen

prüfenden Blick auf die Sitzfläche. Leer. Bedächtig ließ er sich nieder. Jetzt saß er. Wenn er auch das noch kommentiert hätte, wäre die Illusion vollkommen gewesen: gefangen in einem Raum mit Forrest Gump.

«Also», sagte ich. «Raus mit der Sprache. Was ist los?»

«Ah.» Die Hände auf den Knien abgestützt. «Eigentlich wollte ich dich nur was fragen. – Ich hab doch das Handy von Melanie. Und den Laptop. Aber der ist wohl wirklich uninteressant; an dem waren sie alle dran und haben ihre Grabungsergebnisse zusammengetragen. Das Handy war aber ihr Privatgerät.»

Ich nickte. «Meintest du gestern schon. Du wolltest dir die Apps vornehmen?»

«Ja. Ja, genau. – Und da weiß ich nicht, ob ich das jetzt dir erzählen soll oder dem Chef. Weil, die Archäologen hast ja du übernommen, und Melanie war eine von den Archäologen. Aber sie war eben auch das Opfer, und die eigentliche Leitung hat der Chef. Und der Chef ist ja im Moment ...»

Ich hob die Hand. «Erzähl's mir.»

Ausatmen. «Das dachte ich mir schon. – Okay. Also, ich hab mir das jetzt angesehen. Eigentlich hatte sie nicht besonders viele Apps laufen. Dreißig oder vierzig, und die meisten hat sie sowieso kaum benutzt. Wusstest du, dass es Onlineshops speziell für Archäologen gibt? Gibt's wirklich. Da kriegt man alles, von der Schippe bis zum Rastermikroskop für Bodenproben. Dann so das Übliche an Programmen: WhatsApp. Da hat sie sich viel mit dieser Sara unterhalten, aber auch mit einem Matthias. Das könnte der sein, den ihr gestern getroffen habt, du und Nils.»

«Ging es um Experimente?», fragte ich. «Mit Steinen und Knochen? Oder um ...» Ich zögerte einen Moment, aber warum nicht? «Um Kreise?»

«Kreise? – Nein. Aber er hat was gefragt wegen irgendwelcher Kerbenmuster in Knochen. Wie die aussehen müssten. Das könnte schon der Gleiche gewesen sein. – Außerdem hat er gegrüßt. ‹Von Mutter.›»

«Seine Mutter», murmelte ich. «Grethe Scharmann.»

Er hob die Schultern. «Einfach nur Mutter.»

Ich nickte. Das verstärkte einen Gedanken, den ich schon auf dem Hof gehabt hatte. Matthias und Therés waren eigentlich zu jung, um Grethes Kinder zu sein. Die Anrede Mutter musste eine andere Bedeutung haben. Wahrscheinlich war sie für alle in der Gruppe ‹Mutter›. Dann war sie das auch für Melanie gewesen.

«Okay», sagte ich und war schon beim nächsten Gedanken. «Hattest du das Gefühl, dass die beiden geflirtet haben?»

«Was?» Aufgerissene Augen.

Manchmal fiel es schwer, nicht spontan aufzuspringen und Winterfeldt herzhaft durchzuschütteln. Im Moment hielt mich vor allem meine augenblickliche Statur zurück. «Ob er versucht hat, sie anzubaggern», sagte ich. «Oder sie ihn. Was weiß ich. Ob zwischen den beiden was lief ...»

«Nein ...»

«Oder mit irgendjemand anderem über WhatsApp.» Schließlich hatte das hübsche kleine Programm eine Funktion, mit der sich auch Fotos austauschen ließen. Nicht jugendfreie mit Vorliebe.

«Nein.» Er schüttelte den Kopf. «Nein, aber ...»

Aber was? Eine halbe Sekunde, und der Gedanke kam von allein, und er kam wie ein Blitz: WhatsApp? Es gab andere Möglichkeiten. Lehmann: *Dass man vielleicht versucht hätte, sich mit ihr zu verabreden, also bevor sie ... Wenn ich mir so anschaue, mit wem ich in letzter Zeit ...* Nein, ich war nicht die Einzige gewesen, die vom ersten Moment an eine Verbindung zu Melanie gespürt hatte. Nils Lehmann war es ganz genauso gegangen. Nils Lehmann, der ständig auf solchen Portalen unterwegs war. Was, wenn er Melanie tatsächlich wiedererkannt hatte?

Angespannt rückte ich nach vorn. «Sie war auf einem Dating-Portal», flüsterte ich.

«*Was?*»

Er starrte mich an. Weder gespielt noch schwer von Begriff. Sämtliche Luft entwich meinen Lungen. Daneben. Vollständig.

Winterfeldt räusperte sich. «Also ... Ich hab zuerst nicht begriffen, was das überhaupt ist. Also diese App da. Sie hat da regelmäßig Eintragungen gemacht – bis vor ein paar Monaten. Seitdem aber überhaupt nicht mehr, deshalb dachte ich zuerst, das wär ... na ja, nicht weiter wichtig. Aber irgendwie ... Also ... Sie hat da ...»

Ich verstand kein Wort, aber irgendetwas war mit Winterfeldt. Er hatte das Handy nicht dabei. Stattdessen hatte er eine Handfläche geöffnet, wischte mit dem Zeigefinger der anderen Hand darüber hinweg. *Tipp.* Dann wieder ein Wischen. *Tipp.* Wieder ein Wischen. *Tipp.*

Einmal. Immer nur ein einziges Mal. *Bis vor ein paar Monaten.* Ein Monat. *Tipp.* Ein neuer Monat. *Tipp.* Dann nichts mehr.

Ein Gefühl in meinem Innern. Mehr als Kälte, sehr viel mehr.

Eine Verbindung zwischen Melanie und mir? Sie war tot, doch war ihr Kreis damit geschlossen? War er geschlossen, wenn man dachte wie Grethe Scharmann?

Ich hatte schon mit Ihnen gerechnet.

«O mein Gott», flüsterte ich. «O mein Gott! Sie war schwanger!»

* * *

Seit etlichen Jahren das erste Mal, dass Jörg Albrecht während der regulären Arbeitszeit in die Wohnstraße in Langenhorn einbog. Er kam verspätet, hatte die Verkehrssituation unterschätzt, hätte sich nicht so viel Zeit nehmen dürfen auf dem Präsidium, und letztendlich: War es das wert gewesen? Das war eine Frage, die er nicht beantworten konnte. Jetzt noch nicht.

Die Sonne stand inzwischen hoch, wenig Schatten auf den Gehwegen. Der Anflug eines schlechten Gewissens griff nach ihm, als er die einsame, auf ihren Stock gestützte Gestalt entdeckte, unmittelbar an der Bürgersteigkante. Blinzelnd wandte sie den Kopf in sämtliche Richtungen. Albrecht brachte den Wagen zum Stehen, stieg aus.

«Bitte entschuldigen Sie, Herr Professor.» Er öffnete die Beifahrertür. «Diese Ermittlung hält mich wirklich in Atem. – Vorsicht, Kopf einziehen!»

Der alte Mann glitt in den Sitz. Albrecht schloss die Tür, umrundete den Wagen, stieg ebenfalls ein. «Sitzen Sie bequem?»

Helmbrecht bewegte sein knochiges Hinterteil hin und her, dann: «Bestens.» Ein Nicken nach vorn, neugieriger Blick. «Ein Duftbäumchen?»

«Eine Sondervignette, wenn der Wagen im Rahmen einer Ermittlung im Halteverbot abgestellt werden muss.»

«Oh.»

Albrecht scherte wieder auf die Straße ein, sah aus dem Augenwinkel, wie der alte Mann an seiner Brille herumfuhrwerkte.

«Praktisch frisch geputzt.» Undeutlich. «Ich begreife wirklich nicht ...»

«Die Gerichtsmedizin verfügt über eine ausgefeilte digitale Vergrößerungstechnik», versicherte der Hauptkommissar. «Sie werden sehen ...»

«Ich sehe ja.» Gemurmelt. «Nur eben nicht deutlich. – Sie sind übrigens wesentlich zu spät.»

Albrecht räusperte sich. «Wie gesagt: Bitte entschuldigen Sie. Im Moment ist es nahezu unmöglich, exakt ...»

«Gut.» Ein Schulterzucken. «Natürlich bin ich kein Vorge-schichtler oder Archäologe. Vielleicht sind zehntausend Jahre wirklich ein Pappenstiel bei denen.»

«Zehn...»

«Die Ahrensburger Kultur. Sie erwähnten gestern doch, dass die Funde auf dieser Grabungsstelle aus der Epoche der Ahrensburger Kultur stammten? Wird meines Wissens gegen zehntausend vor angesiedelt. Christus. – Oh, schauen Sie mal: ein Café. Sind wir noch lange unterwegs?»

«Zehn *Minuten*.»

«Sie werden doch Kaffee haben in diesem Institut? Bei ihrer verantwortungsvollen Arbeit?»

Albrecht glaubte sich eines Getränkeautomaten zu ent-sinnen, irgendwo im Eingangsbereich, und mit Sicherheit ... ja, er erinnerte sich, dass in Eulers Büro eine Kaffeemaschine existierte. Er nickte.

«Nachvollziehbar», bemerkte Helmbrecht. «Und trotzdem sind sie wesentlich zu spät.»

«Sie?»

«Na, die Runen. Wovon rede ich die ganze Zeit? – Zugege-ben ...» Ein Räuspern. «Die Theorien über den Ursprung der Runenschrift gehen weit auseinander, doch wenn Sie mich fra-gen, ob es heute noch einen Wissenschaftler gibt, der seine sechs oder sieben Sinne beisammen hat und eine Entstehung der älteren *Futhark* vor der Zeitenwende ansetzt ...»

Aus irgendeinem Grund hatte Jörg Albrecht beständig mit Menschen zu tun, die an dieser Stelle tatsächlich eine Frage er-wartet hätten. Bei dem Professor schien sie unnötig, selbst auf begrenztem Koffeinpegel.

«Keinen einzigen», informierte Helmbrecht. «Nicht einmal in Übersee. Die Runen sind auf der Basis des lateinischen Al-phabets entstanden. Oder des griechischen. Möglicherweise auch des etruskischen. Da scheiden sich die Geister. Auf keinen Fall aber sind die ersten Beispiele nennenswert älter als zweitausend Jahre.»

Albrecht blickte starr geradeaus.

«Ah.» Helmbrecht. «Jetzt kann ich wieder sehen. Eine Ampel da vorne, richtig? Steht auf Rot, würde ich sagen.»

Albrecht trat auf die Bremse. Der Wagen kam zum Stehen, die Vorderreifen auf der Haltelinie.

«Natürlich», murmelte er. Hatte er es gewusst? Ja, natürlich hatte er das, selbst wenn er nicht mehr genau sagen konnte, wann und wo er seine rudimentären Kenntnisse der Runenschrift aufgeschnappt hatte. Zufallslektüre vermutlich, angeregt durch einen Abend bei Schultz. Und selbstredend stammten die berühmten Runendenkmäler nicht etwa aus grauer Vorzeit, sondern aus einer durchaus historischen Epoche, als das römische Kaiserreich auf dem Höhepunkt seiner Macht gestanden hatte und gegen seine mehr oder minder wilden germanischen Nachbarn zum Kampf angetreten war. Oder gar aus noch etwas späterer Zeit.

«Es passt nicht», flüsterte er. «Die Runen. Die Ausgrabung. Es passt nicht. Das Ritual und damit ...»

«Nun ja.» Die Stimmung des Professors schien sich von Minute zu Minute zu bessern. Die Aussicht auf Kaffee möglicherweise. «Vermutlich kommt es darauf an, wie Sie Ihr Täterfeld eingrenzen. Einen Angehörigen der spätsteinzeitlichen Jäger- und Sammlerkultur würde ich für eher unverdächtig halten, wenn Ihr Täter die Zeichen angebracht haben soll. – Wann, sagten Sie, wurde die Tat begangen?»

Albrecht hatte überhaupt noch nichts gesagt. Er antwortete mechanisch. «Vorgestern Nacht.»

«Oh, dann würde ich sagen ...»

Der Hauptkommissar hörte nicht mehr zu. Ein entscheidender Hinweis. Er spürte, dass sich in den Worten des alten Mannes ein entscheidender Hinweis verbarg, aber er bekam ihn nicht zu fassen, nicht im ersten Moment. Natürlich hatte er weder Urmenschen noch Germanen im Verdacht gehabt; sein Täter stammte aus dem Hier und Jetzt, und doch war da ein Fehler. Ein ganz entscheidender Fehler.

«Der Täter zeigt uns ein Bild», murmelte Jörg Albrecht. «Ein Bild, wie wir die Tat zu lesen haben. Melanie Dahl wurde *geopfert*. Aber die urzeitlichen Jäger und Sammler, deren Spuren die archäologische Grabung nachgehen wollte, kannten überhaupt keine Menschenopfer. Und hätten sie solche Opfer gekannt, hätten sie sie nicht mit Runenzeichen versehen. Weil sie Jahrtausende davon entfernt waren, solche Zeichen zu kennen.»

Ein Geräusch, das er sekundenlang nicht einordnen konnte. Erst als sich Helmbrecht den Hals verrenkte, um in den rechten Außenspiegel zu sehen, auf die hupende Wagenkolonne in ihrem Rücken, fiel sein Blick auf die Ampel, die leuchtendes Grün zeigte.

Albrecht gab Gas. Links ab in Richtung Eppendorf. «Anders als die Germanen», sagte er leise. «Als die Wikinger und die Stämme der Völkerwanderungszeit. Als die Menschen jener Epochen, die die Gemeinschaft am Nornenweg in einer fröhlichen Melange nachstellt. Epochen, die auch das Menschenopfer kannten. Wenn die Runen tatsächlich vom Täter stammen ... Dann hat er niemals auf die Archäologen gezeigt. Er zeigt auf die Leute auf dem Hof!»

* * *

Marco Winterfeldt hatte sich verabschiedet. Meine Finger umklammerten die Tischkante. Übelkeit, wie ich sie seit den ersten Wochen der Schwangerschaft nicht mehr gekannt hatte.

Schwanger. Melanie war schwanger gewesen. In ihrer App hatte sie Monat für Monat eingetragen, wann sie ihre Tage bekam, und vor ein paar Monaten waren diese Eintragungen abgebrochen. Dafür konnte es nur diesen einen Grund geben. Doch allzu lange konnte das noch nicht her sein. Ich war nicht stutzig geworden beim Blick auf ihren toten Körper, und selbst Martin Euler hatte offenbar keinen Grund gesehen, eine mögliche Schwangerschaft zu prüfen. Wobei nun kaum zu übersehen war, dass er alles andere als auf der Höhe war.

War es das gewesen? Ja, das musste es gewesen sein: Melanie und ich. Die Verbindung, die ich die ganze Zeit über intuitiv gespürt hatte, vom ersten Augenblick an, ohne erfassen zu können, worin sie bestand. Aber war das möglich? Unerklärlich.

Dabei war es nicht einmal das größte Rätsel. Grethe Scharmann. *Ich hatte schon mit Ihnen gerechnet.* Der Kreis, Melanies Kreis, der nicht geschlossen war. Melanie war schwanger gewesen, doch sie war gestorben und ihr ungeborenes Kind mit ihr. Und nun war ich gekommen, die ich ebenfalls ein Kind erwartete – und der Kreis würde sich schließen?

Kreise. Schillernde Kreise vor meinen Augen. Kreise, die einander umschlangen, sich in undurchschaubaren Knoten verwirrten. Ein Netz, dachte ich. Und ich war in ihm gefangen. Melanie. Ich hatte mir geschworen, herauszufinden, warum sie hatte sterben müssen, aber war es möglich, dass ich selbst ein Teil der Lösung war?

Wie hatte Grethe es ahnen können? Wie hatte sie ahnen können, dass ausgerechnet ich auf diesen Fall angesetzt und exakt mit jenem Teil der Ermittlungen betraut werden würde, der mich ihr vor die Füße stolpern ließ?

Eine Erinnerung. Grethes Worte, als sie von Melanie gesprochen hatte. Ihre Hände hatten den Umriss der Teepfütze nachgezeichnet. Der Teepfütze, die *ich* verursacht hatte. *Ihre Kreise* waren deutlich. *Aber da war so viel, das sie berührte, aus unterschiedlichen Richtungen an ihnen zog. Andere, stärkere Felder, die sie zu zerreißen drohten. Widersprüchlich. Und dunkel.*

Von wem hatte sie *wirklich* gesprochen?

Dennis, dachte ich. Das kleine Mädchen, dessen Bewegungen ich seit Wochen in meinem Leib spürte, war auch *sein* Kind. Was hätte ich dafür gegeben, mit ihm über all diese Dinge reden zu können. Und hatten wir nicht gelernt, miteinander zu reden in den letzten Monaten? Seit dem Sieverstedt-Fall, der beinahe mit meinem Tod geendet hätte? Das hatten wir. Aber *darüber?* Ausgeschlossen.

Seltsam: Warum musste ich an Joachim Merz denken?

Ein Geräusch. Ich fuhr zusammen. Mein Telefon. Nicht das Handy, sondern der Dienstapparat auf dem Schreibtisch. Eine Nummer aus Hamburg. Eine Nummer, die ich nicht einordnen konnte.

«PK Königstraße, Kriminaloberkommissarin Hannah Friedrichs.»

Keine Antwort. War die Leitung tot? Nein. Ein unterdrückter Laut. Ich bekam eine Gänsehaut. Wir waren nicht die Notrufnummer, aber wenn irgendjemand ...

«Ent...» Ein Schniefen. Eine Frauenstimme. «Entschuldigung. Sie haben mir Ihre Nummer ...»

Ich kannte diese Stimme! Es konnte noch nicht lange her sein, dass ich sie gehört hatte, ein paar Tage höchstens, doch der Groschen wollte nicht fallen. Stimmen verändern sich. Wenn jemand bewusst versucht, seine Stimme zu verstellen, ist sie sogar noch relativ leicht wiederzuerkennen. In der Epoche hochgezüchteter elektronischer Hilfsmittel sowieso. Richtig schwierig wird es allerdings, wenn sich die Stimme von selbst verändert, weil ein Mensch Schmerzen hat, weil er Angst hat, in Not ist, verzweifelt.

Bitte, Sie können doch nicht wirklich glauben, dass ... Dass mein Mann so etwas ... Plötzlich war es da.

«Sibylle?», fragte ich leise. Im selben Moment erinnerte ich mich, dass ich Sibylle Unwerth meine Durchwahl auf der Dienststelle gegeben hatte. Mit mir würde sie am ehesten sprechen, hatte ich gedacht. Und doch hatte ich unseren Besuch in der Wohnsiedlung in Meiendorf schon fast wieder vergessen nach allem, was seitdem geschehen war.

«Sibylle?», fragte ich noch einmal. «Was ist passiert?»

«Ich ...» Ein leises Geräusch, das ich nicht einordnen konnte. «Ich weiß nicht, wo er ist. Er ist ...»

Ich bekam eine Gänsehaut. «Ihr Mann? Ihr Mann ist verschwunden? Seit wann ...»

«Seit ... seit heute früh. Er ist zur Arbeit gefahren, ganz normal, kurz nach sieben. Er meinte, er hätte heute in der Zentrale zu tun. Aber er geht nicht ran ... Er ...»

Vorsichtige Entwarnung. Nach dem, was die Familie gestern Morgen durchgemacht hatte und womöglich für den Rest ihres Lebens durchmachen würde in ihrer beschaulichen Wohnsiedlung, in der man den Nachbarn auf den Küchentisch schaute, wenn man die Nase aus dem Fenster steckte: In einer solchen Situation waren Überreaktionen beinahe vorprogrammiert.

«Und wenn er vielleicht einen Auswärtstermin reinbekommen hat?», fragte ich vorsichtig. «Ganz überraschend? Das würde erklären, warum er im Büro nicht ...»

«Er ist überhaupt nicht bei PrinceInvest gewesen! Ich habe mit ... mit seinem Kollegen gesprochen. Aus dem Büro nebenan. Er musste heute gar nicht in die Zentrale. Und ja, er hatte einen Auswärtstermin, in Neumünster, aber das war nicht überraschend. Das wusste er seit Tagen. – Der Kollege hat mir die Nummer gegeben, und ich habe angerufen, aber da ist er auch nicht. Sie haben auf ihn gewartet, aber sie sagen, er ist nicht gekommen. Und er geht nicht ans Handy. – Frau Friedrichs, ich ...»

Meine Kehle war eng geworden. Ein Täuschungsmanöver. Noch wusste ich nicht, was er sich dabei gedacht hatte, doch was immer er plante, hatte er sorgfältig vorbereitet.

«Sibylle.» Ich schob den Stuhl zurück, wuchtete mich hoch. «Wir kommen zu Ihnen. Ich gebe Ihnen meine Handynummer, damit Sie mich unterwegs erreichen können.»

Ich war schon auf dem Flur, während sie mir die Ziffern wiederholte. Irmtraud Wegner sah mir mit besorgtem Blick entgegen, doch ich bog kurz vor ihrem Platz ab. Lehmann. Ich wusste nicht, was mich in Meiendorf erwartete, aber sollte es auf eine Verfolgungsjagd hinauslaufen, hätte ich die Rolle nicht mit mir besetzt.

Nils Lehmann blickte auf, einen Edding zwischen den Zähnen wie eine dicke Zigarre.

«Bitte bleiben Sie zu Hause!», sagte ich ins Telefon. «Wir sind in zwanzig Minuten bei Ihnen.» Frommer Wunsch, doch in so einem Moment ist es entscheidend, eine möglichst kurze Zeitspanne anzugeben. Wer zwanzig Minuten wartet, wird auch zweiundzwanzig Minuten warten oder dreißig oder fünfunddreißig, weil er damit rechnet, dass die Hilfe jeden Moment eintrifft. Wer von Anfang an von einer Dreiviertelstunde ausgehen muss, wird sehr viel schneller die Nerven verlieren.

Ein Zeichen an Lehmann: Mitkommen!

«Überlegen Sie, ob es einen Ort gibt, der für Ihren Mann eine besondere Bedeutung hat!» In den Hörer, schon auf dem Weg in Richtung Treppe. Nils Lehmann hatte seinen Edding ausgespuckt, war direkt hinter mir. «Vielleicht sogar für Sie beide. Einen Ort, der nicht zu weit entfernt ist und an den er sich vielleicht zurückziehen würde, wenn er nachdenken will.»

Oder sich den Strick nehmen, dachte ich. Wobei die Panik in Sibylles Stimme, in jedem ihrer Atemzüge unverkennbar war. Ihr Gedanke musste derselbe sein.

«Rufen Sie mich auf dem Handy an!», wies ich sie an. «Wenn Ihnen irgendetwas einfällt!»

sieben

B edaure.» Martin Euler, wieder etwas erholter als am Morgen. Bisher war kein Taschentuch zum Vorschein gekommen. «Ich darf schon niemandem erzählen, dass ich Sie hier überhaupt reingelassen habe. Auf den Anzügen muss ich bestehen. Sie bieten den größtmöglichen Schutz gegen jede Art von ...»

«Kann mir nicht vorstellen, wovor Sie Ihre Kundschaft noch schützen müssten.» Vor sich hin brummelnd, ließ der Professor zu, dass Albrecht den Reißverschluss an seiner Montur schloss. Der Hauptkommissar, bereits eingekleidet, nickte dem Gerichtsmediziner zu.

«Gut», murmelte Euler, trat an den stählernen Obduktionstisch, auf dem er den Leichnam schon vorbereitet hatte.

Albrecht kam ein Gedanke. Er hob die Hand. «Nein, bitte warten Sie noch einen Moment, Martin. – Professor, Ihnen ist klar, dass der Zustand unseres Opfers ziemlich ...»

«Enthauptet.» Helmbrecht nickte verstehend. «Mein Freund Walewski war passionierter Sammler. Lediglich die Köpfe allerdings – aus Platzgründen, denke ich. Und die leidige Konservierung, die Kosten ... Alles nicht ganz einfach ...» Immer undeutlicher. Die Worte ‹als wir ihn selbst dann am Ende› bildete sich Albrecht mit Sicherheit nur ein.

«In Ordnung.» Er gab dem Gerichtsmediziner ein Zeichen, und Euler nahm vorsichtig die Plane von der Toten.

Der Hauptkommissar empfand immer wieder Überraschung, beinahe eine Form von Ehrfurcht, wenn sich etliche Tage nach einer Tat die Notwendigkeit ergab, Euler und seine Präparate

270

noch einmal aufzusuchen. Wer diesen Raum betrat, konnte glauben, hier wäre ein uralter Menschheitstraum in Erfüllung gegangen. Als wäre es wahrhaftig möglich, den lauernden Verfall menschlichen Fleisches zum Stillstand zu bringen. Aber natürlich waren es in Wahrheit nur Scheinsiege, Stunden, Tage, Wochen, die eisige Kälte und Formalin den Naturgesetzen abzutrotzen vermochten.

Wobei dieser spezielle Fall etwas anders gelagert war. Der Gedanke an die pietätvolle Formel, ein Toter sähe aus, *als ob er schlafe*, konnte gar nicht erst aufkommen. Nicht bei einer faktisch Enthaupteten.

Der tödlichen Wunde gönnte Helmbrecht kaum einen Blick. Auf seinen Stock gestützt, war er an den Leichnam getreten, beugte sich über den Oberkörper des Opfers: die rechte Brust – jener Bereich, an dem es auch Albrecht gelungen war, einzelne Zeichen zu entziffern. Gemurmel. Der Hauptkommissar verstand kein Wort.

Der alte Mann trat einen Schritt zurück, wandte sich dem rechten Oberschenkel zu. «Lupe?» Wortlos reichte Euler ihm das Gewünschte.

Helmbrecht hielt inne, nickte. Seine Lippen bewegten sich. Ein neues Nicken, dann ein Stutzen, ein Kopfschütteln. Wieder von vorn. «Nein ...» Leise. «Nein, nein.» Er kratzte sich hinter dem Ohr, nahm die Brille ab, warf einen Blick durch die Lupe, setzte die Brille wieder auf und legte die Lupe ab. Auf dem Bauch des Opfers. Schließlich ein Nicken, entschlossener diesmal.

«*Futhark*», erklärte er.

«Ein Wort?» Euler.

Achselzucken. «Das wüsste vermutlich jeder gern, der sich mit der Materie beschäftigt. Es könnte ein Wort sein. Oder eine Zauberformel. Oder eine bloße Verzierung. Auf jeden Fall ist es diese Reihung von Zeichen, die auf Runendenkmälern am häufigsten gefunden wird: f, u, th, a, r, k. In ihrer Runenform selbstredend. Wer weiß, ob die Leute, die sie angebracht haben, überhaupt schreiben konnten – im eigentlichen Sinne.»

«Aber sie haben sie doch ...»

«Einfach abgepinselt, wer weiß? Ohne zu wissen, was sie bedeuten. – Nein, abgeritzt. In Stein, in Knochen, in Horn und Metall. Natürlich auch in Holz, wobei in diesem Fall der Zahn der Zeit ...»

Albrecht nickte. «Es ist also ungewöhnlich, dass sie mit Blut auf einen Körper geschrieben wurden?»

«Wenn Sie einen entsprechend erhaltenen eintausendfünfhundert Jahre alten Körper zur Verfügung haben, können wir das gerne prüfen.»

Der Hauptkommissar schwieg. Der Zahn der Zeit.

«Selbst bei den guten alten Moorleichen nicht mehr möglich», murmelte der Professor, richtete sich ein Stück auf. «Die Buchstabenfolge Futhark jedenfalls ist mutmaßlich nichts anderes als unsere Auflistung ABC. Die übliche Reihenfolge der Buchstaben. Ihre eigentliche Bedeutung hätte dann darin bestanden, dass überhaupt etwas eingeritzt wurde – eine Art magischer Versiegelung. In diesem Fall vielleicht ein Zauber, der die Tote an Ort und Stelle bannen, sie an einer Wiederkehr aus dem Reich der Toten hindern soll – jedenfalls wurde die identische Zeichenfolge auf beiden Oberschenkeln angebracht.»

Auf den Rand der Arbeitsfläche gestützt, bewegte sich Helmbrecht zurück zum Oberkörper. «Hier oben wird es allerdings noch spannender. Sehen Sie dort ganz rechts? Ein H. Der mittlere Stab ist diagonal gestellt. Runen können für einen bestimmten Laut stehen, aber auch für ein ganzes Wort. Oder eben als reine Dekoration.»

«Und in diesem Fall?»

«Wenn ich versuche, sie als Buchstaben zu lesen, kann ich mir keinen Reim drauf machen, ganz gleich, aus welcher Richtung ich sie lese. – Sie wurden mal von links, mal von rechts geschrieben.»

«Aber als Worte?» Unvermittelt spürte Albrecht eine heftige Anspannung. Sollten sie ganz unvermittelt einer neuen Erkenntnis nahe sein? «Als Worte gelesen ergeben sie einen Sinn?»

«Das ...» Ein Schulterzucken. «Na ja, entscheiden Sie selbst. Ist ja nicht meine Leiche. – Das H steht für den Hagel, für die Urgewalt, die Naturkatastrophe, *aber* ...» Der Professor hob den Zeigefinger. «Auch für jede andere Art überraschender, unerfreulicher Ereignisse. Für das unerwartet hereinbrechende Verhängnis.»

Albrechts Blick wanderte zum Hals des Opfers. «Das trifft es recht gut.»

«Vor allem in der Kombination.» Der Professor trat einen Schritt zurück. «Die TH-Rune, dem Laut im Englischen verwandt: ein Riese oder Unhold, auf jeden Fall eine vernichtende Macht. Daneben ein N – der quer durchgestrichene Stab –, was ebenfalls Tod und Vernichtung bedeutet, Not und Elend von der Sorte, um die man nicht drumrum kommt. Das Schicksal, das üble und launische. Und schließlich ein K, ein bloßer, zur rechten Seite offener Haken. Das Zeichen für eine tückische Krankheit, ein schmerzhaftes Geschwür.»

«Also das Schlimmste vom Schlimmsten», sagte Albrecht leise. «Sie würden demnach davon ausgehen, dass derjenige, der diese Zeichen geschrieben hat, wusste, was er schrieb.»

«Mit Sicherheit würde ich das. Und offenkundig hatte er nichts Gutes im Sinn.»

Der Professor trat einen weiteren Schritt zurück. Die Geste war deutlich. Die Untersuchung war beendet.

«Dann ...», setzte Albrecht an.

«Wobei ...»

Der Hauptkommissar verstummte sofort. Helmbrecht mochte ein Meister in der Deutung von Runen sein. Jörg Albrecht dagegen besaß eine gewisse Erfahrung in der Deutung von Mustern anderer Art. Verhaltensmustern. Dieser alte Mann liebte es, seine eigentlich entscheidenden Erkenntnisse in angemessener Weise in Szene zu setzen. Das Wichtigste, dachte Albrecht, kommt zum Schluss.

«Bitte», sagte er ruhig.

«Gut ...» Zweifelnd betrachtete ihn der Professor. «Vermutlich ist das eher Ihr Metier oder eigentlich sogar ...» Eine leichte Drehung zu Euler. «... vielleicht sogar Ihrs. Aber wenn eine finstere Macht mich verleiten würde, irgendeinem Menschen Pest und Cholera an den Hals zu wünschen, würde ich dann nicht ... Nein, ich würde eben nicht auf den Hals zielen. – Eher ...»

«Auf das Herz», murmelte Albrecht.

«Sitzt meines Wissens links.»

Albrecht beugte sich über die Tote, betrachtete die rechte Brustseite, dann die linke, die einen der wenigen Bereiche des Leichnams darstellte, die von Blut frei waren. Sowohl, was das Hirschblut anbetraf, als auch den Blutstrom aus der tödlichen Wunde.

«Nichts», sagte er leise. «Allerdings wissen wir, dass der Täter den Leichnam bewegt hat. Und Hannah Friedrichs glaubte sich zu erinnern, dass die Zeichen deutlicher zu sehen gewesen sind, als die Tote noch auf dem Altar lag. Wobei wir zu diesem Zeitpunkt noch nicht ahnten ...»

«Nein», unterbrach ihn Euler. «Ich meine: Natürlich kann es sein, dass etwas verwischt wurde, als der Täter die Leiche auf dem Altar drapiert hat. Oder sogar später, versehentlich, als wir sie hierhertransportiert haben. Wobei ich selbstverständlich bereits vor Ort alles fotografisch dokumentiert habe und Ihnen versichern kann, dass die Unterschiede minimal sind. Eines allerdings ...» Die Stimme gehoben, und für eine Sekunde klang er beinahe wie der Professor; vielleicht eine Idee stärker durch die Nase. «Eines allerdings steht fest: Falls auf der linken Brust irgendwelche Zeichen gewesen wären, hätten sie unmöglich unbeabsichtigt verschwinden können. Nicht dermaßen vollständig jedenfalls. Und der Täter hätte Hilfsmittel benötigt, um sie zu entfernen.»

«Er hätte den Leichnam waschen müssen?»

«Mindestens. Möglicherweise sogar mit einer alkoholischen Lösung und auf jeden Fall mit einem gewissen mechanischen Druck. Und ich bin mir sicher, dass ich in diesem Fall auf Spuren oder Rückstände gestoßen wäre.»

«Also haben dort niemals Zeichen existiert.» Albrecht begann seine Nasenwurzel zu massieren. «Tod und Verderben auf der rechten Brustseite und an den Beinen ein unklarer Bannspruch.»

«Oh, und das große G natürlich.»

Helmbrecht, im Plauderton. – Ermittler und Gerichtsmediziner sahen ihn an.

«Erwähnte ich das nicht?» Mit unschuldigem Blick. Die Hand des alten Mannes streckte sich vor, wies auf den Schambereich des Opfers. «Die Rune sieht aus wie ein Kreuz oder X und wird entsprechend häufig übersehen, wenn sie für sich allein steht. Könnte ja Zufall sein oder schlicht ein neckisches Ornament. Also dort, wo man sie normalerweise findet: Stein, Knochen, Metall. Aber ich denke nicht, dass sie in diesem Fall zufällig da ist. Dazu passt sie einfach zu gut.»

«Ein G?»

«Die Rune für ein Geschenk oder eine Gabe. Vermutlich weist sie einfach darauf hin, dass Ihr Opfer schwanger war.»

* * *

Mir war schlecht. Nils Lehmann hatte aus dem Dienstwagen herausgeholt, was er konnte. Blaulicht, Martinshorn, aber die Hamburger waren eilige Einsätze gewohnt: Erst in letzter Sekunde wurde die Straße frei gemacht, und die größte Wut packte mich regelmäßig beim Blick in den Rückspiegel, wo sich mit absoluter Sicherheit drei, vier Autofahrer anschlossen, die die Gelegenheit beim Schopf packten.

Mir war schlecht, doch das lag nicht allein an Lehmanns Fahrstil. Der Geruch kam hinzu, der Gestank der Müllverbrennungsanlage. Der Müllverbrennungsanlage am Rande des Industriegebiets an der Autobahnausfahrt Stapelfeld. Und das war der eigentliche Grund: Zwanzig Meter vom gigantischen Schornstein der Deponie entfernt zweigte ein ungepflasterter Weg von der Zufahrtsstraße ab, um sich scheinbar nach wenigen Metern zwischen den tief hängenden Ästen der Bäume zu verlieren. Doch das tat er nicht. Kamerateams und Gaffer hatten ihn passiert, die Archäologen natürlich – und wir selbst, mehr als einmal auf dem Weg zu Melanies Ausgrabungsstätte. Der Höltigbaum. Immer wieder der Höltigbaum. Wie hatte ich auch nur eine Sekunde überlegen können, wo die Reise am Ende hingehen würde?

Die Müllverbrennungsanlage. Natürlich war die Nachricht nicht von Sibylle gekommen. Der ganz normale Polizeifunk: Eine männliche Person befand sich auf dem Dach des dreizehnstöckigen Fabrikgebäudes. An ihren Absichten konnte kein Zweifel bestehen.

Mit quietschenden Reifen brachte Lehmann den Wagen zum

Stehen. Absperrungen – zusätzlich zu den Zäunen und Sperren, die das Gelände des Recyclingunternehmens ohnehin umgaben. Kollegen in Uniform – schleswig-holsteinischer Uniform. Das Gelände befand sich auf der anderen Seite der unsichtbaren Grenze zwischen der Freien und Hansestadt und ihrem nördlichen Nachbarn.

Wir schwenkten unsere Ausweise, versuchten uns zu ihnen durchzuschlagen, doch das war nahezu unmöglich. Auch hier bereits *Schaulustige*, wie auch immer sie so schnell hergekommen waren, den Kopf fast schmerzhaft in den Nacken gekippt, die Blicke atemlos auf die winzige Gestalt auf dem Dach des Gebäudes gerichtet, wenige Meter entfernt von einer metallenen Außentreppe, die an der Fassade emporführte. Einige beschirmten die Augen mit der Handfläche – oder hielten sie sich die Finger vors Gesicht, um dann doch nicht hinsehen zu müssen, wenn geschah, worauf sie die ganze Zeit warteten, geifernd vor Ungeduld? Und das waren noch die Harmlosen. Die Sorte, bei der sich mir wirklich der Magen umdrehte, hatte die Augen nicht auf dem Mann an der Spitze des Gebäudes, sondern auf den Displays ihrer Smartphones, die auf diesen Mann gerichtet waren. Bloß den entscheidenden Moment nicht verpassen. Wie krank im Kopf konnten Menschen eigentlich sein?

Es ging immer noch eine Stufe schlimmer. Es gab immer noch die Leute, die so was *beruflich* machten.

Der Aufnahmewagen parkte direkt in unserer Blickrichtung. Beim Anblick des Logos atmete ich ein ganz klein wenig auf: nicht Kanal Sieben, nicht Nils Lehmanns ganz nette kleine Freundin, sondern Sina Dewies, die Skandalnudel von Kanal Neun. Selbstredend waren es nicht ihre eigenen, sondern anderer Leute Skandale, die sie in die Öffentlichkeit zerrte. Im Moment schimpfte sie auf einen der Beamten ein: Behinderung der journalistischen Berichterstattung, Zeter und Mordio.

Unschlüssig blieb ich stehen. Noch wussten nur Lehmann und ich, dass das hier mit Melanies Tod zu tun hatte, dem eigentlichen Aufmacher der Privatstationen, aber Dewies war dem PK seit Jahren auf den Fersen. Wenn sie uns hier entdeckte, würde sie zwei und zwei zusammenzählen. Noch aber hatte sie uns nicht gesichtet.

«Nach rechts!», zischte Lehmann.

Rechts war das Gedränge am dichtesten. Eine Traube von Menschen, die sich gegen die Absperrung presste. Ich holte Luft und stürzte mich hinter ihm ins Gewühl, die Arme schützend vor dem Bauch.

«Hey!» Ein junger Mann, Baseballkappe. Als er meinen Zustand erkannte, wich er widerwillig beiseite. Ich kämpfte mich vorwärts, zwischen schwitzenden Körpern hindurch, einen Moment lang in Panik, eingekeilt von fremden Menschen. Schultern, die mich rempelten, Ellenbogen … Lehmann, wo war Lehmann? Zwei Sekunden später hatte ich ihn wieder, und er half mir über eine Absperrleine. Direkt dahinter der niedrige Betonklotz eines Versorgungsgebäudes. Drei Schritte, und wir hatten ihn erreicht, jetzt unsichtbar für das Fernsehteam.

«Hallo! Gehen Sie sofort …» Ein junger Beamter, hektisches Rot auf dem blassen Gesicht. Er konnte noch nicht viele solcher Einsätze mitgemacht haben, blinzelte, als er meinen Dienstausweis musterte. «Okay, Sie …»

«Wer hat hier die Leitung?» Meine Stimme war heiser.

«Der …» Eine unbestimmte Bewegung, doch ich sah bereits, wen er meinte. Glatze, Schnauzer. Eine entfernte Erinnerung in meinem Kopf.

In diesem Moment hatte der Mann mich entdeckt. «Düwel-Blixem! – Friedrichs? Hannah Friedrichs?»

Ja, ich kannte ihn, aber der Name war weg.

«Schmehlich», verkündete er. «Jan-Jakup Schmehlich.» Wir

schüttelten uns die Hand. «Sie erinnern sich? Die Alsterquelle? Diese Reporterin? Vor zwei oder drei Jahren.»

Ja, jetzt war es wieder da. Die Reporterin, Sina Dewies' Vorgängerin. Eine grausige Situation, auch damals, Presseauftrieb inklusive. Doch damals hatten wir vor einer Toten gestanden. Diesmal gab es Hoffnung – vielleicht. Angespannte Hoffnung.

«Ich würd ja sagen, Sie haben sich kein Stück verändert ...» Schmehlich. Ein angedeutetes schiefes Grinsen, sodass ich ihm für den Spruch nicht böse sein konnte, doch jetzt war keine Zeit für so etwas. Für keine Sorte Sprüche.

«Wie lange ist er schon da oben?», fragte ich.

Er biss sich auf die Unterlippe. «Der Notruf kam vor einer Dreiviertelstunde rein. Die Zugänge werden wohl regelmäßig kontrolliert, Tag und Nacht, zuletzt gegen zehn. 'dammich, kein Mensch weiß, wie er da hochgekommen ist.» Ein Nicken zu einer Gruppe von Männern in Arbeitsoveralls, mittendrin eine Gestalt im Anzug. Sicherlich nicht derjenige, der die Zugänge persönlich kontrollierte, doch wenn der Mann, den ich für Unwerth hielt, ernst machte, würden mit Sicherheit mehrere Köpfe rollen.

«Wir müssen befürchten, dass es sich bei dem Mann da oben um einen wichtigen Zeugen in unserer aktuellen Ermittlung handelt», erklärte ich. *Befürchten* traf es nicht. Ich *wusste* es. Zumindest hatte ich den wichtigen Zeugen in einer Weise betont, dass jeder Polizist verstanden hätte.

«Hector!» Schmehlich wandte sich um, winkte einem seiner Beamten. «Sie erinnern sich an Hector, Hannah? Und an das Fernglas?» Er nahm das Gerät entgegen, reichte es mir. «Unten können Sie die Schärfe nachregeln. Es müsste aber richtig eingestellt sein.»

Ich sah hindurch. Einen Moment lang Schwindel: Laub in verschwommener Großansicht, dann irgendetwas, das ich nicht genau erkennen konnte, dann das poröse graue Mauerwerk des Fabrikgebäudes. Ich widerstand dem Impuls, die Schärfe zu verstellen. Das Metallgerüst. Meine Augen tasteten sich nach oben.

«Etwas weiter links», murmelte Schmehlich.

Eine Sekunde lang war ich über den Punkt hinaus, dann hatte ich ihn. Das Gebäude hatte ein Flachdach, die Ränder metallverstärkt. Unwerth saß auf der Kante, wenige Schritte von der Außentreppe entfernt, die Schultern eingesunken, die Hände auf die Knie gestützt. Er sah ... Sah er in eine bestimmte Richtung? Auf uns? In die Tiefe? Oder in die Weite des menschenleeren Geländes, das in den letzten Tagen bereits zwei Menschen das Leben gekostet hatte?

«Er ist es», sagte ich knapp.

«Er hat sich nicht bewegt.» Wieder der Biss auf die Unterlippe. «Nicht seitdem wir hier sind. Wir haben natürlich ...» Ein Nicken nach links. Hector war offenbar für die Technik zuständig. Er hielt ein Megaphon in Bereitschaft. «Aber solange er keine Anstalten macht ...»

Ich nickte angespannt. Wir alle kannten die Vorschriften. Solange die Situation stabil war, galt äußerste Zurückhaltung.

«Gibt es einen anderen Weg da hoch?», fragte ich leise. Unwerth war dreißig Meter von uns entfernt – dreißig Meter *über* uns. Es war die Situation, die mich zum Flüstern brachte.

Schmehlich antwortete nicht. Er hatte sich umgedreht, erkundigte sich bei jemandem, der jedenfalls nicht Hector war. Ich musterte bereits die Treppe. Meine Höhenangst schätzte ich im Großen und Ganzen durchschnittlich ein, aber die Aussicht, ein paar hundert Stufen auf einer wackligen Stahlkonstruktion nach oben zu klettern, durch die Metallgitter auf die unteren Treppenabsätze zu blicken und durch diese auf die Absätze noch weiter unten bis zum Betonpflaster zig Meter in der Tiefe ... Mir trat der kalte Schweiß auf die Stirn.

Davon abgesehen, dass ich kaum in der Verfassung für Klettertouren war. Davon abgesehen, dass genau das die bis zu diesem Moment stabile Situation kippen konnte, von einer Sekunde zur anderen. Und spätestens in diesem Moment konnte Sina Dewies meine Anwesenheit beim besten Willen nicht mehr entgehen – doch das war dann das geringste Problem.

Ich war der einzige Mensch hier, der Unwerth auch nur flüchtig kannte, einzig darauf kam es an. Und wenn es einen zweiten Zugang gab, einen Aufzug womöglich, dann hatte ich eine Chance. Die einzige vielleicht. Ich drehte mich um, hielt Ausschau nach dem Mann im Anzug. Wenn Unwerth Anstalten machte ...

«Er steht auf!»

Ich fuhr herum. Auch ohne Fernglas: Die Gestalt hatte sich aufgerichtet, stand schwankend, schien zu taumeln. Der Wind dort oben? Etwas anderes?

«Mein Gott!», flüsterte ich. Keine Zeit mehr zum Überlegen. «Das Megaphon!», zischte ich, griff nach dem Gerät.

«Der Knopf sitzt hier drüben.» Schmehlich. «Moment.»

Unwerth. *Herr* Unwerth? Erst in diesem Augenblick wurde mir bewusst, dass ich nicht einmal seinen Vornamen kannte.

«Carsten!»

Bewegung in meinem Rücken, Unruhe. Ich kniff die Augen zusammen. Das Fernsehteam, die Reihen der Gaffer; Schmehlichs Kollegen, die sie zurückhielten, dazwischen Nils Lehmann, an seiner Hand – ein kleiner Junge? Hinter ihm ...

«Carsten!»

Sibylle Unwerth drängte sich durch die Reihen, folgte Lehmann, der ihr den Weg frei machte, den Jungen an der Hand. Den Jungen. *Mama sagt, wir dürfen keine Fremden reinlassen. Nicht mal Leo.* – Sein Name war Leo, und den kleineren Jungen, dem ich gestern früh geholfen hatte, aus seinem *Bob der Baumeister*-Schlafanzug zu schlüpfen, trug Sibylle auf dem Arm. Nein, sie trug ihn nicht. Sie presste ihn an sich, und dem Kleinen schossen die Tränen aus den Augen.

«*Carsten!*»

* * *

«Wirklich, ich ...» Euler hatte sein Taschentuch ausgepackt, tupfte sich die Stirn, tupfte sich die Augen. Ein neuer Schub der allergischen Reaktion? Nein, dachte Jörg Albrecht. Schieres Entsetzen.

«Wirklich, ich kann das nur auf meinen Zustand zurückführen.» Die Lippen des Mediziners bebten. «Und selbst dann ... Wenn mir solche Fehler unterlaufen, solche Versäumnisse, dann hätte mir klar sein müssen, dass ich auf keinen Fall ... dass ich hier nichts mehr zu suchen habe. Sie ... Hauptkommissar, Sie wissen, dass ich meine Arbeit ernst nehme. Dass ich, also ... Auch wenn sie schon tot sind. Die Toten. Dass ich gerade dann ...»

«Ruhig.» Albrecht hob die Hand. «Ganz ruhig. Sie sind schon tot, Martin, Sie haben es selbst gesagt. Wir können lediglich noch die Umstände ihres Todes klären, und gerade wenn ich Sie verleitet habe, sich an den Obduktionstisch zu stellen, Ihrer Krankheit zum Trotz, gebührt Ihnen nur umso größerer Respekt.»

«Aber die Prüfung einer Schwangerschaft ist unterster Standard! Niemals hätte ich das vergessen dürfen. Wir können das gleich hier auf der Stelle ... – Nein? – Aber dann gleich, wenn Sie raus sind. Dann werde ich auf der Stelle ... Und dann ...»

Vermutlich einfach umfallen, vollendete Jörg Albrecht den

Satz in Gedanken. Wegen schierer Hyperventilation. Im selben Moment meldete sich sein Mobiltelefon. Er gab Euler ein Zeichen, die Leiche wieder zu verstauen, ging an den Apparat.

«Ja?»

Lehmann war in der Leitung, sprudelte drauflos, sodass Albrecht sekundenlang nicht begriff.

«Was?» Er lauschte. «Ja», murmelte er. «Ja. – Und Sie glauben, Dewies hat Sie nicht erkannt?»

Seine Gedanken überschlugen sich. Das Industriegebiet befand sich am anderen Ende der Stadt, jenseits der Stadtgrenzen sogar. Eine Dreiviertelstunde, wenn er sich auf der Stelle in den Wagen setzte? Friedrichs war dort. Und hatte er nicht gestern schon erwogen, sie noch einmal auf die Unwerths anzusetzen? Hätte es einen Unterschied gemacht, wenn er sich durchgesetzt hätte? Wenn Hannah ihn nicht überzeugt hätte, dass das zu jenem Zeitpunkt nutzlos gewesen wäre? Nein, dachte er. Höchstwahrscheinlich wäre sich alles gleich geblieben. Hannah Friedrichs hätte auf Sibylle Unwerth einwirken können, aber sie hatte selbst schon vermutet, dass der Ehemann weit entfernt davon war, seine Frau ins Vertrauen zu ziehen. Was er nunmehr eindrucksvoll bewies.

Hannah Friedrichs war dort, und sosehr sich Jörg Albrecht seiner Fähigkeiten als Ermittler auch bewusst war, kannte er doch seine Grenzen. In dieser Situation gab es nichts, das er für Sibylle Unwerth tun konnte. Oder für ihren Mann. Nichts, das Friedrichs nicht besser konnte, die auf eine schwer zu beschreibende Weise in der Lage war, zu sehen, was solche Situationen für die beteiligten Menschen bedeuten mussten, wo für ihn etwas anderes im Vordergrund stand: die Wahrheit.

Er schärfte Lehmann ein, ihn auf dem Laufenden zu halten, wie die Lage sich entwickelte – in die eine oder in die andere

Richtung, wobei es streng genommen nur eine Richtung gab: abwärts, so oder so –, fügte die Formel an, dass er in Gedanken bei ihnen sei, was ihm im nächsten Moment fürchterlich pathetisch vorkam, und beendete das Gespräch.

«Viel Glück», murmelte er.

Mehrere Augenpaare, die ihn zu mustern schienen. Zwei von ihnen gehörten Euler und dem greisen Professor. Das dritte war gerötet von den Einblutungen, die entstanden waren, als sich eine würgende Schlinge aus orangefarbenem Plastik zusammengezogen hatte. In ihm war kein Leben mehr.

Melanie Dahls geschändeter Leib war zurück in die Dunkelheit eines der mächtigen Kühlfächer geglitten. Die gewohnten Verrichtungen schienen den Gerichtsmediziner eine Spur entspannt zu haben. Gabelitz' Körper lag auf der stählernen Obduktionsfläche, der Reißverschluss des Plastiksacks war geöffnet.

Doch Eulers Blick ging zu Albrechts Handy. «Unwerth?», fragte er mit belegter Stimme.

Albrecht nickte finster. «Aber keine Sorge. Noch steht er über den Dingen. Hoffen wir auf seine Frau und auf Friedrichs, dass Sie ihn nicht ebenfalls auf den Tisch bekommen.»

Euler räusperte sich, ein zweites Mal. Wieder das Taschentuch, mit dem er sich die Stirn abtupfte. «Wirklich, ich möchte mich bei Ihnen ...» Er brach ab, schüttelte den Kopf. «Ich fürchte, wenn Sie mit noch einem weiteren Opfer kommen, werden Sie sich an einen meiner Kollegen wenden müssen.»

«Ich hoffe nach wie vor, dass das nicht nötig sein wird. – Sie haben Gabelitz' Leichnam untersucht?»

Der Mediziner nickte knapp, holte Luft und trat ans Kopfende des Tisches. Der Archäologe war jetzt entkleidet, die Hüften pietätvoll von einem Tuch bedeckt. «Ich habe die übliche äußere Leichenschau vorgenommen. Den größten Teil der Proben konnte ich allerdings noch nicht auswerten. Und ich habe die Folie …»

Er verstummte, als er bemerkte, wohin der Blick des Hauptkommissars gewandert war.

«Ja, die Erektion.» Ein Nicken auf das Tuch, unter dem die knochigen Hüften des Toten zu erkennen waren – mehr aber auch nicht. «Der Weg alles Irdischen. Ohne die Materie noch einmal vertiefen zu wollen …» Wieder sprach er nicht weiter. Sein Blick glitt nach links.

Helmbrecht, auf seinen Stock gestützt. Mit großer Aufmerksamkeit verfolgte er das Gespräch.

Albrecht räusperte sich. «Mir kommt eben in den Sinn, dass ich dem Professor eigentlich einen Kaffee versprochen hatte.»

«Tut-anch-Amun.» Helmbrecht. «Kommt mir eben in den Sinn. – Eines dieser Details, über die man viel zu wenig liest in der Literatur: Tut-anch-Amuns Erektion.»

«Tut…»

«Der Pharao wurde ohne Herz und Gehirn bestattet – soweit eine durchaus gängige Praxis. *Allerdings* …» Betont. «… mit senkrecht aufgerichtetem, sorgfältig mumifiziertem Penis. – Ein Hinweis auf die Wiedergeburt, wie heute angenommen wird. Die Fruchtbarkeit. Den Gott Osiris.»

«Die Fruchtbarkeit», murmelte Albrecht. «Wie die Rune G bei Melanie Dahl.»

Er legte die Stirn in Falten, schüttelte sich. Unsinn. Euler hatte bereits erklärt, wie die Erektion zustande gekommen war. Unter keinen Umständen durfte er auch noch selbst anfangen, auf jene höchst spezielle Art zu denken wie der Professor.

«Bitte.» Er nickte dem Mediziner zu. «Weiter.»

Für eine Sekunde noch verharrte Eulers Blick auf Ingolf Helmbrecht. Eine Sorte Blick, die gemeinhin für besonders verwirrende Präparate reserviert war. Dann hob der Mediziner die Schultern.

«Ja ... Es ist ohnehin ungewöhnlich, dass die Erektion sich über den Tod hinaus gehalten hat. Ich vermute eine Folge der verkrampften Haltung, die der Verstorbene zum Todeszeitpunkt eingenommen hat. Sie dürfte den Rückfluss des Blutes abgeschnitten haben, sodass der Zustand erhalten blieb, solange er am Seil hing. Nachdem der Leichnam einmal in die Waagerechte gebracht war, hat sie sich nach und nach verflüchtigt. Ein Vorgang, den wir übrigens ähnlich auch bei der *postmortalen* Erektion beobachten können, wenn der Tote zunächst auf dem Bauch liegend ...»

«In Ordnung.» Der Hauptkommissar bemühte sich, die Unterbrechung durch ein Nicken abzumildern. «So interessant diese Ausführungen sind.» Ein Blick, der beide Herren einbezog. «Ich muss diese Ermittlungen fortsetzen, was mir aber schlechterdings nicht möglich ist, solange ich nicht weiß, ob dieser Mann durch eigene Hand gestorben ist oder ob es nur *aussieht*, als ob er durch eigene Hand gestorben wäre. Sie haben sich die Kapuze vorgenommen?»

Euler nickte zögernd. «Das habe ich, und es verhält sich, wie Sie bereits vermutet haben: Ich habe Fingerabdrücke des Toten gefunden, und sie werden überdeckt durch Abdrücke, die wir den anderen Archäologen zuordnen können. Aber ob sie entstanden sind, als er sich die Folie über den Kopf gezogen hat, oder zu einem früheren Zeitpunkt, der nichts zu tun hatte mit dem Suizid ... Dem *möglichen* Suizid», verbesserte er rasch, hob dann die Schultern. «Ich habe sogar Abdrücke gefunden, die zu Melanie Dahl gehören. Wenn Sie mir das Messer auf die Brust setzen und wenn ich ...» Einen Moment lang verzog sich sein Gesicht. «Wenn ich es unter den gegebenen Umständen überhaupt noch wagen kann, eine Einschätzung zu äußern: Ich sehe keine Spur von Zwang. Ich sehe keine Spur einer Beteiligung Dritter. Ich kann überhaupt nichts sehen, das uns einen Hinweis darauf gibt, dass wir es mit etwas anderem zu tun haben als einem Selbstmord.»

«Damit wissen wir, dass wir nichts ...»

«Eine Kapuze?» Interessiert musterte Helmbrecht den Leichnam.

Albrecht stieß die Luft aus. «Professor, bei allem ... Verständnis. Ich bedanke mich für Ihre Unterstützung, für allen ... Aufwand, aber ...»

«Er hat sie über dem Kopf getragen?»

Wo sonst? «Keine Runen», erklärte Albrecht. «Keine altägyptischen Hieroglyphen. Nichts. Schwarze Plastikfolie.»

«Aufgeknüpft.» Gemurmelt. Zögernd: «An einem Baum?»

«Ja, an einem Baum. Einem ganz gewöhnlichen Baum. Und wie Sie gerade gehört haben, steht bereits fest, dass sich im Muster dieser Tat, wenn wir es überhaupt mit einer Tat zu tun haben, keinerlei Hinweise auf irgendwelche vorzeitlichen ...»

«Was für ein Baum?»

«Professor ...»

«Nein ...» Helmbrecht betrachtete den Toten. «Nein, Sie hatten davon gesprochen, dass die Ausgrabung in einer Moorgegend vorgenommen wird. Wenn es zu feucht ist ...»

«Nicht exakt an diesem Punkt.» Albrecht konnte selbst nicht sagen, warum er den alten Mann nicht einfach reden ließ, wenn Helmbrecht jede Antwort am Ende doch nur wieder als Ermunterung interpretierte. «Unmittelbar an der Ausgrabungsstelle ist der Boden vergleichsweise trocken. Aber die ganze Gegend ist eher sumpfig. Feucht.»

«Weiden.» Aus zusammengekniffenen Augen musterte ihn der Professor. «Mit Sicherheit wird es dort Weiden geben. War dieser Baum eine Weide?»

Der Hauptkommissar wechselte einen Blick mit Euler.

«Mit Weiden habe ich keine Probleme. Gesundheitlich. Ich hätte höchstens die Fotos auf dem Rechner oben im Büro. Von der Auffindungssituation. Aber ob man da was erkennen kann ...»

Albrecht selbst glaubte sich an Weiden zu erinnern, ja, mit langen biegsamen Ästen. Aber war der Baum, an dem Gabelitz gestorben war, eine Weide gewesen? Hätten die Äste sein Gewicht überhaupt getragen?

Er schüttelte den Kopf. «Nein. Ich kann es nicht mit Sicherheit sagen.»

In die Augen des alten Herrn war ein vage beunruhigendes Funkeln getreten. «Nein? – Dann ... Kommissar Albers? Wir müssen dort noch einmal hin. Wenn dieser Baum ... Wenn ich recht habe ...» Ein Kopfschütteln.

«Professor?»

«Wirklich, mein lieber Herr Albers. Mir war ja überhaupt nicht bewusst, dass Sie einer so interessanten Tätigkeit nachgehen.»

* * *

«Ich ... i-ich ...»

Carsten Unwerths Zähne schlugen so heftig aufeinander, dass ich ihm die Hand auf die Schulter legte. «Sie müssen nicht reden», sagte ich leise. «Kommen Sie erst mal ...» Kommen Sie erst mal runter, dachte ich. Doch er *war* unten. Er war am Leben. Allein darauf kam es in diesem Moment an. Seine Frau und seine beiden kleinen Söhne: Ich wagte mir nicht vorzustellen, wie die Situation ausgegangen wäre, wenn sie nicht unverhofft aufgetaucht wären. Sibylle hatte die Reportage auf Kanal Neun gesehen – und sofort die richtigen Schlüsse gezogen.

Die Kinder weinten. Der kleinere der beiden saß auf meinem Oberschenkel und trug das seine dazu bei, dass ich nicht mehr wusste, wo ich die Luft hernehmen sollte. Leo, der größere, klammerte sich an seine Mutter. Nur Sibylle selbst rührte sich nicht.

Wir befanden uns in einem abgeschirmten Bereich auf einem der Höfe der Fabrikanlage. Sina Dewies und ihr Team hatten sich verzogen, ebenso die Gaffer, nachdem sie begriffen hatten, dass sie keine Zeugen einer Verzweiflungstat werden würden, von der sie noch ihren Kindern und Kindeskindern erzählen konnten. Unwerth saß auf einer Betonabsperrung, um die Schultern eine der unvermeidlichen Isodecken, mit denen die Sanitäter in solchen Situationen anrückten.

Natürlich hatte er einen Schock. Ein Trauma oder irgendetwas, das dem ähnlich war. Er hatte den Tod vor Augen gehabt – wie lange schon? Wo mochte er sich seit heute Morgen aufgehalten haben?

Ebenfalls ein Schock natürlich bei Sibylle. Im Polizeidienst lernt man die Menschen kennen, bekommt eine Ahnung davon, wie lange sie sich etwas vorlügen können, und sei die Last der Beweise gegen einen geliebten Menschen noch so erdrückend. Sehr, sehr lange – bis ein bestimmter Punkt erreicht ist. Hier war er erreicht.

Carsten Unwerth würde leben. Doch was war dieser versuchte Suizid anderes als ein allumfassendes Geständnis?

Exakt das dürfte die Frage sein, dachte ich. Für uns, die Ermittler. Wir hatten das Blut an seinem Wagen, und wir hatten seine Tätigkeit für PrinceInvest. Und nun einen Selbstmordversuch. Was wir nicht hatten, noch immer nicht, war eine Verbindung zu Melanie. Und das Blut stammte eindeutig nicht von ihr.

Nils Lehmann stand mit betretener Miene zwei Schritte neben mir. Bei diesem Einsatz hatte er sich vorbildlich verhalten, Unwerths Familie so schnell wie möglich nach vorn gebracht. Wir waren zu zweit, und auch Schmehlichs Mannschaft war noch nicht vollständig abgerückt. Ein improvisiertes Verhör wäre möglich gewesen, aber der Gedanke daran drehte mir den Magen um. Dieser Mann war im Moment nicht ansatzweise in der Lage, zu erfassen, was es bedeuten würde, wenn er sich selbst belastete. Selbst wenn ich die Kälte besessen hätte, trotzdem ein Ermittlungsgespräch zu führen: Kein Gericht hätte Ergebnisse, die auf eine solche Weise zustande gekommen waren, zugelassen.

Ich blickte mich um. Der Psychologe war bereits mit den Schleswig-Holsteinern eingetroffen. Er hatte sich vorgestellt, bei mir wie bei den Unwerths, doch Sibylle hatte ihm mit einer überdeutlichen Geste zu verstehen gegeben, dass er verschwinden solle. Seitdem ihr Mann die Treppe hinuntergestiegen war, der einzige Moment, in dem sie so etwas wie Energie entwickelt hatte. «Der Doktor ist immer noch hier», sagte ich leise. «Wenn Sie ...»

Ein Kopfschütteln, diesmal von Carsten Unwerth selbst. Seine Finger umklammerten eine Plastiktasse. Kaffee mit Milch und viel Zucker, nicht das unwirksamste Mittel bei Schockzuständen. Er trank einen Schluck.

«Ich möchte reden», sagte er. Die Stimme jetzt deutlicher.

Ich wechselte einen Blick mit Lehmann. Wenn der Mann darauf bestand? Verbieten konnten wir es ihm nicht, und was immer er aussagte, konnte Licht in einen Fall bringen, der heute Nacht ein zweites Opfer gefordert hatte.

Unwerth sah mich nicht an. Er sah zu seiner Frau, kurz auch zu Leo. Der kleinere Junge war auf meinem Schoß eingeschlafen, von einer Sekunde zur anderen.

«Ich ...» Sibylles Mann holte Luft. «Es ist richtig: Ich war vor drei Tagen hier.» Er wies mit dem Kopf an den Gebäuden der Müllverbrennung vorbei. «An der Zufahrt zum Höltigbaum. Mit dem Firmenwagen. Es muss gegen neun Uhr abends gewesen sein. Wie Ihre Zeugen ausgesagt haben.»

Ich nickte, war mir nicht sicher, ob er es mitbekam. Nils Lehmann war ein Stück zurückgetreten und hatte jetzt tatsächlich wieder sein Smartphone gezückt, tippte darauf herum. Er protokollierte, unsichtbar für Unwerth.

Niemals kommen wir damit durch, dachte ich. Wenn er jetzt gestand und dieses Geständnis am Ende ungültig war …

Er wird nicht gestehen. Beinahe hätte ich es laut ausgesprochen. *Er wird nicht gestehen, weil er unschuldig ist.* Mit einem Mal war es da, oder, nein, eigentlich war es die ganze Zeit schon da gewesen, von dem Moment an, als er in Hausschlappen die Treppe heruntergekommen war. Dieser Mann war nicht verantwortlich für das, was sich vor zwei Tagen auf dem Ausgrabungsgelände ereignet hatte. Weil es ganz einfach nicht passte, Carsten Unwerth und eine solche Tat, ein solcher Tod.

Der Mann, der nicht mein Täter war, ließ seine Tasse sinken. Nach wie vor war es Sibylle, die er im Blick hatte.

«Ich war hier», sagte er. «Und ich war nicht allein.»

Gänsehaut auf meinem Körper, ein fast schon vertrautes Gefühl, seitdem diese Ermittlung begonnen hatte.

«Kenn…» Sibylles Brustkorb hob sich, als sie Atem holte. «Kenne ich sie?»

Natürlich eine Frau. Diese Frage hätte ich mir ebenfalls geschenkt, auch wenn ich nichts gewusst hätte von der weiblichen Person, Südosteuropa, Blutgruppe AB positiv.

«Nein.» Seine Stimme war ein Flüstern. «Nein, du kennst … keine von ihnen.»

Sibylle bewegte sich nicht mehr. Überhaupt nichts an ihr.

Ich sah es an ihrer Brust: Sie hatte aufgehört zu atmen. Schon war ich im Begriff ...

«*Keine von ihnen?*» Drei Worte, mühsam hervorgestoßen.

Sie hätten allein sein sollen, fuhr mir durch den Kopf. In diesem Moment. Wären die Umstände nur andere gewesen. Der kleine Junge, den ich auf meinem Schoß balancierte, regte sich kurz, schlief dann aber weiter.

«Ich weiß ...» Carsten Unwerth hatte selbst Mühe mit dem Atmen. «Ich weiß, dass das nicht einfach für dich ist, Sibylle», sagte er leise. «Das zu begreifen. Ich weiß, dass das ein Klischee ist. Wenn ich dir sage, dass sie mir nichts bedeutet haben. Aber ich kenne nicht mal ... Ich weiß nicht mal, wie sie heißen. Ich habe sie gar nicht richtig angesehen. Ich ...» Ein Atemzug, und ich spürte, dass es der schwerste von allen war. «Ich habe sie bezahlt.»

Wieder rührte Sibylle sich nicht, oder ... Nein, die Andeutung einer Regung. Ihre Augen schlossen sich. In meinem Kopf ein Bild: eine Dame aus dem neunzehnten Jahrhundert, die ihr Gesicht mit einem dunklen Fächer bedeckt. Sibylle hatte keinen Fächer. Sie hatte nichts als ihre Augenlider, um die Wirklichkeit auszusperren.

«Die Frau vor drei Tagen ...» Unwerths Ton war plötzlich verändert. Er sah nicht länger Sibylle, sondern mich an. «Nicht sehr groß, etwa dreißig, dunkle Haare. Vom Balkan vielleicht. Links oben fehlt ihr einer der Backenzähne. Mehr kann ich Ihnen nicht sagen, tut mir leid. – Falls Sie mit ihr reden wollen.»

Ich starrte ihn an.

Seine Aussage. Das also war es, was er uns zu sagen hatte. Eine Ehe, die Existenz einer Familie vernichtet. Ein Suizid mit knapper Not verhindert – weil ein Familienvater zu einer Nutte gegangen war. Und unsere Ermittlung, die letztendlich dafür verantwortlich war, dass alles so gekommen war ... Das war seine Aussage. Das war unser Ergebnis. Hatten wir irgendetwas gewonnen?

Ein Hüsteln. Ich drehte mich um. «Nils?»

Er hatte sein Smartphone sinken lassen. Die Beschreibung der Frau konnten wir im Kopf behalten. Allzu ausführlich war sie nicht.

«Okay», sagte er. «So weit versteh ich das. Denk ich. Was ich halt nicht verstehe ...» Ein Blick zu mir, als wollte er um Erlaubnis bitten. «Das Blut.»

Ich kniff die Augen zusammen. «Das Blut», murmelte ich. Unwerth war nicht allein gewesen. Eine Frau aus Südosteuropa hatte ihn begleitet. Das passte zu Eulers Ergebnissen. Womit allerdings noch nicht geklärt war, was das Blut dieser Frau an der Unterseite seines Wagens zu suchen hatte. Langsam drehte ich mich zu ihm um.

«Herr Unwerth», sagte ich kühl. «Ich fürchte, Sie werden uns diesen Abend noch etwas ausführlicher schildern müssen.»

Er starrte mich an, schien einen Moment lang nicht zu begreifen. Und dennoch, im selben Augenblick spürte ich es, spürte, dass da etwas war, das er zurückhielt. Er fuhr sich über die Lippen, sah für eine Sekunde zu seiner Frau. Unsicher, ob es notwendig war, ihr Details anzutun? Oder das Gegenteil? Hilfesuchend? Warum hilfesuchend?

«Ich ...» Er atmete schwer. «Der Platz hier», sagte er leise. «Die Einfahrt zum Höltigbaum. Ich hatte keine Ahnung, dass es dort noch weitergeht, das müssen Sie mir glauben. Ich bin da niemals weiter reingefahren. Ich hatte nichts zu tun mit dieser Ausgrabung und diesen Leuten.» Ein Kopfschütteln. «Ich hatte nichts mit ihnen zu tun», wiederholte er, und aus irgendeinem Grund glaubte ich ihm. «Den Platz hier habe ich vor ein paar Wochen entdeckt. Weit draußen, aber eben doch nicht zu weit draußen, wenn man mit einer ...»

«Sie sind niemals mit zu ihnen?», fragte ich. «Zu den Frauen?»

Seine Antwort bestand aus einem Blick. Ich brauchte einen Moment, bis ich begriff. Dann aber begriff ich vollkommen und korrigierte sein Beuteschema spontan um einige Klassen nach unten – und ebenso meine Einschätzung von diesem Mann.

«Okay», sagte ich in neutralem Tonfall.

Er nickte, konnte mir nicht mehr in die Augen sehen. «Ich kann Ihnen nicht sagen, warum ich das immer wieder getan habe. Es war wie ... Ich musste es tun. Es war stärker als ich. Ich habe mich geschämt, aber ...»

Seltsam. So merkwürdig es sich anhörte, ich war mir sicher, dass er auch damit ehrlich war. Dass diese Abenteuer ihm in Wahrheit keinen Spaß gemacht hatten. Nein, nicht im eigentlichen Sinne.

Und auch wenn ich mich entschlossen hatte, keine Spur von Verständnis zu zeigen, jetzt nicht mehr: Selbsthilfegruppen, dachte ich. Therapeuten. Wir lebten im einundzwanzigsten Jahrhundert. Seine Ehe würde es nicht retten, aber zumindest konnte ich ihm eine Webadresse heraussuchen und eine Telefonnummer – wenn das hier vorbei war.

Doch dazu musste es erst einmal vorbei sein. Über sein moralisches Verhalten sollte Sibylle urteilen. Ich war hier, um einen Mord aufzuklären. Den Mord an Melanie.

«Also sind Sie auch am Abend vor drei Tagen hierhergefahren», sagte ich. «Mit einer Frau, die Sie ... wo getroffen hatten?»

«In Rahlstedt.» Leise. «Noch innerhalb des Ortes. Wenn Sie Richtung Bahnhof fahren, gibt es eine Ecke, wo Sie ...» Ein Achselzucken. «Wir sind dann hierher.» Unverändert leise. «Aber bevor wir richtig ...»

Unübersehbar, dass er am liebsten im Boden versunken wäre, in dieser Sekunde womöglich sogar bereute, dass er nicht doch gesprungen war. Aber in diesem Moment veränderte sich etwas. In seinen Blick trat etwas, das vorher nicht da gewesen war. *Angst*, schoss es mir durch den Kopf. Er hatte Angst, und es war eine andere Sorte Angst als zuvor. Anders als angesichts der Ahnung, wie Sibylle reagieren würde, wenn er beichtete, wie er regelmäßig den frühen Feierabend verbrachte. Angesichts der bleiernen Gewissheit, dass das Leben, wie er es gekannt hatte, von diesem Tag an der Vergangenheit angehörte. Es war ...

«Es war ein Wispern.» Geflüstert. «Ein Surren. Ein ... Brummen. Es war ...»

Eine Hand aus Eis, die mein Herz umkrampfte. Er musste es mir ansehen. Hätte es mir ansehen müssen, hätte er in meine Richtung geschaut. Doch dazu hätte er die Augen öffnen müssen, und er hatte die Lider jetzt fest aufeinandergepresst. Ich war erstarrt, zu keiner Bewegung fähig, als die Bilder des Morgens auf dem Fahrdamm zu mir zurückkehrten, das Gefühl jenes Morgens. Das Surren. Das Brummen. Angst. Eine unfassbare Angst. Selbst jetzt, da ich wusste, was es gewesen war, war ich nicht frei davon.

«Sie ...» Er schluckte. «Sie hat die Nerven verloren, ist einfach verschwunden. Dabei ... dabei war überhaupt nichts zu sehen. Nur Nebel, draußen in den Wiesen – und dieses Geräusch. Aber dieses Geräusch: Es war etwas Unfassbares, Gespenstisches, etwas ... Ich bin in den Wagen, habe Gas gegeben und ...» Ein tiefes Aufatmen; ich konnte sehen, wie die Spannung seinen Körper verließ. «Als ich zurück auf die Straße gebogen bin, müssen Ihre Zeugen mich gesehen haben. Mehr kann ich Ihnen nicht sagen.»

Ich neigte den Kopf. Eine Bewegung, zu der ich mich zwingen musste, doch vermutlich nahm er das nicht wahr. *Mehr kann ich Ihnen nicht sagen.* Derselbe Satz wie vor ein paar Minuten. Ich war mir sicher, dass er mir auch diesmal noch mehr sagen konnte, Details, die er verschwieg, um Sibylle zu schonen. Details über seine Beobachtungen? Nein, er hatte so wenig gesehen wie ich an jenem Morgen. Noch weniger vermutlich in der hereinbrechenden Dunkelheit. Er hatte nichts gesehen als den Nebel, genau wie ich am nächsten Morgen nichts als den Nebel gesehen hatte.

Da war nichts mehr, das er uns sagen konnte, nicht jetzt. Mit einer Ausnahme.

«Sie ist einfach verschwunden?»

Er saß da, vornübergebeugt, den Kopf zwischen den Schultern. Er hatte es hinter sich. Diese Beichte, die hochnotpeinliche Befragung durch eine polizeiliche Ermittlerin vor den Ohren seiner eigenen Familie. Ja, das Schlimmste hinter sich. Das musste er glauben.

«Dazu musste sie an Ihrem Wagen vorbei», sagte ich. «Dem Firmenwagen.»

Nicken. Ganz weit weg inzwischen. Doch hier konnte ich keine Rücksicht nehmen.

«Ich fürchte, dass Sie die Frau verletzt haben», sagte ich. «Als Sie zurück auf die Straße gebogen sind. Sie erinnern sich an die Proben, die mein Kollege unter dem Wagen genommen hat? Kein Kaninchenblut. Das Blut einer Frau aus Südosteuropa.»

Mehrere Atemzüge, ohne dass eine Veränderung eintrat. Dann hob er ganz langsam den Kopf. «Sie ... Sie ist ...»

«Da wir nicht wissen, wer sie ist, und Sie eben gerade zum ersten Mal von ihr gesprochen haben, kann ich Ihnen lediglich sagen, dass in den vergangenen Tagen keine unbekannte Tote gefunden wurde, auf die Ihre Beschreibung passen würde.»

Er starrte mich an, schien erst jetzt zu begreifen, wovon die Rede war. Was er zu befürchten hatte über die Vernichtung des Lebens, wie er es gekannt hatte, hinaus. Was er möglicherweise getan hatte.

Ein erstickter Laut. Sibylle führte die Hand an den Mund, presste die Finger auf die Lippen. «Du hast diese Frau irgendwo aufgegabelt, um sie ...» Ihre Stimme versagte. Sie setzte neu an. «Und dann hast du sie ...» Heftige Atemzüge. «Du hast sie einfach zurückgelassen? Hast sie verletzt liegenlassen, nur damit du ...»

«Sibylle ...» Zitternd hob er die Hand. «Ich wusste nicht ...»

«Sie war verletzt.» Flüsternd. «Sie hätte verbluten können. Vielleicht ist sie verblutet, liegt hier irgendwo tot im Gebüsch und ist nur noch nicht gefunden worden. Hier draußen, ganz allein, weggeworfen wie ein Scheuerlappen. An einer Müllkippe.»

«So war es nicht! Bitte, du musst mir glauben! Ich ...»

Sein Blick, gehetzt. Sibylle, die immer heftiger atmete. Kurz vor der Ohnmacht, alle beide.

«Ich ...» Ihr Ehemann. Er kämpfte um Worte. «Bitte», flüsterte er. «Wenn ich das geahnt hätte, hätte ich doch niemals ...»

Wirklich nicht? In welchem Zustand war ich gewesen, als ich dieses Geräusch gehört hatte? Im hellen Morgenlicht.

«Ich ... Ich ...» Er begann zu stottern. «Sibylle ... Ich wünschte, ich könnte etwas tun. Irgendetwas. Bitte! Sag mir, was ich tun kann!»

Ihr Blick war abweisend. Zu viele Lügen, dachte ich. Es waren einfach zu viele Lügen gewesen, als dass sie ihm nun hätte glauben können. Sie würde kein Wort mehr sagen, nicht jetzt und nicht hier.

Aber gleichzeitig stellte ich fest, dass *ich* ihm glaubte. Auch diesmal. Ja, möglicherweise hatte er diese Frau auf dem Gewissen, doch davon hatte er nichts geahnt. Ich täuschte mich nicht. Zumindest in dieser Hinsicht würde ich für ihn aussagen können, wenn es dazu kommen sollte. In diesem Moment jedoch konnte ich nur eins tun.

Vorsichtig hob ich den kleinen Jungen an, der bei der Bewegung die Augen aufschlug. Mit einem gezwungenen Lächeln setzte ich ihn auf dem Boden ab. Er tappte auf seine Mutter zu, klammerte sich an ihr Bein. Für den Moment weinte er nicht.

«Sie können tatsächlich etwas tun, Herr Unwerth», sagte ich. «Wir müssen wissen, was aus dieser Frau geworden ist und was sie zu sagen hat. – Nils, hol bitte den Wagen. Wir fahren nach Rahlstedt, Richtung Bahnhof.»

Unwerth sah mich an, schien eine Sekunde lang nicht zu begreifen. Dann, ruckartig, nickte er.

Doch ich empfand keine Erleichterung. – Das Brummen, das Geräusch aus dem Nebel. Das Schwirrholz: Matthias. Grethes Hof befand sich ganz am Ende des Naturschutzgebiets, kurz vor der Siedlung. Was hatte Matthias in der Nacht von Melanies Tod am entgegengesetzten Ende der stockdunklen Brachfläche zu suchen gehabt, an der Müllverbrennungsanlage, an der Ausgrabungsstätte der Archäologen?

Eisige Schauer auf meinem Rücken. Stumm wies ich auf unseren Wagen. Vielleicht gab es einen Menschen, der uns bei der Antwort helfen konnte.

* * *

«In Ordnung.» Albrecht horchte ins Telefon, stieß den Atem aus, versuchte den aufgeweckten Blick zu ignorieren, mit dem sein betagter Beifahrer ihn musterte. Für Helmbrecht war alles ein Riesenabenteuer. Unübersehbar. Und konnte er dem Professor seine Begeisterung verübeln? Hätte er selbst nicht ebenfalls alles dafür gegeben, Teil einer solch aufregenden Ermittlung zu sein, einer Ermittlung wegen einer Tat gegen Leib und Leben, als er selbst ...

Er hielt inne, schüttelte sich. *Als er selbst fünfundneunzig Jahre alt gewesen war?*

«Chef?» Lehmann, aus dem Telefon.

«Was ist?» Geknurrt.

«Ich hatte das Gefühl, Sie hören mir nicht mehr zu.» Kunstpause. «Also: Die Ehefrau und ihre Kinder fährt Schmehlich nach Hause. Das ist der Kollege aus Schleswig-Holstein. Nach allem, was sie gerade durchgemacht hat, ist es besser, wenn sie nicht selbst am Steuer sitzt, haben wir uns gedacht. Schmehlich können dann seine Kollegen abholen und mit ihm ...»

«Ja, ja, ja.» Ungehalten.

Frühe Feierabendzeit. Der Verkehr bewegte sich im Schritttempo, neben Jörg Albrecht saß ein greiser Paläograph, der nicht verraten wollte, warum er sich unter allen Umständen einen Baum ansehen wollte, und der Hauptkommissar konnte selbst nicht sagen, warum er ihn damit gewähren ließ. Und unerbittlich rückten die Zeiger vor, während Albrecht nicht einmal wusste, ob er überhaupt noch in den Frack passte, den er heute Abend brauchen würde, zu einem Termin an einer geheimnisvollen Adresse draußen vor der Stadt, den er einem Windhund von Anwalt verdankte.

Er fluchte. Fluchte auf sich selbst, auf diese Ermittlung, auf die stockende Blechlawine, am allermeisten auf den Verkehr stadteinwärts, der ihnen in flottem Tempo entgegenkam und jetzt sogar ... Lichthupe von einem Wagen auf der anderen Fahrbahn, den Albrecht im selben Moment ...

«Na, da sind Sie ja!» Aus dem Telefon. Grüßend winkte ihm der jüngste seiner Mitarbeiter durch die Windschutzscheibe zu, bremste ein wenig ab, während das Zivilfahrzeug der Hamburgischen Polizei den im Verkehrsstau eingekeilten Albrecht passierte. Der Hauptkommissar konnte einen sekundenkurzen Blick auf ein zusammengesunkenes Bündel auf dem Beifahrersitz werfen: Unwerth. Hannah Friedrichs ein Schatten auf der Rückbank.

«Hannah geht gerade noch ein paar Fotos durch, die ihr Marco aufs Handy geschickt hat», erklärte Lehmann. «Marco Winterfeldt. Scheint aber niemand dabei zu sein, auf den die Beschreibung passt. Die Beschreibung dieser Frau vom Bahnhof in Rahlstedt.»

Albrecht konnte sich an mehrere Erhebungen erinnern, die versucht hatten, das Zahlenverhältnis der amtlich registrierten Prostituierten gegenüber jenen Damen abzuschätzen, die ihrer Tätigkeit fern jeder behördlichen Aufsicht nachgingen. In einem Punkt waren die Ergebnisse einander ähnlich gewesen: Sie waren entmutigend.

«In Ordnung», murmelte er. «Wir haben Feierabendzeit. Es ist zwar noch wesentlich früher als am Abend der Tat, aber sehen Sie sich dort um, besonders natürlich Unwerth. Falls Sie sie nirgendwo entdecken, *fragen* Sie herum. Niemand war an diesem Abend näher am Täter und seinem Opfer als Unwerth und diese Frau. Mit dem Unterschied, dass er sich abgesetzt hat, während sie ...»

Er brach ab, versuchte sich zu besinnen. Wenn die Frau ernsthaft verletzt worden war, hatte Unwerth sich strafbar gemacht. Darüber hinaus aber konnte die Frau zivilrechtliche Ansprüche geltend machen, wenn sie das Vergehen anzeigte. Das Erste, was ihr jeder Provinzanwalt erzählen würde. Was hatte es zu bedeuten, dass das noch nicht geschehen war?

«Sie war dort», stellte er nachdrücklich fest. «Und da sie keinen Wagen mehr zur Verfügung hatte und obendrein verletzt war, ist sie mit ziemlicher Sicherheit länger dort geblieben als er und kann mehr gehört haben als dieses Summen.»

«Brummen.»

«Und mehr gesehen haben», murmelte er. «Mehr als den Nebel. – Reden Sie mit ihr, und anschließend erstatten Sie mir Bericht», schärfte er Lehmann ein. «Unter allen Umständen werden wir uns noch einmal unterhalten, bevor Sie mit Friedrichs zu diesem Happening fahren.»

«Happening?»

«Vollmondfeier. – Ist das klar?»

«Klar wie ...»

«In Ordnung.» Albrecht legte auf. «Und viel Erfolg.» Seine Finger bewegten sich an die Nasenwurzel.

«Erstaunlich, was diese Geräte heute alles können», bemerkte Helmbrecht. «Aber ich glaube, wenn Sie mal aufgelegt haben, hört man Sie am anderen Ende nicht mehr.»

Manchmal ist das auch besser so, dachte Jörg Albrecht.

Gut dreißig Minuten später passierten sie den aufragenden Fabrikbau der Mülldeponie. Vom dramatischen Einsatz der hansestädtischen wie der schleswig-holsteinischen Beamten war nichts mehr zu sehen, nachdem die Verzweiflungstat hatte verhindert werden können. Ein Lichtblick, dachte er, in dieser irrwitzigen Ermittlung.

Er bremste ab, als er in die ungepflasterte Zufahrt zum Höltigbaum einscherte. «Halten Sie sich fest?» An Helmbrecht.

Zweige streiften die Seitenscheiben. Hier musste es passiert sein. Hier musste Unwerths Wagen die Prostituierte erfasst haben. War es möglich, dass es sich trotz allem nur um eine Bagatellverletzung gehandelt hatte? Die Blutmenge unter dem Wagen war gering gewesen. Hatte sie sich deshalb keinen Anwalt genommen? Doch würde eine Frau, die auf eine solche Weise ihr Geld verdiente, für eine Sekunde zögern, wenn auch nur die entfernte Chance auf eine Schmerzensgeldzahlung am Horizont auftauchte?

«Warum schweigt sie?», murmelte er.

«Vielleicht verstorben?» Helmbrecht. «Wäre eine Erklärung.»

«Unsere nicht natürlichen Todesfälle der vergangenen Tage haben Sie vorhin persönlich kennengelernt.» Albrecht nahm die Augen nicht vom Fahrweg, der nach dem Gaffertourismus der vergangenen Tage dermaßen aufgewühlt war, dass der Hauptkommissar gezwungen war, sich halb auf dem Grünstreifen zu halten. «So viele von der Sorte haben wir selbst in Hamburg nicht.»

Und die Zufahrt hatte Seydlbacher unter die Lupe genommen, rief er sich in Erinnerung. Der Bayer war hier draußen gewesen, nachdem die Nachricht von dem Wagen mit dem Kennzeichen PI eingegangen war, der das Gelände am Höltigbaum fluchtartig verlassen hatte. Und er hatte weder irgendwelche Blutspuren noch sonst etwas gefunden. Nein, im Buschwerk gegenüber der Deponie verbarg sich kein weiterer Leichnam.

«Wir wissen, dass wir nichts wissen», murmelte Albrecht.

«Ach was.» Aufmunternd. «Und Sie werden überrascht sein, was wir alles wissen werden, wenn wir erst da sind.»

Albrecht nickte stumm. Er war sich nicht sicher, was er sich an Erkenntnissen über seinen zweiten Toten versprechen sollte – von einem Baum. Im besten Fall würde der Professor ihm die Möglichkeit geben, den Tatort noch einmal neu zu sehen, mit neuen Augen, aus gänzlich neuer Perspektive. Doch konnte er tatsächlich auf eine befriedigende Antwort hoffen auf diese Frage, die es ihm unmöglich machte, sinnvoll in seiner Ermittlung fortzufahren: War Gabelitz von eigener Hand gestorben – oder war er das zweite Opfer eines Täters, dessen Bild sich noch nicht einmal in Umrissen abzeichnete?

Große Erwartungen, dachte er. An eine Weide. Unweit der Baumgruppe brachte er den Wagen zum Stehen, stieg aus. Bevor er das Fahrzeug umrundet hatte, stand der Professor bereits aufrecht, auf die Tür gestützt, den Blick in Richtung der Bäume.

«Der Dritte», murmelte Helmbrecht. «Der Dritte auf der linken Seite.»

Albrecht kniff die Augen zusammen. Alles noch einmal neu, dachte er. Alles noch einmal mit neuen Augen. Aber das ergab sich schon ganz von allein: Aus dieser neuen Perspektive hatte er sogar selbst Schwierigkeiten, den richtigen Baum auszumachen. Doch, ja, Helmbrecht hatte recht. Einige Schritte entfernt ein Fähnchen, das die Stelle kennzeichnete, an der die Archäologen den Leichnam abgelegt hatten.

«Woher ...»

«Mein Stock?» Eine auffordernde Geste.

Albrecht bückte sich, nahm den Stock aus dem Fußraum. «Woher wissen Sie das?», fragte er.

Helmbrecht griff nach dem Stock und stapfte quer durch das hohe Gras auf den Baum zu, blieb zwischen den Wurzeln stehen, blickte am Stamm empor zu dem Ast, an dem die orangefarbene Schlinge befestigt gewesen war. Unterhalb davon Schrunden und Knoten im Holz, die Gabelitz bei der letzten Aktion seines Lebens genutzt haben konnte, um zur Schlinge emporzuklettern – Gabelitz oder seine Mörder, auf deren Existenz Martin Euler keine Hinweise hatte finden können.

«Was denken Sie?», fragte Helmbrecht. «Wie alt?»

«Gabelitz war dreiundfünfzig.»

«Der Baum.» Der Professor hob seinen Stock, klopfte gegen die Borke: eine eher tätschelnde Geste. «Dürfte in meinem Alter sein, fast noch ein junger Hüpfer.»

Mit annähernd hundert Jahren? Einer der Äste hing bis dicht über den Boden. Albrecht streckte die Hand aus, doch noch bevor er das Laub berührte, *wusste* er es.

«Keine Weide», flüsterte er. «Die anderen Bäume sind Weiden. Das hier ist eine Linde.»

Ein Gedanke in seinem Kopf. Er konnte ihn spüren wie einen einzelnen Tropfen, der mit einem Mal aus verdorrt geglaubten Regionen seines Hirns hervorsickerte. Einen Tropfen, der in Bruchteilen von Sekunden zum Rinnsal wurde, sich zum wilden Gebirgsfluss auswuchs, über Stromschnellen und Katarakte sprang, schneller als Bilder, schneller als Worte. Doch Albrecht kam nicht zum Nachdenken.

«Natürlich ist es eine Linde.» Helmbrecht straffte sich. «Ein heiliger Baum in germanischer Zeit, der Göttin Frigga geweiht. War für alles Mögliche zuständig, die Dame, unter anderem für die Wahrheit. Nur logisch, dass man sich Linden ausgesucht hat, wenn man ...»

«Gerichtslinden.» Albrecht hatte die Hand sinken lassen. «Orte, an denen die Germanen ihren Thing abhielten, ihre Gerichtsversammlungen.»

«Bemerkenswert, was Sie plötzlich alles wissen.» Nicht ohne eine Spur Überheblichkeit. «In der ältesten Zeit jedenfalls wurde unter solchen Linden das Recht nicht allein *gesprochen*, sondern auch genau dort *vollstreckt*. Indem man die Verurteilten gleich vor Ort an den Ästen aufknüpfte. – Muss damals ganz anders ausgesehen haben hierzulande. Eine Menge Linden. Tacitus berichtet von unappetitlichen Szenen nach der Schlacht im Teutoburger Wald. Ganze Wälder von gehängten römischen Legionären, die man den Göttern auf diese Weise zum Geschenk gemacht hat.»

«Ein Opfer», murmelte der Hauptkommissar. «Wieder ein Opfer.»

Helmbrecht hob die Schultern. «Jedenfalls nicht dumm gedacht: Die Übeltäter sind aus dem Weg und gleichzeitig den Göttern was Gutes getan. Die Form der Strafe war symbolischer

Natur, zur Erinnerung an den Göttervater Odin, dem das selbst mal passiert war. Aufgehängt zu werden.»

«Aufgehängt? Ein Gott?»

«Eine Art ... Wettspiel.» Der Professor schien eine Sekunde nachzudenken. «Gegen die Riesen. Am Ende ist er quicklebendig davongekommen, mit unbegrenztem Wissen begabt, und konnte seinen Verehrern sogar noch ein Geschenk mitbringen: die Kunst des Runenritzens.»

«Runen.» Zum zweiten Mal in dieser Ermittlung kam Albrecht sich vor wie ein Echo, mit dem Unterschied, dass es ihn diesmal nicht störte. Alles gehörte zusammen. Er hatte es gewusst und doch nicht zu fassen vermocht. Aber *wie* gehörte es zusammen?

Der Professor war noch etwas näher an den Baum getreten. Seine Finger, faltig und verkrümmt, als wären sie selbst Teil eines uralten Gewächses, strichen über die Borke.

«Das könnte ein *ansuz* sein», murmelte er.

Albrecht beugte sich über die Schulter des alten Mannes. Risse im trockenen Holz – oder etwas anderes als Risse? Helmbrecht ließ die Hand sinken und gab dem Hauptkommissar Gelegenheit, die Finger ebenfalls über die Stelle zu führen.

Eine senkrechte Kerbe im Holz, bei der er sich nicht sicher war, ob sie nicht natürlichen Ursprungs war, doch kurz vor ihrem oberen Ende schienen zwei Ratscher diagonal nach unten abzuzweigen, annähernd parallel.

«Diese Kerben sind frisch», sagte er leise. «Sie könnten entstanden sein, als Gabelitz zu dem Ast emporgeklettert ist. Er könnte abgerutscht sein. Oder seine Kollegen, heute Morgen, als sie ihn abgeschnitten haben.»

«Oder es könnte ein *ansuz* sein.» Helmbrecht.

«Ein *a*», murmelte Albrecht. «In Runenschrift.»

«Wenn Sie es als Buchstaben lesen.» Ein bestätigendes Nicken.

Albrecht ließ die Hand sinken. «Und als Wort?»

Der Professor schwieg. Auf seinen Stock gestützt, trat er zwei Schritte zurück, betrachtete die undeutliche Zeichnung im Holz, betrachtete den Ast, an dem der Archäologe gestorben war. Seine Lippen bewegten sich lautlos. Zehn Sekunden, eine halbe Minute. Schließlich ein Kopfschütteln.

«Das *ansuz* ist vieldeutig», erklärte er. «Kaum eine Rune lässt so viele Möglichkeiten offen. Sie könnte für die Asen stehen, die Götter, insbesondere für Odin. Diesen Zusammenhang hatten wir ja schon. Odin könnte gemeint sein oder seine Gabe, die Weisheit, und damit die Runen allgemein. Genauso könnte das *ansuz* für den Wind stehen, den wilden Sturm, der entfesselt wird, oder ...» Nachdenklich wiegte er den Kopf hin und her. «Wenn es überhaupt eine Rune ist. Wenn Sie nicht recht haben und der Verblichene sich lediglich in unzweckmäßigem Schuhwerk auf seine letzte Reise begeben hat.»

Zufall, dachte Albrecht. Oder ein Zeichen? Undeutlich, wie die Spuren waren, erschien beides möglich. Und wenn es ein Zeichen war? Ein Hinweis, den Gabelitz hinterlassen hatte, als man ihn gezwungen hatte, zu dem Ast emporzuklettern? Oder stammten die Kerben überhaupt nicht von ihm? Das *ansuz*: ein Zeichen seines Mörders?

«Odin», sagte er leise. «Das wäre die simpelste Erklärung. Odin, der den Menschen die Kunst der Runen gebracht hat. Melanie Dahls Körper wurde mit Runenzeichen versehen, und auch hier finden wir eine Rune, die Gabelitz zu einem Opfer für Odin weiht.»

«Möglich.» Helmbrecht zuckte die Achseln, für den Moment nicht länger auf den Baum konzentriert, sondern auf seine Brille, die er von der Nase genommen hatte, um sie skeptisch zu betrachten. «Wobei ich mir nicht vorstellen kann, dass er es in diesem Fall übertrieben hätte mit diesem Hokuspokus. Also Ihr Mörder. Da sind sie dann doch wieder eigen, die Götter, wenn ihnen irgendwas als Opfer verkauft werden soll, was man eigentlich nur aus dem Weg haben will.»

«Aus dem Weg haben?»

«Na, den Täter.» Die Brille wurde wieder aufgesetzt. «Den Straftäter. Gabelitz.»

«Straftäter?»

«Natürlich.» Entschiedenes Nicken. «Es ist doch eindeutig, dass in diesem Fall keine Opfergabe im Mittelpunkt steht, sondern eine Bestrafung.»

Albrecht sah ihn an. «Ist es das?»

Helmbrecht blickte ins Astwerk, drehte sich dann um, musterte die Stelle, an der der tote Körper gelegen hatte und an der sich das Gras nun zögerlich wieder aufzurichten begann. «Das würde ich doch sagen. – Oder können Sie mir erklären, warum man ein Opfer an die Götter verstecken sollte?»

«Verstecken?»

«Unter einer Kapuze. – Straftätern setzte man eine Kapuze auf, wenn es an den Galgen ging. Weil man sich vor ihrem bösen Blick fürchtete vermutlich. Und sonderlich erhebend ist der Anblick nun auf keinen Fall, wenn der Strick den Verurteilten langsam stranguliert. – Aber bei einem Opfer an die Götter? Da muss man dann durch, selbst wenn's nicht hübsch aussieht. Und Verwünschungen und Verfluchungen sind schon gar nicht zu befürchten. Dazu hat man sie ja, die Götter.»

«Die Kapuze.» Albrecht starrte auf die Stelle im Gras. Genau dort hatte sie gelegen, und in diesem Moment hätte er begreifen *müssen*. «Warum sollte ein Mensch, der sich mitten in der Nacht mutterseelenallein hier draußen den Strick nimmt, sein Gesicht mit einer Kapuze verhüllen?», flüsterte er. «Nein. Es war kein Selbstmord. Doch es war auch kein Mord, nicht wenn Sie denken wie unser Täter.»

Langsam drehte er sich zu Helmbrecht um. «Es war das, was Sie sagen. Es war eine Hinrichtung.»

* * *

Vom Rücksitz aus sah ich aus dem Seitenfenster. Grundsätzlich zählte Rahlstedt zu den besseren Wohngegenden der Stadt. Um die vorletzte Jahrhundertwende hatte es sogar einen regelrechten Boom erlebt; die großzügigen, schneeweißen Villen in Teilen des Viertels wurden bis heute liebevoll gepflegt – von Bewohnern, die es sich leisten konnten, hier zu leben.

Ein paar hundert Meter weiter schon, kaum dass der Bahnhof hinter uns lag, sah es ganz anders aus. Wir befanden uns in einer Gegend, in der vor gut einem halben Jahrhundert noch gar nichts gewesen war. Höchstens Kuhweiden, bis Anfang der sechziger Jahre. Bis zum Jahr der großen Sturmflut, die große Teile Wilhelmsburgs und der Elbinseln unbewohnbar gemacht und den damaligen Senat vor die Aufgabe gestellt hatte, innerhalb kürzester Zeit neuen Wohnraum für Zehntausende von Menschen zu schaffen – im Idealfall in einer Gegend, die nicht bei der nächsten Gelegenheit gleich wieder überflutet wurde. In Rahlstedt.

Den Wohnblöcken war anzusehen, wie eilig man sie hochgezogen hatte. Triste, einförmige Plattenbauten, die die meisten Leute vermutlich eher mit den neuen Bundesländern in Verbindung gebracht hätten. Aber die meisten Leute – die Tagestouristen, die sich einen netten Ausflug mit Hafenrundfahrt, Reeperbahn und St. Pauli gönnten – bekamen Viertel wie dieses ohnehin nicht zu sehen.

Wer sind die Menschen, die heute hier leben?, fragte ich

mich. Die Überlebenden der Flutkatastrophe waren inzwischen alt und grau, wenn sie überhaupt noch am Leben waren. Heute sah es ganz anders aus. Eine der Gegenden der Stadt, in denen auch Familien aus sozial schwachen Verhältnissen die Miete zahlen konnten.

Wenn sie das tatsächlich konnten:

Lehmann war die Straße, die Carsten Unwerth uns gezeigt hatte, einmal langsam auf und ab gefahren. Ein knappes Dutzend Frauen, stark geschminkt, einschlägiges Nuttenoutfit. Dazu allerdings mehrere jüngere Mädchen, bei denen ich mir am Anfang nicht sicher gewesen war. Der Chic war ganz ähnlich, hohe Stiefel, billige, zu kurze Röcke, doch nachdem ich zwei von ihnen entdeckt hatte, die auf dem Gehweg Kinderwagen vor sich herschoben, war mir klar geworden, dass das ganz einfach die Art war, wie man sich anzog, wenn man hier draußen jung war.

So jung, dachte ich. Kinder, die selbst schon Kinder hatten. Wie viele von ihnen würden jemals eine echte Chance bekommen, hier rauszukommen? Ob genau das der große Traum derjenigen war, die an der Straße standen und ihre Körper verkauften? Er würde sich nicht erfüllen.

Lehmann nahm den Fuß vom Gas. Die letzten der Frauen waren nur noch im Rückspiegel zu sehen. «Sie war nicht dabei?», fragte ich.

Unwerth schwieg, was einem Nein nahe genug kam. Seine Hände lagen auf den Oberschenkeln, zu Fäusten geballt, dass die Knöchel weiß hervortraten. Ob er an die anderen Abende dachte? Die Abende, an denen er allein hier unterwegs gewesen war? Mit Sicherheit. Und mit Sicherheit war es ein *äußerst* merkwürdiges Gefühl, nun mit uns hierher zurückzukehren. In einem Zivilfahrzeug der Polizei, mit Menschen, die sein Geheimnis kannten.

«Noch mal dieselbe Strecke?» Nils Lehmann drehte sich zu mir um.

Ich zögerte, schüttelte dann aber den Kopf. «Offenbar ist sie im Moment nicht hier. Möglich, dass sie gerade einen Kunden hat.» Die harmloseste Erklärung, dachte ich. Die beruhigendste. Vor allem, wenn man in der Haut von Carsten Unwerth steckte.

Lehmann bog um die Ecke, hielt in einer Parkbucht am Straßenrand. Das Laub war noch nicht dicht genug, um den Blick auf die hässlich grauen Wohnblöcke zu verdecken, deren einziger Schmuck aus verblassten Graffiti bestand. Dafür wucherte im Rinnstein das Gras knöchelhoch. Rechts von uns ein heruntergekommener Spielplatz, irgendwo auch Kinder, ein paar Meter von der Straße allerdings ein Hund, der im Begriff war, im Sandkasten sein Geschäft zu verrichten.

Ich löste meinen Sicherheitsgurt, stieg umständlich aus. Lehmann hatte inzwischen gelernt, dass ich dabei keine Hilfe akzeptierte. Die beiden Männer kamen ebenfalls nach draußen.

«Südeuropäisch?», wandte ich mich an Unwerth. «Aber nicht dunkelhäutig?»

Ein Kopfschütteln. «Nein.» Leise. «Wie sie dort eben aussehen.»

«Und sie hat eine Zahnlücke», murmelte ich. «Vielleicht hilft uns das, wenn wir die Frauen ansprechen.»

«Ansprechen?» Lehmanns Stimme: einen Tick höher und einen Tick lauter als gewohnt.

«Ansprechen, um uns nach unserer Zeugin zu erkundigen», erklärte ich. «Mir war nicht klar, dass du Probleme damit hast, fremde Damen anzusprechen.»

Sein Gesicht veränderte sich, nahm für eine Sekunde einen Ausdruck an, den ich bei ihm nicht kannte. Natürlich, dachte ich. So wenig er ein Kind von Traurigkeit war: Undenkbar, zu einer Nutte zu gehen, wenn man Nils Lehmann war. Und hatte er nicht recht? Das hatte er – zumindest wenn es Frauen waren wie hier an der Straße. Traurig und verzweifelt wie alles hier draußen. Ich schüttelte den Kopf. Es hatte keinen Sinn. Mir war klar, dass er Unwerth verachtete, ihn nicht begreifen konnte.

Unauffällig sah ich selbst in Carsten Unwerths Richtung. Sein Blick ging ins Leere. Er sah zehn Jahre älter aus als gestern Morgen. Ein Haus in Meiendorf, dachte ich. Frau und Familie. Und ein Job, in dem er vermutlich nicht übel verdiente. War es trotz allem möglich, dass er auf seine Weise ganz genauso verzweifelt war wie die Frauen, die er bezahlt hatte?

«Mit Sicherheit haben diese Frauen keinen Schein vom Amt», sagte ich nachdenklich. «Wer weiß, wie sie reagieren, wenn wir ihnen erzählen, dass wir von der Polizei sind.» Wenn sie das nicht sowieso längst begriffen haben, meldete sich eine Stimme in meinem Hinterkopf. «Sie wissen am besten, wie die Südeuropäerin aussieht», wandte ich mich an Unwerth. «Würden Sie sich bei den Frauen erkundigen?»

Er nickte knapp, wandte sich ohne ein weiteres Wort um und entfernte sich in Richtung Straßenkreuzung.

Wir ließen ihm einen größeren Vorsprung. Vorzugeben, wir hätten nichts mit ihm zu tun, hatte sowieso keinen Sinn, nachdem wir quasi im Schritttempo die Straße abgefahren waren und ich die Reaktionen der Frauen hatte beobachten können: eine Veränderung in ihrer Haltung, als das Motorengeräusch näher kam. Eine Spannung, die vorher nicht dagewesen war. Ein herausfordernder Blick. Ein Hintern im engen Rock, der in Positur gebracht, ein tief ausgeschnittenes Dekolleté, in das großzügigerer Einblick gewährt, ein Becken, das in der Hüfte nach vorn gekippt wurde. Alles für ungefähr zwei Sekunden. Dann aber, als wir nahe genug waren, dass sie erkennen konnten, wer im Wagen saß, mehrere Personen und, wichtiger, eine von ihnen eine Frau: Die Haltung erschlaffte. Teilnahmslos, als ob nichts gewesen wäre. Eine Frau nach der anderen, nahezu dieselbe Abfolge von Bewegungen: wie Wind, der durchs Gras weht und keine Spur hinterlässt.

«Ich kann nicht begreifen, wie ein Mensch ...» Lehmann.

«Nein», sagte ich leise. «Das kannst du nicht.»

Unwerth war bei der ersten der Frauen stehen geblieben, der einzigen, die noch vor der Kreuzung stand. Schon etwas älter, dachte ich, jenseits der vierzig, doch das konnte täuschen bei ihrem Job. Sie lehnte, nein, nicht an einer Laterne, sondern am Tor zu einem Gelände, auf dem ich beim Vorbeifahren lange Reihen von Wellblechgaragen gesehen hatte. An der Art, wie sie den Kopf in den Nacken warf, erkannte ich, dass sie ihn erst einmal als Kunden betrachtete.

Angespannt beobachtete ich, versuchte gleichzeitig nicht zu deutlich hinzusehen. Hatte er seine Frage schon gestellt? Offensichtlich. Doch jetzt schien sie an der Reihe, eine ... Ja, eine *unanständige* Frage. Unwerths Haltung schien sich für einen Augenblick zu versteifen, doch dann schüttelte er den Kopf. Noch einmal, heftiger.

Sie hob die Schultern. Die Andeutung einer abwinkenden Geste. Eine neue Frage. Diesmal kam sein Kopfschütteln fast sofort. Er sagte etwas, und im nächsten Moment wandte er sich ab und kam zurück.

«Sie hat sie nicht gesehen?» Fragend sah ich ihn an.

Nervös fuhr seine Zunge über die Lippen. «Also, sie ...»

«Nun reden Sie schon!» Plötzlich war meine Geduld aufgebraucht. Diesem Mann verdankten wir es, dass wir hier waren. Eindeutig der falsche Moment, wenn er die Mimose spielen wollte.

Er räusperte sich. «So weit sind wir nicht gekommen. Natürlich will sie den Kunden erst mal für sich selbst. Selbst wenn ...» Ein Blick über die Schulter. Die Frau sah in unsere Richtung, gab sich gar keine Mühe, es zu verbergen. Schließlich zuckte sie mit den Achseln und verschwand schlendernd um die Ecke.

Er holte Luft. «Es gibt Kunden, die spezielle Wünsche haben.» Ein Nicken. Auf meinen Bauch. Und leiser, schuldbewusst beinahe: «Wenn ich Sie dabeihaben will, kostet es das Doppelte.»

Ich starrte ihn an. Spezielle Wünsche. Mit zwei Frauen gleichzeitig – einer dieser Männerträume. Obendrein einer, bei dem auch mein eigener Angetrauter keine Ausnahme machte. – Aber ich war schwanger! Hielt sie mich womöglich für eine Kollegin von sich, die er irgendwo aufgegabelt hatte für eine *ménage à trois* der besonderen Art? Nein, wahrscheinlich wollte ich das gar nicht wissen.

«Er gefällt ihr allerdings.» Ein neues Nicken, diesmal in Richtung Lehmann, der sich in eine Salzsäule verwandelt hatte, seitdem Unwerth zu uns zurückgekommen war. «Da hätte sie einen ... Sonderpreis.» Noch leiser jetzt.

«Okay», murmelte ich rasch. Offenbar gingen wir die Sache nicht richtig an. Ich sah mich um. Die beiden jungen Frauen mit den Kinderwagen waren an der Straßenkreuzung stehen geblieben, schräg gegenüber von uns. Sie steckten die Köpfe zusammen. War es einen Versuch wert, sie auf unsere Zeugin anzusprechen? Wenn *ich* es versuchte? Sie hatten selbst kleine Kinder, und die Ermittlerin sah man mir erst einmal nicht an. Davon abgesehen, dass diese Frauen keine Nutten waren und keinen Grund hatten, stumm wie die Fische zu werden, wenn die Staatsgewalt auftauchte. Ja, sie sahen in unsere Richtung. Ich war mir sicher, dass sie über uns sprachen.

In diesem Moment geschah etwas, mit dem ich nicht gerechnet hatte. Eine der beiden Frauen nickte knapp, doch die andere: Sie machte plötzlich kehrt, begann in die Richtung zurückzugehen, aus der die beiden gekommen waren. Und sie ging schnell.

«Was soll das denn jetzt?» Lehmann war meinem Blick gefolgt.

«Sie flüchtet», murmelte ich. «Oder ...» Ein Gedanke. «Herr Unwerth? Die beiden Frauen mit den Kinderwagen: Haben Sie diese Frauen schon einmal gesehen? Können diese Frauen *Sie* gesehen haben?»

«Wie?»

«Können sie gesehen haben, wie Sie mit der Frau weggefahren sind? Der Südeuropäerin?»

Er starrte mich an. Ich konnte zusehen, wie der Groschen fiel: ganz langsam, viel zu langsam.

«Möglich», murmelte er. «Ich habe nicht darauf geachtet.»

Die junge Mutter war schon fast aus dem Blick. Im letzten Moment sah sie noch einmal über die Schulter. Eindeutig: Sie sah sich nach uns um.

«Sie will zu der Südeuropäerin», flüsterte ich. Ich wusste nicht, woher ich es wusste. Ich *wusste* es. «Nils!»

Lehmann fragte nicht nach. Mit großen Schritten war er bereits unterwegs.

«Sie bleiben hier!», zischte ich Unwerth zu, folgte meinem Kollegen so gut ich konnte, fluchte unterdrückt. Er war zu schnell, zu auffällig. Und schließlich konnte sie gar nicht weglaufen, nicht mit dem Kinderwagen. Aber wenn sie sah, dass er ihr folgte, konnte sie einfach stehen bleiben, tun, als ob überhaupt nichts gewesen wäre. Was konnten wir dagegen machen?

An der Ecke holte ich Lehmann ein. Er sah der Frau hinterher. Sie war auf der anderen Straßenseite, wo sich eng hintereinandergestaffelt mehrere Wohnblöcke erhoben. Wir mussten abwarten, hoffen, dass sie sich nicht noch einmal umdrehte, uns im Schatten halten, so gut es ging. Sehen, wo sie verschwand.

«Scheiße!», zischte Lehmann.

Ich folgte seinem Blick: die andere Frau, die andere junge Mutter mit Kinderwagen. Sie stand immer noch an der Kreuzung, uns schräg gegenüber, die Augen auf etwas in ihrer Hand gerichtet.

«Sie schreibt ihr eine SMS.» Lehmann. «Der anderen. Oder der Zeugin. Verdammt!»

«Los!» Ich gab ihm einen Stoß. «Zeig ihr deine Marke, tu, was du tun musst, aber du musst sie einholen.»

Er rannte los, im Laufschritt die Straße runter, im selben Moment, in dem sie tatsächlich in einem Durchlass zwischen den Straßenbäumen verschwand. Ich versuchte Schritt zu halten, doch das Kind in meinem Bauch war unruhig, seitdem wir ausgestiegen waren, und nach wenigen Metern ging mir die Puste aus. Langsamer, befahl ich mir. Langsamer! Diese Ermittlung war diese Ermittlung, und sie war mir wichtig, doch ich hatte mehr als eine Handvoll Kollegen, die sie abschließen konnten, und einer von ihnen war der Frau bereits hinterher. Langsamer, dachte ich. Ruhig.

Lehmann war jetzt ebenfalls nicht mehr zu sehen, aber ich hatte mitbekommen, wo er und die Frau verschwunden waren. Ich überquerte die Straße, ein Fuß, dann der nächste.

Lehmanns Stimme. Er selbst war unsichtbar hinter einem immergrünen Gebüsch am Fußweg zu den Wohnblocks. Eine Antwort, die ich nicht verstehen konnte, doch auf keinen Fall kam sie von der jungen Frau. Es war eine Männerstimme, laut und undeutlich. Vor allem aber unfreundlich. Aggressiv.

Ich bog in den Durchgang. Der Mann war einen halben Kopf kleiner als Nils und untersetzt, hatte aber ein Kreuz wie ein Kleiderschrank. Streichholzkurze Haare, durch die sich wie ein

Scheitel eine verheilte Narbe zog, dazu ein T-Shirt der *Böhsen Onkelz* und an den Füßen Doc Martens. Die Frau mit dem Kinderwagen stand zwei Schritte hinter ihm an einem der Hauseingänge.

«Es ist alles okay», wiederholte Lehmann nachdrücklich. Er hatte die Hände gehoben – nicht als ob er sich ergeben wollte, aber es war doch klar, dass er unbewaffnet war. Da hatte jemand aufgepasst beim Workshop zur Deeskalation.

Die Augen des Mannes bewegten sich kurz zur Seite, in meine Richtung. Alkoholisiert? Ja, eindeutig. Gefährlich?

«Sascha.» Die Frau mit dem Kinderwagen. «Komm, bitte lass ihn. Er hat nur ...»

«Schnauze!» Der Blick wieder auf Lehmann, ein langsamer Schritt nach vorn. Eine Ausbeulung in seiner Hosentasche, und die Form war deutlich: ein Klappmesser.

acht

Sascha. Die Frau mit dem Kinderwagen hatte ihn Sascha genannt. Er war kleiner als Lehmann, und ohne Zweifel hatte er getrunken, doch wenn ich jemals einen Schläger gesehen hatte, dann stand er in diesem Moment vor mir. Nein, nicht ganz – mit langsamen Schritten bewegte er sich auf Lehmann zu, während seine Hand in Richtung Hosentasche wanderte, in Richtung des Messers. «Gibt's hier irgendwelche Probleme, Alter?»

Ich sah, wie Nils Lehmann sich anspannte – er war unbewaffnet, natürlich. Als wir das Revier verlassen hatten, waren wir auf dem Weg zu einer Frau gewesen, die ihren Mann vermisst gemeldet hatte.

Meine Hand bewegte sich in meine Jackentasche wie von selbst. «Polizei!» Meine Dienstmarke. «Sie bleiben genau dort stehen!»

Sascha blinzelte – und blieb tatsächlich stehen. Aus Überraschung, dachte ich, nicht aus Einsicht. Er sah Lehmann und mich abwechselnd an, machte aber keine Anstalten, sich zurückzuziehen.

«Es ist alles in Ordnung», betonte ich. «Wir wollen nur eine Auskunft.» Ein Blick an ihm vorbei zu der jungen Frau. «Sie haben uns gesehen und kehrtgemacht. Ich glaube, Sie wissen, nach wem wir suchen.»

Ihr Blick schien zu flackern. Mehr Bestätigung war nicht notwendig. Sie fuhr sich über die Lippen. «Ich …»

«Schnauze! Ich sag dir, wann du den Mund aufmachst!»

«Das tun Sie nicht», sagte ich ruhig. «Nicht, wenn wir dieser jungen Frau eine Frage stellen. Und im Übrigen …»

Überdeutlich sah ich auf seine linke Hand. Ich war lange genug im Dienst, um ein Knast-Tattoo identifizieren zu können. Wenn es obendrein die Buchstaben, nein, die *Runen* einer verfassungsfeindlichen Organisation zeigte, war das auch nicht weiter schwierig. Auf Bewährung draußen, so sicher, wie Wasser nass war.

«Sie treten jetzt zehn Schritte zurück», gab ich Anweisung, «und lassen meinen Kollegen durch!»

Er starrte mich noch eine Sekunde lang an, aus böse funkelnden, winzig kleinen Augen, dann spuckte er auf den Gehweg vor Lehmanns Füßen, drehte sich um und trottete davon – mehr als zehn Schritte. Er verschwand in einem der hinteren Hauseingänge. Der Türschließer musste kaputt sein; als der Metallrahmen ins Schloss fiel, klang es wie ein Schuss.

Mein Herz schlug mir bis zum Hals. Ich stieß den Atem aus. Das war knapp gewesen. Eine Hand der jungen Frau löste sich vom Griff des Kinderwagens. Ich staunte über ihr Baby, das bei Saschas Brüllerei keinen Ton von sich gegeben hatte. Doch wer weiß, dachte ich. Vielleicht war es diesen Tonfall gewohnt.

Ich nickte in Richtung der Hauseingänge. «Ihr ... Partner?», fragte ich.

Sie senkte kurz den Blick, sah dann erst mich, dann schnell das Kind an. «Es ist kompliziert.» Leise. «Aber er ist nicht immer ... Er wird nur sehr schnell sauer.»

Ich nickte verstehend, selbst wenn es in Wahrheit mit meinem Verständnis nicht weit her war. Karten mit der Nummer des Frauennotrufs hatte ich auf jeden Fall in der Tasche.

«Hannah Friedrichs», sagte ich. Ein Nicken nach hinten. «Mein Kollege Nils Lehmann.» Ich holte Luft. Nur nicht übermäßig betonen. «Herr Unwerth ist bei unserem Wagen geblieben. Er unterstützt uns bei einer Ermittlung. Sie kennen ihn vom Sehen, denke ich.»

«Yasmin», flüsterte sie. «Yasmin Koppetz.» Sie zog die Unterlippe zwischen die Zähne. Unsicherheit, ihr Handrücken wischte über die Wange. Eine Geste, die zu einem kleinen Mädchen gepasst hätte.

«Ich verspreche Ihnen, dass Ihre Freundin nichts zu befürchten hat», sagte ich. «Wir wollen einfach nur ...» Ich zögerte, suchte Lehmanns Blick und behielt ihn im Auge, während ich weitersprach. «Wenn das einfacher wäre», sagte ich, «oder wenn Sie denken, das wäre besser, würde ich auch allein mit ihr reden.»

Unser Jüngster verdrehte die Augen gen Himmel, doch zumindest blieb er still. Natürlich, eine offizielle Aussage für die Akten wurde auf diese Weise unmöglich. Doch dass sich das nachholen ließ, wusste er so gut wie ich. Und wir hatten keine Ahnung, in welchem Zustand sich Unwerths Gespielin befand und wie sie reagieren würde, wenn wir zwei Mann hoch anrückten.

Die junge Frau sah mich an, und ganz langsam nickte sie. «Aber ... Sie müssen mir versprechen, dass Sie ... Also, wenn sie nicht mit Ihnen reden will ...»

«Sie haben mein Wort», sagte ich.

«Okay.» Ganz leise. Sie trat einen Schritt zurück, um den Kinderwagen auf den niedrigen Absatz vor dem Hauseingang zu bugsieren. Ich ging an ihr vorbei, hielt ihr die Tür auf.

Kalte Luft schlug mir entgegen, und sie wurde von einem Geruch begleitet, der mich zwang, durch den Mund zu atmen. Irgendjemand musste diesen Eingang als Klo benutzt haben.

«Es ist im dritten Stock», sagte Yasmin und nahm das Kind aus dem Wagen: ein kleines Mädchen, ganz in Rosa, und sofort fing es leise an zu weinen. Sie legte sich die Kleine an die Schulter, flüsterte ihr etwas ins Ohr. Das unterdrückte Schluchzen setzte sich halbherzig fort, wurde aber nicht lauter.

Im Treppenhaus gnädiges Halblicht. Hinter Yasmin stieg ich langsam die Stufen hoch, warf einen Blick auf die Türschilder und las Namen aus aller Herren Länder. Schließlich blieben wir auf einem Treppenabsatz stehen.

Hier war das Türschild leer. Ich sah den Gesichtsausdruck der jungen Frau, nickte ihr beruhigend zu. «Wirklich, es ist alles in Ordnung. Es geht nicht um Ihre Freundin. Ich möchte nur etwas wissen, das sie vielleicht gesehen hat.»

Ihr Nicken wirkte nicht begeistert, doch mit einem tiefen Seufzer drückte sie die Klingel.

Stille, mehrere Sekunden lang. Sie zögerte, klingelte dann erneut. Nicht zu Hause?, dachte ich. Aber irgendetwas an Yasmins Haltung sagte mir, dass das nicht in Frage kam. Ein drittes Mal den Finger auf die Klingel, länger diesmal, und tatsächlich ... Gedämpfte Laute, Schritte, langsam und irgendwie *schleppend*, die jetzt innehielten.

«Maddalena?» Yasmin, mit nervöser Stimme.

Die Tür besaß einen Spion wie ein winziges schimmerndes Auge. Ich hielt mich halb hinter meiner Begleiterin und bemühte mich um einen Gesichtsausdruck irgendwo zwischen freundlich und neutral.

«Maddalena, bitte mach auf!»

Eine Antwort, die ich nicht verstehen konnte, gefolgt von einem undeutlichen, schabenden Geräusch. Vorsichtig wurde die Tür einen Spalt geöffnet. «Ya... Yasmin?» Verwaschen und mit leichtem Akzent.

Sie ist es! Mein *zweiter* Gedanke. Ich hatte die Zahnlücke gesehen, linke Seite oben.

Mein *erster* Gedanke ... Entsetzen. Ihre Wange, ihr Hals angeschwollen, verschorft, dunkelviolett verfärbt. Mullbinden, die sich bereits lösten, nur noch von eingetrocknetem Blut gehalten wurden. Im Leben hatte sie kein Mediziner angelegt.

Ihre Augen glasig, der Atem der Krankheit nahm mir die Luft. Ich glaubte die Hitze des Fiebers zu spüren, als sie unfreiwillig einen halben Schritt nach vorn taumelte, gegen den Türrahmen sackte.

«Maddalena!» Yasmin, alarmiert.

Ich hielt mich nicht länger zurück, griff nach dem Arm der Kranken. «Helfen Sie mir!» Gezischt, an Yasmin. «Mein Gott, warum ist sie nicht im Krankenhaus?»

«Sie ...» Die junge Mutter sprach nicht weiter.

«Kein ...» Maddalena war kaum zu verstehen. «Kein Kranken...» Ihre Lippen waren aufgesprungen. Dehydriert, dachte ich, und durch ihre Kleidung, einen fadenscheinigen Bademantel, spürte ich nun deutlich das Glühen, das von ihrem Körper ausging.

«Nach links», flüsterte Yasmin. «Ins Schlafzimmer.»

Die Fiebernde war schwer. Versuchte sie sich zu wehren? Unruhig, fahrig, kaum bei Bewusstsein. Der größte Teil ihres Gewichts lastete auf meinem Arm, als wir sie durch den Flur manövrierten. Yasmin drückte das kleine Mädchen an ihre Brust und konnte kaum helfen. Das Kind hatte jetzt ernsthaft angefangen zu weinen.

«Verflucht!», zischte ich. «Warum ist sie nicht längst ...»

Das Schlafzimmer, mit Vorhängen abgedunkelt, zerwühlte Decken auf einem schäbigen Futon. Über allem der erstickende, süßliche Atem der Krankheit, vermischt mit etwas anderem. Auf dem Boden entdeckte ich eine Flasche Korn. Wahrscheinlich das Einzige, mit dem sie die Schmerzen hatte betäuben können. Gemeinsam ließen wir die Kranke auf die Decken sinken.

«Sie muss sofort ...»

«Nein!» Yasmin, heftig. «Sie haben versprochen, dass sie nicht ...»

«Wollen Sie, dass sie stirbt?» Ich nahm keine Rücksicht mehr. «Sie stirbt, Yasmin! Sie stirbt, wenn sich nicht sofort ein Arzt um sie kümmert!»

«Sie ...» Wie ein Krampf in der Kehle der jungen Mutter. Das Baby an ihrer Brust wurde lauter und lauter. «Sie kann nicht ins Krankenhaus. Wenn sie ... Sie wird zurückgeschickt, wenn sie ...»

Eine Hand tastete fahrig über die Decken. Maddalena sagte etwas, doch ich verstand kein Wort mehr. Zurückgeschickt?

«Wo kommt sie her?», fragte ich.

«Serbien», murmelte Yasmin. «Aber die Gerichte sagen, dass ihre Leute da nicht verfolgt werden. Roma. Wenn sie wüssten, dass sie hier ist ...»

Ich fluchte. Fluchte noch einmal. Die Asylgesetze. Wer aus politischen oder religiösen Gründen verfolgt wurde, hatte noch vergleichsweise gute Karten. Verhungern oder sonst wie zugrunde gehen war dagegen kein ausreichendes Argument. Und ob Serbien auf irgendeiner Liste stand und auf *welcher* Liste, wusste der liebe Gott.

«Kein ...» Geflüstert, vom Bett. «Kein ...»

Mühsam beugte ich mich vor. «Maddalena», sagte ich. «Mein Name ist Hannah. Ich bin Polizistin, und ich verspreche Ihnen, dass ich alles tun werde, alles ...» Diesen Moment suchte sich Jule aus, um mir einen Tritt in Richtung Magen zu verpassen. Zwei Sekunden, dann hatte ich wieder Atem, richtete mich auf. «Alles, was ich kann, damit Sie nicht wieder zurückmüssen. – Aber Sie *müssen* ins Krankenhaus.»

Yasmin sah mich an, kreidebleich. Das Baby brüllte. In den Augen der Mutter schimmerte es verräterisch, doch sie erhob keinen Widerspruch mehr.

Ich zerrte die Vorhänge zur Seite, riss das Fenster auf. Die

Vorderseite des Hauses, ein Glück. Nils Lehmann hatte das Geräusch gehört, hob den Kopf.

«Ruf einen Krankenwagen! Sofort!»

Ich sah, wie er sein Smartphone zückte. Zurück zum Bett. «Maddalena? Hören Sie mich? Der Krankenwagen ist unterwegs. Ein paar Minuten, und es kommen Leute, die Ihnen helfen werden. Maddalena?»

Hörte sie mich? Sie hatte sich auf den Rücken gerollt. Ihre Hände krampften sich in die Decken. Der Krankenwagen: Ich betete nicht, so was hatte ich seit meiner Kindheit nicht mehr gemacht, doch meine Lippen bewegten sich, zu irgendwas, irgendjemandem.

«Hö... Hören.» Geflüstert. Ein Speichelfaden lief über ihre Wange, und ich tastete über meine Jacke. Taschentücher.

«Kann nicht ...» Kaum zu verstehen. «Kann nicht ... hören. Ist ...» Schwerfällig ging ich in die Knie, beugte mich über sie. «Ist ... zu laut», wisperte sie. «Ist überall.»

«Sie phantasiert.» Yasmin, den Tränen nahe. Doch ich achtete nicht auf sie, ich versuchte zu verstehen, was Maddalena sagte. Phantasierte sie tatsächlich? *Wovon* phantasierte sie?

«Es ist zu laut?», fragte ich vorsichtig. «Was ist zu laut, Maddalena?»

Ein Stöhnen, keine Worte mehr. Sie warf den Kopf zur Seite. Hörte ich den Krankenwagen? Wollte ich ihn nur hören? Konnte es so schnell gehen?

«Brummt.» Geflüstert. «Dröhnt. Ist ...»

Eisige Gänsehaut auf meinen Armen.

«Ist überall.» Noch leiser, kraftlos, aber nur für einen Augenblick. Unvermittelt bäumte sie sich auf, dass ich vor Schreck zurückfuhr. «Sie kommt! Sie kommt!» Noch eine Sekunde aufrecht, die Augen aufgerissen. «Sie kommt aus dem Nebel!»

Die Kranke sackte zurück. Schon war ich bei ihr.

«Sie?», flüsterte ich, schüttelte mich. «Maddalena? Ist alles in Ordnung?»

Nichts war in Ordnung. Ihre Lippen bewegten sich, doch ich konnte kein Wort mehr verstehen. Stattdessen, ja: eine unglaubliche Last, die von meinem Herzen fiel. Sirenenton in der Ferne.

«Der Krankenwagen», flüsterte Yasmin.

Ich nickte. Ein Kloß in meinem Hals. Sie würde es schaffen! Diese junge Frau würde es schaffen! Sie musste es einfach schaffen.

Ich strich ihr über die Haare, richtete mich mühsam auf, Schwindel in meinem Kopf, doch wie ein Echo ein Satz: *Sie kommt aus dem Nebel.*

* * *

«Sie hat Fieber. Hohes Fieber.»

Hannah Friedrichs war blass, auf ihren Wangen brannten rote Flecken. Sie sah aus, als spräche sie selbst im Fieber, dachte Jörg Albrecht, und zum hundertsten Mal verfluchte er sich, dass er nicht schon vor Wochen einen Weg gefunden hatte, sie bis zur Geburt des Kindes vom Dienst freistellen zu lassen – und sei es gegen ihren erklärten Willen.

Sie räusperte sich. «Eine Sepsis», erklärte sie. «Sie geht von der Verletzung aus, aber sie hat sich über den gesamten Körper ausgebreitet. Wie ich die Ärzte verstanden habe, hat Maddalena wohl insgesamt eine robuste Konstitution, sodass sie glauben, dass sie ...» Sie holte Atem. «Sie *hoffen*, dass sie ...»

Albrecht hob die Hand. «Ruhig, Hannah.»

Sie blinzelte. Als hätte er sie aus einem Traum geweckt. Oder aus irgendeinem anderen Grund?

«Sie haben getan, was Sie konnten», sagte er. «Mehr, als ir-

gendjemand hätte erwarten können», betonte er. «Über unsere
Ermittlung hinaus. Ihr Eingreifen hat dieser Frau vermutlich
das Leben gerettet.»

Sie saßen im Besprechungsraum der Dienststelle: der Hauptkommissar und der Kreis seiner Mitarbeiter – und Ingolf Helmbrecht. Unwerth dagegen war von Friedrichs und Lehmann vor
der Doppelhaushälfte in Meiendorf abgesetzt worden. Jörg
Albrecht ertappte sich dabei, wie er sich mit einer gewissen,
angesichts des Zustands der verletzten Frau nicht angemesse-
nen Genugtuung vorstellte, was für einen Empfang er dort er-
leben würde.

«*Sie kommt aus dem Nebel*», murmelte er. «Wie Sie es schildern,
Hannah, hat die Frau im Fieber gesprochen, und mehr werden
wir bis auf weiteres nicht erfahren. Aber es bleibt doch auffällig, dass auch Unwerth den Nebel und ebenso das Brummen
erwähnt hat. – Eine Täterin. Wir sind blind gewesen. Haben
wir auch nur erwogen, dass unser Täter ebenso gut eine Frau
sein könnte?»

«Na ja.» Besonders deutlich war Hansen nicht zu verstehen.
Ein Salmiak. Natürlich. «Dieser Faustkeil, den Sie uns neulich
präsentiert haben, war schon ein ziemlicher Kaventsmann.»

Albrecht schüttelte den Kopf. «Ich möchte bezweifeln, dass
in der Epoche der Hamburger Kultur für die Damen der Schöpfung spezielle formschöne Waffen existiert haben, mit pitto-
resken kleinen Verzierungen. Sollte unser Täter in Wahrheit
eine Täterin gewesen sein, stand ihr eine solche Waffe also
auch nicht zur Verfügung.» Er warf einen Seitenblick auf den
Professor. Doch Ingolf Helmbrecht schien sich diesmal nicht
einmischen zu wollen, saß in der hintersten Reihe neben Hannah Friedrichs, das Kinn auf seinen Stock gestützt, und verfolgte mit offensichtlicher Faszination ein polizeiliches Ermittlungsgespräch. In der Hand eine Tasse frischgebrühten Kaffee.

«Und Melanie Dahl war kaum mittelgroß», fuhr Albrecht fort. «Laut Martin Euler hat der Täter sich ihr von hinten genähert. Also könnte ihr den tödlichen Schnitt ebenso gut eine Frau beigebracht haben, vorausgesetzt, sie war selbst kein Zwerg. Fachmännisch behauene Feuersteinklingen können durchaus eine Schärfe aufweisen, die einem durchschnittlichen Rasiermesser vergleichbar ist. Ein außerordentlicher Kraftaufwand wäre nicht notwendig gewesen, lediglich eine gewisse Übung mit einer solchen Waffe.»

«Und wer jeden Tag mit den Dingern trainiert, wissen wir», ließ Faber sich vernehmen. «Und mit diesen Brummkreiseln hantiert.»

Albrecht neigte zögernd den Kopf zur Seite. «Der junge Mann, den wir auf Kanal Sieben bewundern konnten. – Die Keule aus dem Schulterblatt und das Schwirrholz: Das war doch derselbe?»

Die Frage ging an Hannah Friedrichs, die knapp und wortlos nickte. Für den Moment schien sie sich beruhigt zu haben.

«Also ...» Lehmann, in der zweiten Reihe, räusperte sich. «Ich hab diesen Matthias ja auch nur ein paar Minuten gesehen. Gut, er hat diese langen Haare, aber dass den jemand für eine Frau halten könnte ... Wenn Sie mich fragen: So neblig kann's gar nicht werden.»

«Na warn ses hoid alle zwoi.» Seydlbacher zog das Wort an sich. «Matthias und des Madl. Therés moit grad de Runen, Melanie Dahl is abglenkt, und grad do kummt Matthias mit dem Messer.» Schulterzucken. «Und am End ham's a Gaudi mit dem Schwirrhoiz. De san alle zwoa dogwesen, aber zwecks dem Nebel hod Magdalena hoid bloß des Madl gseng.»

«Oder ...» Albrecht horchte auf: Matthiesen. «Er könnte Therés das Schwirrholz überlassen haben. Leihweise. Dann war sie es allein.»

«Genau.» Von Faber ein zustimmendes Nicken. «Wobei ich davon überzeugt bin, dass sie mindestens zu zweit waren. Gabelitz hätte einer allein gar nicht an diese Linde gekriegt.»

Der Hauptkommissar sah zwischen seinen Mitarbeitern hin und her. Das Stimmungsbild schien eindeutig. Matthias. Therés. Oder gleich die gesamte obskure Gemeinschaft am Nornenweg. Die Einzigen, die sich noch in Zurückhaltung übten, waren Friedrichs und Lehmann. Exakt diejenigen, dachte er, die die Gruppe auf ihrem abgelegenen Hof aufgesucht und sie dort erlebt hatten. Was ihn nun selbst anbetraf…

Er stieß die Luft aus. «Ich gebe Ihnen recht», sagte er. «Ihnen allen. Mit Ausnahme der Tatsache, dass man diesen Matthias schwerlich für eine Frau halten kann, zielen nunmehr sämtliche Hinweise in ein und dieselbe Richtung: auf den Nornenweg.»

Zustimmendes Nicken ringsum. Von Seydlbacher ein gedämpftes *Sog i doch!*.

Jörg Albrecht schloss die Augen. Den Auftrag an Friedrichs und Lehmann widerrufen, dachte er. Anstelle seiner beiden Ermittler zur vereinbarten Stunde zwei Mannschaftswagen an den Hof beordern. Die gesamte Gruppe hochnehmen, erkennungsdienstliche Behandlung, vorläufige Festnahmen. Im Vorfeld möglicherweise eine geschickt lancierte Information an die Medien, und er konnte den Fall noch an diesem Abend abschließen, vor den laufenden Kameras von Kanal Neun und Kanal Sieben. Alle Seiten würden zufrieden sein: seine Mitarbeiter, die Öffentlichkeit. Sogar Isolde Lorentz, ausgenommen möglicherweise in einem speziellen Detail. Wobei er sich gerade bei diesem Detail noch nicht sicher sein konnte, ob es außerhalb seines Kopfes überhaupt existierte. Aber das würde er dann vermutlich niemals erfahren.

Was also hält mich zurück?, dachte er. Was hält mich zurück, ausgenommen die Tatsache, dass ich an eine Schuld der Verrückten auf diesem Hof nicht recht glauben kann?

Die Visitenkarte steckte in der Tasche seiner Anzughose. Sobald er sein Gewicht verlagerte, spürte er, wie eine der Ecken in seinen Oberschenkel piekte. *Sie wollen Ihren Fall lösen? Ich gebe Ihnen die Gelegenheit dazu.* Nun gehörten Lügen und falsche Versprechungen bei Merz zum Berufsbild. Doch in diesem Fall? Der Mann hatte Albrecht die Karte *aufgedrängt*, zum Dank dafür, dass der Hauptkommissar Hannah Friedrichs Leben gerettet hatte. Ein schäbiger kleiner Trick? Nein, unmöglich. Nicht wenn Friedrichs im Spiel war.

Und was hätte Merz auch gewinnen können? Wenn Albrecht die Bande am Nornenweg jetzt festsetzen ließ, war die Ermittlung abgeschlossen, und Grethe Scharmann und ihre Gemeinschaft standen mit Sicherheit nicht auf Dr. Merz' Klientenliste. Der Verdacht des Anwalts *musste* demnach ein anderer sein, die obskure Adresse und was sich dort heute Abend ereignen würde, mussten einen Faden der Ermittlung darstellen, den der Hauptkommissar noch nicht zu fassen bekommen hatte. Den Fall abschließen, ohne das komplette Bild gesehen zu haben? Undenkbar. Von seinem eher persönlich gelagerten Interesse an diesem Termin, das zu verleugnen seine Intelligenz nicht zuließ, einmal abgesehen.

«Hauptkommissar?»

Faber hatte sich bereits halb von seinem Platz erhoben, und auch bei einigen der anderen Mitarbeiter hatte Albrecht den Eindruck, dass es sie nur noch mit Mühe auf ihren Stühlen hielt. Friedrichs und Lehmann würden keine Stellung beziehen, dachte er. Doch alle anderen: Die Täter waren ausgemacht. Auf sie mit Gebrüll. Das Zahlenverhältnis war entschieden unausgeglichen.

Was also tun? Die Wahrheit sagen? Eine scheinbar sichere Fährte in Frage stellen, weil *Joachim Merz* ihm einen Tipp gegeben hatte? Ausgeschlossen, wenn er nicht Dinge zum Thema machen wollte, die in dieser Runde nichts zu suchen hatten. Wenn er nicht Hannah Friedrichs zum Thema machen wollte.

Blieben seine Zweifel. Und diese Zweifel gründeten auf mehr als seiner Intuition und einer Visitenkarte mit handbeschriebener Rückseite.

Er nickte Faber zu. «Ich gebe Ihnen recht», wiederholte er. «Und doch möchte ich, dass wir noch einmal an den Anfang zurückkehren, bevor wir uns für einen konkreten Schritt entscheiden.»

Er sah in die Gesichter, sah, wie sich die Augen verdrehten: Faber, Matthiesen. «Zefix!» Und Seydlbacher.

«Sie erinnern sich, was wir von Beginn an festgestellt haben?», fragte Albrecht. «Wir hatten ein Bild: die Tote, aufgebahrt wie zu einem Opfer, ihr Hals durchschnitten mit einem Feuersteinmesser, ein paar Schritte entfernt eine leere Kondompackung. Was war unser Gedanke?» Er sah in die Runde. «Sollte Melanie Dahl Opfer eines heidnischen Rituals geworden sein?»

Der jüngste seiner Beamten öffnete den Mund.

«Richtig.» Albrecht ließ ihn nicht zu Wort kommen. «Sie haben genau diese Vermutung geäußert, Lehmann. Weil sie nahe lag, sehr, sehr nahe. Gerade diese Tatsache aber, die Tatsache, dass scheinbar alle Spuren in eine bestimmte Richtung wiesen, hat uns skeptisch gemacht. Weil diese Spur zu deutlich war, zu eindeutig. Weil sie ganz offensichtlich ein Bild war, das der Täter vor Ort inszeniert hat, um uns zu täuschen. – Und jetzt? Was sehen wir jetzt, wenn wir genauer hinsehen? Wir sehen, dass das Bild, genau dieses Bild, eine bestimmte Gruppe von Menschen porträtieren sollte. Eine Gemeinschaft, die sich heidnischem Brauchtum widmet. Doch wo, frage ich Sie, beweist uns das ...»

Ein Hüsteln. «Mit Verlaub, Hauptkommissar.» Faber zupfte sich am Kragen, und Albrecht verstummte sofort. Er schätzte diesen Beamten, der zusammen mit Hansen zum Urgestein seiner Mannschaft gehörte: gewissenhaft, ohne jemals ins Pedantische abzugleiten. Immer voll bei der Sache, entschlossen, seinen Part zur Aufklärung der aktuellen Ermittlung beizutragen, zugleich aber auf eine wohltuende Weise frei von persönlichem Ehrgeiz. Mehrere Dienstjahre hatte er Hannah Friedrichs voraus, und doch hatte er nicht einmal mit einem Verziehen der Mundwinkel reagiert, als Albrecht nicht ihn, sondern Friedrichs für die offizielle Stellvertretung auf dem Revier ausgewählt hatte.

Loyalität, dachte Jörg Albrecht. Integrität. Max Faber verdiente es, dass seine Stimme gehört wurde.

«Bitte», sagte er.

Faber holte Luft. «Ich ... Sie wissen ja, Hauptkommissar, dass wir alle ...» Ein Blick in die Runde. Er musste sich beinahe den Hals verrenken. «Sie wissen ja, dass wir Ihnen oft nicht folgen können, wenn Sie Ihre Täterprofile entwickeln. Aber natürlich haben wir über die Jahre mitgekriegt, dass Sie dann ... dass Sie eigentlich immer recht haben am Ende. Aber wenn Sie jetzt ...» Ein Nicken zum Whiteboard. «Melanie Dahl: Die Auffindungssituation erinnert an ein heidnisches Opfer, die Tatwaffe erinnert an ein heidnisches Opfer, die Runen auf ihrem Körper erinnern an ein heidnisches Opfer. Sie hatte Kontakt zu Leuten, die selbst solche heidnischen Feiern ausrichten und dabei mit diesem Schwirrholz rumschwirren. Und genau so ein Geschwirre hat eine Zeugin in der Tatnacht in der Nähe des Tatorts gehört. Und Bernd Gabelitz? Er ist an einer Art heidnischem Opferbaum gestorben mit einer Opferkapuze über dem Kopf.» Ein Blick über die Schulter. «Bitte entschuldigen Sie, wenn ich das jetzt etwas flapsig ausdrücke, Professor.»

Ein Blinzeln hinter der Nickelbrille. «Flapsig? Kein Problem. – Ihr Kaffee ist übrigens ganz vorzüglich in diesen allerliebsten kleinen Tassen.» Die Tasse, durchaus von handelsüblicher Größe, wurde um einhundertachtzig Grad gedreht. Offensichtlich bereits leer, doch Hannah Friedrichs hatte die Thermoskanne schon in der Hand.

«Also ...» Faber hatte sich wieder zu Albrecht umgedreht. «Natürlich können Sie jetzt sagen: Na, da sehen Sie's! Da ist der Täter noch cleverer gewesen, als wir geglaubt haben. Oder die Täterin. Hat noch mehr Hinweise zurückgelassen, um uns zu verwirren. Sogar solche, die wir am Anfang gar nicht gesehen haben. Wie die Runen. Oder die Sache mit dem Baum. Ich frag mich nur: Wenn wir das immer so machen würden und alle Leute ausschließen, die unseren Erkenntnissen nach verdächtig sind ... Ich meine, würden wir dann ... Würden wir dann überhaupt noch ...»

Albrecht unterbrach ihn nicht. Es war nahezu unmöglich, sich der Logik einer Argumentation zu entziehen, die nichts anderes tat, als das kleine Einmaleins einer jeden polizeilichen Ermittlung zu referieren: Spuren sichern, Indizien gewinnen, durch deduktives Denken Schlüsse ziehen. Ein Bild, das sich aus tausend Puzzlesteinen zusammensetzte, und wenn der letzte von ihnen an seinem Platz lag, konnten die Ermittler einen Schritt zurücktreten, um einen Blick auf das gesamte Bild zu werfen. Auf die Wahrheit.

Der Hauptkommissar wartete, aber Faber schien nicht die Absicht zu haben, seinen Satz im vierten Anlauf doch noch zu beenden. Er hob lediglich die Schultern, streckte die Hände aus, die Handflächen nach oben. Die Geste war unmissverständlich – und wurde von allgemeinem Kopfnicken begleitet, dem sich lediglich Hannah Friedrichs und Lehmann nicht anschlossen. Und der Professor, der seinen Kaffee genoss.

«Ich gebe Ihnen recht, Max», sagte der Hauptkommissar. «Auch in dieser Hinsicht. Würden wir sämtliche Indizien einer Ermittlung nicht als Indizien ansehen, sondern als Fallen und Hinterhalte, die uns ein phantomhafter, unfassbarer Täter in den Weg gestellt hat, so würden wir vermutlich keine einzige Ermittlung mehr abschließen. Und in diesem Fall sprechen die Hinweise tatsächlich eine eindeutige Sprache: Matthias. Therés. Als treibende Kraft womöglich die alte Frau. Wir können auf der Stelle in den Wagen steigen, zum Nornenweg fahren und sie festsetzen – wenn Sie in der Lage sind, mir eine einzige Frage zu beantworten.»

Er trat an das Whiteboard, griff nach dem Marker, öffnete ihn.

Warum?

Jörg Albrecht zog einen Kreis um das Wort.

* * *

Ich beobachtete, wie sie den Besprechungsraum verließen, einer nach dem anderen: Hansen, Faber, Matthiesen. Erst als ich mich ebenfalls aufraffen wollte, gab Albrecht mir ein Zeichen, noch sitzen zu bleiben, an meiner Seite Helmbrecht.

Der Professor. Ich fragte mich, wo Albrecht ihn aufgegabelt hatte, doch ganz offensichtlich hatte er einen guten Griff getan. Professor Helmbrecht hatte innerhalb weniger Stunden mehr über den Hintergrund der Morde herausgefunden als unser gesamtes Team samt Martin Euler in bald drei Tagen.

Und auf seine Weise war er ein höflicher Geselle.

«Und Sie sind die gute Fee hier bei unseren Ordnungshütern? Zuständig für diesen Göttertrunk?» Seine Kaffeetasse, für den Augenblick leer. Der alte Mann schwenkte sie hin und her. «Meine Herrn, nicht von schlechten Eltern!»

Ich hob die Augenbrauen. Der Kaffee wurde reihum gekocht. Wer gerade Luft hatte. Und ich hatte jedenfalls soeben zwanzig Minuten lang über unseren Einsatz an der Müllverbrennungsanlage und die Suchaktion in Rahlstedt referiert. Vor den Augen und Ohren des Professors.

«Eigentlich bin ich eher Kriminalbeamtin», sagte ich vorsichtig.

«Donnerwetter.» Anerkennendes Nicken. «Dass Sie dafür auch noch Zeit haben. Wobei ...» Fast geflüstert: «Ein göttliches Gebräu, aber auch sehr ... Sie haben hier doch sicherlich ...»

Ich blinzelte, dann begriff ich. «Hinter der Tür nach links», sagte ich. «Direkt vor der Treppe. Die Tür auf der rechten Seite ist für die Herren.»

«Verbindlichen Dank.» Auf seinen Stock gestützt, humpelte er auf den Flur. Nils Lehmann trat einen Schritt beiseite und ließ ihn durch.

Unser Jüngster war auf der Schwelle stehen geblieben, nachdem alle Übrigen den Raum verlassen hatten, sah unschlüssig zu Albrecht, der am Whiteboard lehnte, den Kopf gesenkt, Daumen und Zeigefinger an der Nasenwurzel. Jetzt blickte er auf.

«Kann ich noch etwas für Sie tun, Hauptmeister Lehmann?»

Der Tonfall allein hätte bei den meisten Kollegen ausgereicht, dass sie die Tür auf der Stelle geschlossen hätten. Von außen. Nicht so bei Lehmann.

«Äh, ja.» Einen Moment Nachdenken. Blinzeln. «Oder, äh, nein. Eigentlich nicht. – Aber Sie hatten mich doch gebeten, ein Auge drauf zu haben, wenn die Presse noch mal was Neues bringt, das mit unserem Fall zu tun hat.»

Albrecht nickte wortlos.

«Also ...» Unser Jüngster lehnte in der Tür. «Ehrlich gesagt hat es jetzt nicht *direkt* mit unserem Fall zu tun ...»

Er fing Albrechts Blick ein.

«Kanal Sieben hat eine Programmänderung.» Plötzlich sehr knapp und präzise. «Heute Abend Schlag zwanzig Uhr wiederholen sie die Dokumentation über das Sektenmassaker in Waco. Aus aktuellem Anlass. Sie haben ihn zwar nicht direkt genannt, den Anlass, aber unter diesen Umständen ... Sie wissen schon, diese Sache damals in Waco. Das war, als sich diese irren Fanatiker gegenseitig abgemetzelt ...»

Albrecht schloss die Augen. «Danke.»

Lehmann zog die Tür hinter sich zu. Seine Schritte entfernten sich auf dem Flur.

Der Hauptkommissar atmete hörbar aus. Seine Schultern entspannten sich, als wäre eine Last von ihm abgefallen. Doch war sie das?, überlegte ich. War sie nicht in Wahrheit noch einmal schwerer geworden?

Albrecht hatte sich durchgesetzt. Gegen unsere gesamte Mannschaft hatte er seine Überzeugung durchgesetzt. Alles, was von nun an geschehen würde, würde einzig und allein auf seine Verantwortung geschehen.

Warum? Ich beobachtete, wie er sich umwandte, und war mir sicher, dass er dieses eine Wort betrachtete. *Warum?*, unmittelbar unter dem alles entscheidenden *Wer?*. Durchaus möglich, dass alles andere ganz wunderbar passte: die Indizien, die Gelegenheit, die Ausführung der Taten. Aber *warum* hätten Grethes Anhänger Melanie töten sollen? Daran hatten sie offenbar überhaupt nicht gedacht, Faber und die anderen. Eben noch bereit zum fröhlichen Jagen und im nächsten Moment – Ausdruckslosigkeit. Kein Argument, das sich nicht mit zwei Worten als pure Spekulation beiseitewischen ließ.

Es war zu früh, um gegen Grethe Scharmann und ihre Gruppe vorzugehen. Noch hatte niemand von uns wirklich mit den Leuten auf dem Hof gesprochen. Im Grunde wussten wir fast nichts über sie, außer dass sie eine etwas ungewöhnliche Truppe waren, die Urmensch, Germane oder Wikinger spielte. Und was ich wusste, ohne dieses Wissen irgendwie begründen zu können, weder mir selbst gegenüber und noch viel weniger gegenüber Jörg Albrecht ... Kreise. Schlaufen und Schlingen, die sich unendlich langsam zu einem unentrinnbaren Knoten schnürten. Melanie Dahl. Hannah Friedrichs. Und eine große Frage, die ich weniger denn je formulieren konnte. Und dennoch war ich mir sicher, dass ich meine Antwort bekommen würde: heute Abend, auf einer Feier zum Vollmond auf der öden Fläche des Höltigbaums.

Nichts davon konnte Albrecht wissen. Und doch verdankte ich ihm meine Chance, meine Antwort zu bekommen.

«Das war schon ... eindrucksvoll», bemerkte ich in Richtung Whiteboard.

Albrecht hatte sich wieder umgedreht. Seine Augen wurden schmal. Er musterte mich. «In erster Linie frage ich mich, ob es nicht ein Fehler war», murmelte er. «Ein kapitaler Fehler meinerseits ist, wenn ich Sie noch mal da rausschicke. Der Tathergang, der sich uns auf den ersten Blick aufdrängt, ist in neunzehn von zwanzig Fällen auch der Tathergang, wie er sich tatsächlich ereignet hat.»

«Aber damit noch nicht die Wahrheit», sagte ich in der stillen Hoffnung, dass er auf das Stichwort anspringen würde.

Ein Gefallen, den er mir nicht tat. «Ich möchte Ihnen noch einmal sagen, dass Sie zu dieser Mission nicht verpflichtet sind, Hannah», betonte er. «Lehmann ist diesen Leuten ebenfalls bekannt, und ich könnte ihm einen anderen Kollegen zur Seite stellen.» Er zögerte einen Moment. Bevor er die

Versammlung aufgelöst hatte, hatte er die Aufgaben neu verteilt. Vermutlich überlegte er, wen er am ehesten abziehen konnte. «Seydlbacher?» Das klang sehr deutlich nach einer Frage.

Die Antwort konnte ich mir sparen. Albrecht hatte es vollkommen richtig erfasst, heute Morgen schon. Ich hatte einen besonderen Draht zu Grethe Scharmann und damit zu der gesamten Gemeinschaft. Über die Antworten, auf die ich persönlich aus war, hinaus: Wenn irgendjemand Licht ins Dunkel ihrer denkbaren Motive bringen konnte, dann war ich das.

«Wenn sie sich auf mich stürzen wollten, hätten sie gestern schon jede Gelegenheit gehabt», sagte ich achselzuckend. «Nils Lehmann wusste nicht einmal, wo ich abgeblieben war.»

Albrecht antwortete nicht, betrachtete mich lediglich wortlos. Eine seiner speziellen Strategien: abwarten, bis der Groschen von alleine fiel.

Das schien diesmal zu dauern. Schweigen. Vom Flur her gedämpfte Stimmen. Der Professor; er musste bei Irmtraud Wegner an der Telefontheke Station gemacht haben – am seinem ursprünglichen Ziel entgegengesetzten Flurende. Doch vielleicht war die Sekretärin sogar ganz froh, zwischendurch einmal mit einem leibhaftigen Menschen zu sprechen, anstatt den hundertsten Möchtegern-Zeugen abzuwimmeln. Allerdings hörte ich eigentlich nur Helmbrechts Stimme.

Albrecht betrachtete mich. Noch immer. *Wenn sie sich auf mich stürzen wollten, hätten sie gestern schon jede Gelegenheit gehabt. Hatte ich nicht recht?*

Der Gedanke kam wie ein Schauer. Ja, sie hätten jede Gelegenheit gehabt. Genau wie sie auch bei Melanie jede Gelegenheit gehabt hätten, wochenlang bereits, nachdem sie sich der Gruppe angeschlossen hatte, und bei Gabelitz womöglich ebenfalls. Doch sie hatten sie nicht genutzt. Zu einem bestimmten Zeitpunkt aber hatte irgendjemand die Entscheidung getroffen, dass Melanie sterben musste, ohne dass wir bis zu diesem Augenblick das Motiv kannten. Ebenso rasch konnte auch die Entscheidung für meinen Tod fallen, womöglich ohne dass ich ahnte, was ich falsch gemacht hatte. Die Gemeinschaft am Nornenweg blieb auf jeden Fall unser Hauptverdächtiger: die Ausführung der Taten, die Gelegenheit – und der gespenstische Laut des Schwirrholzes. Einzig die Frage nach dem Warum blieb zu beantworten. Und in dem Moment, in dem ich dazu in der Lage war, konnte es zu spät sein.

Albrecht nickte. Nicht mehr als eine Andeutung. Ich hatte seine Gedanken erfasst.

In diesem Augenblick öffnete sich die Tür, und Helmbrecht kam zurück, ließ sich mit einem wohligen Laut wieder auf seinem Stuhl nieder. Albrecht musterte mich, musterte den Professor. «Wie Ihnen bekannt ist, Hannah, widerspricht es meinen Prinzipien, Sie mit einem Vorwissen zu konfrontieren, das es Ihnen erschweren könnte, die Dinge mit unvoreingenommenem Blick zu betrachten», erklärte er. «Aber Sie sollten zumindest wissen, dass weiterhin auch andere Spuren existieren oder doch wenigstens *eine* weitere Spur.» Seine Finger bewegten sich an seine Krawatte, rückten sie zurecht. «Eine Spur, mit der ich selbst mich heute Abend befassen werde.»

Sein Tonfall machte mehr als deutlich, dass er in diesem Moment nichts weiter dazu sagen würde. Und da war noch etwas, das mich stutzen ließ. Einen Moment nur, und trotzdem: Irgendetwas hatte sich in meinem Hinterkopf gemeldet. Die winzige Pause vor Albrechts letztem Satz? Nein, das war es nicht.

Ich arbeitete seit zehn Jahren mit ihm zusammen. Das Repertoire seiner Gesten, die Spielerei mit dem Marker, die Bewegung, mit der er seine Nasenwurzel massierte: vertraute Bilder, die das, was er sagte, begleiteten, und oft genug war ihre Aussage ebenso deutlich wie das, was er uns in Worten mitzuteilen beliebte. Aber dieses Repertoire war doch begrenzt. Niemals hatte ich erlebt, dass er sich am Kinn gekratzt oder die Fingerknöchel hätte knacken lassen. Ich kniff die Augen zusammen: seine Hand. Sie strich über die Krawatte, jetzt noch einmal. Nein, kein Versuch, den Knoten zu lockern. Eher im Gegenteil. Als ob er ihren Sitz prüfte. Eine Versicherung, dass er auch wirklich vorzeigbar aussah, sich von seiner Schokoladenseite präsentierte. Wie jemand, der in Gedanken schon unterwegs war zu ... zu einem *Date*? *Albrecht*? Blödsinn. Er war in Sachen der Ermittlung unterwegs. Niemals hätte er in dieser Beziehung die Unwahrheit gesagt. Trotzdem: Ich war mir sicher, dass die Bewegung unbewusst war und mit uns nichts zu tun hatte, sondern mit dem kommenden Abend. Dass sie etwas verriet, das er mir nicht hatte zeigen wollen. Dass sie etwas war, das zu dem Albrecht, den ich kannte, eigentlich nicht passte.

«Hannah?»

Fragend sah ich ihn an. Sein Blick hatte sich verändert. Misstrauisch? Doch schon war es fort.

Er schüttelte den Kopf. «Auf jeden Fall möchte ich mich darauf verlassen können, dass Sie keinerlei Risiken eingehen. Lehmann ist bei Ihnen, und Sie werden sich unter keinen Umständen trennen. Ihr Mobiltelefon haben Sie dabei? – Gut. – Der Peterwagen, den ich an die Zufahrt beordert habe, wird dort den gesamten Abend die Stellung halten. Ich gebe Ihnen das direkte Rufzeichen. Wenn Sie auch nur das Gefühl haben, dass irgendetwas nicht stimmt ... Oder dass wegen Ihres ... wegen des Kindes ...»

Mein Blick reichte offenbar aus, dass er seinen Sermon nicht weiter fortsetzte, sondern mit einem knappen Nicken beendete.

«In Ordnung. Wenn sich unmittelbare Erkenntnisse ergeben, erreichen Sie mich mobil.» Er hielt inne, sah auf die Armbanduhr. Seine Stirn legte sich in Falten. «Professor?»

Helmbrecht blickte auf. «Wenn ich darüber nachdenke, habe ich viel zu lange keine richtig interessante Abendgesellschaft mehr besucht. Selbstverständlich stehe ich zur Verfügung, wenn es darum geht, die junge Dame zu begleiten.»

«Das ...» Albrecht schüttelte den Kopf. «Ich denke, das wird nicht nötig sein. Allerdings habe ich gerade festgestellt, dass ich selbst in Zeitnot gerate mit meinem Termin. Würde es Ihnen etwas ausmachen, wenn Frau Friedrichs und ihr Kollege Sie zu Ihrem ... Quartier zurückfahren?»

«Es wäre mir sogar ein ausgesprochenes Vergnügen!»

«Hervorragend.» Albrecht griff in die Tasche, zog einen Zettel hervor, reichte ihn mir. «Die Kennung des Peterwagens. – Professor.» Wieder der unbewusste Griff nach dem Krawattenknoten. «Noch einmal meinen herzlichen Dank für Ihren Einsatz. Sie haben uns wirklich ...»

«Immer wieder gern.»

«Ja.» Knappes Nicken. «Ja, sicher.» Und aus dem Raum.

Ich blinzelte. Mehr als ungewöhnlich, dieser plötzliche Aufbruch.

«Hmmm.» Der Professor hatte sich umgedreht, betrachtete nachdenklich die Tür. «Können wir nur hoffen, dass er sich täuscht, würde ich mal sagen.»

«Täuschen?»

«Mit seiner Spur.» Helmbrecht stützte sich auf seinen Stock, kam umständlich hoch. «Wäre doch jammerschade, wenn sie die Täterin wäre. Wer auch immer sie ist, die charmante Dame, zu der er unterwegs ist.»

* * *

Jörg Albrecht blickte geradeaus. Er hatte keine Wahl. Der nachtschwarze Frack saß, als wäre es gestern gewesen, dass er ihn zum letzten Mal angelegt hatte, und nicht vor einem knappen Jahrzehnt. Die Kammerspiele, erinnerte er sich. Barenboim hatte dirigiert, und Joanna hatte eine Robe aus roter Zuchtseide getragen. Unvergesslich.

Er schüttelte sich, doch selbst diese Bewegung geschah vorsichtig, nahm Rücksicht auf die eingeschränkten Möglichkeiten, die ihm zur Verfügung standen. Denn auch der Vatermörder, gesondert auf das kragenlose Hemd geknöpft, saß exakt wie an jenem Abend, gestärkt und stolze viereinhalb Zentimeter hoch, geschmückt mit einem schneeweißen Querbinder.

«Ich würde Ihnen empfehlen, sich eine Idee standesgemäßer zu kleiden», murmelte er. *«Wenn nicht gar ein wenig über Ihrem Stand.»*

Streng genommen hatte Merz nichts davon erwähnt, dass er ebenfalls vor Ort sein würde, aber eine innere Stimme sagte dem Hauptkommissar, dass er heute Abend selbstverständlich auf den Winkeladvokaten treffen würde. Nach seinem Ermessen sollte seine Garderobe in etwa das darstellen, was ein Parvenü wie Merz als ein wenig über Jörg Albrechts Stand empfinden mochte.

Er atmete durch so gut es ging, musterte die Szenerie im Licht der hohen Bogenlampen. Blankenese. Nicht die allererste Adresse, aber auch nicht weit davon entfernt. Wie hatte er sich ihre Wohnadresse vorgestellt? Hatte er jemals darüber nachgedacht? Nein, er fand kein Bild in seinem Kopf. Keine

Vorstellung, wie das Haus von außen aussehen mochte. Im Innern dagegen ...

«*Sie haben die Zieladresse erreicht.*» Die sterile Stimme der Navigation. «*Das Ziel liegt links.*»

Er brachte den Wagen zum Stehen, löste den Gurt. Umständlich kletterte er ins Freie, legte den Kopf in den Nacken, soweit das möglich war. Gründerzeit, dachte er. Tadellos gepflegt. Bei näherem Überlegen dann wohl doch Mieten der allerobersten Kategorie. Hinter den Fenstern in der Beletage brannte Licht.

Jörg Albrecht war sich nicht sicher, ob die Geschichten der Wahrheit entsprachen, nach denen der Vatermörder seinen Namen erhalten hatte, weil der stetige Druck auf den *Sinus Caroticus* angeblich zu Kollapszuständen führen konnte. Andererseits ließ sich das vage Gefühl in seinem Magen nicht verleugnen, und das Pulsieren in seinem Hinterkopf hatte an der frischen Luft noch zugenommen. Trockenheit im Mund. Leichtes Schwindelgefühl. Nicht ausgeschlossen, dass es sich um erste Symptome handelte.

Eine Bewegung hinter den Fenstern, zu undeutlich, um wirklich etwas zu erkennen. Wie es im Innern der Wohnung aussah? Sie wurde von Zimmerpflanzen bevölkert. Fleischfressenden Zimmerpflanzen.

Zehn Minuten später saß sie auf dem Beifahrersitz. Sie hatte ein dezentes Parfüm aufgelegt, das er nicht kannte. Ein herbes Parfüm, aber durchaus weiblich. Sehr weiblich sogar. Die Haare hochgesteckt zu einer rötlich schimmernden Krone, silberner Schmuck auf der blassen Haut des Dekolletés. Er war fest davon ausgegangen, dass sie Grün tragen würde, doch das Abendkleid unter der dunklen Stola war in einem tiefen Blau gehalten. Den senkrechten Schlitz, der bis deutlich oberhalb der Knie reichte und schlanke Waden ahnen ließ, in hautfarbenen Perlons, hatte er nur für den Bruchteil einer Sekunde wahrnehmen können, als er ihr die Tür aufgehalten hatte. Auf jeden Fall verlieh die Garderobe ihr eine völlig unbekannte Ausstrahlung. Eine Ausstrahlung, die ihn, nein, nicht verwirrte. Schließlich waren sie in einer dienstlichen Mission unterwegs, was bedeutete, dass er seine Gedanken auf den Fall und ausschließlich auf den Fall zu richten hatte. Eine Situation, die schlicht keinen Platz ließ für Irrungen und Wirrungen, sondern zu äußerster Konzentration zwang, zu …

«Wenn Sie eine Winzigkeit langsamer fahren würden?», bemerkte Isolde Lorentz. «Acht Stundenkilometer weniger, und wir befänden uns innerhalb der Toleranz für geschlossene Ortschaften.»

Albrecht presste die Lippen aufeinander. Wenn sie in eine Routinekontrolle gerieten, würden sie dem Flurtratsch auf den Dienststellen der hansestädtischen Staatsgewalt auf Wochen hinaus ein Thema bescheren.

Er räusperte sich. «Natürlich.» Den Fuß vom Gas. Die Tachometernadel begann um die Fünfzig-Stundenkilometer-Markierung zu zittern. Der Fahrer hinter ihm reagierte mit der Lichthupe.

«Danke.» Er konnte sehen, wie sie die Hände im Schoß übereinanderlegte. Mehrere Sekunden Schweigen, dann: «Der Putz steht Ihnen übrigens.»

Er vermochte das Zusammenzucken nicht vollständig zu unterdrücken. Die Nadel, immerhin, blieb im Toleranzbereich. «Das … Ihnen auch.» Er biss sich auf die Zunge. «Und …» Er fand seinen geschäftsmäßigen Ton. «Ich möchte mich noch einmal bedanken, dass Sie sich so kurzfristig bereit erklärt haben, mich zu diesem Termin zu begleiten. Unter anderen Umständen wäre ich auf meine Mitarbeiterin zugegangen, Oberkommissarin Friedrichs, die sich aber gegenwärtig …»

... die sich aber gegenwärtig in anderen Umständen befindet. Eine andere Formulierung! Eine Formulierung, die den einmal begonnenen Satz nicht in ein jämmerliches Wortspiel verwandelte! Er suchte. Er fand sie nicht.

«Dr. Merz hat durchblicken lassen, dass der Verantwortliche für den Tod der Archäologin heute Abend anwesend sein werde?» Entweder war die Präsidentin taub für seine Nöte, oder sie hatte beschlossen, sie nicht zur Kenntnis zu nehmen.

«Das ...» Seine Hände schlossen sich fester um das Lenkrad. «Nicht ganz», erklärte er. «Konkret sprach er von einer Gelegenheit, den Fall zu lösen, was nicht zwangsläufig bedeuten muss, dass der Täter persönlich vor Ort sein wird.»

«Natürlich.» Ihre Finger bewegten sich zu ihrer Handtasche: Zigaretten. Ein Blick zu ihm. «Das stört Sie doch nicht?»

«Nicht, wenn Sie mir eine abgeben.»

Jörg Albrecht war sich nicht sicher, ob er sich das feine Lächeln nur einbildete. Wusste Lorentz, dass er aufgehört hatte? Dass er ihr seinen Rückfall verdankte, nach drei Jahren, sieben Monaten? Wenn er tatsächlich Dinge verändern wollte in seinem Leben: Er hatte Zweifel, dass Joanna exakt *daran* gedacht hatte.

Natürlich besaß er kein Feuerzeug. Das Flämmchen tanzte dicht vor seinen Augen, als sie die Hand ausstreckte. Er bewegte den Kopf ein Stück nach vorn, die Zigarette zwischen den Lippen.

«Ganz ruhig. – Jetzt ziehen.»

Er musste an seine allererste Zigarette denken. Er war vierzehn Jahre alt gewesen. Wenn er darüber nachdachte, hatte er sich nicht *wesentlich* geschickter angestellt, und es hatte sich auch nicht wesentlich anders angefühlt. Der Rauch füllte seine Lungen, kitzelnd. Im ersten Moment ein Hustenreiz, nach Sekunden ein Anflug von Schwindel, dann, ganz langsam, ein schwer beschreibbares Gefühl. Beruhigung? Nein, das war übertrieben.

Die Präsidentin inhalierte, blies den Rauch aus. «Merz war bereits dort?», erkundigte sie sich. «Gestern Morgen, als Sie zum ersten Mal auf dem Schloss waren?»

Er nickte. «Die Fürstin erzählte etwas von Geschäftsbüchern, doch ich vermute, dass sie die schriftliche Aussage vorbereitet haben, die Skanderborg mir dann beim zweiten Besuch übergeben hat. Allerdings müssen sie sich Zeit gelassen haben. Es war Stunden später, als ich wiederkam, und er war immer noch da. Merz.»

Sie sah ihn von der Seite an. «Natürlich hat er sich die Zeit genommen. Es ist ein besonderes Verhältnis zwischen den beiden.»

«Ein ...» Albrecht hob die Augenbrauen, sah zu ihr. «Woher ...»

«Augen geradeaus!» Schneidend.

Er gehorchte sofort – und eben noch rechtzeitig. Ein Rumpeln erschütterte den Wagen, als die Reifen auf der rechten Seite von der Fahrbahn abkamen. Ein Alleebaum, nur Meter entfernt, den Bruchteil einer Sekunde im vollen Licht der Scheinwerfer. Mit einem Rucken fand das Fahrzeug in die Spur zurück. Der nachfolgende Wagen zog mit einem durchdringenden Hupen an ihnen vorbei.

Schweiß stand auf Albrechts Stirn. Seine Montur ließ nicht zu, dass er einfach nur den Kopf drehte; automatisch hatten die Schultern die Bewegung mitgemacht. Und mit den Schultern das Steuer.

«Entschuldigung», murmelte er.

Lorentz schwieg. Ein tiefer Zug aus der Zigarette.

Albrecht hüstelte. «Die beiden haben ein besonderes Verhältnis?», fragte er. «Mir war nicht klar, dass Sie den Fürsten so gut kennen.»

Sie warf einen Blick in seine Richtung. «Das ist auch nicht der Fall.»

«Aber ...» Er verstummte. Dass sie mit Skanderborg auf vertrautem Fuß stand, war *eine* Möglichkeit. – Die zweite Möglichkeit hieß Merz.

Sie ging sicher, dass er begriff. Jedenfalls wartete sie mehrere Sekunden. «Den wenigsten Menschen wird der berufliche Erfolg in die Wiege gelegt.» Mit leiser Stimme. «Die meisten müssen ihn sich hart erarbeiten. Und wer aus eher ... komplizierten sozialen Verhältnissen stammt, wird selbst dann, bei allergrößter Begabung, bei allergrößter Mühe, auf beinahe unüberwindliche Schwierigkeiten stoßen. Natürlich gibt es Möglichkeiten, staatliche Unterstützung, doch selbst das ...» Sie hob die Schultern. «Sie erinnern sich, wie mein eigenes Studium finanziert wurde? Hatte mal mit einem Ihrer Fälle zu tun.»

Sofort war es da. «Neverding», murmelte er. «Eine private Stiftung. Der Fürst hat ...»

Lorentz schüttelte den Kopf. «So dramatisch muss es gar nicht sein. – Wer sich einmal in einer bestimmten Position befindet und erkennt, dass ein junger Mensch gefördert werden sollte, wird sich nach entsprechenden Möglichkeiten umsehen. Und er wird sie nutzen.»

«Und das hat Skanderborg getan.» Albrechts Satz war eine Feststellung. «Mit Erfolg offenbar, wenn man sich Merz heute ansieht.»

«Mir ist bewusst, dass Sie Dr. Merz nicht sonderlich schätzen.» Er wagte es nicht, noch einmal zur Seite zu blicken, nachzusehen, ob wieder dieses ganz bestimmte Lächeln um Lorentz' Lippen spielte. «Natürlich haben wir auch wenig Grund dazu auf den ersten Blick, wenn wir monatelang Indizien zusammentragen, und dann kommt es zum Prozess, und plötzlich sitzt Merz neben dem Beschuldigten und nimmt die Anklage auseinander.» Ihr Schulterzucken sah er aus dem Augenwinkel. «Doch das ist nicht das Entscheidende. Ein Mensch hat viele unterschiedliche Seiten. Vielleicht werden auch Sie noch einmal überrascht werden. Jedenfalls ist Joachim Merz nicht undankbar.»

Albrecht nickte knapp. Das zumindest konnte er unterschreiben. Der Visitenkarte samt handschriftlich notierter Adresse verdankte er es, dass er sich in diesem Augenblick womöglich auf der entscheidenden Spur befand, auf dem Beifahrersitz die Frau Präsidentin. Ein Nebeneffekt, den Merz wohl eher nicht beabsichtigt hatte. Tatsache war allerdings, dass Isolde Lorentz den Hauptkommissar ihrerseits überraschte. *Ein Mensch hat viele unterschiedliche Seiten.* Blau schien sie wesentlich verträglicher zu machen.

Und doch ging der Gedanke noch weiter. «Er ist nicht undankbar», murmelte der Hauptkommissar. «Mit anderen Worten: Wenn er tatsächlich eine Spur hätte, und sie beträfe Skanderborg – niemals würde er uns den Fürsten ans Messer liefern.»

Lorentz' Nicken war deutlich.

«Was bedeutet, dass diese Spur offensichtlich nichts mit dem Fürsten zu tun hat.» Seine Worte waren lautes Denken. «Nein, ganz im Gegenteil: Skanderborg hat die Grabung finanziert, und der Tod Melanie Dahls stellt in Frage, ob sie weitergehen kann. Was, wenn die Archäologin ebenfalls zu den jungen Leuten gehörte, die seiner Meinung nach besonders gefördert werden sollten?»

Diesmal wagte er einen kurzen Blick zur Seite. Lorentz hatte die Augen geschlossen. Tabakqualm aus ihren Nasenlöchern:

genüsslich, ja, *sinnlich*. Eilig kehrten seine Augen zurück zur Straße. Jedenfalls schien sie seine letzte Vermutung nicht kommentieren zu wollen.

«Merz ist also bewusst, dass sein Gönner dasselbe Interesse hat wie wir», stellte er fest. «Der Mörder soll zur Verantwortung gezogen werden. Setzen wir all dies einmal voraus.»

Die Scheinwerfer des Wagens schnitten eine schmale Lichtbahn aus der Finsternis. Jetzt hatten sie das bebaute Gelände, die letzten Ausläufer der Stadt hinter sich gelassen; rings um sie Dunkelheit und die Weite des Landes. Irgendwo draußen, wo möglicherweise eine Spur auf sie wartete, unter einer Adresse, die der Hauptkommissar nicht hatte prüfen lassen.

«Warum dann diese Komödie, dass er mir den Ausgang zeigen wollte?», murmelte Albrecht. «Warum dann dieses Spiel mit der Karte? Warum hat er seinen Verdacht nicht einfach offen ausgesprochen, als der Fürst danebensaß?»

Stille. Ein wohliges Ausatmen irgendwo zwischen Hauchen und Seufzen und einen Moment lang ihre schlanken Finger in seinem Blickfeld, als sie die Zigarette im jungfräulichen Ascher ausdrückte.

«Genau das ist die große Frage, mein lieber Herr Albrecht.» Eine halbe Sekunde Schweigen. «Sie haben da übrigens Asche auf Ihrem Frack.»

* * *

«Ach, Kinder sind schon etwas Wundervolles.»

Seitdem wir in den Wagen gestiegen waren, plauderte der Professor unausgesetzt. Gesonderte Ermutigungen schienen nicht notwendig. Zur Not bestritt er das Gespräch auch allein. Inzwischen war er offenbar bei meiner Schwangerschaft angekommen.

«Vor allem sind es Menschen, mit denen man mal richtig gute Gespräche führen kann», erklärte er. «Meine Tochter hat inzwischen wesentlich mehr Zeit für mich, wissen Sie, seitdem sie in Pension gegangen ist. In Berkeley, Kalifornien.»

Ich hob die Augenbrauen, während ich den Blinker setzte. Der Professor hatte mir eine Adresse in Langenhorn genannt. Der Abend hatte sich über die Stadt gesenkt, und Laternenlicht erhellte die Gehwege in den Wohngebieten. «Ziemlich weit weg», bemerkte ich. «Kalifornien», setzte ich vorsichtshalber hinzu.

«Ach.» Helmbrecht hob die Schultern. «Was sind schon Entfernungen? Ein Katzensprung heutzutage, wie meine Frau sagen würde. Trotzdem ...» Plötzlich sehr viel leiser. «Habe sie lange nicht gesehen. Fürchterlich lange nicht gesehen.»

Mit einem Mal tat er mir leid. Vermutlich fehlten sie ihm wirklich, diese ganz besonderen guten Gespräche, wenn seine Familie so weit entfernt wohnte. Mit Ausnahme seiner Frau natürlich. Doch wie ich ihn verstanden hatte, war er im Moment auf Reisen und bei einem alten Freund untergekommen.

«Auf jeden Fall werden Sie heute Abend eine Menge zu erzählen haben», sagte ich aufmunternd. «Der Hauptkommissar hat sich ja schon bei Ihnen bedankt, und Sie können mir glauben, dass Sie uns wirklich unglaublich geholfen haben. – Nicht wahr, Nils?»

Keine Antwort. Ich warf einen Blick zur Seite: Unser Jüngster war auf dem Beifahrersitz eingenickt. Wenn er schlafen wollte, hätte er den Platz auch Helmbrecht überlassen können, dachte ich finster.

«Erzählen?» Einen Moment lang schien der Professor tatsächlich wieder munterer, doch dann: «Ja, sicherlich, aber ... na ja, er hat natürlich auch immer seine Sachen im Kopf.»

«Ihr Gastgeber?»

«Sein Name ist Schultz. – Oh!»

Helmbrecht beugte sich zwischen den Sitzen nach vorn. Wir waren in die Zielstraße eingebogen, eine Siedlung schlichter Reihenhäuser aus den Sechzigern, und es war tatsächlich erst in diesem Moment, dass bei mir der Groschen fiel – nur um im nächsten Augenblick etwas ganz anderem Platz zu machen.

Sein Name ist Schultz. Im selben Moment, in dem ich begriff, was diese spezielle Reihenhaussiedlung von jeder anderen beliebigen Reihenhaussiedlung unterschied – der Name ihres bekanntesten Bewohners nämlich, der immerhin ein Vierteljahrhundert lang an der Spitze der Freien und Hansestadt gestanden hatte –, im selben Moment sah ich, was auch Helmbrecht gesehen hatte.

Irgendetwas war nicht in Ordnung.

Flatterbänder auf den Gehwegen. Polizeiabsperrungen. Auf der gegenüberliegenden Straßenseite einer unserer Peterwagen, ein uniformierter Beamter lehnte in der Fahrertür, sprach in ein Funkgerät. Sein Kollege stand am Eingang zu dem Haus, in dem der ehemalige Bürgermeister lebte. Passanten schienen ihm Fragen zu stellen, doch er schüttelte den Kopf, wieder und wieder, während die Leute zur Eingangstür deuteten, wo …

Martin Euler. Ich hatte keine Ahnung, ob es wirklich Martin Euler war, nicht aus dieser Entfernung, doch ich kannte die semitransparenten Anzüge, in die der Gerichtsmediziner sich hüllte, um einen Tatort nicht zu verunreinigen. Jetzt eine zweite Gestalt in derselben Kleidung, die im Licht der elektrischen Laternen das Haus verließ, eilig auf einen Kleinbus zuging.

«Mein Gott», flüsterte ich. Ich hatte den Polizeifunk nicht eingeschaltet. Schließlich wollten wir einfach nur Helmbrecht abliefern, und gleich im Anschluss wartete die Feier auf Grethe Scharmanns Hof. Mein Herz überschlug sich. Ein Attentat? Ein

Mann wie Heiner Schultz hatte Feinde, auch Jahrzehnte nach seinem Ausscheiden aus dem Amt.

Ich brachte den Wagen zum Stehen. Erst in diesem Moment zuckte Lehmann hoch. «Wie? Was ist los?»

«Bürgermeister Schultz.» Ich deutete mit dem Kopf auf die Szene vor uns und sah, wie er die Augen aufriss. «Ich sehe nach, was passiert ist. Ihr beide bleibt hier drin, bis …»

Doch im selben Moment ein Geräusch. Die Hintertür unseres Wagens, die ins Schloss fiel. Helmbrecht, auf seinen Stock gestützt im Freien.

«Verflucht!», zischte ich, begann mich aus meinem Gurt zu winden, aber Lehmann war schneller, war schon draußen. Jetzt folgte ich ihm; wir schlossen zu Helmbrecht auf, der mit seinem Stock der Absperrung und dem Eingang des Hauses entgegenhumpelte.

«Professor!» Er wurde nicht langsamer.

Der Beamte auf dem Bürgersteig. Ich zückte meinen Dienstausweis. Außer Atem. «Was ist hier los?»

Unser uniformierter Kollege runzelte die Stirn, sah zu mir, sah zu Lehmann, ließ den Blick dann auf Helmbrecht ruhen.

«Es …» Er schüttelte den Kopf. «Nichts Dramatisches. Es ist einfach …»

Einer der Männer in den halb durchsichtigen Plastikanzügen schob sich an ihm vorbei, auf dem Weg ins Haus. Auf dem Rücken: etwas wie ein Sauerstofftank aus dem Taucherbedarf, aus dem ein Schlauch hervorkam, an dessen Ende – eine Sprühvorrichtung?

Verwirrt sah ich den Beamten an.

Er strich sich über die Stirn. «Springmilben. – Australische, glaube ich, aber nageln Sie mich nicht fest. Da fragen Sie besser die Kammerjäger.»

«Kammerjäger?»

«Sind wohl besonders aggressive Biester – die Milben. Deshalb rücken sie mit großer Mannschaft an und um diese Uhrzeit. Das Haus wird ein paar Wochen nicht bewohnbar sein.»

Ich starrte ihn an. «Und Schultz?»

Achselzucken. «Keine Ahnung. Die Pflegerin hat uns angerufen. Bei seiner Familie, denke ich. Irgendwo im Ausland, oder?»

Mir schwirrte der Kopf. Ich begriff immer weniger. Ganz langsam drehte ich mich um.

Helmbrecht stützte sich auf seinen Stock. Ich hatte diesen alten Mann erst vor ein paar Stunden kennengelernt, aber mir war klar, dass er ohne diesen Stock nur wenige Schritte gehen konnte, nicht anders als Grethe Scharmann.

Und doch stand er jetzt völlig verändert da: die Schultern eingesunken, auf dem Gesicht ein Ausdruck von Verwirrung, nein, Schwäche, nein ... von etwas, dem ich keinen Namen geben wollte. Der Professor mochte uralt sein, und, ja, seine Kommentare schienen manchmal nicht recht zu dem zu passen, wovon gerade die Rede war. Aber das war nun bei Nils Lehmann so ziemlich dasselbe – und der war an die siebzig Jahre jünger. Mit dem Unterschied allerdings, dass man bei Helmbrecht spürte, dass da sehr viel mehr im Hintergrund war: ein Verstand, der in der Lage war, Zusammenhänge in Bruchteilen von Sekunden herzustellen. Und dieser Moment machte keine Ausnahme.

Sein Gastgeber hatte sich abgesetzt. Der alte Mann stand buchstäblich auf der Straße. Plötzlich kam es mir vor, als wäre es tatsächlich nur noch dieser Stock, der ihn aufrecht hielt.

«Professor ...»

Er reagierte nicht. Ich wechselte einen Blick mit Lehmann. «Vielleicht gehen wir am besten erst mal zum Wagen zurück?» Ein schüchterner Versuch, seine Hand unter den Arm des alten Herrn zu schieben.

Helmbrecht ließ es geschehen, und ich spürte, dass auch das etwas war, das nicht normal war für ihn. Etwas in ihm war – *zerbrochen?* Ich konnte nicht sagen, ob es das tatsächlich war, welche Bedeutung die Freundschaft mit Schultz für ihn gehabt hatte, die nach menschlichem Ermessen jetzt wohl beendet sein musste. Irgendwo in meinem Hinterkopf war ein Gedanke. Etwas, das er gesagt hatte und das man so oder so auslegen konnte, doch ich bekam es nicht zu fassen. Es war eine Ahnung. Eine Ahnung von Schlaufen und Kreisen, die einander berührten und umfingen, einander hin und her schoben. Da war noch etwas anderes. Es ging nicht allein um Schultz, es ging um mehr.

Der Professor ließ zu, dass Lehmann ihn zurück in den Wagen bugsierte. Sorgfältig schloss unser Jüngster die Tür.

«Shit.» Ein Blick zu mir. «Was machen wir jetzt mit ihm? Ein Hotel?»

Ich biss mir auf die Unterlippe. Ein Hotel, natürlich. Irgendwo musste er unterkommen, und Albrecht oder Matthiesen würden schon eine Kasse auftreiben, aus der das PK den Aufenthalt finanzieren konnte, bis irgendjemand den alten Mann abholte. Und trotzdem fühlte es sich nicht richtig an.

Reflexionen der Straßenbeleuchtung in der Scheibe des Wagenfensters. Helmbrecht hatte sich umgedreht, sein Gesicht ein verschwommener heller Umriss. Sah er mich an? Sah er zu Lehmann? Zwischen uns beiden hindurch auf das Haus, das einem Mann gehörte, mit dem er vielleicht Jahrzehnte lang befreundet gewesen war?

Ein Hüsteln. Ich drehte mich um.

«Erinnerst du dich an Yogi?» Lehmann, mit leiser Stimme. Ich brauchte einen Moment, um zu schalten. Yogi. Sein

Hund, aus seiner Kinderzeit. Eine Promenadenmischung. Er war schon uralt gewesen, als ich ihn kennengelernt hatte.

«Wir hatten ihn aus dem Tierheim.» Ein diskretes Nicken zum Wagen. «Das war genau dieser Blick, als wir zum ersten Mal dort waren.»

Ich hob die Augenbrauen, sah zu Lehmann, sah zu Helmbrecht, und mit einem Mal war der Gedanke da. Wenn es denn ein vollständiger Gedanke war.

Gestern Abend. *Es wird jetzt schnell dunkel, und Sie sehen aus, als könnten Sie einen heißen Tee vertragen.* Grethe Scharmann. Dabei war es zu diesem Zeitpunkt noch keineswegs dunkel gewesen, anders als jetzt. Doch sie hatte mich in ihr Haus gebeten, dieses verwunschene kleine Häuschen unter den hohen Pappelbäumen, und ganz gleich, ob sie bestimmte Gründe gehabt hatte, im Wald am Ende des Nornenwegs nach mir Ausschau zu halten: An diesem Abend war dieses Häuschen für mich ein Zuhause gewesen. Ein Zuhause bei einem Menschen, den ich Stunden zuvor noch nicht gekannt hatte.

Ich zog das Smartphone aus der Jackentasche. Kurzwahl.

«Dennis?» Ich holte Luft. «Ich hab da was, das vielleicht ein bisschen überraschend kommt.»

* * *

«Sie haben die Zieladresse erreicht. Das Ziel liegt links.»

Die Stimme der Navigation kam ohne jede Leidenschaft aus, doch sie war unerbittlich.

Jörg Albrecht hatte die schmale Einfahrt zur Kenntnis genommen, schon als sie diese zum ersten Mal passiert hatten. Er hatte auch den Kartenausschnitt im Auge gehabt, der auf dem winzigen Display nahezu unmerklich mit ihnen wanderte wie der Glanz fremder Gestirne über den Seefahrern ferner Zeiten.

Und selbstverständlich war er davon ausgegangen, dass es sich nur um eine Unsauberkeit in der Kartendarstellung handeln konnte.

Die Adresse. Standesgemäß kleiden. *Wenn nicht gar ein wenig über Ihrem Stand.* Ein gesellschaftlicher Anlass: was sonst? Merz hatte ihn verleitet, sich in seinen Frack zu werfen. Lorentz' Robe musste ungefähr das gekostet haben, was Lehmann oder Winterfeldt im Monat verdienten.

Es konnte nicht hier sein. Hier draußen. Und doch blieb die Ansage dieselbe, nachdem der Hauptkommissar auf einem Waldparkplatz gewendet hatte, nur dass die Zieladresse diesmal auf der linken statt der rechten Seite lag. Sie kamen aus der Gegenrichtung. Über das Ziel hinaus.

Er brachte den Wagen zum Stehen, ließ den Motor laufen. Der erste Eindruck, dachte er. Der erste Eindruck angesichts eines Ortes, der für eine Ermittlung von Bedeutung sein konnte. Dunkelheit. Dichter Wald. Das war alles. Keine Spur einer menschlichen Behausung. Außerhalb der Scheinwerfer war Finsternis.

Er wandte sich zu seiner Beifahrerin um, doch im selben Moment lenkte etwas seine Aufmerksamkeit ab.

Lichter von vorn, die sich über eine kaum erkennbare Anhöhe im Straßenverlauf näherten. Das erste Fahrzeug seit mehreren Minuten. Die Straße, der sie zuletzt gefolgt waren, schien selbst kaum mehr zu sein als ein Stichweg, der in eines der großen Waldgebiete führte, die die Freie und Hansestadt im Norden begrenzten. Wie eine Schlucht zwischen den Reihen der Bäume.

Die Lichter kamen heran, doch sie wurden langsamer, ja, sie schienen zu zögern. Albrechts Hand tastete instinktiv nach seiner Hüfte, fand aber nichts als den steifen Stoff der Frackweste. Selbstredend war er unbewaffnet.

Das andere Fahrzeug, ein großer Wagen. Die Scheinwerfer standen weit auseinander. Ein BMW? Jetzt verharrte er reglos an Ort und Stelle, ebenfalls mit laufendem Motor.

Nichts war zu erkennen, doch Albrecht glaubte das Bild im Innern des Fahrzeugs vor sich zu sehen. Wie viele Menschen? Mehrere. Ja, mit Sicherheit mehrere. Und ja, jetzt war es keine Frage mehr: Die beiden Ermittler befanden sich an der richtigen Adresse, und dieser Wagen hatte dasselbe Ziel wie sie.

«Sie haben uns gesehen», murmelte Albrecht. «Sie sprechen miteinander, sind unsicher, was sie tun sollen. Doch warum diese Unsicherheit, wenn sie unterwegs sind zu einer Gesellschaft? Kann es sie überraschen, dass sie nicht die Einzigen sind? – Können sie einen Grund haben ... einen Grund, aus dem sie nicht gesehen werden wollen?»

Die Präsidentin drehte sich langsam zu ihm um. Albrecht nahm die Augen nicht von dem fremden Fahrzeug.

«Der Fahrer wartet auf Anweisungen», sagte er leise.

Im selben Augenblick fuhr der unbekannte Wagen wieder an: normale Geschwindigkeit. Er scherte in die Einfahrt ein. Das langgestreckte Chassis eines nachtdunklen BMW schob sich vorbei, getönte Scheiben. Nichts zu erkennen mit Ausnahme der steifen Gestalt des Fahrers, der eine Mütze trug – ein Chauffeur.

Albrecht drehte sich zum Seitenfenster: die Rücklichter und ...

«Das hintere Nummernschild! Er hat die Beleuchtung abgeschaltet!»

«Ich denke nicht, dass es der Augenblick ist für eine verdachtsunabhängige Kontrolle.» Isolde Lorentz, die Worte eine nüchterne Feststellung.

Albrecht sah den Rücklichtern nach, beobachtete, wie die Dunkelheit sie langsam verschluckte. Er wandte sich um.

Lorentz musterte ihn, musterte den Navigationsbildschirm. «Wo genau sind wir hier?»

Albrecht tippte auf das Display, bewegte den Ausschnitt mit der Fingerspitze hin und her. «Irgendwo zwischen Ammersbek und sonst nicht viel.»

«Schleswig-Holstein?»

Albrecht nickte. «Über die Stadtgrenzen hinaus.»

Lorentz holte Luft. «Dann ist es also der Moment.» Ihre Finger glitten in ihre Handtasche. Ein Smartphone. Er konnte nicht sagen, ob es sich um ein spezielles Modell handelte. Vielleicht vermittelten lediglich ihre schlanken Finger auf dem beleuchteten Display den Eindruck einer besonderen Eleganz.

«Was machen Sie da?»

Die Polizeipräsidentin antwortete nicht. Ein Druck auf mehrere Schaltflächen, kurz hintereinander, und das Gerät verschwand wieder in den unergründlichen Tiefen ihrer Schminktasche.

«Eine Timerfunktion», erklärte sie ruhig. «Sie liegt auf einem externen Server, passwortgeschützt, bleibt also auch dann aktiviert, wenn das Gerät in fremde Hände kommt. Es sei denn, ich mache den Vorgang rückgängig – vor morgen früh acht Uhr. Falls das nicht geschieht, geht unser momentaner Standort an meinen zuständigen Kollegen in Kiel.»

Er sah sie an. Sie standen. Für den Moment konnte er das Wagnis eingehen. «Und was wird er tun?»

Das einzige Licht kam von den Leuchten des Armaturenbretts und dem Bildschirm der Navigation. «Ich weiß, was ich tun würde.»

Lorentz schien dieses Wissen zu beruhigen. Albrecht musste vor allem daran denken, dass noch mehr als zehn Stunden vergehen mussten, bis der ominöse Timer seine Nachricht absenden würde. Mehr als zehn Stunden, in denen sich eine Menge ereignen konnte.

Sie neigte den Kopf zur Seite. «Fahren wir?»

Stumm legte Albrecht den Gang ein. Eine leichte Erschütterung, als der Fahrbahnbelag wechselte. Belaubte Äste über ihnen. Albrecht verdrängte den Gedanken an eine andere Einfahrt. Eine Einfahrt, die an den Schauplatz zweier Tötungsdelikte führte.

Die Straße verlief schnurgerade, war allerdings so schmal, dass es unmöglich gewesen wäre, einem entgegenkommenden Fahrzeug auszuweichen. Die Straßendecke bestand aus Asphalt, doch sie war uneben, wo sich der Belag unter dem Druck mächtiger Wurzeln wölbte. Rechts und links belaubte Bäume, hinter ihnen eine Ahnung von tiefem Wald.

«Scheinwerfer.» Albrecht ließ das Geschehen im Rückspiegel nicht aus den Augen, mehrere Sekunden lang. «Sie halten gleichmäßigen Abstand.»

Das Nicken der Präsidentin war kaum wahrnehmbar. Die gesamte Situation: Er war sich nicht sicher, was er erwartet hatte. War es eine bestimmte Ruhe, eine bestimmte Sicherheit, mit der Isolde Lorentz den Vorgängen begegnete? Eine Ruhe und Sicherheit, die normalerweise ... Er kniff die Augen zusammen. Die normalerweise *ihn* auszeichneten? Die ihn von seinen Mitarbeitern unterschieden, weil er ihnen auf die eine oder andere Weise ein bestimmtes Wissen voraushatte, das durch sorgfältige Beobachtung, eine Verknüpfung und Gewichtung unterschiedlicher Elemente zustande gekommen war? Aber was konnte Lorentz beobachtet, was konnte sie geschlussfolgert haben, das ihm nicht ebenso hätte aufgehen müssen?

Sie schwieg, mit einem sphinxhaften Gesichtsausdruck, den er sich möglicherweise nur einbildete. Die blasse Haut ihres

Halses, ihres Dekolletés nicht mehr als eine Ahnung. Er fuhr sich mit der Zunge über die Lippen, setzte zu einer Frage an.

In diesem Moment beschrieb die Straße eine Kurve.

Eine Lichtung kam in den Blick, umgeben von Wald, der sich wie eine mächtige dunkle Mauer ringsum erhob. Eine Lichtung, die von einem einzelnen Gebäude beherrscht wurde, das sekundenlang wie eine Fata Morgana wirkte, eine Spiegelung in der Nachtluft, erleuchtet von, ja, von *Fackelschein*.

Ein Schloss. Keine mächtige, repräsentative Anlage wie der Stammsitz Fürst Skanderborgs, sondern ein gefälliges kleines Palais, die Mauern verputzt in einem hellen Pastellton. Ein Portikus, der antike Formen aufnahm, angedeutete Halbsäulen: Architektur des Rokoko. Hohe Fenster, hinter denen gelbliches Licht flackerte. Ein Lustschloss aus dem achtzehnten Jahrhundert, irgendwo draußen auf dem Land. Die Illusion schien vollkommen, wofür nicht zuletzt die Männer sorgten, die reglos warteten, dass Albrecht den Wagen vor der Längsseite des Gebäudes zum Stehen brachte. Puderperücken, brokatgesäumte, schwarzsamtene Rockschöße und – Masken. Halbmasken wie beim venezianischen Karneval.

Albrechts Hand bewegte sich zum elektronischen Fensteröffner wie im Traum.

«Monsieur.» Der Lakai verneigte sich. «Madame.»

Albrecht bemühte sich umzuschalten. Offenbar wurde auf Französisch parliert. «Bonsoir monsieur.» Seine Finger glitten in die Tasche der Frackweste, brachten die Visitenkarte zum Vorschein, reichten sie aus dem Fenster. «Notre billet.»

Der Diener nahm die Karte respektvoll entgegen, trat einige Schritte zurück ins Fackellicht, um sie zu mustern. Sein Gesicht war gepudert, stellte Albrecht fest, leichenblass geschminkt, die Konturen des Mundes dunkel nachgezogen.

«Was zur Hölle ist das hier?», flüsterte er.

Lorentz reagierte nicht.

«Ah oui. Bon.» Der Mann kam zurück. Er hielt etwas in der Hand, reichte es durch das Fenster. *«Madame, monsieur: vos masques.»*

Albrecht starrte ihn an. Es war ein Impuls, der ihn die Finger heben, nach den dunklen Halbmasken greifen ließ. Auch die Karte wurde wieder in seine Hand gedrückt. Der Lakai sagte etwas, das Albrecht so rasch nicht verstand.

«Links am Schloss vorbei.» Lorentz nahm ihm die Masken aus der Hand. «Himmel, fahren Sie schon!»

Vorsichtig gab der Hauptkommissar Gas. Schweigend. Die Asphaltpiste war zu Ende. Der freie Platz rund um das Schloss war kiesgestreut, weitete sich an der Rückseite des Gebäudes, wo ein gutes Dutzend Fahrzeuge parkten. Der dunkle Porsche, der am Tag zuvor vor dem Anwesen der Skanderborgs gestanden hatte, war nirgends zu sehen. Was allerdings zu sehen war, musste sich in einer ähnlichen Preisklasse bewegen.

An der Einfahrt zur Parkfläche ein weiterer Lakai. Albrecht ahnte, was von ihm erwartet wurde, brachte den Wagen zum Stehen. *«Bonsoir monsieur»*, grüßte er. *«Comment allez-vous?»*

«Monsieur.» Der Diener, ohne eine Miene zu verziehen – bis er in den Wagen blickte und rasch die Augen niederschlug. *«Vos masques!»*

Albrecht hob die Augenbrauen.

«Aufsetzen!» Die Präsidentin. Er wandte sich zu ihr um. Sie hatte ihre Maske bereits übergestreift. «Drehen Sie sich um!», gab sie Anweisung. «Ich binde sie zu.»

Mit einem Brummen gehorchte Albrecht, drückte sich die Maske vor das Gesicht, spürte, wie Lorentz sie verschnürte, etwas nachdrücklicher, als dass es angenehm gewesen wäre. Der Diener wartete, mit zu Boden gesenktem Blick.

«Oui, bon.» Er sah auf, und die Tür wurde geöffnet, ebenso auf Lorentz' Seite. Die Präsidentin stieg aus, auf behandschuhte Finger gestützt, die eilfertig zur Stelle waren, dankte mit einem angedeuteten Lächeln, im selben Moment, in dem Albrecht – ohne Hilfe – den Wagen verließ.

Vom Palais her waren verhalten die Geräusche der Festgesellschaft zu vernehmen. Musik, Gespräche vielleicht. Ein Brei, der im Näherkommen zu einem unsteten Brummen und Summen zerrann, von gänzlich anderer Art, als Albrecht sich die Laute eines Schwirrholzes vorstellte.

Plötzlich ein anderer Laut, der sämtliche Geräusche übertönte. Ein Bellen, kurz und scharf. Ein Bellen, das sich wiederholte. Ein Stück entfernt, irgendwo am Rande des Waldes.

Albrecht registrierte, dass keiner der Lakaien eine Miene verzog. Das Geräusch war ihnen demnach vertraut. Eine private Wachmannschaft, dachte er, die zwischen den Bäumen patrouillierte und das Schlösschen von der Außenwelt abschirmte, sicherstellte, dass niemand sie störte, wer immer sie waren, die sich zu dieser Stunde hier draußen versammelten.

Hunde. Genau, was ihm an diesem Abend noch gefehlt hatte.

* * *

Wenn Sie ungefähr um diese Zeit da sein würden morgen Abend.

Wir waren pünktlich, beinahe auf die Minute. Der Abend hatte sich über die Wildnis am Höltigbaum gesenkt. Ein Stück vor uns erhob sich das Waldstück, durch das ich mich gestern vorangetastet hatte, mit geschlossenen Augen, bis mich Grethe Scharmann vor dem Stolpern bewahrt hatte. Auf den Wipfeln lag ein letztes, düsteres Nachglühen des Sonnenuntergangs.

Blut, dachte ich. Doch diesmal war es nicht zu kryptischen Zeichen geordnet, wie verwirrend sie auch sein mochten. Es war eine Tönung, die sich über das gesamte Brachland mit seinen Gräben, Wiesen und Wegen, seinen niedrigen Anhöhen gebreitet hatte wie eine Decke von – Blut.

Der Mond hatte sich eben über den Horizont geschoben, eine absolut ebenmäßig runde Scheibe, ganz wie die alte Frau es vorausgesagt hatte. Auch er in Farben von Blut, von Feuer, ein Fremder in einer fremdartigen Welt.

«Eigentlich richtig hübsch, oder?» Nils Lehmann, vom Beifahrersitz. «Müsste man glatt fotografieren.»

Ich antwortete nicht. Sein Smartphone blieb in der Tasche.

Die ausgefahrene Piste, die von der Wohnsiedlung zu Grethes Hof führte, war ein Abenteuer. Schlagloch an Schlagloch, selbst der Seitenstreifen nur mit Mühe befahrbar. Am Rande der geschlossenen Bebauung hatten wir kurz haltgemacht und mit der Besatzung des Peterwagens gesprochen, die dort nach Albrechts Anweisung die Stellung halten würde. Ja, es hätten mehrere Fahrzeuge die Zufahrt passiert. Aber die Leute hätten alle zu der Gruppe vom Hof gehört.

Woher sich die Kollegen so sicher sein konnten? Germanen am Steuer waren dann doch ein ungewöhnliches Bild, solange in Öjendorf nicht gerade das Spektakel stieg.

Dennoch war es ein ganz anderer Wagen, an den ich in diesem Moment denken musste. Dennis' Toyota, der eine halbe Stunde nach meinem Anruf in Langenhorn eingetroffen war. Eine halbe Stunde, die ich Zeit gehabt hatte, in aller Ruhe über meinen Einfall nachzudenken. Professor Helmbrecht. Ein uralter Mann, für den gerade eine Welt zusammengebrochen war. Ihn zu einer heidnischen Vollmondfeier mitzunehmen: ausgeschlossen. Und sei es nur, weil wir unsere Ermittlungsgespräche vermutlich in den Wind schreiben konnten, wenn er unvermutet in Plauderlaune verfiel. Aber ihn mutterseelenallein in einem Hotel abzustellen: unmenschlich.

Doch Möglichkeit drei? Ich war nicht imstande gewesen, mir auszumalen, wie Dennis auf unseren unverhofften Übernachtungsgast reagieren würde, wenn er ihm einmal gegenüberstand. Letztendlich dann sogar ganz locker, nachdem sich der Professor gleich als Erstes mit Kennerblick nach dem Toyota erkundigt hatte. Und wenn ich darüber nachdachte: Wir hatten ein Zimmer, das augenblicklich leer stand. Sogar zwei, streng genommen, und der Raum für das künftige Au-pair, der auf den Garten rausging, befand sich sogar im Erdgeschoss. Wie geschaffen, um den alten Herrn für eine Nacht aufzunehmen. Vor allem aber würde Professor Helmbrecht in dieser Nacht nicht allein sein.

Ein etwas deutlicheres Rumpeln, als ich links abbog und den Wagen vor Grethe Scharmanns Gartenzaun stoppte.

Der Garten mit seinen Obstbäumen lag schweigend in der Dunkelheit. Behaglich gelbes Licht schimmerte hinter den Scheiben des Erkerfensters. Es war dasselbe Gefühl wie vierundzwanzig Stunden zuvor: ein Gefühl, als wenn ich nach Hause käme. In ein Zuhause, von dem ich überhaupt nicht gewusst hatte, dass es existierte. Durchgefroren, dachte ich, erschöpft nach einem harten Tag draußen an der Luft. Nach Hause kommen, wo man auf mich wartete. Wo man einander kannte, abends beisammensaß, erzählte, was sich den Tag über zugetragen hatte, dem Prasseln der Flammen im schmiedeeisernen Ofen lauschte. Mir war klar, dass es unmöglich war, doch ich glaubte, ihn riechen zu können, den Duft von Kräutertee und frisch gebackenem Honigkuchen.

«Genauso muss es sich angefühlt haben», murmelte ich. «Für sie. Für Melanie.»

«Hä?» Lehmann drehte den Kopf, rieb sich mit überdeutlicher Geste den schlaglochversehrten Hintern. «Die wird doch durch den Wald gekommen sein, oder? Zu Fuß, von ihrer Grabungsstelle.»

Ich schüttelte stumm den Kopf. Die Welt musste sich vollkommen anders darstellen, wenn man Nils Lehmann war.

Blind tastete ich nach dem Gurtschloss und schnallte mich ab. Die komplizierten Manöver beim Aussteigen konnten mittlerweile eine Ewigkeit in Anspruch nehmen, doch heute Abend war ich dankbar dafür. Als wenn es nur angemessen, ja *notwendig* war, einen gewissen Abstand zwischen die beiden Welten zu bringen. Zwei Welten, wie ich sie mir als junges Mädchen vorgestellt hatte. Die ganz alltägliche Welt und neben ihr eine zweite, in der man einen Hauch von Magie mit jedem Atemzug auf der Zunge schmeckte. Sie konnten nicht unvermittelt eine an die andere stoßen. Immer war ein Übergang notwendig, eine Passage: ob es ein Waldstück war, in dem eine alte Frau auf mich wartete, meine Führerin an diesen geheimnisvollen Ort, oder die gottverfluchte Fahrertür, die ich nicht richtig aufkriegte, weil ich zu dicht am Zaun gehalten hatte.

«Verdammte Axt», knurrte ich, spürte, wie Jule protestierte, als ich mich mühsam ins Freie wand.

«Pass bloß auf», bemerkte unser Jüngster mit leiser Stimme. «Sonst kriegt sie das noch mit.»

Ich blinzelte verwirrt. Erst dann sah ich, dass er in Richtung Haus deutete. Richtig, erinnerte ich mich. Er hatte sich ebenfalls einen vorwurfsvollen Blick von Grethe eingefangen, als er etwas zu herzhaft geflucht hatte.

«Sieht aus, als ob sie da hinten parken.» Lehmann wies in Fahrtrichtung, und ja, tatsächlich: Vielleicht hundert Meter entfernt waren die eckigen Umrisse mehrerer Fahrzeuge zu erkennen. Mindestens ein militärgrauer Kübelwagen war dabei.

«Soll ich das Auto abstellen?», bot er mit einem Nicken auf den Nissan an.

Ich zögerte für einen winzigen Moment, doch, nein, es gab da einen ganz schmalen Grat: auf der einen Seite mein Stolz. Ich konnte immer noch alles, was ich können musste. Und auf der anderen Seite alberner Starrsinn.

«Danke», murmelte ich, beobachtete, wie er ohne Schwierigkeiten hinter das Steuer glitt, mit einem Rumpeln wieder auf den Fahrweg einscherte.

Doch im nächsten Moment stutzte ich. Über diesem Rumpeln: ein anderes Geräusch? Langsam drehte ich mich zum Haus, dem schweigenden Vorgarten. Die Beerensträucher, im Hintergrund die undeutlichen Umrisse der hohen Pappeln. In der Mitte des niedrigen Gebäudes die grün lackierte Eingangstür, die sich im Zwielicht lediglich als farbloser Umriss vom helleren Backstein des Mauerwerks abhob.

Da war etwas: eine Bewegung in den Schatten, die das Astwerk der Obstbäume auf das Kopfsteinpflaster des Gartenwegs warf. Eine Gestalt verbarg sich in diesen Schatten, und ich spürte, dass sie mich beobachtete.

THOR

Ein Mann, eine Frau. Sie hatten den Wagen verlassen.
Zwei Augenpaare lagen auf ihnen, unsichtbar inmitten
der Dunkelheit zwischen den vordersten Reihen des Waldes.

Das Gebäude war ein Stück entfernt, gelbes Licht hinter den
Fenstern. Menschen. *Fremde* Menschen die meisten von ihnen.
Tausend Geräusche wiesen auf ihre Gegenwart.

Er, Thor, schätzte es nicht, eine solche Zahl von Menschen
um sich zu haben. Unruhe regte sich in seinem Innern, und
alles in ihm schrie danach, sie zum Ausdruck zu bringen. Sie
aber, an die das Band des Paktes ihn fesselte, hatte ihm Schweigen geboten, und er würde sich ihren Anweisungen fügen. Er
blieb eng an ihrer Seite, wie sie es immer hielten, wenn sie gemeinsam aufbrachen. Noch stärker galt dies, wenn sie die vertrauten Pfade verließen. So wie es an diesem Abend geschehen
war.

Und dennoch war diesmal etwas anders. Sie, deren Ruhe
sonst nichts zu erschüttern vermochte, schien heimgesucht
von einer ungewohnten Rastlosigkeit. Ihre Augen lagen auf
dem Mann und der Frau aus dem Wagen, folgten ihren Bewegungen. Sie lauschte. Lauschte auf die gedämpften Laute einer
kurzen Unterhaltung.

Er hat versagt. Ihre Stimme. *Doch nicht an ihn, Thor, waren
die Worte gerichtet. Und er hat den Preis für sein Versagen bezahlt.
Gemurmelt. Doch das spielt nun keine Rolle mehr. Die alte Frau hat gesprochen. Es besteht kein Zweifel, dass sie gesprochen hat. Doch wie viel
wusste sie wirklich? Und welche Schlüsse haben sie aus ihren Worten gezogen?*

Sie zögerte, gab einen Laut von sich, den er nicht einordnen konnte. *Da ich noch in Freiheit bin, können es kaum die richtigen Schlüsse gewesen sein. Nicht vollständig. Wenn ich wüsste, was die beiden ...*

Sie brach ab. Jenseits des Dickichts tat sich etwas. Sie kniff die Augen zusammen.

Du wartest hier auf mich! Diesmal an ihn, an Thor, gewandt. Und es war keine Frage, dass er gehorchen würde. Reglos beobachtete er, wie sie sich seitwärts durch das Unterholz entfernte, lautlos, einen weiten Bogen schlug, auf das erleuchtete Gebäude zu.

neun

Eine Gestalt. Mit steifen Bewegungen wich ich einen Schritt vom Zaun zurück, einen zweiten. Eilig sah ich mich um. Wo war Lehmann? Schon außer Sichtweite? Nein. Die Rücklichter waren noch immer deutlich zu erkennen. Aber hören konnte er mit Sicherheit nichts in meinem Nissan, der über die unbefestigte Piste rumpelte.

Von irgendwo Geräusche. Stimmen, vielleicht die Töne eines seltsam leiernden Gesangs. Angehörige der heidnischen Gemeinschaft weiter hinten auf dem Hofgelände, auf der anderen Seite des Wohngebäudes. Und, näher, ein Knistern und Rascheln, das Tiere verriet im toten Laub zwischen den Beerensträuchern. Doch über allem ... Es konnten keine Atemzüge sein, nein, es waren überhaupt keine Geräusche. Es war ein Gefühl. Dort, zwischen mir und der Tür des Hauses, befand sich ein Mensch. Ein Unbekannter, der es vermied, sich zu zeigen.

Ich war allein, schoss es mir durch den Kopf. Zum ersten Mal vollständig allein hier draußen auf dem Hof. Gestern war jeden einzelnen Augenblick Grethe Scharmann bei mir gewesen, und bei der alten Frau war es schon körperlich ausgeschlossen, dass sie auf ihren Stock gestützt über die nächtliche Grabungsstelle gehumpelt sein sollte, um Melanie die Kehle durchzuschneiden. Jeder andere aus ihrer Gruppe aber ... Meine Finger tasteten an meine Hüfte. Bei diesem Einsatz hatten wir unsere Dienstwaffen dabei, natürlich. Alles sprach dafür, dass sich der Täter in diesem Moment auf dem Hofgelände aufhielt, nur Meter entfernt von mir, und wenn er ...

«Frau Friedrichs?» Eine Stimme. Leise, beinahe schüchtern. Ich fuhr zusammen. «Matthias!»

«Ent... Entschuldigung. Ich wollte Sie nicht erschrecken. Ich ...» Noch immer war er nur ein Schatten. Sah er sich über die Schulter um? Bildete ich mir die Bewegung nur ein? Ein winziges Zögern, als wollte er sichergehen, dass sonst niemand in der Nähe war?

Matthias. Warum war ich erleichtert, ja, beinahe beruhigt, nun, da ich wusste, dass er es war? Matthias mit seinem Schwirrholz, dessen unheimliche Laute zwei Zeugen in der Tatnacht in der Nähe des Tatortes gehört hatten. Der junge Mann war mein Hauptverdächtiger! War es – eine Ahnung? Etwas, das ich spürte, wie Grethe Scharmann die Dinge spüren konnte, die Schlaufen und Kreise? Konnte es damit zusammenhängen, dass ich hier war, der alten Frau so nahe, sodass die geheimnisvollen Kräfte in meinem Innern ...

Stopp!

Wenn ich davon überzeugt war, dass mir in diesem Moment keine Gefahr drohte, hatte das nicht die Spur mit irgendwelchen übersinnlichen Fähigkeiten zu tun. Sondern einzig und allein mit der Tatsache, dass Matthias mich soeben freundlich und etwas schüchtern begrüßt hatte, anstatt sich in der Dunkelheit an mich heranzuschleichen, um mir mit einem Feuersteinmesser die Kehle durchzuschneiden. Wozu er jede Gelegenheit gehabt hätte.

Der junge Mann löste sich aus dem Halblicht unter den Bäumen, näherte sich über das Pflaster des Gartenwegs der niedrigen Pforte. Er war anders gekleidet als am Tag zuvor: ein gewebter, farbloser Kittel, gehalten von einem Gürtel mit einer verzierten metallenen Schließe, in dem eine kurze Axt steckte. An den Füßen lederne Stiefel, mit Riemen um die Waden geknotet. Seine Haare waren zu einem langen Zopf geflochten, der ihm bis auf den Rücken fiel. Wikinger? Oder Germane?

«Ich wollte Sie nicht erschrecken», wiederholte er, öffnete die Gartenpforte, trat zu mir auf den Weg und schloss sie wieder. Nicht das geringste Geräusch. «Ich habe auf Sie gewartet», sagte er leise.

Mein Herz schlug schneller. «Ist etwas nicht in Ordnung? Mit Grethe?»

«Wie? – Ja ... Nein.» Er schüttelte den Kopf. «Ja, aber es ist nichts Schlimmes. Sie fühlt sich nicht ganz wohl. Das Wetter wird umschlagen, sagt sie, und der Wechsel ist oft ziemlich stark, wenn er mit dem vollen Mond kommt. Sie will ein wenig ruhen, bevor wir anfangen. Aber ...»

Eine neue Pause. *Es ist nichts Schlimmes.* Der alten Frau ging es gut, oder jedenfalls nicht besorgniserregend schlecht. Ich hätte beruhigt sein können, aber das war ich nicht. Im Gegenteil: Meine Gänsehaut verstärkte sich.

«Das ist es nicht», sagte er leise. «Weswegen ich auf Sie gewartet habe.»

* * *

Jörg Albrecht lauschte. Das Bellen war verstummt, dafür schienen die anderen Geräusche jetzt deutlicher. Musikfetzen trieben vom Palais herüber, Streicherklänge eines raschen Walzers. Lichter flackerten hinter den hohen Fenstern und ließen das Schlösschen inmitten des nächtlichen Waldgebietes schimmern wie ein funkelndes Juwel.

Seinen Autoschlüssel hatte er einem der Lakaien in die Hand gedrückt. Er ging davon aus, dass der Mann in der Lage sein würde, den Wagen vorschriftsmäßig einzuparken, allem Bemühen um historische Authentizität zum Trotz.

Isolde Lorentz war einige Schritte entfernt stehen geblieben, wartete, dass Albrecht zu ihr aufschloss, während das maskierte Personal respektvoll Abstand hielt.

«Ein Kostümball», murmelte er.

Sie zögerte. Ihr Blick glitt über die nächtliche Szenerie. «Wir werden sehen.» Hinter den Augenschlitzen ein geheimnisvolles Glitzern.

Er holte Luft, hielt ihr den Arm hin. «Frau Prä...»

Der Blick veränderte sich sofort.

«*Madame?*», verbesserte er.

Mit einem angedeuteten Lächeln hakte sie sich ein. Durch den Stoff des Fracks spürte Albrecht die Wärme ihres Unterarms, doch mit Gewalt riss er sich von dem Eindruck los, den das Gefühl in ihm auslöste. Wenn auch nicht von der Frau Präsidentin.

Ein neuer Lakai wartete mit einer Fackel auf sie. Vielleicht war es auch einer, den sie bereits gesehen hatten; mit ihren Perücken, ihren dunklen Gehröcken, ihrer Schminke und Staffage waren sie nicht auseinanderzuhalten.

Genau das, dachte Jörg Albrecht, war mit ziemlicher Sicherheit beabsichtigt. Dies war der Ort, an den Merz ihn bestellt hatte. Etwas über seinem Stand: Ja, das passte. Es war ein Ort, geschaffen für Verkleidungen und Scharaden. Ein Ort, an dem nichts echt war, alles ein Bühnenbild, ein ersonnenes Szenario. Ein Vorhang, der sich nicht beiseiteziehen ließ für einen wahren Eindruck.

«Weil Täuschung das *Wesen* dieses Ortes ist», murmelte Jörg Albrecht. Lorentz drehte den Kopf in seine Richtung, sagte aber kein Wort.

Der maskierte Diener geleitete sie einige niedrige Stufen empor, die zu einem repräsentativen Entree führten, verneigte sich und entfernte sich dann unter mehrfachen Bücklingen.

Der Hauptkommissar und seine Begleiterin betraten die Vorhalle, blieben stehen wie auf ein unsichtbares Zeichen.

Eine breite Doppeltür gab den Blick frei auf einen hell erleuchteten Saal, in dem sich die Festgesellschaft versammelt hatte. Tüll, Samt und Seidenstrümpfe – doch nicht ausschließlich. Ein verpflichtender Dresscode existierte offensichtlich nicht. Der Aufzug der beiden Ermittler schien jedenfalls zu passen, inklusive der Masken. Absolut jede Gestalt im Raum war maskiert.

Die Musik hatte gewechselt, stellte Albrecht fest. Es wurde – leichter Anachronismus – ein langsamer Swing getanzt.

«Sinatra», murmelte Isolde Lorentz.

Albrecht drehte sich in ihre Richtung. «Ich hoffe, Sie tanzen gern?» Er war sich selbst nicht sicher, warum er den Satz als Frage formulierte.

Ein kurzes, amüsiertes Aufblitzen hinter der Maske, doch schon war es verloschen, ihr Blick wieder ernst.

«Was kaum der Grund sein dürfte, dass Merz uns herbestellt hat. – *Sie* herbestellt hat», verbesserte die Präsidentin rasch.

Albrecht nickte. *Niemand* bestellte ihn irgendwohin, ausgenommen natürlich die Frau, deren Hand in diesem Moment auf seinem Arm ruhte. Aber dies war nicht der Augenblick, ein solches Detail zu vertiefen.

«Kein Schimmer, was uns hier erwartet», murmelte er. «Die Skanderborgs? Wenn sie zwei und zwei zusammenzählen, werden sie nicht lange nachdenken müssen, woher wir die Adresse haben. Dann hätte Merz auch offen sprechen können.»

«Ich erahne eine recht sichere Möglichkeit, die Antwort herauszufinden.» Ihr Kinn wurde vorgereckt, nur eine winzige Idee.

Wieder nickte Albrecht, doch es war ein düsteres Nicken. Schon zu diesem Zeitpunkt handelte es sich um einen denkwürdigen Abend, in mehr als einer Beziehung, und er war sich jetzt sicher, dass die kommenden Stunden noch mit weiteren Denkwürdigkeiten aufwarten würden. *Neuartig. Noch nicht da gewesen.* Und sehr, sehr ... *anregend?* Während Jörg Albrecht wegen des Todes einer jungen Frau ermittelte, der in einem gottverlassenen Sumpf ein Feuersteinmesser die Kehle zerfetzt hatte.

«Ich wünschte, Friedrichs hätte auf mich gehört», murmelte er.

«Friedrichs?» Lorentz wandte sich ihm zu. «Ihre schwangere Beamtin?»

Das kam unerwartet. Doch nicht zum ersten Mal bewies die Präsidentin, dass sie weit besser über die Vorgänge auf seiner Dienststelle orientiert war als angenommen.

«Sie ist auf dieser Vollmondfeier», erklärte er. «Mit einem anderen meiner Mitarbeiter. Diese Scharmann scheint einen Narren an ihr gefressen zu haben. Ich habe der Oberkommissarin die Wahl gelassen.» Er zögerte. «Was ich mir allerdings auch hätte sparen können.»

«Dann haben wir doppelte Chancen», sagte Lorentz leise. «Dass zumindest einer von uns heute Abend etwas herausfindet.»

Albrecht holte Luft. «Gehen wir?»

Er neigte den Kopf nach vorn – und blinzelte. Eben noch war das Entree leer gewesen. In diesem Moment aber löste sich eine Gestalt aus den Schatten zur Linken, im flackernden Halblicht nicht recht zu erkennen, bis sie mit seltsam tänzelnden Schritten näher kam, ins Zentrum des erleuchteten Empfangsraums trat. Eine mit einer schillernden Feder gekrönte Kappe, die grüßend vom Kopf gerissen wurde. Eine übertriebene Verbeugung. Wortlos.

Albrecht kniff die Augen zusammen. Das Kostüm des Unbekannten schien ebenfalls der Epoche der höfischen Feste anzugehören, und doch war es anders. Derselbe nachtdunkle Stoff wie an den Livreen der Diener, die Rockschöße aber kürzer und um die Hüften eng an den Leib gegürtet. Das gesamte Gewand war übersät mit aufgenähten, grob rautenförmigen Flicken in Rot, dem dunklen Rot frischen Blutes. Anders als bei den Bediensteten verdeckte die dunkle Maske das Gesicht fast vollständig – mit Ausnahme des bizarr in die Breite verlängerten, glänzend schwarz geschminkten Mundes, der in Albrecht spontan die Erinnerung an eine von Jack Nicholsons Paraderollen aufblitzen ließ.

«Ein Harlekin», murmelte er, bemühte sich, die maskierte Erscheinung einzuschätzen, die sich nun wieder aufrichtete. Die Überraschung, das flackernde Licht hatten ihm die flinken Bewegungen eines geübten Artisten vorgegaukelt, doch in Wahrheit konnte davon nicht die Rede sein. Nein, nicht mehr jung, aber er konnte nicht einmal mit Sicherheit sagen, ob es sich um einen Mann oder eine Frau handelte.

Der Maskierte verneigte sich erneut, setzte die Kappe wieder auf und rückte sie auf dem Kopf zurecht, blieb an Ort und Stelle stehen. Keine Anstalten, den Weg freizugeben.

«Offensichtlich scheint er auf etwas zu warten», bemerkte Lorentz.

Albrecht nickte langsam. «In der barocken Commedia dell'Arte ist der Harlekin eine Art Till-Eulenspiegel-Figur», sagte er leise. «Kein bloßer Gaukler, aber eben *auch*. Die Flicken auf seiner Kleidung sollen auf seine Armut hinweisen.»

«Er will Geld?»

Der Hauptkommissar zögerte, fluchte im Stillen auf die Pest von Anwalt, der er diese Situation verdankte. Den Blick weiter auf den Harlekin gerichtet, hielt er aus den Augenwinkeln Ausschau, ob sich in den Schatten womöglich noch jemand verbarg. Eine Gestalt, die sich über seine Ratlosigkeit amüsierte. Der Harlekin war Merz jedenfalls nicht. Doch mit Sicherheit gab es unter normalen Umständen eine Art Zeremoniell, mit dem Neuankömmlinge in die Gesellschaft im Saal eingeführt wurden, wo man von ihnen noch keine Notiz nahm.

Er stutzte. «Ein Zeremoniell», murmelte er.

Fragend sah die Präsidentin ihn an.

Er räusperte sich. «Unübersehbar ist diese Zusammenkunft vom Zeitalter Marie-Antoinettes inspiriert, Giacomo Casanovas, des Grafen von Saint-Germain, des Marquis de Sade. Versetzen Sie sich in diese Epoche mit ihrem Prunk und ihrer Geltungssucht: Wie würde das ablaufen, wenn neue Gäste einen Ball beehren?»

Ihr Gesichtsausdruck veränderte sich. «Man würde sie ankündigen.»

Albrecht nickte, erwiderte – dosiert – ihr Lächeln. Nur nicht übertreiben. Er öffnete den Mund.

«Stopp!» Gezischt.

Diesmal war es sein eigenes Gesicht, auf das ein fragender Ausdruck trat.

«Wie Sie zutreffend bemerkten, handelt es sich um einen Kostümball», erklärte sie.

Einen Moment lang verstand er nicht, doch dann ... Natürlich. Sein Blick glitt über seinen Frack, über die apart geschlitzte Robe der Frau Präsidentin. Mit einer fließenden Bewegung fischte er die Visitenkarte aus der Tasche und reichte sie dem Harlekin, der die Hand bereits ausgestreckt hatte. Stumm war er vielleicht, taub offenbar nicht.

«Ginger», verkündete Jörg Albrecht. «Und Fred.»

Hob die Harlekingestalt die Augenbrauen? Wenn es sich so verhielt, waren sie unsichtbar. Das Gesicht war hinter der Maske verborgen, auf die Karte in den behandschuhten Fingern gerichtet, aufmerksam, reglos, schien die Aufschrift eingehend zu studieren. Für den Bruchteil einer Sekunde ein Gedanke in Albrechts Kopf, eine Erinnerung, die er so rasch nicht einordnen konnte, doch schon ... ein Nicken. Die maskierte Gestalt wandte sich ab, verschwand in den Saal, mit denselben vage tänzelnden Schritten, mit denen sie erschienen war.

Albrecht lauschte. Eine Ankündigung war nicht zu hören. Vielleicht wurde die Karte lediglich dem Gastgeber überreicht.

«Ich denke, damit dürften wir dann eintreten», bemerkte er, erhaschte mit den Augenwinkeln den Eindruck eines feinen Lächelns.

«Inkognito», konstatierte er sachlich. «Gefallen Ihnen unsere Namen nicht?»

«Es macht Ihnen Spaß», stellte Lorentz mit leiser Stimme fest.

Albrecht hob die Schultern. So hätte er es nicht ausgedrückt. Da war noch immer der nackte Körper einer ermordeten Frau; die klaffende Wunde, in die ihr blasser Hals sich verwandelt hatte. Das getrocknete Blut, ihr eigenes wie die mit Hirschblut geschriebenen Runenzeichen. Es hatte dieselbe Farbe gehabt wie die Flicken am Rock des Harlekins.

Welten, dachte Albrecht. Welten entfernt.

Auf seinem Frackärmel ruhte ein schlanker Unterarm in einem ellenbogenlangen Handschuh, die Finger leicht auf die seinen gelegt. Ihr Parfüm, so dezent es war: Ganz ausgesprochen weiblich, dachte Jörg Albrecht.

* * *

Das rötliche Licht des Mondes fiel auf den lehmigen Boden des Fahrwegs, so hell, dass die Gegenstände scharf begrenzte Schatten warfen. Matthias stand keinen Meter von mir entfernt, normale Gesprächsdistanz, wenn wir nicht wollten, dass der gesamte Hof unsere Unterhaltung mitbekam. Nahe genug, dass ich seine Züge erkennen konnte, ein freundliches und offenes Gesicht unter dem Stoppelbart.

Das ist es nicht. Weswegen ich auf Sie gewartet habe.

Er räusperte sich. «Also ... Mutter hat uns erzählt, warum Sie gestern hier waren. Und dass Sie uns Fragen stellen werden, weil Sie herausfinden wollen, wer das mit Melanie ... Wer sie auf so eine Weise ...»

Ich nickte. «Das ist richtig. Wir ermitteln wegen Melanies Tod. – Können Sie sich erinnern, wann Sie sie zum letzten Mal gesehen haben?» Offenbar hatte er mir etwas zu erzählen. Doch *ich* war die Ermittlerin, und ich durfte nicht zulassen, dass er den Rhythmus des Gesprächs bestimmte. Offen und direkt. In diesem Fall die beste Methode.

«Zum letzten Mal?» Ohne zu zögern. «Zwei Tage vor ihrem Tod. Da war sie hier. Ich denke, dass das auch für die anderen ...»

Ich winkte ab. Dieselbe Aussage wie bei Grethe. Ich ging schon jetzt davon aus, dass ich sie heute Abend immer wieder zu hören bekommen würde.

Dieser Moment aber war eine Chance. Der junge Mann hatte auf mich gewartet. Er wollte mir etwas anvertrauen. Über seine Schulter hinweg konnte ich sehen, wie Lehmann mehrfach rangieren musste, um die richtige Parkposition zu finden. Gut so. Matthias würde nicht gesprächiger werden, wenn mein Kollege sein Smartphone auspackte, um zu protokollieren.

Er sah mich an. Ja, er hatte gewartet, doch nun schien er selbst auf etwas zu warten. Aus irgendeinem Grund war er nicht in der Lage, den Anfang zu machen. Angst vor der eigenen Courage, dachte ich. Auch das ein Bild, das mir vertraut war.

«Wenn wir den gewaltsamen Tod eines Menschen untersuchen, gibt es ganz unterschiedliche Dinge, die für uns wichtig werden können», erklärte ich. «Also nicht allein, wie die Tat sich abgespielt hat. Vor allem möchte ich mehr darüber erfahren, wer Melanie war. Über das hinaus, was wir von ihr wissen. Dass sie Archäologin war und die Grabung geleitet hat. Sie haben eine andere Seite von ihr kennengelernt, denke ich.»

Er nickte, und ich sah, wie sein Adamsapfel sich bewegte. In derselben Sekunde durchfuhr mich ein Gedanke, ein so selbstverständlicher Gedanke, dass ich überhaupt nicht begreifen konnte, warum wir uns diese Frage noch nicht gestellt hatten: Melanie war schwanger gewesen. Irgendjemand musste der Vater des Kindes sein. Nach dem, was Albrecht aus seinem Gespräch mit den Archäologen mitgebracht hatte, hatte sie keinen Freund oder festen Partner gehabt, und ich selbst war nicht mehr dazu gekommen, genauer nachzufragen. Wer war der Vater gewesen? Konnte er es gewesen sein, Matthias? Angespannt wartete ich.

«Sie ...» Der junge Mann holte Luft. «Sie war Archäologin, ja. Wir haben immer mal mit Archäologen zu tun gehabt, auch früher schon. Wenn man wissen will, wie sie gelebt haben, die Alten, kommt man irgendwann mit Büchern nicht mehr weiter. Aber die meisten ...» Er hob die Schultern. «Sie sind halt Wissenschaftler. Vielleicht müssen die so sein. Wenn ihnen klar wird, was wir hier machen, dass wir wirklich verstehen wollen, was für Menschen sie waren – die Alten ...»

Er brach ab, doch im Grunde musste er auch nicht weiterreden. Bei den meisten Wissenschaftlern waren solche Anfragen vermutlich ganz schnell im Rundordner verschwunden, nachdem sie begriffen hatten, was die wissbegierigen Fragesteller antrieb.

«Aber Melanie war anders», sagte ich. «Melanie ist eine von Ihnen geworden.»

Matthias schwieg. Ich wartete. Er sagte kein Wort. Doch diesmal konnte ich mir die Antwort nicht allein zusammensetzen. Sicher, von dem Augenblick an, in dem wir vor dem toten Körper der Archäologin gestanden hatten, hatte ich die Verbindung zwischen uns beiden gespürt. Ich glaubte zu wissen, was für ein Mensch Melanie gewesen war: Sie war mir ähnlich gewesen, ähnlich neugierig, dachte ich, und auf eine ähnliche Weise auf der Suche. Bereit, sich auf Dinge einzulassen, auf die sich die meisten Menschen nicht einlassen würden. Auf Abenteuer, auf Geheimnisse. Auf Experimente, die gefährlich werden konnten. Ohne dass ich es wollte, kam mir Joachim Merz in den Sinn – doch, ja, auch das gehörte dazu. Eine tiefe, aber immer wieder verleugnete Sehnsucht nach diesen Dingen, die unvereinbar war mit der anderen Seite, mit der Suche nach einem Ort, der ein Zuhause war, nach dem einen Menschen, zu dem man gehörte. Sehnsüchte, die einander so sehr widersprachen, dass es weh tun konnte. Doch war Melanie wirklich so gewesen?

Fragend sah ich ihn an. «Matthias?»

«Sie ...» Wieder die Bewegung in seiner Kehle. Als wenn er um Worte kämpfte, Worte, die mit Gewalt herauswollten und denen er den Weg doch nicht freigeben konnte. «Sie war hier.» Seine Stimme verändert, heiser, dass ich sie kaum wiedererkannte. «Das ist richtig. Sie ist zu unseren Treffen gekommen, sie war dabei. Und Mutter hat ... Mutter hat viel mit ihr gesprochen. Sie hat sie geprüft, wie sie jeden von uns prüft, aber in ihrem, in Melanies Fall, war es noch mehr. Ich kann Ihnen nicht sagen, wie Mutter das tut. Was sie tut. Niemand ist vollständig in diese Geheimnisse eingeweiht, nicht einmal Therés. Sie – Mutter – ist mit Melanie draußen gewesen. Im Moor. An der Quelle. Die Quelle ist ein besonderer Ort, sie ...» Er schüttelte den Kopf.

Quelle? Moor? Ich verstand nicht, worauf er hinauswollte, doch ich wagte es nicht, ihn zu unterbrechen, nicht einmal mit einer ermunternden Geste. Sprich weiter, dachte ich. Die Tür des Nissans, Lehmann, der sich auf den Weg zu uns machte, und auch aus Richtung der Scheune waren Geräusche zu hören. Wenn wir jetzt unterbrochen wurden, war die Chance vertan, und ich spürte, dass Matthias keinen zweiten Versuch unternehmen würde.

«Mutter sieht Dinge, die andere Menschen nicht sehen können.» Die Worte geflüstert. «Sie kann den Flug der Vögel sehen oder die … Sie sieht die Dinge hinter den Dingen. Aber Melanie …» Ein tiefer Atemzug. «Sie hat Melanie nicht gesehen. Nicht so, wie sie wirklich war. – Sie fragen mich, ob sie eine von uns war, Frau Friedrichs?»

Ich hielt den Atem an. Mit einem Mal wusste ich, wie die Antwort lauten würde.

Matthias schüttelte den Kopf, wieder und wieder. «Nein. Melanie war keine von uns. Sie ist niemals eine von uns gewesen.»

* * *

Standard. Es blieb beim Standard, und Jörg Albrecht war dankbar dafür. Schon das Repertoire der traditionellen europäischen Gesellschaftstänze mochte anachronistisch wirken angesichts einer Örtlichkeit, an der sich das dezente Licht von Öllampen auf matte Goldbronze, auf Samt und Seidenbrokat legte, doch auf schwer zu sagende Weise war es ein stilvoller Anachronismus. Lateinamerikanische Rhythmen an einem solchen Ort? Unvorstellbar. Sie hätten das Bild zerstört.

Die Tanzabende waren einmal eine Konstante gewesen in Jörg und Joanna Albrechts Leben, anfangs zweimal, später, als die Kinder da waren, zumindest noch einmal im Monat. Eine der Leidenschaften, die sie geteilt hatten. Die Kreise, in denen sie sich damals bewegt hatten ... Albrecht hatte nicht den Schimmer einer Ahnung, ob Joannas Traumdentist überhaupt tanzen konnte, aber er zweifelte nicht daran, dass sie den Kontakt zu diesen Kreisen abgebrochen hatte, nicht anders als er selbst.

Kein Walzer, kein Swing, seit mehr als drei Jahren nicht. Und doch kam es ihm vor, als sei kaum eine Woche vergangen. Im Rückblick war es beinahe unerklärlich, dass sie einander niemals begegnet waren, er und diese Frau, in jenen Kreisen der Freien und Hansestadt, für die der Gesellschaftstanz eine solche Bedeutung besaß.

Er war in der Lage, eine geübte Tänzerin zu erkennen. Und das war sie, in hohem Maße. Isolde Lorentz' Hand lag auf seiner Schulter, federleicht und dennoch deutlich genug, um den Kontakt zu halten. Ihre Finger in den seinen, und es hatte nur Sekunden gedauert, bis sie beide intuitiv begriffen hatten, welche Schritte und Figuren der andere beherrschte. Ein winziger Druck, und schon setzten sie zu einem gewagten Manöver an, doch letztendlich war nicht einmal das notwendig. Nur hin und wieder blickten sie einander ins Gesicht, aber es gab keinen Zweifel, dass die Präsidentin den Abend nicht weniger genoss als er. Ein unvertrauter, lebendiger Teint, der durch ihre Maske zu schimmern begann – durch das Make-up. Die andere Maske, die dunkle Halbmaske, blieb undurchdringlich. Der Takt der Musik war ihre Sprache, Dean Martin jetzt, die Bewegungen ihrer Körper, die im Tanz auf magische Weise eine Einheit bildeten.

Blue Moon / you saw me standing alone / without a dream in my heart / without a love of my own

Jörg Albrecht hätte nur die Augen schließen müssen, und er

hätte sich um Jahre in die Vergangenheit versetzt gefunden, in seinem Arm eine andere Frau. Doch vielleicht ... vielleicht wollte er das gar nicht.

Etwas Neues. Irgendetwas, solange es nur nicht mit deinem verflixten Beruf zu tun hat. Wäre das nur der Fall gewesen.

Der Saal, in dem sich die Festgesellschaft versammelt hatte, schien nahezu den gesamten Grundriss des kleinen Schlösschens einzunehmen. Louis-seize-Mobiliar, glänzendes Edelholz, kostbare Stoffe. Ein Büffet mit erlesenen Speisen, eine Bar mit Schanktresen. Nicht anders hätte sie in der Epoche des Rokoko ausgesehen, dachte Albrecht. Wenn damals bereits derartige Bars existiert hätten. An der stuckverzierten Decke ein gläserner Kronleuchter im vollen Glanz seiner Kerzen.

Einzig der Winkel hinter der Bar wirkte dunkler und schummeriger. Dort war ein Vorhang zu erahnen, der wiederholt beiseitegezogen wurde, wenn Gäste der Feier den Raum verließen oder von neuem betraten. Die beiden Ermittler hatten noch keine Gelegenheit bekommen, dieses Eckchen näher in Augenschein zu nehmen, doch auf jeden Fall war es auffällig, dass wesentlich mehr Leute verschwanden als wieder zurückkehrten.

Der Raum selbst war annähernd oval, die Wände in cremigen Pastelltönen gehalten, wie das achtzehnte Jahrhundert sie geliebt hatte, durchbrochen von deckenhohen Fenstern. Dazwischen Gemälde in schweren Rahmen, die junge Damen in unterschiedlichen Stadien der Entkleidung zeigten. Nach dem Geschmack der Epoche natürlich nicht aus Selbstzweck, sondern aus einer komplizierten allegorischen Absicht heraus, für die sich der zeitgenössische Betrachter ähnlich intensiv interessiert haben dürfte wie sein modernes Gegenstück. Überhaupt nicht.

Ein halbes Dutzend Paare befand sich gegenwärtig auf der

Tanzfläche und wiegte sich im Takt der Musik. Der größere Teil der Gesellschaft stand plaudernd am Rand oder hatte auf dem Mobiliar Platz genommen. Ja, es gab sie auch hier, die brokatgeschmückten Rockschöße und Puderperücken, dazu einige Damen in bizarren Reifrockmonstrositäten und aufgetürmten Haarkreationen, doch Albrecht ging davon aus, dass sie auf die eine oder andere Weise zum Personal gehörten, bezahlte Schauspieler oder dergleichen waren. Ähnlich wie die Lakaien. Ähnlich wie der Harlekin, von dem keine Spur mehr zu sehen war, seitdem sie den Saal betreten hatten. Das Bild der Gästeschar jedenfalls beherrschten Fracks und Smokings. Abendgarderobe. Die beiden Ermittler hatten den Stil getroffen.

«Links von Ihnen.» Lorentz' Wange lag an Albrechts Schulter. Sie beschrieben eine elegante Drehung, die sie zwischen zwei anderen Paaren hindurch an den Rand der Tanzfläche beförderte. «Jetzt rechts.» Eine Schrittkombination, dem Takt folgend, wobei er sekundenlang ihr die Führung überließ. «Glatze mit Vorgarten», wisperte sie. «Brille.»

Albrecht nickte unmerklich, während er sie wieder in den Kreis der Tanzenden steuerte. «Cornelsen», murmelte er. «Der Sohn.»

Eine Schrittfolge. «Natürlich der Sohn.» Geflüstert, an seinem Ohr. «Der Vater ist letztes Jahr gestorben. Die Futtermittelwerke gehören jetzt ihm. Und links hinter ihm ...»

«Harmstorf», murmelte er. «Jedes zweite Schiff im Hafen, das nicht unter liberianischer Flagge fährt.»

«Den Herrn an der Bar kennen Sie möglicherweise nicht.» Für einen Moment Irritation, als er nicht sofort begriff, dass sie in die nächste Drehung gehen wollte, doch schon waren sie wieder im Rhythmus. «Mit Sicherheit aber kennen Sie seine Leitartikel.»

«Worthmarck?» Eine Winzigkeit zu laut. Glücklicherweise

schien niemand ihn gehört zu haben. Er hatte den letzten Aufmacher von Worthmarcks Magazin nur zu gut im Kopf. Anregungen zu einer effektiveren Bekämpfung der illegalen Prostitution. In mehr als einem Punkt hatte Albrecht ihnen gedanklich zustimmen müssen. Qualitätsjournalismus, Welten entfernt von den reißerischen Meldungen des Boulevards. Messerscharfe Analysen, an welchen Stellen die Politik nach wie vor zu wenig hinsah und gleichzeitig den Ermittlungsbehörden Fesseln anlegte, sie daran hinderte, das altbekannte Übel nachhaltig einzudämmen.

Der Hauptkommissar räusperte sich. «Er könnte auf Recherche sein.»

Doch daran glaubte er selbst nicht.

Denn dazu war das Bild zu deutlich. Die versammelten *Herren* waren ihm in der Tat zum größten Teil bekannt, und sei es aus der Presse. Daran änderten auch die schmalen dunklen Masken nichts, die jeder der Anwesenden auf dem Gesicht trug wie ein an ungewöhnlicher Stelle platziertes Feigenblatt.

Anders verhielt es sich mit den Damen, die an den Schultern ihrer Begleiter lehnten, hin und wieder ein kehliges Lachen ausstießen, wenn eine feiste Pranke ihren Hintern betatschte. Zwanzig Jahre jünger als die jeweiligen Herren der Schöpfung? Fünfundzwanzig? Dem Schnitt musste das nahe kommen. Gewagte Abendkleider, die die individuellen Vorzüge demonstrativ zur Geltung brachten. Gewagt, aber nicht billig, nein, das nicht.

Ihre Begleitung darf gerne ebenfalls nach etwas aussehen. Es muss kein Escort sein. Einfach jemand mit – Stil. Traf es das? Vermutlich schon, wenn man Joachim Merz war. Die juristische Pestilenz, die sich noch immer nicht hatte blicken lassen.

«Bei Lichte betrachtet dann doch nicht so viel anders als auf dem Kiez», bemerkte Albrecht mit gedämpfter Stimme.

Die Musik endete. Eine Veränderung in der Haltung seiner Tanzpartnerin bedeutete dem Hauptkommissar, dass sie an dieser Stelle pausieren wollte. Er bot ihr den Arm, führte sie einige Schritte zu einem freien Platz unterhalb der Fenster, nickte einem jungen Mädchen zu, das mit einem Tablett auf der Hand vorbeigestöckelt kam. Weißwein.

Lorentz nahm einen Schluck, während ihre Blicke taxierend durch den Raum glitten. «Teurer», sagte sie leise. «Und exklusiver.» Die Lippen leicht geschürzt. «Und, wie ich vermute, spezieller.»

Er folgte ihrem Blick. Worthmarck war mit dem jungen Cornelsen ins Gespräch gekommen, klopfte dem jüngeren Mann jovial auf die Schulter, schien ihn in eine bestimmte Richtung zu dirigieren: ja, auf den hintersten Winkel des Saals zu, die schummerige Ecke hinter der Bar, in der jetzt deutlich ein Vorhang aus tiefrotem Samt zu erkennen war. Der Journalist lüpfte ihn ein Stück, machte eine einladende Geste, und sie waren verschwunden.

Die beiden Ermittler wechselten einen Blick. Von Lorentz ein kaum wahrnehmbares Nicken, und sie legte die Hand auf den dargebotenen Arm. Beinahe schlendernd näherten sie sich dem Vorhang, die Gläser weiterhin in der Hand. Mehrere Augenpaare, die Albrecht auf seinem Nacken spürte. Er ging davon aus, dass so ziemlich niemandem im Saal entgangen war, dass es sich bei ihnen um Neulinge in dieser Gesellschaft handelte. Neulinge, die noch kaum ein Wort mit den anderen Gästen gewechselt hatten. Doch niemand hielt sie auf.

Der Hauptkommissar streckte den Arm aus, strich den schweren Samt beiseite – und blinzelte überrascht. Er konnte nicht sagen, womit er gerechnet hatte. Einem Durchgang zu den Séparées? Dafür schien der Grundriss des Schlösschens keinen Platz mehr zu bieten, und dass kein Obergeschoss existierte, hatte er bereits von außen festgestellt. Für den enttäuschendsten Fall war er auf einen schlichten, gekachelten Flur gefasst gewesen, der zu den sanitären Einrichtungen führte, doch, nein ...

Davon konnte nicht die Rede sein.

* * *

Melanie war keine von uns. Sie ist niemals eine von uns gewesen. Matthias' Worte.

Sie zerschnitten die Luft zwischen uns wie ein Vorhang aus Eiszapfen. Oder hatten sie sich schon in meine Brust gesenkt? Lähmende Stacheln aus Kälte, die mein Herz ...

«Soooo.» Nils Lehmann, bestens gelaunt. «Wenn man mal weiß, wie er tickt, kann er ganz brav sein, dein Nissan. – Hi, Matthias.»

Der junge Mann nickte stumm. Ich war mir nicht sicher, ob Lehmann seinen Gesichtsausdruck erkennen konnte, aber vermutlich wäre er so oder so nicht auf die Idee gekommen, dass er in einem ungünstigen Moment aufgetaucht sein könnte.

«Mit eurem Parkplatz müsst ihr allerdings wirklich mal was machen, wenn hier regelmäßig so was läuft», erklärte er. «Vollmondhappenings. – Matthias?»

Jetzt doch eine Ahnung? Aber im selben Moment öffnete sich die Tür des niedrigen alten Hauses.

«Matthias?» Mit einer ganz anderen Betonung.

Wir drehten die Köpfe. Therés stand in der Türöffnung. Das gelbliche Licht aus der Diele ließ ihre Gestalt zur Silhouette werden, halb transparent, wo es durch den Stoff ihrer weiten Robe fiel und Formen offenbarte, für die ich in meinem derzeitigen Zustand nur Neid empfinden konnte.

«Hi, Therés!» Lehmann. Klang er eine Winzigkeit heiser? Er empfand bei dem Anblick offenbar etwas ganz anderes.

«Oh. Hi!» Ihre Stimme einen Moment lang verändert. Unser Jüngster funktionierte universell, selbst bei heidnischen Aushilfspriesterinnen. Doch sofort fing sie sich. «Mutter ist jetzt so weit.» Wieder der ruhige, zurückgenommene Ton, in dem sie auch gestern gesprochen hatte. Die wenigen Worte, die sie überhaupt gesagt hatte. «Wir beginnen hinten im Hof, aber Sie beide können sich hier vorne anschließen, Frau Friedrichs. Mutter bittet Sie, ein bisschen abzuwarten, bis wir fertig sind mit der ...» Sie schien kurz nach einem Wort zu suchen. «... Eröffnung. Sie werden merken, wann es so weit ist. Wir werden den ganzen Abend beisammensitzen. Dann können Sie Ihre Fragen stellen.»

Ich nickte. «Super.» Das Wort war schon raus, als es mir plötzlich irgendwie dämlich vorkam.

Die Tür schloss sich wieder. Matthias machte keine Anstalten, der jungen Frau zu folgen oder sich zu den anderen zu begeben.

«Ich bleibe hier bei Ihnen, und wir schließen uns dann gemeinsam an», erklärte er. «Mich brauchen sie erst richtig, wenn wir da sind.»

«Da?» Lehmann sprach aus, was mir auf der Zunge lag.

«Sie werden sehen», murmelte Matthias.

Eine kryptische Bemerkung, doch dann erinnerte ich mich an Jörg Albrechts Vorgehensweise. Den Ort ohne besonderes Vorwissen wahrnehmen. Uns würde nichts anderes übrig bleiben.

«Macht ihr das eigentlich jedes Mal?», erkundigte sich mein Kollege. Er kam mir tatsächlich ein bisschen aufgeregt vor. «Eure Feiern? Immer bei Vollmond? Ich meine, auch bei Regenwetter? Da kann man den Mond ja gar nicht sehen, eigentlich.»

Matthias hob den Blick zu der leuchtenden Scheibe am

386

Nachthimmel. Der Blutschimmer war immer noch sichtbar, aber er schien schwächer zu werden, je weiter sie sich über den Horizont erhob.

«Das macht keinen Unterschied», sagte er leise. «Wir feiern acht große Feste im Jahr: den längsten Tag und die längste Nacht des Jahres und die beiden Tagundnachtgleichen.»

«Frühlings-, Sommer-, Herbst- und Winteranfang», murmelte ich.

Er schüttelte den Kopf, ein leichtes Lächeln auf den Lippen. «Gerade nicht. Unser Sommer beginnt schon heute, in der Nacht vor dem Wonnemond.»

«Wonne...» Ich verstummte. Natürlich: Wir waren nicht die einzigen Beamten, die heute Nacht eine Extraschicht erwartete. Im Schanzenviertel standen sich die Einsatzhundertschaften vermutlich schon die Beine in den Bauch und fragten sich, ob es zur Abwechslung mal ruhig bleiben würde in der Nacht zum ersten Mai.

«Sommer wär mal was.» Lehmann rieb sich die Hände. Und tatsächlich war die Kühle von Minute zu Minute deutlicher zu spüren. «Wenn ihr das hinkriegt, dass der früher losgeht.»

«Dafür begehen wir in drei Monaten aber auch schon unser Herbstfest», erklärte Matthias. «Lughnasad. – In der ersten Nacht des Erntemonds, des August, wie ihr sagen würdet.» An Nils Lehmann. «Und Samhain ...»

Ich schluckte. Das war ein Ausdruck, den ich kannte. Samhain. Halloween. Die Nacht vom letzten Oktobertag auf den ersten November. Das gruselige Totenfest.

«Imbolc, das Frühjahrsfest, in der Nacht zum Beginn des Hornung, eures Februar», zählte Matthias auf. «Und heute – Beltane.»

Beltane. Wieder ein Wort, das in der Luft hing, aber anders diesmal. Ich erinnerte mich. Meine Fantasy-Schmöker: Beltane, das heidnische Fest der Fruchtbarkeit, wenn draußen auf den Feldern die Feuer brannten und die Menschen sich ekstatischen Tänzen hingaben und – mehr. Wild und ausgelassen und ... Der Gedanke brach ab.

Ein schriller Schrei gellte durch die Nacht.

* * *

Der Vorhang war wieder an Ort und Stelle geglitten. Nur noch gedämpft drangen die Klänge aus dem Saal an ihre Ohren. Jörg Albrecht hielt inne, an seiner Seite die Präsidentin.

Das Äußere der Anlage und der repräsentative Ballsaal hatten an ein Lustschloss des Rokoko denken lassen, und die Illusion war nahezu perfekt gewesen. Nichts als ein Schritt durch ein Stück schweren samtenen Stoff aber, und das Bild hatte sich verändert, schien die Besucher um weitere Jahrhunderte in die Vergangenheit zu katapultieren.

Oder möglicherweise auch nicht, dachte der Hauptkommissar. Nein, die *Keller* einer Rokokoresidenz konnten sich kaum so gewaltig von den düsteren Gewölben einer Burganlage des finsteren Mittelalters unterschieden haben. Und doch musste genau dieser Gedanke im ersten Moment aufkommen.

Rohes Mauerwerk an den Wänden. Ja, die Illusion von gewachsenem Fels. Albrechts Finger strichen darüber. «Respekt», murmelte er. «Mitten in der Norddeutschen Tiefebene.» Eine blakende Fackel erhellte notdürftig den verschlungenen Gang. Selbst der Geruch: nach Moder, nach Alter, doch auch nach etwas anderem.

Ein Schrei. Kurz und abgeschnitten, doch mit dumpfem Hall wie aus der ... Albrecht kniff die Augen zusammen. Aus der Tiefe?

Sie folgten der Biegung des düsteren Korridors. Eine Treppe, die steil nach unten führte, ihrerseits gewunden und altertümlich. Irgendwo in der Tiefe ein unruhiger Lichtschimmer – und ein neuer Schrei, langgezogener diesmal und begleitet von einem *Rasseln*. Unwirsch drängte der Hauptkommissar einen Gedanken beiseite, der mit schemenhaften Gestalten zu tun hatte, Betttücher über dem Kopf und rasselnde Ketten an den Füßen. Nein, seine Ahnung war eine andere.

«Halten Sie sich hinter mir!», gab er Anweisung.

Lorentz' Reaktion beschränkte sich auf ein Schulterzucken.

Steil in die Tiefe. Einen Handlauf gab es nicht. Bei jedem Schritt mussten sie auf ihre Füße achtgeben. Worthmarck hatte bereits deutlich angeheitert gewirkt. Ein Risiko, dachte Albrecht, auf so einer Treppe. War es womöglich ein Teil des Kitzels?

Die Treppe endete auf einem niedrigen Absatz zwei Stufen über dem Boden des Kellerraums. Die beiden Ermittler verharrten bewegungslos an Ort und Stelle.

Jörg Albrecht ging davon aus, dass der Begriff *Folterkeller* in den meisten mitteleuropäischen Köpfen sehr ähnliche Assoziationen wachrief. Wer immer das Interieur dieses Raumes entworfen hatte, war den Assoziationen im Kopf des Hauptkommissars jedenfalls recht nahe gekommen.

Eine Streckbank. Eine Eiserne Jungfrau, die nach Albrechts Informationen in historischer Zeit überhaupt nicht existiert hatte, aber selbstverständlich dennoch zum Repertoire gehörte. Lediglich als Schaustück, wie er im Stillen betete. Anders offensichtlich als andere Gerätschaften.

Ein Pranger. Und er war in Gebrauch. Hals und Handgelenke einer nackten jungen Frau waren in den schweren, waagerechten Holzbalken eingeschlossen und machten es ihr unmöglich, zurückzuweichen. Das lange dunkle Haar hing ihr wirr ins Gesicht und verhüllte ihre Züge wie ein gnädiger Schleier. Ein älterer Herr im Smoking, der Albrecht bekannt vorkam, ohne dass er ihn auf der Stelle zu identifizieren vermochte, trat eben von der Gemarterten zurück, während Wortmarck und Cornelsen sich ihr näherten, der Journalist sich bereits an seiner Hose zu schaffen machte, von hinten an sie herantrat.

«Er scheint seine Recherchen sehr ernst zu nehmen», bemerkte Isolde Lorentz ohne jede Betonung.

Albrecht schluckte, erwiderte aber kein Wort. Sein Blick glitt durch den Raum. Weitere Foltergerätschaften, einige von ihnen im Einsatz, andere – möglicherweise – nur der Atmosphäre halber vor Ort. Brandeisen, wie sie in der Viehzucht zum Einsatz kamen, wurden im Feuer erhitzt, doch niemand schien sich ihnen zu nähern. Anders als einem schlanken jungen Mädchen, das an einen Pfahl gefesselt war, den bloßen Rücken den Hieben einer Peitsche preisgegeben. Das Kommando hatte offenbar eine Gestalt in dunkler Kutte: ein Vertreter der Heiligen Inquisition? Die Schläge teilten zwei Herren aus der Gästeschar aus, und Albrecht glaubte zu erkennen, dass der Rücken der Frau gerötet war, doch die Haut war *nicht* aufgeplatzt. Theater, dachte er. Requisiten. Die Folterinstrumente, die tatsächlich Verwendung fanden, mussten auf eine Weise konstruiert sein, dass kein dauerhafter Schaden entstehen konnte.

Kein *körperlicher* Schaden.

Er hörte das Lachen, sah, wie Worthmarck und Cornelsen die Hände hoben und einander abklatschten, als der Journalist für den jüngeren Mann Platz machte.

Doch mehr als alles andere zog eine Szene, die sich am entgegengesetzten Ende des Raumes abspielte, Albrechts Blick auf sich.

Schwere Ketten waren an einem Ring befestigt, der hoch oben in das Mauerwerk eingelassen war. Sie waren straff angezogen, sodass sie die Arme einer zierlichen jungen Frau in einem unbequemen Winkel auseinanderzogen, während ihre bloßen Füße mit einer ähnlichen Vorrichtung am Boden fixiert waren. Ihr Körper war beschmiert mit …

Nein, es waren keine Runen. Und es war auch kein Blut, weder die regelmäßigen Muster, die *Zielscheiben* darstellen mussten, um die flachen Brüste und den Schritt der Gepeinigten, noch die willkürlicher platzierten Spuren, die so sehr an Blutspritzer erinnerten.

Albrechts Augen lagen auf der Gestalt eines Mannes in vorgerücktem Alter. Er sah nur den Rücken des Unbekannten: bullige Statur, eisengraues, kurzes Haar, der Smoking auf den Leib geschneidert. In der Hand hielt der Fremde … Der Hauptkommissar war sich nicht sicher, ob er die kleine Gerätschaft richtig identifizierte, mit der sich ein halbes Dutzend Männer einem bestimmten Rhythmus folgend der Gefangenen näherten, mehrere Schritte entfernt innehielten und anlegten.

Lauter Beifall, der das Aufkeuchen der Getroffenen übertönte. Anerkennendes Schulterklopfen. Das Geschoss aus der, ja, der *Armbrust* hatte die rechte Brust der jungen Frau getroffen, im innersten der konzentrisch angeordneten Ringe der improvisierten Zielscheibe, nur Zentimeter vom Hof um die Brustwarze entfernt.

Der Hauptkommissar war sich bewusst, dass sich der Gesetzgeber zu einem summarischen Verbot des Paintballsports nicht hatte durchringen können, auf der anderen Seite allerdings strikte Vorschriften in Sachen Schutzbekleidung und Maximum an Durchschlagskraft existierten. Kein Zweifel möglich, dass sie in diesem Fall ausnahmslos gebrochen wurden.

Der bullige Mann wandte sich um.

Jörg Albrechts Haltung versteifte sich. Eine Ahnung. Schon beim ersten Blick auf den Rücken des Unbekannten war eine

Ahnung da gewesen, doch jetzt, als der Mann mit festem Schritt auf den Treppenabsatz, auf den Hauptkommissar und seine Begleiterin zuhielt, kurz nur Worthmarck und Cornelsen zunickte ... Jetzt war kein Zweifel mehr möglich. Eine Maske wie bei allen Anwesenden, doch sie war nicht mehr als ein Teil jenes frivolen Spiels, das an diesem Ort gespielt wurde. Ungeeignet, die Identität ihres Trägers zu verbergen, was nur bedeuten konnte, dass das auch nicht beabsichtigt war.

Mit dynamischen Schritten nahm er die Stufen, blieb vor Albrecht und Lorentz stehen, in den Fingern eine vertraute Visitenkarte.

«Ginger?», erkundigte er sich. Die Präsidentin hatte ihm die Hand entgegengestreckt, die er ergriff und andeutungsweise an die Lippen führte. «Und Fred?» Ein offensives Grinsen, das sich auf die groben Züge legte.

Albrecht beließ es bei einem angedeuteten Nicken.

«Unser Gastgeber?» Lorentz, in höflichem Tonfall. «Vermute ich?»

Der Mann richtete sich zu voller Größe auf. Nicht besonders groß, doch das kam nicht überraschend. Ein Festmahl für die Karikaturisten, erinnerte sich Albrecht, wenn er neben seinem Ersten Bürgermeister stand, der ihn lang und spindeldürr um einen halben Kopf überragte.

«*Don Giovanni*», verkündete der Gastgeber, legte die Hand auf die Brust. «Darf ich Ihnen verraten, dass es mir eine besondere Freude ist, Sie beide hier begrüßen zu dürfen?»

Don Giovanni. Nein, dachte Jörg Albrecht. Er machte kein Geheimnis aus seiner Identität. Giovanni – Johannes. Hannes Altmann, ehemaliger Finanzsenator der Freien und Hansestadt Hamburg.

* * *

Ein Schrei. Es war eine Frauenstimme, nein: Waren es mehrere Stimmen, die sich an der Phalanx der Bäume brachen, die in unserem Rücken aufragte? Und ihr klagender Laut hielt an, schien seine Höhe zu verändern wie, ja: wie Gesang, ein leiernder, fremdartiger Gesang.

Ein dumpfer Knall. Ein zweiter. Es waren ...

«Trommeln», flüsterte ich, und Matthias nickte. Er musste das Wort von meinen Lippen abgelesen haben.

Die Trommeln gaben einen Rhythmus vor, treibend, anschwellend, und eindeutig kamen sie vom Hof, wo hinter dem Haus jetzt flackernder Lichtschein sichtbar wurde, schattenhafte Bewegung.

«Sie brechen auf», kommentierte Matthias, und ein leichtes Lächeln spielte um seine Lippen.

Lehmann verrenkte sich den Hals. «Wow!» Gemurmelt.

Der Rhythmus steigerte sich, bis zu einem bestimmten Punkt, um sich dann unvermittelt zurückzunehmen und wieder Platz zu machen für den Gesang der Frauenstimmen, die die anfangs kaum erkennbare Melodie zu variieren schienen, eingängiger jetzt, kraftvoller.

Nun waren Gestalten zu unterscheiden. Grethe Scharmann, gestützt auf ihren Stock und in ein weites, weißes Gewand gekleidet, in dem die alte Frau beinahe zu versinken schien. Hinter ihr Therés und mehrere andere Frauen, allesamt sehr viel jünger als die Mutter der Gemeinschaft und doch in Roben von ähnlichem Schnitt, bei dem ich mir nicht sicher war, ob sie wirklich umständlich zugeschnitten waren. Eine von ihnen ... Nein, ich war nicht überrascht, Sara Grabowski zu entdecken. Ich hatte es längst gewusst. Hinter ihnen Männer, ein Dutzend vielleicht, ähnlich gewandet wie Matthias. Und natürlich war Morten Anderson unter ihnen.

Die Trommler waren zu zweit, bärtig, mit offenen Mähnen,

die muskulösen Oberkörper nackt und mit wilden Zeichen bedeckt. Runen? Ich konnte es nicht sagen. Ihre Schläge auf das Fell der Trommeln: vollständig synchron.

«Hugin und Munin.» Ein leichtes Lächeln auf Matthias' Gesicht. «Wie die beiden Raben Odins.»

Odin. Meine Hände glitten in die wärmenden Taschen meiner Wetterjacke. Der Göttervater der Germanen, dem die Menschen die Kunst des Runenritzens verdankten, wie der Professor uns berichtet hatte. Heidnische Runen, eine alte heidnische Tatwaffe, ein Tatort, der hergerichtet war wie für ein heidnisches Opfer. Alles, *alles* sprach dafür, dass ich mich in diesem Moment inmitten unserer Täter befand. Einzig das Motiv fehlte. Und selbst da, nach Matthias Worten ... *Sie ist niemals eine von uns gewesen.* Musste ihm nicht klar sein, dass er sich und seine Gemeinschaft ans Messer lieferte, wenn er mir das so bereitwillig erzählte?

War das so?, dachte ich. Nur dann, wenn sie tatsächlich schuldig waren.

Und doch: Bewies es im Gegenteil, dass sie unschuldig waren? Oder *wollte* ich nur, dass sie unschuldig waren? Was sonst war es, das mich immer wieder vor dem Gedanken zurückschrecken ließ, dass unsere Spur hierher, genau hierherführen sollte?

Der Zug, die *Prozession*, bewegte sich über die Hofeinfahrt auf uns zu. Grethe schien mich nicht zu sehen. Ihre Augen waren halb geschlossen oder vielleicht auf etwas gerichtet, das nur die alte Frau sehen konnte.

Die Schläge der Trommeln in ihrem hypnotischen Takt, darüber der Gesang, unverständliche Worte, die sich stetig zu wiederholen schienen:

insprinc haftbandun, infar wîgandun
infar wîgandun, insprinc haftbandun

Eine Beschwörung? Die Anrufung eines Gottes, eines Dämons, eines übernatürlichen Wesens?

Beltane. Das Fest der Fruchtbarkeit. In den Jackentaschen verborgen legten sich meine Hände auf meinen Bauch. Das kleine Mädchen nahm Anteil an allem um mich herum, seit Wochen schon. Ich spürte es deutlich. Und diese Vibrationen ... Ja, sie reagierte, doch irgendwie wusste ich, dass Jule das Geschehen nicht mit Widerwillen zur Kenntnis nahm. Nein, im Gegenteil. Nicht ohne Grund gab man Säuglingen Rasseln in die Hand.

Als der Zug uns passierte, nickte Matthias uns zu. Seine Hand war in die Falten seines Kittels geglitten: das Schwirrholz. Ein unscheinbarer, länglicher Gegenstand, knochenweiß, leicht gebogen und auf gesamter Länge ausgehöhlt. Knochenweiß: Hirschknochen.

Matthias umfasste das Ende einer Schnur, brachte das Schwirrholz mit kreisenden Bewegungen in Schwung – und das geisterhafte Brummen setzte ein, jenes Geräusch, mit dem alles begonnen hatte. Der Ton war tief im ersten Moment, ein Röhren beinahe, doch rasch wurde er höher, bis er dieselbe Frequenz erreichte wie der Gesang der Frauen.

insprinc haftbandun, infar wîgandun

Der junge Mann schloss sich dem Zug an. Lehmann und ich folgten.

«Krass.» Mein Kollege. «Das glaubt uns kein Mensch, wenn wir das erzählen.»

«Da wir nur in unserem schriftlichen Protokoll darüber berichten werden, das wir beide unterzeichnen, wird man uns schon glauben», bemerkte ich kühl.

Er warf mir einen Seitenblick zu, hielt aber den Mund. Ich nahm mir vor, an diesem Abend ganz besonders darauf zu achten, dass sein Smartphone in der Tasche blieb.

Für den Augenblick allerdings reckte ich den Hals. Matthias hatte angekündigt, er werde erst wirklich zum Einsatz kommen, wenn wir *da* wären. Wo aber war *da*?

Die Prozession hatte den ungepflasterten Weg, der an Grethes Hof vorüberführte, erreicht. Doch die alte Frau machte keine Anstalten, die Richtung einzuschlagen, die sie auf den Waldweg führen würde, auf dem wir uns gestern begegnet waren. Die Route ihres Abendspaziergangs. Stattdessen schritt sie gerade über die ausgefahrene Piste hinweg, auf die schwarze, schweigende Mauer der nächtlichen Bäume zu.

Eine Mauer? Im nächsten Moment war Grethe verschwunden, und mit ihr Therés und weitere Frauen aus ihrem Gefolge. Nein, eine Sekunde später konnte ich sie wieder erkennen, als die letzte der Frauen, die als Einzige in dieser Gruppe eine Fackel trug, ebenfalls den Rand der Bäume erreichte. Schemenhafte, fahle Gestalten in ihren schneeweißen Roben, die sich auf einem schmalen, gewundenen Pfad bewegten, den ich gestern nicht zur Kenntnis genommen hatte und heute in der zunehmenden Dunkelheit nicht mehr hatte ausmachen können.

Die Schläge der Trommeln, gleichförmig und monoton, kaum merklich schneller werdend, sich dann wieder zurücknehmend. Der leierne Gesang, nun durch die Laute des Schwirrholzes unterstützt, ohne Betonung, und doch ging eine Kraft von ihm aus: Ich konnte nicht sagen, woher sie kam. Weil es *magische* Worte waren? Ich versuchte, den Gedanken zu verscheuchen, aber es gelang mir nicht vollständig. In dieser Nacht *war* Magie in der Luft; ich glaubte sie zu riechen, sie auf der Zunge schmecken zu können wie ein fremdartiges Aroma, das sich mit den Gerüchen des nächtlichen Waldes mischte.

infar wîgandun, insprinc haftbandun
insprinc haftbandun, infar wîgandun

Nein, ich sang nicht mit, doch bei einem Seitenblick auf

Lehmann, von dem nicht mal mehr ein *Krass* gekommen war, seitdem wir den Wald betreten hatten, sah ich, dass seine Lippen sich bewegten. Wenn auch lautlos. Und meine Füße ... Der Rhythmus! Der Gleichklang der Trommelschläge, der Gesang, der sich diesen Schlägen fügte. *Schritte.* Die Prozession der Kultanhänger *marschierte* nicht, doch wie von selbst war ich im Gehen in einen Rhythmus gefallen, waren wir alle in diesen hypnotischen Rhythmus gefallen. Mit Gewalt versuchte ich mich gegen dieses Gleichmaß zu wehren, einen Fuß etwas schneller, den anderen etwas langsamer zu setzen, bis plötzlich ... Widerstand! Mein Fuß!

Nils Lehmann packte zu, wortlos und eben noch rechtzeitig. Ich blieb auf den Beinen.

Eine unsichtbare Wurzel? Wollte *der Wald selbst* nicht zulassen, dass ich mich dem Gleichspiel widersetzte? Doch schon spürte ich wieder weiches Moos unter meinen Füßen, die ich einen vor den anderen setzte, im Takt der Trommeln.

Ich kämpfte. Irgendetwas ging hier vor, ging mit *mir* vor: die andere Welt; ich selbst war im Begriff, zu einem Teil dieser anderen Welt zu werden, und wir waren noch nicht einmal *da*.

Melanie. Was ich in dieser Nacht erlebte, musste auch sie erlebt haben. Melanie, die von Grethe und ihrer Gemeinschaft aufgenommen worden war. *Melanie war keine von uns. Sie ist niemals eine von uns gewesen.* Aber das war unmöglich! Ich hatte die Verbindung zwischen uns beiden vom ersten Augenblick an gespürt. Konnte ich mich so sehr getäuscht haben? Konnte überhaupt ein Mensch in der Lage sein, sich *dem hier* zu entziehen?

Der Wald war auf allen Seiten. Nur für Momente erfasste der zuckende Schein der Fackeln – eine in der Gruppe der Frauen, die andere in der Gruppe der Männer – einzelne Abschnitte des beinahe noch kahlen Astwerks. Der Wald. Wie ein anderer

Wald, der Wald in meinem Traum, in dem ich gemeinsam mit einem Unbekannten, mit dem Hirsch, mit Joachim Merz durch das Dickicht gehetzt war.

Mein Herzschlag. Ich hatte gespürt, wie er in meinen Schläfen pulsierte, nicht anders, als ich es auch jetzt spürte, im Takt der Trommeln. Aber Angst? Im tiefen Wald, in einem Trupp heidnischer Naturgeister, in dem ich unseren Täter vermuten musste, ich selbst halb weggetreten, davongetragen vom Rhythmus ihrer Musik. Und doch spürte ich keine Angst, so wenig, wie ich in meinem Traum Angst gespürt hatte. Ich spürte eine ... eine Erwartung, eine *Erregung*, eine Anspannung. Wir bewegten uns auf einen Ort zu, der eine Bedeutung hatte. Einen Ort, an dem es sich entscheiden würde.

Der Rhythmus wurde schneller, mit ihm mein Herz. Die Bäume: Hatte sich die Dunkelheit vor uns verändert? Verlor sich das Licht der Fackel in der Hand der hintersten, weiß gewandeten Frau bereits unter dem freien, offenen Nachthimmel?

Die Fackel wandte sich nach links. Nur wenige Schritte noch, dann musste auch ich die Stelle erreichen. Die zweite Fackel, getragen von einem der Männer, rückte in die entgegensetzte Richtung, und Matthias folgte ihr, ebenso wie der Schlafwandler Lehmann, während ich selbst, ohne dass mir irgendjemand die Anweisung gegeben hatte, den Weg nach links einschlug, den die Frauen genommen hatten. Der Zug hatte sich geteilt, und direkt vor uns ...

Eine Lichtung lag im Schimmer des vollen Mondes und dem kalten Glanz der Sterne. Die Bäume hielten Abstand, und aus irgendeinem Grund wusste ich, dass nicht die Holzfäller nachgeholfen hatten. Hier *wollte* nichts wachsen. Dies war ein *anderer* Ort.

Die beiden Züge der Kultanhänger hielten inne.

infar wîgandun, insprinc haftbandun
insprinc haftbandun, infar wîgandun
wîgandun!
wîgandun!
wîgandun!
Die Trommeln verstummten. Im Zentrum der Lichtung erhob sich ein Kreis aus Steinen.

* * *

«Eine hübsche Location.» Isolde Lorentz nippte an ihrem Weißwein. «Zumindest das Obergeschoss.» Mit dem winzigen Hauch einer Spitze setzte sie hinzu: «Don Giovanni.»

Eine angedeutete Verneigung. «Selbstredend bin ich nicht der Eigentümer. Lediglich Ihr Gastgeber für den heutigen Abend.»

«Und selbstredend tut der Name des Eigentümers nichts zur Sache», bemerkte Lorentz. «Nehme ich an.»

Wieder das breite, selbstgefällige Grinsen, mit dem der Mann während seiner Amtszeit die damalige Opposition in den Wahnsinn getrieben hatte. «Wie ich sehe, verstehen wir uns – Ginger.»

Jörg Albrecht bemühte sich um einen unbeteiligten Gesichtsausdruck. Einen leicht gelangweilten sogar. Nach allem, was er eine Treppe höher hatte erkennen können, schien das an diesem Abend der bevorzugte Gesichtsausdruck zu sein. Hinter seiner Stirn allerdings sah es anders aus.

Hannes Altmann. Es war unübersehbar, dass Lorentz und er sich kannten. Was kaum überraschen konnte. So rasch, wie die Senate in den vergangenen Jahren aufeinander gefolgt waren, war die Präsidentin auch jenem Senat verantwortlich gewesen, dem Altmann und sein Bürgermeister vorgestanden hatten. Und dass der Etat der hamburgischen Polizei in jedem Senat ein ganz besonderes Konfliktfeld darstellte, war kein Geheimnis.

Doch unterhielten sich die beiden tatsächlich wie bloße Bekannte? Vielleicht war es der Umstand, dass Altmann eine Winzigkeit zu nahe an Lorentz herangerückt war, vielleicht einfach ein bestimmter Tonfall in ihren Stimmen, der den Worten der Präsidentin widersprach, ihrer Haltung, die demonstrativ Distanz signalisierte. Da war eine Vertrautheit, die über eine bloße Bekanntschaft hinausging.

Und Jörg Albrecht war sich nicht sicher, in mehr als einer Beziehung nicht, was er davon halten sollte.

Von dieser gesamten halbseidenen Gesellschaft, von strafrechtlich relevanten Vergehen in Serie. Und von dem Umstand, dass für das Ganze eine der Größen der Hamburger Politik verantwortlich war. Hannes Altmann.

Albrecht bemühte sich, dem Gespräch zu folgen, das die beiden miteinander führten, doch für einen Augenblick hatte er den Faden verloren.

«Heftig?» Der ehemalige Finanzsenator. «Nein, liebe Ginger, so würde ich das auf keinen Fall ausdrücken. Unsere Mottopartys …» Er wurde unterbrochen, als aus der Tiefe ein schmerzerfülltes Keuchen zu ihnen drang. «Nun.» Altmann, mit schelmischem Lächeln. «Wer hat das noch nicht erlebt, dass der eine oder andere ein wenig über die Stränge schlägt auf einer Party mit guten Freunden.»

Dem Hauptkommissar blieb bei dieser Argumentation die Luft weg, nicht so Lorentz. «Dann scheinen Sie aber eine Menge guter Freunde zu haben, Don Giovanni», bemerkte sie.

«Wollen Sie das bezweifeln? Wir alle hier sind gute Freunde, liebe Ginger. Gute Freunde, die einander vertrauen können. Eine eingeschworene Gemeinschaft.»

Albrechts Blick ging an ihm vorbei. Einer der Rohlinge musste mit der Armbrust einen besonders guten Treffer gelandet haben. Die Gefolterte krümmte sich in ihren Ketten. Ob das Mädchen wenigstens angemessen für diese Torturen entlohnt wurde? Albrecht bezweifelte es. Junge Frauen wie Maddalena, die Straßenhure aus Rahlstedt, gab es in der ganzen Stadt. Ohne Ausbildung, ohne Perspektive, oft genug ohne *Papiere.* Jenen ausgeliefert, die nur eine ausreichende Portion Gewissenlosigkeit mitbrachten. Worthmarck und Cornelsen hatten von ihrem Opfer abgelassen und teilten sich einen Joint. Verstoß gegen das Betäubungsmittelgesetz, dachte der Hauptkommissar. Dazu sexuelle Nötigung? Körperverletzung? Freiheitsberaubung? Das kam auf den Richter an. Doch nicht für eine Sekunde zweifelte er daran, dass er in dieser freundschaftlich verbundenen, *verschworenen Gemeinschaft* eine Vielzahl von Delikten würde zur Anzeige bringen können, wenn er sich höflich verabschiedete, um in einer Stunde mit einem Einsatzkommando wieder vor der Tür zu stehen.

Wusste Hannes Altmann, wem er gegenüberstand? Nun, er wusste jedenfalls, wer Isolde Lorentz war: die Nummer eins der hansestädtischen Strafverfolgung. Konnte *Don Giovanni* sich so sicher sein, dass sie darauf verzichten würde, gegen ihn vorzugehen? Um der alten Zeiten willen? Und selbst wenn das so war: Wie wollte er den ominösen *Fred* so sicher einschätzen?

«Sie sehen aber gar nicht fröhlich aus, Fred.»

Albrecht drehte den Kopf. Altmann musterte ihn. Die Augen hinter der Maske versprühten eine Intelligenz, die zu den bauernhaften Zügen des Mannes nicht recht zu passen schien. Doch dieser Mann trug schließlich nicht nur heute Abend eine Maske, dachte Albrecht. Als schillernde Figur der Politik.

«Sollten aus Ihrer Miene Zweifel sprechen?» Altmann fuhr

fort, bevor Albrecht etwas einwerfen konnte. «Zweifel an dem Vertrauen, das uns alle hier miteinander verbindet?»

«Don Giovanni ...» Lorentz versuchte ihn zu unterbrechen, aber Altmann hob die Hand, und irritiert stellte Albrecht fest, dass die Präsidentin verstummte. *Isolde Lorentz*. Niemand brachte Isolde Lorentz zum Verstummen.

Verwirrt ging sein Blick zwischen den beiden hin und her. Eine Ahnung. Wieder war es nur eine Ahnung, doch es blieb keine Zeit, den Gedanken weiterzuverfolgen, denn schon sprach Altmann weiter.

«Die Basis von Vertrauen, mein lieber Fred, sind gemeinsame Geheimnisse.» Die Stimme gesenkt, und er rückte bei den Worten ein Stück näher an Albrecht heran. «Geheimnisse, die wir miteinander teilen.» Eine rasche Drehung zu Lorentz. «Wie ich sie mir ins Gedächtnis zurückrufen kann, die Bilder.»

Albrecht kniff die Augen zusammen. Die Frau an seiner Seite zuckte nicht zurück; lediglich ihre Augen verengten sich. Er konnte nicht mit Sicherheit sagen, worauf Altmann angespielt hatte, aber es *war* eine Anspielung gewesen. Ein Gefecht fand zwischen den beiden statt, und der Schlag des Mannes war plump gewesen. Und unnötig.

«Oder in Ihrem Fall, mein lieber Fred ...»

«Don Giovanni!» Lorentz, jetzt heftiger, aber ihre Miene veränderte sich auf der Stelle, als Altmann den Kopf in ihre Richtung drehte. Sie holte Luft. Mit einer dermaßen zuckersüßen Stimme, dass Albrecht nicht hinsehen musste, um zu wissen, dass sich Lorentz' Fingernägel in diesem Moment in ihre Handflächen gruben, während sie sich zu den Worten, dem Tonfall zwang: «Sie werden Fred doch gewiss verstehen, der heute zum ersten Mal hier ist. Natürlich wird er sehr rasch lernen, diese Art von Vertrauen zu schätzen. Im Grunde, glaube ich, tut er das bereits. Gewiss werden Sie nicht so unbedacht sein, ihn ohne Not zu verwirren, indem Sie seine Geheimnisse ...»

«Aber natürlich!» Ein joviales Lächeln. Hannes Altmann hob die Hand und tätschelte begütigend die Wange der Polizeipräsidentin. «Aber natürlich weiß ich, was der gute Fred für ein Mensch ist.» Eine rasche Drehung zu Albrecht, die Augen reglos auf dessen Gesicht gerichtet. «Anankastische Persönlichkeitsstörung. ICD-10, F60.5. Die erneute dienstliche Verwendung wird nicht untersagt.» Eine winzige Pause. «Jedoch wird nachdrücklich empfohlen, von ihr abzusehen.»

Albrecht starrte ihn an. Der Mann sprach wie ein medizinisches Attest. Ein Attest, das ...

In diesem Moment zuckte Altmann mit den Schultern. «Ich sehe es vor mir, schwarz auf weiß. Doch wer bin ich, an solche Geheimnisse zu rühren, die Geheimnisse guter Freunde?»

Lorentz regte sich nicht mehr. Altmann bückte sich, griff nach ihrer Hand, führte sie noch einmal an die Lippen. Sie ließ es geschehen wie eine Gliederpuppe.

«Ginger.» Ein Nicken. «Fred. – Ich wünsche Ihnen weiter einen vergnüglichen Abend.»

* * *

Salbei?

Das war es nicht. Nicht allein. Schwer lag der Duft über der Lichtung, über dem Kreis der Steine, dem Kreis der Bäume, der die heilige Stätte der Gemeinschaft schützend umgab.

Therés war es gewesen, die ins Zentrum dieses Kreises getreten war, einen winzigen Gegenstand aus den Falten ihres Gewandes gezogen hatte. Einen Gegenstand, mit dem sie Funken geschlagen und den vorbereiteten Stapel aus Holz und Reisig entzündet hatte. Nein, es war kein Feuerzeug gewesen.

Jedenfalls nicht in jenem Sinne, in dem ein Mensch des einundzwanzigsten Jahrhunderts diesen Begriff verstand.

Sekundenlang hatte die junge Frau innegehalten, sich vor den auflodernden Flammen verneigt und war dann an ihren Platz zurückgekehrt, einen halben Schritt hinter Grethe Scharmann, die auf einem umgestürzten, mit einem schneeweißen Fell bedeckten Steinblock über der Versammlung thronte.

Auch dies musste einmal die Aufgabe der alten Frau gewesen sein, war mir durch den Kopf gegangen. An den großen Festen das heilige Feuer zu entzünden. Ihre Pflicht, ihr Vorrecht oder beides zusammen. Was für ein Gefühl mochte es für sie sein, nun, da das Alter sie zwang, diese Aufgaben an Therés zu übergeben? Ob es ihr leichter fiel, wenn sie sich sagte, dass dieser Zustand von Gott gewollt war, von den Göttern, an die sie glaubte? Ein Kreis, dachte ich. Die Dinge entstehen, sie werden und wachsen, und sie vergehen.

Doch noch war Grethes Weg nicht zu Ende. Mühsam hatte sie sich erhoben. Ihr Stock blieb zurück, an ihren thronartigen Sitz gelehnt. Ein ungeschriebenes heidnisches Gesetz? Oder ließ ihr Stolz es nicht zu, dass sie ihn zu Hilfe nahm? Sie umschritt das Feuer. Langsam, unendlich langsam in allmählich enger werdenden Kreisen, ein irdenes Gefäß auf der offenen Handfläche, dem sie in einem bestimmten Rhythmus ein Pulver, eine Substanz entnahm, die sie in die Flammen gab, was diese heller aufstieben ließ.

Der Duft über der Lichtung, der mehr als ein Duft war. Der ein Gefühl war, eine Stimmung, eine ... Stimme. Eine körperlose Stimme, die sich geisterhaft zu uns gesellt hatte, in unseren Köpfen unverständliche Worte zu flüstern schien. Ich wusste, dass es nicht allein für mich galt.

Grethe blieb stehen. Ein letzter Griff in das Gefäß, eine letzte Bewegung in Richtung der Flammen, dann hielt sie für mehrere Augenblicke inne, verneigte sich vor dem Feuer, nicht anders, als Therés das getan hatte, und kehrte stumm auf ihren Platz zurück.

Und im selben Moment schien sich etwas zu verändern. Nicht vollständig zwar – was auch immer der Ritus der Gemeinschaft herbeibeschworen hatte, war noch gegenwärtig –, aber es war nicht länger ...

Wie in der Kirche. Unvermittelt war das Bild in meinem Kopf. Der Augenblick, in dem eines der großen Sakramente beendet ist. *Sie dürfen die Braut jetzt küssen.* Der Vergleich war schief und doch das Beste, was ich zur Hand hatte. Es war, als ob ich eine halbe Stunde oder länger den Atem angehalten hätte, von dem Moment an, in dem wir uns dem Zug angeschlossen hatten, auf dem Fahrweg vor Grethes Hof. Und jetzt auf einmal war wieder Atem da, selbst wenn er nach Salbei schmeckte und nach anderen Dingen. Noch immer waren wir in der anderen Welt, und irgendetwas in meinem Hinterkopf war sich sehr, sehr sicher, dass ich keine Chance haben würde, den Ausgang aus diesem Wald zu finden – es sei denn mit Hilfe der alten Frau und ihrer Gemeinschaft, nachdem das Ritual beendet war. Doch zumindest hatte ich nicht mehr das Gefühl, mich im luftleeren Raum zu bewegen.

«Jetzt sind sie bei uns.» Geflüstert, an meiner Seite. «Die Alten.»

Ich drehte den Kopf. Sara Grabowski. Ich hatte registriert, wer sich auf dem kniehohen Stein links von mir niedergelassen hatte, aber wie alle anderen hatte sich Melanies junge Kollegin während der Eröffnung nicht gerührt, war versunken gewesen in das geisterhafte Geschehen.

«Die Alten?» Ich räusperte mich. «Diejenigen, deren Überreste Sie bei Ihrer Grabung gefunden haben?»

Sara neigte den Kopf zur Seite. «Möglich.» Sie schien einen

Moment darüber nachzudenken. «Einige von ihnen haben Namen, doch nur Mutter darf sie aussprechen.»

Mutter. Ich schluckte, versuchte mich auf die Gründe zu konzentrieren, aus denen ich hier war.

«Hat Melanie Sie mit hierhergenommen?», fragte ich. «Sie und Morten? Haben Sie diese Gruppe gemeinsam entdeckt? Während der Ausgrabungen?»

Sara sah in die Flammen. «Sie waren immer da.» Langsam drehte sie den Kopf in meine Richtung, und für einen Moment erschrak ich. Ihre Pupillen waren geweitet, als ob sie Drogen genommen hätte. Doch wer weiß, dachte ich. Vielleicht sahen wir alle so aus, auch ich. Was hatte Grethe ins Feuer gegeben?

«Sie sind ein Teil dieses Ortes», erklärte Therés. «Ich kann Ihnen nicht sagen, ob es hier niemals aufgehört hat oder ob Mutter – oder andere, die vor Mutter da waren – es wiederentdeckt haben. Aber ... Spüren Sie es? Es ist so stark hier. Auf eine bestimmte Weise muss es hier immer da gewesen sein.»

«Es?»

«Der Weg.» Leise. «Der alte Weg.»

Die Trommler hatten wieder zu ihren Instrumenten gegriffen, schlugen einen Rhythmus, aber anders jetzt, auf schwer zu beschreibende Weise weniger *zwingend*. Matthias hatte sein Schwirrholz sinken lassen und eine kleine Flöte an die Lippen gesetzt, deren melodische Töne die Lichtung erfüllten. Auch das Instrument war aus Knochen geschnitzt, Hirschknochen. Ich musste nicht fragen.

Die Wärme der Flammen vertrieb die Kühle des Aprilabends, und ich hatte meine Jacke auf meinem Stein zusammengelegt, bevor ich mich niedergelassen hatte. Lagerfeueratmosphäre, wesentlich stimmungsvoller als der Abend in unserem Garten mit Oliver und Jeannette.

Zwei der jungen Mädchen gingen reihum und schienen etwas unter den Anwesenden zu verteilen. Schon waren sie bei Sara und mir. Ein Horn wurde mir entgegengestreckt, ein ausgehöhltes Rinderhorn, und ein süßlicher Geruch stieg mir in die Nase, aus einem gewaltigen Krug, den das zweite Mädchen auf beiden Armen trug. *Honigmet!* Die Erinnerung an den Tag nach dem Besuch auf dem Mittelalterfest stand mir deutlicher vor Augen denn je.

«Besser ...» Ich schüttelte den Kopf. «Danke, aber für mich besser nicht.»

Sara dagegen griff mit einem Lächeln zu, und über die Flammen hinweg sah ich zur Seite der Männer, sah, wie Lehmann mir grinsend zuprostete. Er schien sich sichtlich wohlzufühlen.

«Der alte Weg?», wandte ich mich an Sara.

«Der alte Weg.»

Ich fuhr zusammen. Grethe Scharmann stand hinter mir.

* * *

«Dieser Mann hat aus einer Akte zitiert!» Albrechts Stimme überschlug sich nicht, doch sie war auch nicht weit davon entfernt. «Einer amtlichen Akte!»

Lorentz' Hand streckte sich dem Hauptkommissar entgegen: Zigaretten. Er griff zu, seine Finger fahrig, als er sich eine davon zwischen die Lippen schob.

Altmann hatte sich abgewandt, und eine Sekunde später hatte sich Albrecht ebenfalls auf dem Absatz umgedreht, war die gewundene Treppe hochgestürmt und quer durch den Saal mit der aufgedonnerten Gesellschaft ins Freie. Kein Atem mehr. Mit einem Mal hatte er das Gefühl gehabt, im Innern des Gebäudes ersticken zu müssen.

«Eine psychologische Krankenakte! Ein Gutachten mitsamt dem empfohlenen Vorgehen. Und Sie ...»

Die Präsidentin gab ihm Feuer. Das minderte die Wucht seines Ausbruchs, doch es musste noch genug davon bei ihr ankommen. Mehr als genug. Er zog an der Zigarette, mit aller Lungenkraft. «Und Sie wissen genau, um wessen Akte es sich handelt und aus welchem Anlass sie angelegt wurde! Auch wenn ich sie niemals zu Gesicht bekommen habe.» Er schüttelte den Kopf. «Auch wenn ausgerechnet *ich* sie niemals ...»

Jörg Albrecht brach ab. Ein Schwall von Übelkeit. Schwindel im Kopf, Schweiß auf der Stirn. Die Zigarette, das ungewohnte Nikotin, zu viel, zu schnell.

«Albrecht?» Lorentz, fragend.

Ein paar Schritte entfernt stand einer der Lakaien, glotzte sie an. Zumindest vermutete Albrecht, dass er sie beide anglotzte. Die Dinge begannen verschwommen und undeutlich zu werden, die Fackel in der Hand des Mannes ein schemenhaftes Glühen.

«*Partez!*» Lorentz. Eine knappe Armbewegung. Sie galt nicht Albrecht. – Der Diener verzog sich.

«Ich ...» Albrecht wollte sich räuspern, unterließ dann den Versuch. «Ich ...»

«Stillhalten.» Die Präsidentin machte sich an seinem Querbinder zu schaffen, dem hohen Kragen. Im nächsten Moment ... Luft. Eine Sekunde lang wurde der Schwindel noch heftiger.

«Tief durchatmen.» Isolde Lorentz. «Ganz langsam. Stützen Sie sich ab.»

Für einen Atemzug war er kurz davor, sich auf ihrer Schulter abzustützen, dann fand seine Hand das Mauerwerk der Schlossfassade. Nach und nach beruhigten sich seine Atmung, das Gefühl in seinem Magen, der hämmernde Herzschlag.

«*Merde!*», flüsterte er.

«Wir sind jetzt unter uns. Sie können Deutsch sprechen.»

Er fuhr auf. «*Sie ...!*»

«Ich dachte, Sie wären fertig?» Fast gleichmütig.

«Ich habe überhaupt noch nicht angefangen!» Doch selbst in seinen eigenen Ohren klangen die Worte seltsam schwach.

Sie betrachtete ihn. Er stellte fest, dass sie ihr Weißweinglas noch immer in der Hand hielt. Letzte Lichtreflexe tanzten vor seinen Augen, aber er spürte, dass sein Verstand wieder ausreichend klar war.

«Sie haben mich in diese Klapsmühle geschickt», begann er. «Nach dem Todesfall in Königslutter. Ich war immer der Ansicht, dass das Ihre Form einer kleinen privaten Rache gewesen ist. Mich ein paar Wochen leiden zu lassen und dann noch einmal ... Insgesamt sechs Monate, bis ich meinen Dienst wieder aufnehmen durfte. Aber Sie haben tatsächlich prüfen lassen, ob ich noch ...»

Er sprach den Satz nicht zu Ende.

Lorentz schwieg. Der Inhalt ihres Weinglases schien ihre Aufmerksamkeit vollständig zu fesseln. Schließlich: «Zuweilen existieren Möglichkeiten», sagte sie langsam. «Möglichkeiten, die Dinge auf eine Weise auszulegen, dass ein gewisser Handlungsspielraum bleibt. Und bestände er nur darin, Fragen selbst zu beantworten, bevor sie von außen gestellt werden.»

«Wie?» Er starrte sie an.

«Von den Aufsichtsbehörden beispielsweise. – Sie haben damals in Ausübung Ihres Dienstes gehandelt. Das gab mir die Möglichkeit, die Dinge intern zu regeln. Vielleicht habe ich ja eine Klinik ausgewählt, von der bekannt ist, dass die Gutachter dort eher zögerlich sind, wenn es darum geht, abschließende Urteile zu fällen. – Sie haben Don Giovanni gehört. Einer Empfehlung kann man folgen.» Sie hob die Schultern. «Oder auch nicht.»

Die Zeit blieb stehen. Für ungefähr zwei Sekunden. Dann,

unvermittelt, ein Schlag in den Solarplexus. Genauso fühlte es sich an.

«Sie?», flüsterte er. «Es war ... es war genau umgekehrt?»

Keine Antwort. Und das war Antwort genug.

Monate. Die längsten in Jörg Albrechts Leben. Monate, in denen sie stärker und stärker geworden war, die Überzeugung, dass er damit tatsächlich *alles* verloren hatte: Joanna, die Kinder, das Haus. Und nun auch das Letzte: die Wahrheit. Das, was er war: ein Ermittler. Seinen persönlichen Weg zur Wahrheit.

Doch das war nicht geschehen. Wie durch ein Wunder war es nicht geschehen. Ein Wunder?

«Ich hätte meine Stelle verloren», murmelte er. «Aber Sie haben sich über die Empfehlung hinweggesetzt. Einzig *Ihretwegen* bin ich noch im Polizeidienst.»

Isolde Lorentz war eine zu kluge Frau, um zu widersprechen. «Ich muss kaum erwähnen, dass Sie die Sache nicht leichter gemacht haben», bemerkte sie. «Als zwei *weitere* Todesfälle dazugekommen sind, kaum dass Sie Ihren Dienst wieder aufgenommen hatten.»

«Ich ...» Er schüttelte den Kopf, unfähig zu sprechen. In den vergangenen Jahren war ihm mehr als einmal der Gedanke gekommen, dass die Präsidentin gegen einen weiteren Todesfall in Ausübung seines Dienstes im Grunde gar nicht so viel einzuwenden gehabt hätte. Vorausgesetzt, der Name des Geschädigten hätte Jörg Albrecht gelautet. Doch jetzt ...

Wie sollte er ihr jemals wieder so gegenübertreten, wie er ihr jahrelang gegenübergetreten war? Nun, da er wusste, dass er ihr verdankte, was noch übrig war von seinem Leben? Doch war das eine Frage *dieser* Erkenntnis? Hatte dieser Abend nicht ohnehin etwas zwischen ihnen verändert?

War all das in diesem Moment die entscheidende Frage?

Er stellte fest, dass er zu Boden stierte. Nein, weniger auf den

Boden als auf die Spitzen ihrer gewagt geschnittenen Schuhe mit den sieben Zentimeter hohen Absätzen.

Er blickte auf, löste die Hand vom Mauerwerk. «Altmann», murmelte er. «Woher kennt Hannes Altmann den Inhalt meiner Krankenakte? – Und was hat er gegen *Sie* in der Hand?»

Für eine halbe Sekunde rechnete er tatsächlich damit, eine Antwort zu bekommen. Möglicherweise war die Zeitspanne sogar noch länger. Doch sie schwieg natürlich. Jörg Albrecht blieb nichts als das, was er mit eigenen Ohren gehört hatte. *Wie ich sie mir ins Gedächtnis zurückrufen kann, die Bilder.* Altmanns Worte. Seine Worte an Isolde Lorentz.

Er atmete ein. Wieder aus. Die Zigaretten. Der Weißwein. Vielleicht beides zusammen. Was sonst sollte verantwortlich sein für die Bilder? Die Bilder in seinem Kopf?

* * *

Grethe Scharmann.

Mein Blick zuckte zu ihrem thronartigen Sitz. War sie nicht gerade eben noch ... Nein, der Platz war leer. Therés stand in ihrem langen weißen Gewand einen halben Schritt hinter dem steinernen Thronsitz, hoch aufgerichtet, das helle Haar offen über die Schultern ausgebreitet, und sekundenlang war ich gefangen von diesem Anblick. Eine Priesterin. Wie ich mir beim Lesen meiner Fantasy-Geschichten eine heidnische Priesterin ausgemalt hatte. Wenn ich die Augen auch nur eine Winzigkeit zusammenkniff, konnte ich mir einen goldenen Reif vorstellen, der auf ihrem Haar schimmerte, über der Stirn ein funkelnder Edelstein. Ihre Schweigsamkeit, die mir plötzlich wie eine Form von Macht erschien, ihre Ernsthaftigkeit, die bewies, dass sie um Geheimnisse wusste, die den Augen gewöhnlicher

Sterblicher verborgen waren. Doch nicht sie war das Oberhaupt der Gemeinschaft.

Ungeschickt kam ich hoch, murmelte den Namen der alten Frau, die meine Finger mit beiden Händen ergriff.

«Wie ich mich freue, Hannah, dass Sie heute Abend gekommen sind.» Sie sah mir offen ins Gesicht, und, ja, die Freude spiegelte sich in ihren wachen alten Augen. «Wie viel hätte ich Ihnen erzählen können über unsere Feiern, über unseren Kreis, wenn wir uns versammeln.» Ein angedeutetes Nicken, aus dem nicht klar wurde, ob sie vom Kreis der Steine oder dem Kreis ihrer Anhänger sprach, doch vermutlich machte das keinen Unterschied. «Aber was wäre das für ein jämmerlicher Ersatz gewesen, wenn Sie es heute Abend mit eigenen Augen sehen können?» Eine winzige Pause. «Wenn Sie es *spüren* können.»

Ich nickte, einen Kloß im Hals. Die geisterhafte Gegenwart der *Alten*, wie Sara sie genannt hatte, schien noch einmal deutlicher, nun, da Grethe vor mir stand. Beinahe als ob die alte Frau ein Teil von ihnen war oder diese Geister, diese Präsenz ein Teil von Grethe Scharmann.

Sie betrachtete mich. Hatte sie schon wieder erraten, *erspürt*, was mir durch den Kopf ging?

«Der alte Weg?», fragte sie.

Ich nickte, räusperte mich. «Sara war eben dabei, mir zu erklären, was das Besondere ist an diesem Ort.»

Grethe warf einen Seitenblick auf die junge Archäologin. «Guten Abend, Sara.»

Im selben Moment war Sara auf den Beinen. Bisher war sie sitzen geblieben, als hätte sie sich nicht in unser Gespräch einmischen wollen, ehe die alte Frau das Wort an sie richtete.

«Guten Abend, Mutter.»

Eine Verneigung? Auf jeden Fall mehr als ein bloßes grüßendes Nicken. Lächelnd legte Grethe die Handfläche auf die Stirn des jungen Mädchens. Mit einem beinahe weggetretenen Gesichtsausdruck nahm Sara ihren Platz wieder ein.

«Das Besondere an diesem Ort.» Die alte Frau hatte ihren Stock jetzt dabei, hängte sich aber in meinen Arm: ein Zeichen, dass sie einige Schritte gehen wollte, an der Außenseite des Steinkreises entlang, im Rücken ihrer Gefolgsleute. «Sie glauben, dass das erklärt werden müsste? Erklärt werden *könnte?*»

«Ich ...»

«Sie spüren es natürlich. Viele Menschen können es spüren.» Eine Handbewegung, die über den Kreis ihrer Anhänger hinauswies. «Doch ich bin mir sicher, dass nur sehr wenige es so deutlich spüren wie Sie.»

Grethe und ich befanden uns an jenem Punkt des Kreises, der der Thronbank der alten Frau genau gegenüberlag, links von uns die Plätze der Frauen, auf der rechten Seite jene der Männer, in der Mitte das lodernde Feuer, das Zentrum des Kreises. Winzige Flocken von Glut und Asche, die sich aus den züngelnden Flammen lösten, taumelnd in den dunklen Himmel strebten wie verirrte Seelen. Ein besonderer Ort? Mit Sicherheit war er das. Und eine besondere Nacht. Matthias hatte uns die heiligen Feste der Gemeinschaft aufgezählt, das düstere Samhain, das froststarre Imbolc am Ende des Winters. Und diese Nacht: Beltane, das Fest der Fruchtbarkeit, das für die Menschen früherer Zeiten eine ganz eigene Bedeutung gehabt hatte.

Da war etwas. Etwas, das ich nicht mit den Augen sehen konnte. Eher fühlte es sich an, als ob meine Sinne sich ausgeweitet hätten, als wäre ein zusätzlicher Sinn hinzugekommen, der Frequenzen erfassen konnte, auf denen das gleißende Licht der Flammen sich ausdehnte, Bahnen aus Licht sich von einer Seite zur anderen durch das Innere des Kreises spannten.

Ein Flüstern, ein Sog, eine Kraft wie, ja, wie Magnetismus, der gegensätzliche Pole zueinander streben ließ, unentrinnbar. Ein verborgenes Gesetz. Eine Kraft, die in jedem Menschen wohnte, in Mann und Frau, aber gebändigt war im hellen Licht des Alltags. Einzig in dieser Nacht konnte sie ... *infar wîgandun, insprinc haftbandun.*

Ich sah zu Grethe. Hatte sie die Worte gesprochen? Die Worte des Gesangs, die Worte der Beschwörung?

Ja, ich spürte es. Spürte, dass sie es spürten, die Männer und Frauen im Kreis der Steine, ebenso wie ich spürte, dass ich in diesem Moment kein Teil davon war, dieses Gefühl nur gedämpft und gefiltert empfand. Außerhalb des Kreises jener unwiderstehlichen Macht.

Ein winziges, angedeutetes Nicken von Grethe Scharmann. Sie las in mir. Und was immer sie las, bestätigte ihre Erwartungen. Die selbstverständlichste Sache der Welt.

Meine Augen lagen auf den Männern und Frauen im Ring der Steine: Ich wusste, dass die unfassbare Macht da war, doch wenn ich einfach nur hinsah, waren dort nach wie vor ganz gewöhnliche junge Leute, die sich am Feuer miteinander unterhielten. Nils Lehmann: Offenbar hatte er sich in Rekordzeit eingelebt. Soeben ließ er sich gleich *zwei* Methörner bis zum Rand vollschenken. Ich sah, wie er Matthias zunickte, noch einige Worte sagte, die ich nicht verstehen konnte, um sich dann fast schlendernd in Richtung der Frauen zu bewegen. Therés? Nein. Nein, Grethes Stellvertreterin schien die Einzige innerhalb des Kreises zu sein, auf die die veränderte Atmosphäre überhaupt keine Auswirkungen hatte. Sie verharrte in ihrer konzentrierten Haltung zwei Schritte hinter der Thronbank. Als ob sie es war, dachte ich, die die Verbindung zwischen den Welten aufrechterhielt, während sich Grethe zu mir gesellt hatte. Lehmanns Zielperson konnte sich jedenfalls sehen lassen. Unter dem Walle-Walle-Gewand zeichneten sich beeindruckende Formen ab.

«Der alte Weg», sagte Grethe leise.

Ich zuckte zusammen, wandte mich wieder zu ihr um.

«Er ist fast überall vergessen worden», murmelte die alte Frau. «Und doch hat er an so vielen Stellen überlebt. Das alte Julfest, das zu *Weihnachten* geworden ist, der geweihten Nacht zu Beginn der Raunächte. Der Weihnachtsbaum, der in Wahrheit eine Überlieferung der Alten ist. Wie das Johannisfeuer, der Maibaum und so viele andere Bräuche, die sie niemals vollständig austilgen konnten, die Diener des Gekreuzigten, als sie in dieses Land kamen.»

Ich holte Luft, nickte. «Die christlichen Missionare», sagte ich.

«Dabei hätten sie gar nicht unsere Feinde sein müssen», erklärte Grethe. «Die Feinde der Alten. Sie verehrten ähnliche Dinge wie wir, nur dass sie ihnen andere Namen gaben. Mit dem Unterschied allerdings, dass sie bestimmte Dinge verleugneten, sich weigerten, sie zu sehen. Zu sehen, wie die Menschen tatsächlich sind, Teil des großen Kreises, den das Jahr beschreibt, das Leben überhaupt. Nein.» Ein resigniertes Kopfschütteln. «Dafür war kein Platz in ihrer Welt. Und so errichteten sie ihre Kirchen an den heiligen Orten der Alten, ohne doch verhindern zu können, dass diese Orte insgeheim etwas von dem bewahrten, was *vorher* dort gewesen war. Die Heiligen Bäume, unter denen man noch zu Gericht saß, als das Land längst dem Christengott gehörte. Das Wasser unserer Heiligen Quellen, mit dem sie ihre christlichen Kinder tauften.»

«Quellen.» Sprach ich das Wort tatsächlich aus? *Sie – Mutter – ist mit Melanie draußen gewesen.* Matthias' Worte. *Die Quelle ist ein besonderer Ort.*

Grethe musterte mich. «Nun», sagte sie mit einem verschwörerischen Lächeln. «Sie haben sie nicht *alle* gefunden. Wir haben unsere eigenen Stätten, auf die sie niemals ihre Hand gelegt haben. Sie sind ein Teil dieses Ortes.»

«Hier?» Ich sah mich um, doch die Helligkeit der Flammen reichte nicht weiter als bis zur schweigenden Mauer der nächtlichen Bäume.

«Nicht weit von hier.» Als ich wieder zu Grethe sah, hatte sich ihr Gesichtsausdruck verändert. «Sie werden es sehen, wenn die Zeit gekommen ist», murmelte sie. Ihr Blick: Ging er an mir vorbei?

Mein Blick wanderte zurück zum Kreis der Steine. Morten Anderson hatte sich von seinem Platz erhoben, war an das Feuer getreten. Er bückte sich, griff nach einer Reisigrute, die den Flammen bereits nahe gekommen war, die Spitze von der Glut verkohlt. Langsam trat er auf Sara zu, die sich ebenfalls erhoben hatte, ihm unverwandt entgegenblickte, bis er sie beinahe erreicht hatte. Ihre Hände bewegten sich an ihre rechte Schulter, wo ihr Gewand zu einem Knoten geschnürt war. Eine winzige Bewegung, und der weiche Stoff glitt von ihrem Leib, und der Widerschein der Flammen zeichnete Muster auf ihre Haut. Beinahe andächtig hob Morten die Reisigrute, berührte mit der verkohlten Spitze ihren Bauch, führte sie diagonal nach oben, setzte neu an, diagonal nach unten. Ein Kreuz, ein X.

Meine Kehle schnürte sich zusammen. «Die G-Rune», flüsterte ich. «Die Rune der Fruchtbarkeit.»

Grethe rührte sich nicht, doch sie beobachtete mich sehr genau, beobachtete, wie ich intuitiv Schlüsse zog, Dinge begriff, die ich im Grunde bereits *wusste* – und sei es nur durch Professor Helmbrecht, der diese Rune auf Melanies Körper identifiziert hatte.

Überall auf der Lichtung diese Szene: Hugin und Munin, die beiden muskelbepackten Trommler, die zu jungen Frauen aus

Grethes Gefolge getreten waren, welche ebenfalls nur allzu bereitwillig ihre schneeweißen Roben von den Schultern gleiten ließen. Andere Paare, die sich zusammenfanden. Zufällig? Die Bahnen aus Licht waren nicht mehr zu sehen; das gesamte Bild erschien wie ein einziges rhythmisches Glühen, das alle Menschen im Ring der Steine einbezog. – Alle?

Mein Blick huschte über das Feuer hinweg. Lehmann! Ein Met zur Begrüßung war *eine* Sache. *Das* war eine andere. Ob er sich ebenfalls mit einer Reisigrute bewaffnet hatte, konnte ich nicht erkennen. Ich sah seine Kehrseite, doch die Hand auf seinem Hintern gehörte jedenfalls der drallen heidnischen Maid, zu der er sich auf den Weg gemacht hatte und die schon keinen Faden mehr am Leibe trug.

«Die Dinge entstehen ...» Grethe. Ich riss mich von dem Anblick los, wandte mich zu ihr um. «Sie werden und wachsen», lächelte sie, «und sie vergehen.» Es waren exakt dieselben Worte, die sie bei unserer ersten Begegnung gesprochen hatte. «Es ist ein Kreis. Die Dinge müssen enden, doch mit dem neuen Frühjahr, wie Sie richtig bemerkt haben, Hannah, geht alles wieder von vorn los.»

Ich kniff die Augen zusammen. Sie sprach von der Feier, ihren Anhängern, die alles dafür taten, dass demnächst tatsächlich etwas ganz von vorn losging. – Aber war es wirklich nur das?

Schon sprach sie weiter, und ihre Stimme wurde leiser. «Ich erinnere mich, wie Melanie diesen Ort zum ersten Mal betreten hat.»

Melanie. Mir war bewusst, dass ich heute Abend wieder und wieder im Begriff war, in eine andere Welt zu driften, die Welt Grethes und ihrer Anhänger. Schlagartig war ich zurück. Zumindest der größte Teil von mir. Melanie. Die Gänsehaut in meinem Nacken hatte nichts mit der Kühle des Abends zu tun.

«Melanie», murmelte Grethe. «Ich habe auf der Stelle gespürt, dass sie *erkannt* hat. Dass ihr klar war, dass ihr Weg
sie nicht zufällig hierhergeführt hat, sondern aus einem ganz
bestimmten Grund. Zu dieser Ausgrabung natürlich, doch vor
allem – zu uns. Jetzt. Nun, da ich spüre, dass ich die Bürde
nicht mehr lange werde tragen können.»

«Sie ...» Meine Stimme war rau. «Sie hatten *schon mit ihr gerechnet.*»

Ein leichtes, beinahe zerstreutes Lächeln. «Wenn Sie es
so ausdrücken wollen, Hannah. Worte sind nicht das Entscheidende. Die Bürde, für all diese Menschen *Mutter* zu sein.
Sie wurde zu schwer für meine Schultern. Und da, mit einem
Mal, stand sie vor mir, bereit, sie auf ihre eigenen Schultern
zu laden.»

«Sie ...» Vermutlich war ich die Einzige hier, die keinen
Schluck getrunken hatte, doch meine Zunge machte mir Schwierigkeiten. «Die *Bürde?* Melanie kommt wie aus dem Nichts, und
zufällig ist sie schwanger? Und deshalb beschließen Sie, dass
sie Ihre *Nachfolgerin* werden soll?»

«Aber Hannah.» Ein tadelnder Blick. «Es gibt keine Zufälle.
Doch manchmal gibt es Zeichen.»

Zeichen. Fast gegen meinen Willen kehrte mein Blick zurück zu den Angehörigen der Gemeinschaft. Überall im Ring
der Steine hatten sich jetzt Paare zusammengefunden, die unter freiem Himmel den Sommer begrüßten. Eine einzige Gestalt hatte sich keinen Zentimeter bewegt, stand reglos hinter
Grethe Scharmanns Thronsessel. Eine heidnische Priesterin,
wie ich sie mir nur vorstellen konnte.

Therés.

Gedanken in meinem Kopf: Waren sie ein Ergebnis deduktiven kriminalistischen Denkens? Oder waren sie einfach da,
auf jene unfassbare Weise, wie die Dinge eben da waren, seit-

dem wir auf Melanies Körper gestoßen waren, blass und nackt und tot?

Therés. Eine Priesterin. Doch so war sie mir nicht vorgekommen bei unserer ersten Begegnung. Grethes Tochter? Nun, sie hatte die alte Frau *Mutter* genannt, aber das taten schließlich sämtliche Angehörige der Gemeinschaft. Wie eine bessere Dienstmagd, dachte ich, jederzeit bereit, Grethe Scharmann die Wünsche von den Augen abzulesen. Bei jedem Einzelnen in der Gruppe konnte ich mir vorstellen, dass er noch ein Leben außerhalb des Hofes am Nornenweg besaß, doch bei Therés? Nein. Und das musste einen Grund haben, ebenso, wie es einen Grund hatte, dass sie sich nicht an dem Fruchtbarkeitsritual beteiligte. War es ihr verboten? Sich dem Ruf der Beltane-Nacht hinzugeben, an deren Ende sie womöglich schwanger sein würde? Musste vermieden werden, dass sie eigene Kinder zur Welt brachte, wenn in Aussicht stand, dass sie eines nicht zu fernen Tages die *Bürde* auf ihre Schultern laden würde, um für *alle* Menschen hier *Mutter* zu sein?

Das war es. Gleichgültig, ob die alte Frau ihr diese Gedanken gebetsmühlenartig wiederholt hatte oder ob das Mädchen sie sich selbst zusammengereimt und eingeredet hatte. Ich brauchte sie nur anzusehen. Eine Priesterin. Ihr ganzes Leben musste Therés dieser Erwartung geweiht haben, der Erwartung, *Mutter* zu sein.

Und dann war Melanie auf der Bildfläche erschienen. Die Archäologin war aufgetaucht wie aus dem Nichts, und Grethe hatte *einen Narren an ihr gefressen.* So hatte es Albrecht ausgedrückt, und zwar in Bezug auf *mich.* Im Rest der Gruppe war sie auf Ablehnung gestoßen, doch das machte keinen Unterschied: Grethe war das unbestrittene Haupt der Gemeinschaft, und wenn sie sich spontan entschloss, Melanie die Führung des Kreises zu übergeben und Therés zu übergehen: Wer würde Widerspruch wagen?

Die junge Frau stand reglos da. Über die Flammen hinweg blickte sie in unsere Richtung. Oder waren ihre Augen umschattet, auf etwas gerichtet, das nur sie sehen konnte, in unserem Rücken, irgendwo in einer unsichtbaren, nebelumwölkten Ferne?

Sie kommt ... Sie kommt aus dem Nebel.

Alle Wärme der Flammen konnte nichts mehr an der Kälte in meinem Innern ändern. Therés. Nur zu deutlich konnte ich mir vorstellen, wie ihr zu Bewusstsein gekommen war, dass Grethe Scharmann, alt geworden, im Begriff war, einen schrecklichen Fehler zu begehen. Musste sie es als ihr Recht angesehen haben oder womöglich gar als ihre Pflicht ...

Ihre Pflicht, Melanie Dahl zu töten.

Ich kämpfte um Worte. Das Motiv. Ich hatte es gewusst, hatte gewusst, dass die Antwort hier auf mich wartete, an diesem Abend. Alle Spuren wiesen auf die Menschen am Nornenweg; das Einzige, was noch gefehlt hatte, war das Motiv. Hier hatte ich meine Antwort, und es war eine Antwort, die diese Gemeinschaft zerstören würde; ich wusste es, ohne darüber nachdenken zu müssen. Irgendetwas in mir wollte sich zusammenkrümmen bei diesem Gedanken, aber ich hatte keine Wahl. – Lehmann irgendwie wieder zu Bewusstsein bringen, die Streife an der Zufahrt informieren, Albrecht informieren, die notwendigen Schritte zu einer vorläufigen Festnahme ...

Doch ich kam nicht dazu.

Therés. Reglos hatte sie dagestanden, unverwandt in die Ferne geblickt. Jetzt, ganz langsam, hob sie den Arm, streckte die Finger aus, auf uns, auf Grethe, auf mich deutend, nein ... Nein! Über uns hinweg, zwischen uns hindurch.

Ein einziges Wort von ihren Lippen, das laut und gellend die Lichtung füllte: «*Feuer!*»

* * *

Isolde Lorentz wartete ab. Las sie Jörg Albrechts Gedanken? Im Augenblick konnte das keine besondere Herausforderung darstellen. Doch als er sie ansah, fiel es ihm schwerer denn je, aus *ihrem* Blick zu lesen.

«Halten wir fest, dass Hannes Altmann Dinge weiß», sagte sie. «Über Sie. Über mich. Über jeden, der sich da drin gerade einen außergewöhnlichen Abend macht. Dinge, die er beweisen kann. Und Sie können mir glauben, dass er nicht zögern wird, diese Beweise einzusetzen. – Dass zweifellos auch heute Abend neue Beweise fabriziert werden, muss ich kaum erwähnen.»

Neue Beweise, dachte Albrecht. Neue Bilder, vermutlich sogar bewegte Bilder. Moderne Überwachungstechnik konnte in einer Weise minimiert werden, dass sie faktisch unsichtbar war. Und auf diesen Bildern würden jedenfalls auch Lorentz und er selbst zu sehen sein, nicht in einschlägiger Aktion zwar, aber wie es wirken musste, wenn die Öffentlichkeit diese Bilder zu sehen bekam, war keine Frage. Die Polizeipräsidentin und einer ihrer leitenden Beamten, die die Vorgänge im Kellergeschoss verfolgten, ohne einzugreifen.

Vom Zeugen zum Täter. Genau so funktionierte Altmanns System. Und nicht allein bei Lorentz und ihm. Wenn es dem jungen Cornelsen irgendwann einmal dämmern sollte, dass er vielleicht einen Schritt zu weit gegangen war, würde er feststellen, dass er längst mittendrin war in Strukturen, die über solche *Mottopartys* mit Sicherheit weit hinausgingen. Drogenhandel, Geldwäsche, illegale Prostitution. In dieser Umgebung vermutlich von allem etwas.

«Eine Krähe hackt der anderen kein Auge aus», murmelte Albrecht. Sein Blick lag auf den Lakaien, die in ihrer dunklen Livree jetzt Abstand hielten, nebeneinander aufgereiht wie, ja, wie Krähen auf einem Telegraphendraht. Die Ähnlichkeit war nicht zu leugnen, wurde sogar noch stärker, als sich über die Zufahrt ein Lichtkegel näherte, der den Schwarm aufscheuchte. Noch immer trafen neue Gäste ein.

Langsam kehrte Albrechts Blick zurück zur Präsidentin. Die Frage war, wie weit die erzwungene Loyalität ging.

Er würde es herausfinden. Denn noch bevor *Don Giovanni* dazu gekommen war, aus einer Akte zu zitieren, die niemals in seine Hände hätte gelangen dürfen, hatte Jörg Albrecht etwas begriffen.

«Und damit steht dann auch fest, warum wir hier sind», konstatierte er.

Lorentz hatte ihrerseits die Vorgänge an der Auffahrt verfolgt. Nun drehte sie sich zu ihm um, mit fragendem Gesichtsausdruck.

«Hannes Altmann.» Er beobachtete sie, doch die Wiederholung des Namens allein rief keine Reaktion hervor. «Sie selbst haben mir davon erzählt, dass er sich bereits in seiner Amtszeit als Finanzsenator für das Projekt starkgemacht hat. Das Projekt einer Industrieansiedlung am Höltigbaum. Dem Finanzsenator, sagten Sie, müsse dieses Projekt ganz besonders zupass gekommen sein, weil das Industriegebiet auf der schleswigholsteinischen Seite ja nicht den Säckel der Stadt fülle. Der Finanzsenator in jenem Senat – hieß Hannes Altmann.»

Sie nickte, zögernd. «Ja. Ja, das ist richtig.»

«Tatsächlich war ihm dieses Projekt sogar sehr wichtig», betonte Albrecht. «So wichtig, dass er nach seinem Ausscheiden aus dem Amt beschlossen hat, sich ihm voll und ganz zu widmen: als Vorstandsvorsitzender von PrinceInvest.»

Erst jetzt eine wirkliche Reaktion: Ihre Lippen wiederholten stumm den Namen des Konsortiums.

«Und offenbar war das auch notwendig», führte Albrecht aus. «Denn die Stimmung unter den Aktionären war keineswegs einheitlich. Offensichtlich gab es durchaus Bedenken gegen die Industrieanlage. Fürst Skanderborg selbst, das Aushängeschild der Anlegergemeinschaft, hat sich bemüht, Widerstand zu organisieren – vergeblich, wie wir heute wissen. Die Mehrheit der Aktionäre hat ihn niedergestimmt, an ihrer Spitze Hannes Altmann.»

«Woher ...»

«Ein Vorstandsvorsitzender, dem die Mehrheit seiner Anleger in einer solchen Frage die Gefolgschaft verweigert: Können Sie sich vorstellen, dass ein solcher Mann im Amt bleibt?»

Lorentz zögerte, doch nur für eine Sekunde. «Nein», murmelte sie. «Kaum vorstellbar.»

Albrecht nickte zustimmend. «Anders als Fürst Skanderborg, der sich trotz seiner Niederlage auf ganz andere Weise mit dem Unternehmen identifiziert, sodass ihm seine Loyalität gebot, sich gemäß seinen Aufgaben für das Projekt einzusetzen. Klinken putzen oder was immer dazugehört als Prince von PrinceInvest. Seine Loyalität, die hier hart auf die Probe gestellt wurde, denn die Sprache seines Gewissens war eine andere. Irgendwie ist es ihm gelungen, insgeheim eine archäologische Grabung in die Wege zu leiten, finanziert aus seiner privaten Schatulle, was ärgerliche Verzögerungen für das Projekt zur Folge hatte, die unter anderen Umständen womöglich zu einem Abbruch geführt hätten. Doch nicht hier. Warum auch immer das Bauvorhaben für Hannes Altmann eine solche Bedeutung hatte: Er war entschlossen, die Sache durchzufechten. Und sei es vor Gericht.»

Lorentz' Augen hatten sich immer weiter verengt, während

sie seinen Gedanken folgte. Jetzt gebot sie ihm Einhalt. «Aber es war Joachim Merz, der PrinceInvest im Prozess vertreten hat. Ich kenne Joachim Merz. Für ein entsprechendes Honorar ist er zu einigem bereit, aber so etwas? Ein völlig fachfremdes Gebiet? Für Geld hätte er das nicht getan. Höchstens für Frederick Skanderborg, der aber in Wahrheit ...» Sie brach ab. Ihre Augen weiteten sich.

Albrecht nickte grimmig. «Genau das, Frau Präsidentin, ist die Frage: Wie weit fühlte sich Joachim Merz dem Mann verpflichtet, dem er die ersten Schritte seiner märchenhaften Karriere verdankt? Weit genug, um einen Prozess bewusst zu verlieren?»

Er konnte sehen, wie Lorentz zögerte, ihr Gesicht unter der Maske mehrere Nuancen blasser als zuvor, zugleich konzentrierter.

«Ich bin mir nicht sicher», sagte sie schließlich. «Er weiß, dass es seinen Ruf beschädigt, wenn er einen Prozess verliert, und dieser Ruf ist weit mehr als bares Geld. Er ist eine Waffe. Andererseits: auf einem fachfremden Gebiet und für Skanderborg ...»

Wieder nickte Albrecht. «Für Skanderborg. – Der Fürst muss Altmann überzeugt haben, dass PrinceInvest sich überhaupt keinen besseren Rechtsvertreter wünschen konnte als einen Mann, dem ein solcher Ruf vorauseilt. Und mit Sicherheit hat er Merz auch nicht etwa ausdrücklich instruiert, den Prozess in den Sand zu setzen.» Eine Sekunde zögerte er. «Nein. Das hätte sein Pflichtgefühl nicht zugelassen. Doch so oder so: Das Gebiet *war* fremd für Merz, und zumindest für Skanderborg war absehbar, wie der Rechtsstreit ausgehen musste. Am Ende durfte die archäologische Grabung stattfinden. Die letzte Chance, das Industrieprojekt doch noch zu einem wirtschaftlichen Erfolg zu machen, war verspielt.»

Er verstummte, und diesmal dauerte sein Schweigen länger. Sekundenlang war allein die Musik aus dem erleuchteten Schlossgebäude zu vernehmen, jetzt wieder im Walzertakt, dazu, kurz hintereinander, das Klappen von Autotüren, als die Neuankömmlinge ihr Fahrzeug verließen.

Bewusst ohne eine besondere Betonung fügte Jörg Albrecht an: «Oder sollte ich sagen: Die *vorläufig* letzte Chance war verspielt?»

Er hatte Lorentz sehr genau im Auge, während er verfolgte, wie sie begriff.

Die Linie ihres Mundes, im Grunde fast immer in einem Zustand der Anspannung, außer vielleicht in den Minuten des wirbelnden Tanzes: Sie schien Millimeter für Millimeter nachzugeben, während sie sich, tastend zunächst, der Vorstellung näherte, dass der Mann, der verantwortlich war für den grausamen Tod einer jungen Frau auf einer verlassenen, nächtlichen Ausgrabungsstätte, für den brutalen Schnitt mit einem steinzeitlichen Messer, das ihre Kehle zerfetzt hatte, für die mit Hirschblut geschriebenen Runen, die die Ermittler wieder und wieder auf die falsche Fährte geführt hatten ... Dass dieser Mann ...

«Altmann.» Weniger als ein Flüstern.

«Merz sind die Zusammenhänge bewusst», sagte Albrecht. «Mehr als jedem anderen. Er weiß, wer das Projekt unter allen Umständen wollte. Und er weiß, was dieser Mann für ein Mensch ist. – Der Mann, den wir dort unten kennengelernt haben», sagte er. «*Don Giovanni*. Halten Sie diesen Mann für unfähig zu einer solchen Tat?»

Sie antwortete nicht.

«Natürlich konnte Merz nicht offen sprechen», murmelte Albrecht. «Nicht vor den Ohren seines Mentors, um dessen Loyalität zu PrinceInvest er weiß. Ja, selbst als wir allein waren, hielt er es offenbar nicht für angemessen, seinen Verdacht ausdrücklich zu äußern. Was er aber tun konnte: uns in die richtige Richtung zu stoßen, damit wir mit eigenen Augen sehen. Und ich würde sagen, Frau Präsidentin, wir *haben* gesehen.»

Sie schaute ihn an. Oder blickte sie durch ihn hindurch? Versuchten ihre Augen die Fassade des Lustschlösschens zu durchdringen, hinter der sich der Mann in diesem Augenblick aufhalten musste? Ihr Täter. Ganz gleich, ob Merz lediglich eine Vermutung gehabt hatte oder über ein Wissen verfügte, das er aus irgendeinem Grund nicht mit dem Hauptkommissar hatte teilen wollen: Albrecht war sich jetzt sicher, dass er diesen Fall noch an diesem Abend würde abschließen können.

«Hannes Altmann.» Lorentz, noch immer flüsternd, aber deutlicher jetzt, als ob sie …

«Ein solcher Name an einem solchen Ort?» Aufgeräumt, gut gelaunt geradezu, und Jörg Albrecht hatte die Stimme erkannt, noch bevor er sich reflexartig umwandte.

Der Anwalt war nicht allein. Natürlich hatte der Hauptkommissar keinesfalls damit gerechnet, dass Joachim Merz einen solchen Anlass allein aufsuchen würde, nachdem er bereits Jörg Albrecht empfohlen hatte, sich seine Begleiterin nach dekorativen Gesichtspunkten auszuwählen. Und doch gelang es Joachim Merz, den Hauptkommissar zu überraschen.

Die beiden Damen waren schwarz, ihre Haut von einer Farbe, die selbst auf dem dunklen Kontinent eine Seltenheit sein musste. Und sie waren … Albrecht sah nach links, sah nach rechts, wo sich die beiden an den Armen des Anwalts untergehakt hatten. Sie sahen absolut identisch aus. Zwillingsschwestern? Obendrein waren sie auch noch identisch gekleidet, wenn man bei Mikro-Bikinis im Leopardendesign und Lackstiefeln bis über die Knie von Bekleidung sprechen wollte.

Dass sie exquisite Schönheiten waren, mit Modelmaßen, verstand sich von selbst.

«Joaquinho.» Merz blieb vor den beiden Ermittlern stehen, deutete eine Verneigung an.

Auch er hatte also lediglich eine Variante seines Vornamens gewählt, die exotischer klang. Und natürlich, dachte Albrecht. Wer einen derart speziellen Ruf genoss wie Joachim Merz, hatte überhaupt keinen Grund, diese Sorte Lebenswandel zu verbergen.

«Meine Begleiterinnen haben leider keine Namen.» Bedauernd sah der Anwalt von der einen zur anderen. «Ich würde sie doch nur verwechseln.»

«Fred», presste Albrecht hervor. «Und Ginger.»

Erst jetzt wandte sich der Blick des Anwalts vollends der Präsidentin zu, und ein ganz leichtes Lächeln entstand auf Merz' Gesicht. Überraschung über die Wahl seiner Begleiterin konnte der Hauptkommissar nicht erkennen.

«Enchantez, Mademoiselle Ginger!» Mit formvollendeter Geste führte Merz die Hand der Präsidentin an die Lippen.

An Albrecht vorbei sah er zum Eingang des Schlösschens. «Sie waren schon drin?» Im Plauderton.

Der Hauptkommissar holte Luft. Wie noch jedes Mal war es dem Winkeladvokaten gelungen, binnen Sekunden eine Aggressivität in ihm zu wecken, die ihm als solche fremd war. Und dennoch: Merz hatte Wort gehalten. Er hatte Albrecht die richtige Fährte gewiesen, und der Fall stand vor der Aufklärung.

«Das waren wir.» Er nickte. «Und ich möchte Ihnen danken für die ... freundliche Empfehlung, die uns zu dieser ...» Er brach ab, unfähig, einen Begriff zu finden, der der bizarren Maskerade angemessen schien.

«Ach was.» Mit weltmännischer Geste winkte der Anwalt ab.

«Es war mir ein Vergnügen, und ich bedaure, dass ich mich ein wenig verspätet habe. Falls Sie irgendwelche Unannehmlichkeiten gehabt haben sollten, tut mir das leid. Aber die Musik ist wirklich gut, nicht wahr?»

«Das ...» Albrecht suchte nach Worten. Da war irgendetwas. Etwas an der Art des Anwalts. Merz war ohne jeden Zweifel ein verrückter Hund, aber dieser Esprit versprühende Auftritt, diese höfliche Konversation ... Hätte Hannah Friedrichs' Verehrer nicht eher damit rechnen müssen, dass er in jenem Moment auf Albrecht stoßen würde, in dem dieser das Etablissement gerade verließ, den Gastgeber mit Handfesseln gesichert?

Ein Gefühl in seinem Magen. Es war dem dumpfen Drücken, das vor Isolde Lorentz' Wohnhaus von ihm Besitz ergriffen hatte, durchaus verwandt. Doch es war *deutlich* unangenehmer.

Albrecht sah den Anwalt, sah dessen Begleiterinnen an. Merz hatte damit rechnen müssen, dass es überhaupt keine Festivität mehr geben würde, wenn er eintraf. Wozu dann der Frack? Wozu diese fleischgewordenen Accessoires?

«Doch.» Merz nickte vor sich hin. «Ich hätte pünktlich sein müssen. Ich hätte mit Don Giovanni reden sollen, der Ihnen jede Unterstützung ...»

Albrecht starrte ihn an.

«Sie ... Sie wollten ihn ...»

Ein Nicken. «Ins Vertrauen ziehen. Ich weiß, wie es sich anfühlt, wenn man zum ersten Mal hier ist. Die Leute sind zurückhaltend. Sie brauchen Zeit, bevor sie sich auf neue Gesichter einlassen.»

«Altmann?» Albrecht, heiser. Er spürte einen Blick auf sich. Isolde Lorentz, die kein Wort gesagt hatte, seitdem Merz und seine Gespielinnen erschienen waren. «Sie wollten Altmann ...»

«*Don Giovanni.*» Merz, mit indigniertem Blick.

Albrecht setzte zu einer Antwort an, doch da war etwas. Da war ... ein Geräusch, ein Gefühl. Ein Vibrieren in seiner Hosentasche.

«Ich ...»

Nein, das Geräusch war nachdrücklich, und es wollte nicht aufhören. Seine Mitarbeiter hatten sehr strenge Anweisungen, unter welchen Umständen sie sich an diesem Abend melden durften. *Wenn die Welt einstürzt.* Aus irgendeinem Grund: Albrecht war sich nicht mehr vollständig sicher, ob dieses Ereignis nicht unmittelbar bevorstand.

Eine gemurmelte Entschuldigung. Er fingerte das Mobiltelefon aus der Tasche der Frackhose, nur ein flüchtiger Blick auf die Nummer des eingehenden Anrufs.

Seine Augenbrauen fuhren in die Höhe. Friedrichs! Aber es war ihre Festnetznummer in Seevetal.

Rufannahme. Er räusperte sich. «Hannah?»

Schweigen, dann, zögernd: «Hall ... Hallo?»

Albrecht brauchte einen Moment. Der Ehemann, Dennis Friedrichs, doch er hatte kein halbes Dutzend Mal mit ihm gesprochen.

Dennoch, Albrecht kannte die Stimme, und er kannte sie gut genug, dass der Knoten in seinem Magen unvermittelt anzog.

Irgendetwas ist nicht in Ordnung.

* * *

Feuer.

Ich hatte schon mehrfach Explosionen erlebt, und jedes Mal waren sie anders abgelaufen, hatten sich ganz anders angefühlt als erwartet. Als junges Mädchen war ich dabei gewesen, als das Iduna-Hochhaus am Millerntor in sich zusammengesackt war, bilderbuchmäßig, vor den Augen von achtzigtausend staunenden Zuschauern. Eine mächtige Detonation, die den Boden unter unseren Füßen erbeben ließ, dann der Anblick des taumelnden Giganten aus Stahl und Beton – und jeder Menge Asbest, was schon im Vorfeld für Kontroversen gesorgt hatte. Und dann die Druckwelle, auf einen solchen Abstand natürlich ungefährlich, aber trotzdem eindrucksvoll.

Gewaltig. Majestätisch. Und eine Wissenschaft für sich, eine solche geplante Sprengung.

Was jetzt geschah, im Steinkreis der heidnischen Gemeinschaft, hätte davon nicht weiter entfernt sein können.

Therés. Die schmale junge Frau, die mir bei unserer ersten Begegnung wie eine graue Maus vorgekommen war und die sich heute Abend zunächst in eine heidnische Priesterin verwandelt hatte und dann, in den letzten Minuten, in eine dringend Tatverdächtige wegen des Mordes an Melanie Dahl.

Sie stand noch immer reglos am entgegengesetzten Ende des Kreises. Einzig ihr rechter Arm hatte sich gehoben, wies mit ausgestreckten Fingern über unsere Köpfe hinweg.

«Feuer!»

Der rituelle Frühlingsgruß rund um den Steinkreis war seit Minuten im Gange. Die unfassbare Kraft dieses Ortes, dieser Nacht war zu stark gewesen, als dass die Männer und Frauen in der Lage gewesen wären, sich dem Sog zu widersetzen, der sie zueinanderzog. Wenn sie denn überhaupt die Absicht gehabt hatten, was ich bezweifelte.

Therés war die Einzige innerhalb des Kreises, die sich nicht daran beteiligt hatte. Dazu – außerhalb des Kreises – die alte Frau und ich. Ich fuhr herum.

Der Wald war ein monolithischer schwarzer Wall rund um die Lichtung, die Wipfel der Bäume wie Mauerzinnen gegen den Himmel, den der Vollmond in ein milchiges Licht tauchte.

Wohin ich jetzt sah aber ... Die Färbung dort war eine andere, rötlicher, doch nicht in der Farbe von Blut, die über der gesamten Landschaft gelegen hatte, als Lehmann und ich uns von der Siedlung her genähert hatten. Greller. Warnender. *Alarmierend.* Noch während ich hinsah, begannen Flammenzungen über die Wipfel zu lodern.

«Der Hof.»

Grethe Scharmann, mit einer Stimme, wie ich sie von ihr noch nicht gehört hatte. Ich konnte nicht weiter darüber nachdenken, denn im nächsten Moment öffnete die Hölle ihre Pforten.

Die Druckwelle. Und sie war anders als bei jeder Explosion, die ich erlebt hatte, denn Grethes Hof, die Heimat der alten Frau, die Heimat der heidnischen Gemeinschaft war nicht *explodiert.* Er brannte. Die Druckwelle kam aus völlig unerwarteter Richtung: die Reaktion der Männer und Frauen rund um den Steinkreis, die mit Sekunden Verspätung losbrach.

Schreie. Flüche. Ein Etwas, das meine Schulter rammte, im nächsten Augenblick an mir vorbei war. Ein kantiger Umriss: Hugin. Oder Munin. Einer der Trommler jedenfalls, und er stürmte auf die Mauer des Waldes zu, splitterfasernackt.

Und er war nur der Erste. Neue Schreie. Schreie von Entsetzen – und Schmerz. Aufstiebende Flammen des *anderen* Feuers, des Feuers im Zentrum des Steinkreises, dem irgendjemand zu nahe gekommen sein musste. Rauch drang in meine Augen, meine Lungen. Gestalten, die sich an mir vorbeidrängten. Die wenigsten nahmen sich die Zeit, sich wieder in ihre Germanenkluft zu werfen. Sie rannten zum Hof, doch auch in andere Richtungen. *Wasser! Runter zum Fluss!* Ich konnte nicht erkennen, wohin sie verschwanden.

Jetzt eine neue Silhouette. Ich hatte mich umgedreht, sah,

wie sie einen Bogen um das Lagerfeuer schlug, gleichzeitig versuchte, in ihren Kittel zu schlüpfen, und im nächsten Moment ...

«Matthias!»

Er hielt inne. Jetzt hatte er mich entdeckt – mich und Grethe Scharmann, die an meiner Seite erstarrt war, den Blick auf den lodernden Streifen Himmel gerichtet, der von der Vernichtung des Häuschens kündete, in dem sie ihr gesamtes Leben verbracht hatte.

«Mutter!» Schon war er bei uns, während noch immer Menschen an uns vorüberhasteten. «Mutter, wir müssen ...»

Grethe rührte sich nicht. Kein Wort von ihr, stattdessen ein anderes Geräusch: Martinshorn. Der Peterwagen! Der Peterwagen an der Zufahrt von der Siedlung. Doch warum reagierten die Kollegen erst jetzt? Wahrscheinlich war das Tonsignal bis zu diesem Moment unnötig gewesen, auf einem gottverlassenen Feldweg mitten in der Nacht.

Schon stimmten weitere Geräusche ein, Sirenen der Feuerwehr, darüber noch etwas anderes, ein Krachen und Bersten, das durch den Wald zu uns herüberdrang. Die Laute, mit denen die Flammen das Gehöft verschlangen.

«Was ... ist das?» Matthias.

Ich drehte mich um. Er stand neben der alten Frau, den Arm um ihre Schultern gelegt, eine beschützende, gleichzeitig respektvolle Geste. Doch er blickte nicht in Richtung des unheilverkündenden Feuerscheins, nein: rechts am Feuer vorbei. Ein Abschnitt des Waldsaums, beinahe auf der entgegengesetzten Seite der Lichtung.

Ich kniff die Augen zusammen. Ich konnte nicht genau erkennen, was dort vor sich ging. Die Nacht schritt voran, und Nebel begann aus den Wiesen aufzusteigen.

«Da bewegt sich etwas», sagte ich leise, sah zu Matthias.

«Ihre ...» Ihre *Freunde?* Ihre *Glaubensbrüder?* Der Satz blieb unvollendet.

«Warum sollten sie zurückkommen?» Gemurmelt. «Der Hof ist dort drüben – und der Fluss auf der anderen Seite.»

Ich biss die Zähne aufeinander. Der erste Moment, in dem ich wirklich zum Denken kam. Grethes Hof stand in Flammen. Und mit Sicherheit hatte das nichts damit zu tun, dass sie vielleicht die Ofentür nicht richtig verriegelt hatte. Nicht wenn es ausgerechnet heute Nacht passierte, nach den Ereignissen der vergangenen Tage. Aber ... Therés? Ihre dramatische Geste, den Arm ausgetreckt wie bei einer Beschwörung? – Blödsinn. Was hier passierte, war ganz und gar von dieser Welt.

Ich holte Luft, wandte mich an Matthias. «Die Presse berichtet seit Tagen über den Mord an Melanie. Über die Ermittlung. Und wie es aussieht, ist dabei auch Ihre Gruppe ins Visier geraten. – Ich fürchte, dass ein Teil der Medien einen Ton getroffen hat, bei dem die jungen Leute aus der Nachbarschaft ...»

Matthias blickte noch immer zum Waldrand. «Die Leute aus der Siedlung? Diese Leute sind dumm, doch sie sind nicht böse. Sie wissen nur nicht, wie wir wirklich sind.» Seine Stimme klang seltsam, irgendwie eine Spur langsamer als gewöhnlich. Als wenn er etwas nachbetete, auswendig aufsagte – und wahrscheinlich war auch genau das der Fall. Ich war mir sicher, dass Grethe alles getan hatte, um Ärger mit den Anwohnern zu vermeiden.

Es hatte ihr nicht geholfen. Nicht heute Nacht.

Ich nickte knapp. Hatte ich eine Wahl? Von Lehmann war keine Spur mehr zu sehen. Mit den anderen unterwegs zum Löschen, dachte ich. Das Mindeste, was er tun konnte, nachdem es seinem bescheuerten Foto zu verdanken war, dass die ganze Stadt wusste, gegen wen sich unser Verdacht richtete. Und die alte Frau hatte heute schon einen Schwächeanfall hinter sich. Sie konnte nicht hierbleiben.

«Bringen Sie Grethe zum Hof!», gab ich Matthias Anweisung. «Meine Kollegen müssen inzwischen dort sein. Ebenso Ihre Freunde. Mit Sicherheit sind auch schon Krankenwagen unterwegs.»

Er öffnete den Mund, aber ich ließ keine Widerrede zu. Ich war immer noch Polizistin, die einzige hier in diesem Moment, nachdem Lehmann sich verdrückt hatte. Ohne ein weiteres Wort wandte ich mich ab, orientierte mich. Hohes Gras wuchs rund um den Ring der Steine, doch bis zum Waldrand entdeckte ich keine Hindernisse außer den Nebel, der sich von Sekunde zu Sekunde zu verdichten schien. Die Gestalten, die ich zu erkennen geglaubt hatte, waren im Moment nicht mehr zu sehen.

Wenn sie von sich aus kehrtmachten: umso besser. Dorfjugend, dachte ich, während ich voranstapfte, mit halbem Ohr mitbekam, wie sich Matthias und die alte Frau entfernten. Spürte ich Angst? Nicht wirklich. Wer sich bis eben zwischen Menschen bewegt hatte, die er eines bizarren Mordes verdächtigte, würde auch mit irgendwelchen Halbstarken fertig werden. Vermutlich machten sie sich ohnehin schon in die Hosen, weil der Hof der verrückten Barbaren, an dem sie gezündelt hatten, wider Erwarten tatsächlich in Flammen aufgegangen war. Im Begriff, sich ganz schnell abzusetzen, nur zufällig an den Rand der Lichtung mit dem Steinkreis geraten.

Meine Hand tastete an meine Hüfte. Erst in diesem Moment wurde mir klar, dass ich die Jacke samt Dienstwaffe am Ring der Steine zurückgelassen hatte. Doch meine Polizeimarke hatte ich in der Hosentasche, ebenso das Smartphone. Verstärkung würde ich auf jeden Fall brauchen. Ich zog das Gerät hervor, drückte die Taste unter dem Display. Die Kennung des Peterwagens hatte ich im Telefonbuch abgelegt, hatte sie mit drei Klicks gefunden. *Auswahl. Bestätigen.* Warten. Doch ... Ich kniff die Augen zusammen. Ein einziger mickriger Balken für den Empfang, und im nächsten Moment war auch er verschwunden. Ich fluchte. Ein paar hundert Meter vor der Hamburger Stadtgrenze! Zurück in die Tasche, und ...

Unvermittelt blieb ich stehen.

Nebel. Er war wie eine Wand, die zwei, drei Meter entfernt die Welt verschluckte. Das Licht ... Ich hob den Kopf. Der Mond war noch immer zu sehen, undeutlicher jetzt durch einen milchigen Schleier, doch der Dunst löste sich aus dem Boden, schien sich schlangenartig um meine Füße zu winden. Noch blieb der Blick nach oben frei.

Ich lauschte. Das Martinshorn war verstummt. Sirenen waren zu hören, aber sie schienen aus weiter Ferne zu kommen, auch sie halb verschluckt von der Mauer aus Weiß, und ihre Richtung ...

Langsam drehte ich mich im Kreis. Nebel auf allen Seiten. Von woher war ich gekommen? Mit Mühe drang mein Blick bis zum Boden. Wo waren die Halme niedergetreten? Nicht mehr zu erkennen. Ich hielt inne.

Nichts war mehr zu erkennen, weder der Waldrand noch die unbekannten Gestalten. Und inzwischen hatten sie alle Zeit der Welt gehabt, sich abzusetzen. Wer in diesem Nebel nicht gefunden werden wollte, den würde auch ich nicht finden. Nicht heute Nacht. Und wie ich die Bewohner der Siedlung einschätzte, würden sich die Jugendlichen ohnehin stellen, spätestens morgen bei Tageslicht – die beste Chance, mit einem blauen Auge davonzukommen.

Kehrtmachen: eine absolut logische Entscheidung. Doch war das tatsächlich der Grund, aus dem ich auf einen Schlag jedes Interesse verloren hatte, mein Unternehmen fortzusetzen?

Das ist es nicht. Sei ehrlich zu dir. Das ist es nicht.

Es war der Nebel. Der Nebel, der mehr war als Nebel. Vielleicht war es ein Echo des Abends im Ring der Steine, ein Echo dessen, was ich gesehen hatte oder geglaubt hatte zu sehen. Zu hören. Zu *spüren*. Dies war kein Ort, der vollständig von dieser Welt war, und das war er von Anfang an nicht gewesen. Das Brummen, Matthias' urmenschenhafte Gestalt an jenem Morgen, der Hirsch. Magie? *Wenn Sie es so ausdrücken wollen, Hannah. Worte sind nicht das Entscheidende.*

Mit einem Mal hatte ich nur noch einen Reflex: zurück. Zurück zum Hof. Ich drehte mich um, und …

In diesem Moment setzte es ein, und es kam vollständig unerwartet.

Es war wie ein Tritt, ein stumpfer Tritt in meinen Unterleib. Völlig anders als Jules gewohnte Bewegungen, die in den letzten Wochen stärker und ausgeprägter geworden waren, zunehmend unwillig.

Doch das hier: Ein Keuchen entwich meinen Lippen, nicht zurückzuhalten. Stocksteif blieb ich stehen.

«Verdammt!» Geflüstert.

Das konnte nicht sein. Nicht jetzt. Das *durfte* nicht sein. Doch war es nicht nur ein winziger Moment gewesen und, ja, jetzt schon wieder vorbei? Nach allem, was ich in den letzten Monaten über die Wehen gelernt hatte, mussten die Schmerzen länger, intensiver und … In diesem Augenblick begriff ich, dass dieses erste kurze Gefühl nur ein Vorgeschmack gewesen war.

Keine Luft. Ich krümmte mich zusammen. Schweiß auf meiner Stirn und Schmerzen, Schmerzen, wie ich sie noch nie erlebt hatte. Meine Beine! Ich durfte nicht hinfallen!

Atmen. Mit einem Mal war alles andere, alles, was ich gelesen hatte, weg. Atmen! Nur daran konnte ich mich erinnern. Nicht aufhören zu atmen. Keuchend, nach Luft ringend, und …

Im nächsten Augenblick war es vorbei.

«Mein Gott», flüsterte ich heiser. Schwankend stand ich aufrecht. «Verdammt.»

Das Baby kam. Das Baby kam *jetzt*.

Zurück. Es gab keine andere Möglichkeit. Aber wo war zurück? Schwindel in meinem Kopf, doch ich musste bei Verstand bleiben. In Wahrheit war es nicht wichtig, in welche Richtung ich mich bewegte: Irgendwann würde ich auf den Wald treffen, der die Lichtung auf allen Seiten umgab. Wenn ich mich lange genug an der äußersten Reihe der Bäume entlangtastete, *musste* ich auf die Einmündung des Pfades stoßen, der zurück zum Hof führte. *Lange genug*. Wenn mir lange genug Zeit blieb.

Denn die Wehen würden zurückkommen. Immer wieder. Immer schneller und immer heftiger.

Ich holte Luft. Ein Schritt. Die Herausforderung bestand darin, dass ich mich in gerader Linie bewegen musste. Ein Fuß vor den anderen, doch mein Atem ging schwer, und jeder Meter im hohen, feuchten Gras kostete Kraft. Der Nebel eine Mauer auf allen Seiten, weniger ein Weiß als ein unbestimmtes Grau, und mit jedem Schritt …

Diesmal spürte ich es kommen, blieb stehen, versuchte mich vorzubereiten. – Aber es gab keine Vorbereitung. Ein Schmerz wie eine glühende … nein, keine Lanze, kein Messer. Es war überall, und es war keine Beschreibung möglich. Atmen, atmen! Ich wusste, dass es vorbeigehen, sich zurückziehen würde, bevor es wieder zurückkam, und es konnte nur Minuten …

Und dann war es wieder vorbei. Schweiß stand auf meiner Stirn, meine Beine wie etwas, das nicht zu mir gehörte, und in meinem Mund: ein widerwärtiger Geschmack. Ich hatte mir auf die Zunge gebissen.

Weiter! Mit zitternden Fingern zog ich das Smartphone aus der Tasche. Noch immer kein Empfang, aber vielleicht konnte ich die Abstände zwischen den Wehen messen. Es gab irgendeine Möglichkeit, auszurechnen, wie lange ich noch Zeit hatte. – Doch welchen Zweck hatte das? Weiter! Einfach weiter, weiter geradeaus. Die Bäume konnten nur noch Meter entfernt sein, und … Ich atmete auf. Umrisse, die sich aus dem Nebel schälten. Ich hatte es geschafft, ich hatte …

Umrisse. Die Stämme der Bäume? Nein, niedriger, undeutlicher.

Unvermittelt blieb ich stehen. «Der Steinkreis.» Ich flüsterte.

Der Wald umgab die Lichtung auf allen Seiten, doch in ihrem Zentrum erhob sich der Kreis der Steine. Durch den Schleier des Nebels glaubte ich das Glimmen des Lagerfeuers zu erkennen, und daneben …

Ein Umriss. Ein Umriss von anderer Art. Ein Umriss, der sich bewegte.

Mein Herz überschlug sich. «Ma… Matthias?» Wie eine Betrunkene.

Keine Antwort, doch die Gestalt bewegte sich weiterhin, bewegte sich in meine Richtung, und irgendetwas in mir *schrie* mir zu, umzukehren, zu laufen, so gut ich noch laufen konnte, egal wohin, nur weg, fort von hier, fort vom Ring der Steine.

Ein Mensch? War es ein Mensch?

Jetzt sind sie bei uns. Die Alten.

Ein Geräusch. Erst nach zwei Sekunden begriff ich, dass es aus meinem Mund gekommen war. Ein ungeschickter Schritt zurück, aber die Gestalt, das Etwas war schneller als ich, kam weiter auf mich zu.

Zu schmal, zu undeutlich, um ein Mensch zu sein, weiß im Weiß des Nebels und mit Bewegungen, die …

«Frau Friedrichs?»

Jetzt war die Kälte wirklich da, und sie war überall in mir.

Für einen Moment lichtete sich der Dunst. Kein Geist.

«Sie sind es tatsächlich», sagte Therés, und der Nebel schien in ihren Augen zu kreisen, als sie sich auf meinen Bauch legten.

* * *

Altmann. Hannes Altmann. *Don Giovanni.*

Jörg Albrecht hatte seine Thesen und deduktiven Schlüsse vorgetragen. Gebannt hatte Isolde Lorentz seinen Worten gelauscht und am Ende nicht anders gekonnt, als ihm beizupflichten. Hannes Altmann: ihr Täter, auf den Merz mit seinem Visitenkartenmanöver gewiesen hatte.

Jörg Albrecht war kein Mensch, der sich angesichts der Brillanz seiner eigenen Argumentation auf die Schulter klopfte. Was zählte, war die Wahrheit. Dass es ein gutes Gefühl war, wenn Lorentz gezwungen war, die Evidenz seiner Schlussfolgerungen anzuerkennen, stand auf einem anderen Blatt.

Hannes Altmann. Für fünf Minuten war er Jörg Albrechts Täter gewesen, schuldig der Morde an Melanie Dahl und Bernd Gabelitz. Dann hatte Merz in ihrem Rücken gestanden. Nebst Begleitung.

Albrechts Verstand lief auf Hochtouren, während er das Mobiltelefon ans Ohr presste. Merz hatte sich verspätet. Dafür hatte er sein Bedauern zum Ausdruck gebracht. Sein Bedauern, dass es ihm auf diese Weise nicht möglich gewesen war, Don Giovanni – *Hannes Altmann* – ins Vertrauen zu ziehen, der die Ermittler dabei hätte unterstützen können, mit den Gästen der Mottoparty ins Gespräch zu kommen.

Die Umstände ließen nur eine Deutung zu. Weswegen

auch immer Merz den Hauptkommissar auf diese halbseidene Veranstaltung gelockt hatte: Hannes Altmann war *nicht* der Grund.

Und damit fiel das Gebäude von Albrechts Ermittlung in sich zusammen. Altmann *war* der Vorstandsvorsitzende von PrinceInvest. Und er *hatte* sich bereits in seinem politischen Amt für ein Industriegebiet am Höltigbaum eingesetzt. Aber dass es Kreise gab, die das getan hatten, hatte schließlich von Anfang an festgestanden. Genau deshalb war von der ersten Minute an ein Verdacht auf diese Kreise gefallen. Doch nichts, absolut nichts, was Albrecht, Matthiesen, Seydlbacher und sämtliche Mitarbeiter zutage gefördert hatten, hatte diesen Verdacht erhärten können. Wenn es nicht Altmann war, auf den Merz verweisen wollte, dann blieb – nichts.

Nur ... Eine Stimme sehr weit hinten in Jörg Albrechts Kopf: Wenn er nicht wegen Altmann hier war; weswegen war er *dann* hier?

Eine Stimme – doch diesmal kam sie aus dem Mobiltelefon.

Albrecht fasste sich. «Herr Friedrichs?» Laut und deutlich: «Ist alles in Ordnung?»

Er spürte, dass sie ihn anblickten: Lorentz, Merz, sogar die leichtgeschürzten Gespielinnen des Anwalts. Einige Herren in Smokings hatten das Schlösschen soeben verlassen, schwankenden Schrittes auf dem Rückweg zu ihren Fahrzeugen. Jetzt blieben sie ebenfalls neugierig stehen. Aus den offen stehenden Flügeltüren des Ballsaals tönte Sammy Davis Junior. Aus dem Telefon tönte ganz etwas anderes.

«Tschull ... Tschuldigung ...»

Albrechts Stirn zog sich zusammen. Ob etwas nicht in Ordnung war? Jetzt wusste er, was seltsam war an dieser Stimme. Der Mann war *sturzbetrunken!*

«Moment, ich ...» Dennis Friedrichs. Zwei Sekunden lang

Geräusche, die der Hauptkommissar nicht einordnen konnte, und noch einmal zwei Sekunden später ...

«Kommissar Albers?» *Ingolf Helmbrecht!* Jörg Albrecht sackte der Unterkiefer herunter.

«Professor?» Er spürte die Blicke der Anwesenden auf sich, und weit mehr noch als zu jedem anderen Zeitpunkt seit Beginn dieser Ermittlung kam er sich vor wie im Zentrum einer bizarren, blutigen Komödie.

«Ich hoffe doch, ich störe nicht?» Klang der alte Herr ebenfalls betrunken? Im Höchstfall leicht angeheitert.

«Professor, ich ...»

«Schon ziemlich spät, fürchte ich.» Eine Spur Zerknirschung? «Man merkt einfach nicht, wie die Zeit vergeht, wenn man gemütlich beisammensitzt. – Nein, das ist die Außentür, Dennis. Eine weiter rechts. – Schwache Blase, der junge Mann.» Mit gedämpfter Stimme zu Albrecht.

«Professor Helmbrecht.» Albrecht holte Luft. «Die Uhrzeit ist kein Problem, aber ich befinde mich hier mitten in meiner Ermittlung. Wenn Sie mir bitte verraten würden, warum Sie mich anrufen?» *Was Sie in Seevetal verloren haben. Wie Sie es offensichtlich hingekriegt haben, einen Mann unter den Tisch zu trinken, der ein halbes Jahrhundert jünger ist als Sie.*

«Ja ...» Zögernd. «Der Anruf. – Sie erinnern sich, wie wir beide heute Nachmittag zusammenstanden, an dieser wirklich eindrucksvollen Linde? – Na, vielleicht noch ein kleines Schlückchen ...» Hörbar nicht an Albrecht gerichtet. «Aber wenn Sie noch welche von diesen köstlichen Salzkeksen ...»

«*Professor!*» Jörg Albrecht, in einer Lautstärke, dass selbst die krähenartigen Lakaien in ihrer Livree herumfuhren.

«Entschuldigung.» Helmbrecht, verbindlich. «Sie erinnern sich an die Linde? Und an die *ansuz*-Rune? Ich bin mir mittlerweile sicher, dass es sich um eine Rune handelt.»

Erinnern. Die Linde: der Baum, an dem Bernd Gabelitz sein Ende gefunden hatte. Kein Freitod, aber auch kein Mord, nicht aus Sicht des Täters. *Gerichtet*, an einer Gerichtslinde. Die Rune: Es war nicht ganz klar gewesen, ob es sich tatsächlich um eine Rune handelte oder um zufällige Spuren, die während der Tat entstanden waren. *Wenn* es sich aber um eine Rune handelte ...

«Sie waren sich nicht sicher, wie das *ansuz* zu deuten wäre», erwiderte Albrecht, jetzt mit leiserer Stimme. Immer noch laut genug offensichtlich, dass die Umstehenden das Gespräch weiterverfolgten. «Sie hatten angedeutet, dass es für Odin stehen könnte, der den Menschen die Runen gebracht hat. Oder für ... den Sturm oder noch andere Dinge mehr.»

«Richtig. – Wie geht es eigentlich Ihrem Kollegen?»

«Meinem ...»

«Besser geworden mit dem Heuschnupfen?» Albrecht kniff die Augen zusammen. Natürlich, Martin Euler.

«Ich fürchte, ich habe Herrn Euler seit heute Nachmittag nicht mehr gesehen», erklärte Albrecht. «Seitdem wir beide uns von ihm verabschiedet haben. – Wenn Sie mir *bitte* sagen könnten ...»

«Fürchterliche Sache. Es gibt da Dinge, auf die der Körper reagieren kann, Milben etwa ...» Ein Hüsteln. «Aber ...» Ein tiefer Seufzer. «Sind Sie mit dem Mythos der Wilden Jagd vertraut, Kommissar Albers?»

«Der ...» Eine *sehr* ferne Erinnerung.

«Eine germanische Überlieferung.» Der Tonfall des Professors wechselte. Er klang jetzt äußerst konzentriert. «Allerdings ist sie in den einzelnen Gegenden des germanischen Siedlungsgebiets höchst unterschiedlich ausgeprägt und leider nur aus sehr viel späteren Traditionen bekannt, was es uns schwermacht, ihren ursprünglichen Gehalt zu rekonstruieren. Allen gemein ist auf jeden Fall, dass es sich bei der Wilden Jagd um das Heer der Toten handelt. Eine unheimliche Versammlung, die unter wildem Geheul und Gerassel durch die Lande zieht. Wer ihr über den Weg läuft, verliert den Verstand, wenn ihm nicht gleich das Herz stehenbleibt. Oh, und es sind selbstverständlich nicht irgendwelche Toten, sondern Menschen, die es vorzeitig ereilt hat, auf unnatürliche Weise.»

«Ja.» Albrecht nickte, tastete sich ein Stück an der Schlossfassade entlang, gab Lorentz ein Zeichen, ihn zu begleiten. «Und diese Wilde Jagd könnte mit der *ansuz*-Rune gemeint sein?»

«Richtig.» Ein Geräusch, das Albrecht nicht mit Sicherheit einordnen konnte, aber irgendetwas sagte ihm, dass Dennis Friedrichs die Salzkekse gefunden und seinem Gast nunmehr serviert hatte. «Doch wie schon gesagt, handelt es sich nur um eine einzelne aus einer wirklichen Fülle von Bedeutungen. Trotzdem bin ich mir sicher, dass wir damit richtig liegen – und das verdanken wir dem verehrten Herrn Euler.»

«Euler?»

«Ein breites Spektrum von Allergenen, mit denen der Gute zu kämpfen hat, wenn ich das richtig verstanden habe. Gräser dabei, richtig?»

«Ja.»

«Und Tierhaare.»

«Ja.» Albrecht holte Luft. «Professor, wenn Sie mir die Zusammenhänge *etwas* deutlicher ...»

«Hundehaare.» Eine winzige Pause. «Ich bin mir sicher, dass Herr Euler erwähnt hat, das Haarkleid des *Canis lupus* beschere ihm ganz besondere Ungelegenheiten.»

«Der Haushund?»

«Ich gebe zu, dass die frühmittelalterlichen Chroniken in dieser Hinsicht etwas unspezifisch sind. Über die konkrete Gattungsbezeichnung im Sinne Carl von Linnés schweigen sie sich aus. Was man ihnen insofern nicht übelnehmen kann, als

Linné diese Bezeichnungen erst mehrere Jahrhunderte später entwickelt hat. – Sie sprechen einfach von Hunden.»

Albrecht war stehen geblieben. Sein kleines Publikum hielt Abstand. Längst nicht so großen Abstand, wie es wünschenswert gewesen wäre, aber immerhin Abstand. Isolde Lorentz dagegen war nun so nahe, dass ihre Wange beinahe sein Ohr streifte, als sie sich bemühte, Helmbrechts Worte zu verstehen. Ihr dunkles Parfüm stieg ihm in die Nase. Tabakrauch. Und ein Hauch von Weißwein.

«Die ... Untoten der Wilden Jagd wurden von einer Hundemeute begleitet?», fragte Albrecht, das Telefon fest ans Ohr gedrückt.

«Einer untoten Hundemeute.» Bestätigend. «Können übrigens auch Pferde dabei sein laut Überlieferung, wobei der junge Mann über Pferdehaar nicht geklagt hat, wenn ich mich recht entsinne.»

«Hunde», murmelte Albrecht. Er zögerte. Lorentz hatte sich aus ihrer Position gelöst, sah ihn fragend an. «Nein», murmelte Albrecht. «Nein ...»

Er lauschte, während der Professor fortfuhr. Weitere Details zur Geschichte der Wilden Jagd, ihrer Überlieferung in den unterschiedlichsten Gegenden des germanischen Siedlungsgebiets und darüber hinaus. Ganz langsam, Sekunde für Sekunde, spürte er, wie sich eine Gänsehaut auf seinem Handrücken aufstellte. Ein Gedanke, der Kreise zu ziehen begann, wilde, rasend schnelle Kreise.

«Hunde», flüsterte er. «Doch keine untoten Hunde. Mit Sicherheit war diese Meute quicklebendig.»

* * *

Therés. Ihr Gesichtsausdruck war nicht zu lesen. Ihre Augen lagen auf mir, nein, nicht auf mir, sondern auf dem noch unsichtbaren, winzigen Wesen, das sich *diese* Nacht und *diesen* Ort ausgesucht hatte, um das Licht der Welt zu erblicken.

Ich spürte, wie eine neue Wehe herankam, und versuchte mich an das zu erinnern, was ich gelesen hatte. Es gab Möglichkeiten, die Wehen hinauszuzögern, gegen sie anzukämpfen. Das war gefährlich, für mich nicht weniger als für das Leben des Kindes. Doch hatte ich eine Wahl? Ich kämpfte. Schweiß perlte von meiner Stirn.

Therés. Therés, die niemals selbst ein Kind haben würde, weil sie sich einer anderen Aufgabe verschrieben hatte, der Aufgabe, *Mutter* der gesamten Gemeinschaft zu sein. Und dann war Melanie gekommen, und Grethe Scharmann hatte einen Narren an ihr gefressen, gerade *weil* sie schwanger gewesen war. Und Melanie hatte sterben müssen, ihre Kehle zerfetzt von einem Feuersteinmesser, ihr nackter Körper mit Runen gezeichnet. Ihr Leib hatte auf einem altarähnlichen Etwas gelegen, das an eine heidnische Kultstätte *erinnerte*. Das war der einzige Unterschied. Wir befanden uns am Rande eines Steinkreises, der eine solche Stätte *war*. Und ich, ich war die nächste Konkurrentin um Grethe Scharmanns Gunst. Die nächste, an der die alte Frau einen Narren gefressen hatte. Und die Geister, die Alten, waren nahe.

Ich war unfähig zu einer Bewegung. Dies war der Moment, in dem die Schurken das gesamte Ausmaß ihrer teuflischen Pläne beichten. Doch das war unnötig. Ich wusste bereits, was geschehen war und warum es geschehen war. Ich wollte nicht mehr davon wissen. Ich wollte einfach nur leben, wollte, dass mein kleines Mädchen lebte.

Ein plötzlicher, zerreißender Schmerz in meinem Leib,

ohne jede Vorbereitung. Ein Schmerz, der mich sekundenlang blind machte, mich taumeln ließ, und ...

«Hannah?»

Mit einem Mal war die weiß gewandete Frau ganz nah, streckte die Hand nach mir aus, und ...

Mit aller Kraft, nein, es war keine Kraft, es war die schiere Wucht meiner bizarren Körpermasse: Ich warf mich gegen sie, mit all meinem Gewicht, begriff zugleich, dass sie in diesem Moment nicht damit gerechnet hatte, hörte ihren überraschten Ausruf, und ...

Als wenn sie nichts wog, oder beinahe nichts. Beinahe wirklich wie ein Geist, aber doch an die Gesetze der Schwerkraft gebunden. Sie stolperte zurück, ungeschickt, konnte sich nicht halten. Ich sah, wie sie zu Boden ging, hörte das Geräusch, mit dem sie gegen einen der mächtigen Findlinge schlug.

Doch da war ich schon an ihr vorbei, rannte mit brennenden Lungen in den Ring der Steine hinein, einen Bogen um die Reste des Feuers schlagend, auf der anderen Seite wieder hinaus in den Nebel.

Mein Atem ging rasselnd. Der Schmerz überall in meinem Körper, betäubend, sodass er kaum noch Bedeutung hatte. Da war etwas, das zäh und klebrig an der Innenseite meiner Beine herabzulaufen begann, doch ich durfte nicht stehen bleiben. Weiter, und weiter und – Bäume!

Ich stürzte mich ins Dickicht, ohne auf die Zweige zu achten, die mir ins Gesicht peitschten, auf die Dornenranken, die an meiner Hose zerrten. Ich brach durch trockenes Gestrüpp, lief und lief und ... Wolken vor meinem Gesicht, die ich kaum erkennen konnte im dichten Nebel, der mich umgab, selbst hier im Wald. Fahles Licht ringsumher, Licht des vollen Mondes von Beltane, unwirkliches Licht, das weder Tag noch Nacht war, sondern wie in einem Traum, in meinem wirren, irrsinnigen Traum, der keine zwei Tage her war. Oder ein ganzes Leben?

War Therés hinter mir? Hatte der Sturz sie betäubt? Keine Zeit, mich umzusehen, in meinen Ohren nichts als das Wirbeln meines Pulses, meines eigenen, gehetzten Atems.

Meine Schritte, immer unsicherer, meine Hände, blutig und zerschrammt, die Halt suchten in unsichtbaren Zweigen.

Meine Füße: Ja, es fiel schwerer und schwerer, sie vom Boden, *aus* dem Boden zu lösen mit jedem Schritt. Der Sumpf! Blind musste ich die Richtung zum Bachlauf eingeschlagen haben, und dort ...

Mein rechter Fuß fand keinen Halt mehr. Mein Bein knickte weg, meine Hand griff Luft. Mein ganzer Körper ...

Ein dumpfer Schmerz in meiner Hüfte, als ich auf etwas Hartem, Glitschigem auftraf, einem umgestürzten Baumstamm. Ich versuchte mich festzuhalten, doch vergeblich. Ich rutschte über das Hindernis hinweg, auf der anderen Seite ...

Ich schlug mit dem Rücken auf.

Schmerzen. Kein Atem. Fluoreszierende Kreise vor meinen Augen, sekundenlang. Schließlich ein dumpfes Grollen, an- und abschwellend, und erst jetzt begriff ich, dass dieses Geräusch, dieses Gefühl *Atem*, mein eigener Atem war.

Ich öffnete die Augen, und in einem Bett von Dunst stand der volle Mond über mir. Kaltes Licht, mitleidloses Licht, aber *Licht*. Ich hatte das Waldstück hinter mir, und als ich um mich tastete, stellte ich fest, dass der Boden sich fest anfühlte, auffallend fest. Mit einem Ächzen drehte ich mich halb auf die Seite: ein Weg! Ein Weg, der zwischen der Senke des Bachlaufs und dem Waldstück entlangführte!

Ein Gefühl.

Ein Gefühl an meiner Wange, kalt und feucht und – tastend. Im nächsten Moment ...

Eine Gestalt. Einen Augenblick lang kam sie mir übermenschlich groß vor, aber musste mir nicht jeder Mensch übermenschlich groß vorkommen, in meiner Position, in meiner Verfassung? Jetzt ein zweiter Umriss, kleiner. Ein Hund, der mein Gesicht beschnuppert haben musste.

«Frau Friedrichs?» Eine Frauenstimme, fragend. Nein, nicht Therés, doch ich konnte sie nicht einordnen.

Eine Hand. Ich griff zu, ohne nachzudenken.

«Vorsichtig!» Mahnend.

Ächzend kam ich auf die Beine, blinzelte. Gesichtszüge im fahlen Mondlicht, und jetzt kam die Erinnerung.

«Fürstin Skanderborg», flüsterte ich.

«Ich fürchte, ich habe nichts von unserem Selbstgebrannten dabei.» Fast ein wenig zerknirscht. «Wir haben unsere Runde gemacht.» Ein Nicken zum Hund, ein Achselzucken. «Wenn er raus muss, muss er raus.»

«Ich ...»

«Stützen Sie sich auf meine Schulter!», wies die Frau mich an. «Es ist ein Stück bis zum Schloss, aber das schaffen wir.»

Ich sog die Luft ein. Selbst wenn ich gewollt hätte: Ich hatte keine Kraft, zu widersprechen. Der Schmerz in meinem Körper war unbeschreiblich, doch für den Moment kannte ich nichts als Erschöpfung. Schwer stützte ich mich auf die Schulter der älteren Frau.

Einen Moment noch blieb sie stehen. «Thor!» Ihre Stimme verändert, als sie sich an den Hund wandte. «Komm!»

* * *

Eine Siedlung. Drei Häuser, fünf Spitzbuben, dennoch am Ortseingang ein orangefarbenes Schild, das die Höchstgeschwindigkeit auf fünfzig Stundenkilometer festsetzte. Albrecht warf einen Blick auf das Tachometer: *weit* jenseits der Toleranz für geschlossene Ortschaften.

Gleichgültig. Merz saß am Steuer. Schließlich war es sein Wagen, der dunkle Porsche: schneller als Albrechts Privatfahrzeug. Für mögliche Strafmandate würde die Polizei der Freien und Hansestadt aufkommen.

«Ich bin mir nicht sicher ...» Bedacht in der Stimme des Anwalts. Seine Finger, die auf dem Steuer trommelten, straften die Ruhe Lügen. Was nicht überraschen konnte, nachdem Jörg Albrecht ihm eröffnet hatte, dass Hannah Friedrichs' Leben auf dem Spiel stand. «Ich bin mir nicht sicher, ob ich Sie *vollständig* verstanden habe», vollendete Merz.

«Dann werde ich es Ihnen noch einmal erklären», versprach der Hauptkommissar. «Gleich nachdem Sie meine Fragen beantwortet haben.»

Stille. Sie war nicht vollständig. Von der Rückbank ein halblautes Gespräch der Damen: Isolde Lorentz und Merz' Favoritinnen. Albrecht war sich nicht sicher, in welcher Sprache es geführt wurde. Er verstand kein Wort, nahm aber an, dass Lorentz erläuterte, wohin sie unterwegs waren. Und warum.

«Sind Sie bereit, meine Fragen zu beantworten?», erkundigte er sich in Richtung Fahrersitz.

Ein Seufzen. Die Ortschaft lag hinter ihnen. Merz trat das Gaspedal bis zum Anschlag durch.

Was Albrecht als zustimmende Antwort interpretierte. «Sie hatten einen bestimmten Grund, aus dem Sie mich zu diesem Palais gelotst haben», stellte er fest. «Und dieser Grund hieß nicht Hannes Altmann.»

Merz rührte sich nicht, die Augen konzentriert auf die Straße gerichtet. «War das eine Frage?»

Albrecht überlegte einen Moment. Nein, der Mann hatte recht. Das war in der Tat keine Frage mehr.

Doch Merz sprach schon weiter, vorsichtig formulierend. «Davon abgesehen, dass es dort ohnehin keinen *Hannes Altmann* gibt: Nein. Ich hatte andere Gründe.»

Albrecht nickte. «Skanderborg und Melanie Dahl waren Stammgäste auf *Don Giovannis* Mottopartys, richtig?»

Ein entschiedenes Kopfschütteln. «Dazu werde ich mich nicht äußern.»

«Sie haben sich dort kennengelernt und ...»

«Dazu werde ich mich nicht äußern.»

«Sie wussten, dass das Opfer schwanger war?»

Die Augenbrauen des Anwalts fuhren in die Höhe.

Albrecht nickte grimmig. Der letzte Pfeil in seinem Köcher. Er hätte es vermieden, ihn einzusetzen, wäre ihm die Wahl geblieben. Die Schwangerschaft: Zu deutlich war es ein Hannah-Friedrichs-Pfeil.

Merz besann sich einen Moment, schüttelte dann knapp den Kopf: «Nein, das war mir nicht bekannt. Und um es kurz zu machen: Ich kann lediglich vermuten, dass sich die beiden dort kennengelernt haben. Auf jeden Fall aber waren sie dort häufiger zu finden, wobei ich davon ausgehe, dass es vor allem Melanie war, die an den Spielen besonderen Gefallen gefunden hat.»

Albrecht kniff die Augen zusammen. Sprach der Mann aus eigener Erfahrung? Merz – und das Opfer? Doch das Gesicht des Anwalts war kaum mehr als ein Schattenriss, und er hatte seine Miene längst wieder unter Kontrolle.

«Meine Absicht war lediglich, Ihnen die Gelegenheit zu geben, sich an einem Ort und unter Menschen umzuhören, die Ihr Opfer gekannt haben.» Merz' Tonfall hatte etwas Abschließendes. Mehr hatte er nicht zu sagen, und mehr würde er nicht sagen. Als Nächstes würden *seine* Fragen kommen.

Ortseingang Ahrensburg, diesmal aus ungewohnter Richtung. Keine Anzeichen für einen Bremsvorgang.

Nachdenklich nickte der Hauptkommissar. Menschen, die Melanie Dahl gekannt hatten. Aber hatten sie das tatsächlich? Worthmarck, Cornelsen, Hannes Altmann? Hatten ihre archäologischen Mitarbeiter sie gekannt? Die Männer und Frauen der heidnischen Gemeinschaft?

Ein Doppelleben. Es war kein ungewöhnliches Bild, dass Menschen, auf die Jörg Albrecht im Zuge einer Ermittlung stieß, ein Doppelleben führten. Doch in diesem Fall? Ein *Dreifachleben*? Aufstrebende Archäologin, Anhängerin eines heidnischen Naturglaubens und was noch? Foltern oder gefoltert werden? Drei Facetten ein und desselben Menschen, aber wer konnte das schon sagen; vielleicht gehörten sie auch alle zusammen. Und zumindest war jetzt zu erklären, warum die Tote in einem Bauwagen am Höltigbaum gehaust hatte. Ideale Voraussetzungen für einen Menschen, der lieber für sich behielt, wie er seine Abende gestaltete.

«Sie sind dran», konstatierte der Anwalt. Er musste gespürt haben, dass Albrechts Gedankengang ans Ende gelangt war.

Der Hauptkommissar senkte den Kopf. Merz scherte auf die Bundesstraße ein: ortsauswärts, Richtung Hamburg.

«Meine Überlegungen ...» Albrechts Finger fuhren an die Nasenwurzel. Es war gut, dass er die Zeit mit Gedanken füllen konnte, mit Worten. Die Zeit bis zur Ankunft. Sämtliche verfügbaren Kräfte waren alarmiert und auf dem Weg ins Naturschutzgebiet und würden Minuten vor ihnen eintreffen, waren vielleicht schon eingetroffen. Gedanken. Worte. Das Einzige, was die Bilder in seinem Kopf vertrieb, die Bilder, die seinen Kopf füllten, seit Hannah Friedrichs Mobiltelefon nicht auf seine Anrufe reagierte.

«Ich glaube nicht, dass Ihnen meine Gedanken *vollständig* fremd sind», sagte er. «Sie wussten von der Affäre zwischen Skanderborg und dem Opfer.»

«Auch wenn ich damit Ihr Weltbild zum Einsturz bringe.» Merz' Augen konzentriert auf der Straße. «Aber es kommt vor, dass verheiratete Menschen Affären haben. Warum sollte die Ehe der Skanderborgs eine Ausnahme machen?»

Albrecht nickte. «In gegenseitigem Einverständnis, wie ich vermute. Die Kinder sind aus dem Haus, aber man lebt weiterhin nebeneinanderher, pflegt seine jeweils eigenen Interessen. PrinceInvest ...» Eine winzige Pause. «Oder die Hundezucht. Solange sich alles in einem gewissen Rahmen bewegt, ist all das keine ... keine *große* Affäre. – Doch mit Melanie Dahl verhielt es sich anders, richtig?»

«Sie war etwas Besonderes.» Merz, zögernd. «Sie wusste sehr genau, was sie wollte.»

«Und sie wollte Skanderborg. Sie ist von ihm schwanger geworden.»

«Davon habe ich vor fünf Minuten zum ersten Mal gehört.»

Albrecht hob die Hand. Ein Zeichen, dass er den Treffer akzeptierte. «Ich nehme zur Kenntnis, dass Sie sich den Skanderborgs verpflichtet fühlen und die Frau nicht offen verdächtigen wollen.»

Er zögerte. Da war etwas, das er erst in diesem Moment begriff: Was war tatsächlich der Grund gewesen, aus dem der Anwalt Stunden um Stunden bei seinem väterlichen Freund zugebracht hatte, zwischen dem ersten und dem zweiten Besuch des Hauptkommissars auf dem Schloss? *Jedenfalls ist Joachim Merz nicht undankbar.* Nein, dachte Jörg Albrecht. Ganz offensichtlich nicht. Als er selbst mit dem Fürsten gesprochen hatte, hatte Skanderborg vollkommen gefasst gewirkt, aufgeräumt geradezu. So schwer das zu glauben war: Der Anwalt musste eine Seite besitzen, mit der er dem Fürsten geholfen hatte, diesen Morgen durchzustehen. Eine Seite, dachte der Hauptkommissar, die er für gewöhnlich hervorragend zu verbergen wusste. – Doch das war nicht Jörg Albrechts Sache.

«Tatsache ist jedenfalls, dass der Fürst sich veränderte», sagte er knapp. «PrinceInvest, dessen wirtschaftlicher Erfolg dem Fürstenpaar ein, ganz passend, hochherrschaftliches Leben bescherte, schien mit einem Mal an zweiter Stelle zu stehen. Stattdessen ...»

Er sah aus dem Seitenfenster. Die Lichter Ahrensburgs blieben hinter ihnen zurück. «Die nächste Ausfahrt links. Zur Wohnsiedlung.»

«Ich habe die Navigation im Auge.»

«Die nächste Ausfahrt links!»

Schweigen. Albrecht seufzte. «So oder so: Wie genau das Motiv aussah, werden wir klären müssen. Auf jeden Fall war ich weit entfernt von der Wahrheit. Wenn wir rechtzeitig kommen, wenn die Kollegen rechtzeitig kommen ...» Er schüttelte den Kopf. «Dann verdanken wir das dem Professor. Martin Euler hat *gelitten*. Der Tatort muss übersät gewesen sein mit Hundehaaren. – Auf dem Schloss habe ich immer nur diese kleinen Biester gesehen ...»

«Der jüngste Wurf. Aber es werden herrliche Tiere, wenn sie groß sind.»

«Eine Meute wie bei der Wilden Jagd. Ob Gabelitz sie tatsächlich für ein übersinnliches Phänomen gehalten hat ... Das ist die Ausfahrt.»

Wortlos bog Merz auf die schmalere Straße ein.

«... oder ob er das, womit er konfrontiert wurde, nur auf diese Weise, mit diesem einen kurzschriftlichen Runenzeichen fassen konnte: Wir haben verstanden. Sie hatte das Motiv, sie hatte die Gelegenheit.» Er sah Merz an. «Sie haben mir bestätigt, dass sie die Tiere im Naturschutzgebiet ausführt. Zu jeder Tages- und Nachtzeit. – Und die Mittel, die Feuersteinklingen, liegen dort überall in der Landschaft herum.»

Der Anwalt nickte. «Sie verdächtigen also die Fürstin. Womit ich noch nicht begreife, warum wir nicht zum Schloss, sondern hier raus in den ...»

Albrecht beugte sich vor. Die ersten Häuserreihen. «Jetzt rechts.»

«Die Navigation ...»

«Jetzt rechts!» Der Anwalt trat auf die Bremse. Quietschende Reifen, doch der Porsche hielt die Spur, als er rechter Hand in die Wohnstraße einscherte. Ferne Blaulichter auf dem freien Gelände des Naturschutzgebiets und ... ein Brand! Albrechts Hände schlossen sich zu Fäusten. Die letzten Häuser des Wohngebiets schossen vorbei.

«Der Professor.» Albrecht presste die Zähne aufeinander. «Professor Helmbrecht, ein Experte für Runen und Überlieferungen. Die Geschichten um die Wilde Jagd sind in unterschiedlichen Gegenden auf sehr verschiedene Weise überliefert worden. Selbst der Name, unter dem das Phänomen bekannt ist, ist unterschiedlich. In der Normandie etwa, in einer der ältesten Traditionen, kennt man das Gefolge der Jagd als *familia Herlechini.*»

Ein Laut. Er kam vom Rücksitz: Lorentz.

«Der Harlekin.» Albrecht nickte. «Das war *sie.* Die Fürstin. Und sie hat jedes unserer Worte gehört, im Entree. Sie weiß, dass Friedrichs und ihr Kollege heute Abend die Vollmondfeier besuchen. – Fragen Sie mich, ob es ein Zufall war, dass sie dieses Kostüm getragen hat. Nach meiner Erfahrung gibt es keine Zufälle.»

Der Straßenbelag wechselte, nein, auf einen Schlag war kein Belag mehr vorhanden. Merz fluchte, als die Reifen in die ausgefahrenen Spuren griffen.

«Aber es gibt Zeichen», sagte Jörg Albrecht.

Mit einem widerwärtigen Geräusch setzte der Wagen auf dem Mittelstreifen auf.

* * *

Das Ende ...

Die Dinge sind undeutlich in meiner Erinnerung. Wellen von Schmerz, die meinen Körper überschwemmten, wieder und wieder. Heranbrandend. Sich auftürmend. Verschlingend, was noch da war von meinem wachen Bewusstsein.

Bis sie wieder abebbten, sich langsam zurückzogen und jede von ihnen etwas von mir mit sich davontrug, hinaus auf den Ozean der Nacht.

Ich erinnere mich an unsere Schritte, erinnere mich, wie die Frau an meiner Seite langsamer wurde, sobald sie spürte, dass sich mein Körper unter der Gewalt einer neuen Wehe zusammenkrampfte. Wieder. Und wieder. Der Fahrdamm vor unseren Füßen ein nicht enden wollendes Band in mattem Braun, der Lichtkreis der Taschenlampe in der freien Hand der Fürstin wie ein zweiter Mond auf dem feuchten Grün der Wiesen, während wir weiter gingen und weiter.

Überhaupt keine Erinnerung habe ich an den Moment, in dem wir den befestigten Weg verließen. Ich kann nicht sagen, ob sie das Manöver irgendwie kommentiert hat. Dass es sich etwa um eine Abkürzung hinüber zum Schloss handele, wo Hilfe auf mich warte. Wahrscheinlich war das überhaupt nicht notwendig. Ich war schon viel zu weit weg, schon viel zu weit draußen.

Viel zu weit draußen.

Kälte. Eine tiefe, durchdringende Kälte, stärker als alles andere, beherrschender. Stärker selbst als der Schmerz. Und irgendwie ...

Ich stand aufrecht. Tatsächlich aufrecht? Nein, das Bild war *schief*, auf eine nicht zu beschreibende Weise wie zur Seite gekippt. Irgendetwas musste mich wieder zu Bewusstsein gebracht haben, weit genug, dass ich, nein, noch nicht eigentlich denken, zumindest aber sehen konnte. *Sie* sehen konnte, wenige Schritte entfernt, und wieder erschien sie mir groß, größer, als sie hätte sein sollen, die Fürstin Skanderborg, der wir im Schlosspark begegnet waren, wo die Welpen aufgeregt um ihre Füße gewuselt waren.

Auch jetzt war sie nicht allein. Der Jagdhund, dessen neugierige Nase ich an meiner Wange gespürt hatte, war eng an ihrer Seite. *Thor.* Sie hatte ihn Thor genannt, vorhin, als ich …

Die Wehen! Therés! Die Ereignisse des Abends wie in einem Film im Schnelldurchlauf: meine gehetzte Flucht durch das Dickicht, durch den sumpfigen Wald, der Sturz. *Sie* neben mir. *Es ist ein Stück bis zum Schloss, aber das schaffen wir.* Aber warum …

Ich öffnete den Mund, doch im selben Moment eine blitzartige Erkenntnis: der Schmerz. Er war da, massiv und betäubend. Doch es war ein *statischer* Schmerz, anders als das Auf und Ab, die Wellen von Agonie, die sich heranschlichen, zuschlugen, sich wieder zurückzogen. Es war …

Ich habe keine Wehen mehr!

Die Worte, die ich sprechen *wollte.* Heraus kam ein verwaschenes Gestammel: «Üsch … ke … wäh …»

Ich verstummte. Keine Wehen mehr. Ich wusste, was das bedeutete. Wusste, dass jetzt jede Minute, jede Sekunde zählte, selbst wenn ich auf welche Weise auch immer spürte: Das Kind war am Leben. Es wäre anders gewesen, wenn es, wenn sie … sie, Jule …

Meine Hände tasteten über die zerrissenen Reste der dünnen Jacke, die ich unter dem Wettermantel getragen hatte. Nass, klitschnass, und … Erst jetzt, als ich unwillkürlich einen Versuch machte, mein Gewicht zu verlagern: meine Füße! Eine ruckartige Bewegung, meine Hände in der Luft, auf der Suche nach Gleichgewicht.

Vergeblich. Ich fiel vornüber, doch ich *konnte* nicht fallen. Unter meinen Fingern: Wasser, nein, *Schlamm*. Meine Beine: in der Umklammerung des Sumpfes, das rechte beinahe bis zur Hüfte, was mich in eine Position zwang, in der meine rechte Hand jetzt wieder und wieder versuchte, sich seitwärts abzustützen.

Aber das war nicht möglich. Der trügerische Boden bot keinen Widerstand, und mit jeder winzigen Bewegung spürte ich, wie ich tiefer und tiefer glitt.

Mein Herz raste. Ich hob den Kopf, zu der Frau, die wenige Schritte entfernt stand. Auf einem Damm? Einer Insel festen Bodens?

«Bit-te!» So deutlich ich konnte. Ich streckte die Hand aus.

Die Fürstin rührte sich nicht. Nicht mehr als ein Scherenschnitt vor dem Grau des Nebels, der in Schwaden über die feuchte Senke trieb.

Doch dann: «Wenn ich darüber nachdenke, passt sogar das.» Eine leichte Veränderung ihrer Haltung: ein Nicken in meine Richtung. «Genauso haben sie es gemacht, ihre *Alten*.» Ein amüsierter Laut. «Die Leichen der Opfer werden heute noch gefunden. Waren Sie mal im Landesmuseum in Schleswig? Es ist unglaublich, wie unversehrt sie aussehen nach Tausenden von Jahren.» Sie zögerte. «Oh, keine Sorge. Sie wird man schneller finden, wahrscheinlich gleich bei Tageslicht. – Zu spät natürlich.» Ein Schulterzucken. «Aber immerhin.»

Der grundlose Morast: Er war wie ein lebendiges Wesen. Ich konnte es spüren: den Sog, das Ziehen. Aus der Tiefe. Auf der rechten Seite meines Körpers hatte die eisige Umklammerung jetzt meine Hüfte erreicht, was dazu führte, dass ich mehr und mehr in Schräglage geriet. Doch war eben das nicht eine Chance? Ich sammelte meine Kraft, wusste, dass die Frau die Augen nicht von mir nahm, jede Regung aufmerksam beobachtete.

Das linke Bein nach oben! Ein Ruck!

Ich schaffte es nicht, kam nicht bis zur Oberfläche. Im nächsten Augenblick spürte ich, wie die Kälte weiter an mir emporkroch, über die Hüfte hinaus. Jule, o Jule! Etwas in meinen Augen, das den Blick wieder trübte.

Ich hatte Angst. Angst über jedes Maß hinaus, den Tod vor Augen. Doch ich weinte nicht um mich. Ich weinte um das kleine Mädchen, das nun niemals ... niemals ...

«Sie fragen sich, warum?» Die Fürstin. Ich fragte überhaupt nichts, nur blieb mir nichts anderes übrig, als ihre Geschichte anzuhören, während ich kämpfte, mich nach einem Schilfbüschel reckte, zugriff – und es mitsamt den Wurzeln aus dem trügerischen Boden riss. Die Frau quittierte den Versuch mit keinem Wort. Sie sprach sehr konzentriert, ohne Hohn oder Triumph jetzt oder irgendein anderes Gefühl, das ich heraushören konnte. Am ehesten klang sie erschöpft und müde. «In Ihrem Fall ist es einfach», sagte sie. «Ich weiß nicht, was die alte Frau Ihnen erzählt hat. Sie vertraut Ihnen, das ist offensichtlich, ebenso wie sie Melanie vertraut hat. Doch ich kann wohl davon ausgehen, dass Sie die Letzte sein werden, der sie auf diese Weise vertraut. Selbst wenn sie überlebt.»

Erst im letzten Satz dann doch so etwas wie ein Gefühl: Zweifel. Unwahrscheinlich, dass Grethe Scharmann den Schock dieser Nacht überlebte, in der ihr Hof ein Raub der Flammen geworden war.

Und im selben Moment begriff ich die volle Wahrheit: Halbstarke aus der Siedlung? Nein, sie, die Fürstin, hatte den Brand gelegt. Ein Ablenkungsmanöver, um zu verhindern, dass Grethe mir mitteilte, was sie auf welche Weise auch immer im chaotischen Verlauf der Kreise und Schlaufen gesehen oder erspürt hatte? Ein Versuch, genau die Situation herbeizuführen, zu der es jetzt gekommen war? Auf jeden Fall musste es die Fürstin gewesen sein, sie und keine andere, deren Bewegungen Matthias und ich am Waldrand beobachtet hatten. – Und noch etwas wurde mir klar: Für diese Frau, die doch mit Sicherheit kein Teil der heidnischen Gemeinschaft war, stand dennoch unumstößlich fest, dass Grethe Scharmann über besondere Kräfte verfügte. Wer weiß, was für Geschichten über die alte Frau und ihre Gemeinschaft in der Nachbarschaft umliefen. War es ein Wunder, wenn die Fürstin ihr sonst was zutraute?

«Was ...» Die Frau sprach weiter, nein, jetzt hielt sie einen Moment lang inne, schien dann kurz und unwirsch den Kopf zu schütteln, bevor sie fortfuhr. «Was diese Melanie anbetrifft: Kennen Sie dieses Gefühl, Hannah? Wie es sich anfühlt, wenn man sich gemeinsam etwas aufgebaut hat? Ja? – Mein Mann und ich haben das getan. Sein Name, mein Geld. Das Geld meiner Familie. Das Schloss, das erst wir aus einer halben Ruine wieder in ein bewohnbares Anwesen verwandelt haben. Ein Ruf, wie ihn diese Familie in Jahrhunderten nicht hatte. Und, schließlich, PrinceInvest. Ich habe weiß Gott nichts Besonderes von diesem Mann verlangt. Ob er nebenher seine jungen Dinger hatte? Das ist nichts, was eine Ehefrau interessieren muss. Und diese Spielchen bei Altmann? Manche Dinge gehören eben dazu, wenn man selbst dazugehören will.»

Eine Pause. Wieder hatte ich das Gefühl, als ob sie ... Drehte sie den Kopf, sah sie nach hinten?

Da war mehr als Nebel. Die klamme Tiefe näherte sich meinem Herzen, im Begriff, mich in ihren Schoß zu ziehen. Gleichzeitig aber hatte sie mich wieder zu Bewusstsein gebracht. Meine Sinne funktionierten. Ich konnte sehen: undeutliche Lichtphänomene hoch über den Schwaden. Blaulicht? Und ich konnte hören, dass da etwas war, weit entfernt: Sirenen, Martinshorn? Lediglich rund um den brennenden Hof? Wie weit war Grethes Haus entfernt? Lehmann war dort. Suchten sie schon nach mir?

Doch die Fürstin schien sich zu besinnen. Sie nickte vor sich hin.

«Alles war in Ordnung», sagte sie. «Bis *sie* kam. Melanie. Und dieser Mann, *mein* Mann, nicht mehr wiederzuerkennen war. Nicht dass er jemals irgendeine Entscheidungsgewalt hatte im Konsortium. Von ihm wurde nicht mehr verlangt, als bella figura zu machen und mit den richtigen Leuten die richtigen Gespräche zu führen. Aber dann kam *sie*, und … Ist Ihnen klar, in welchem Maße PrinceInvest abhängig ist von diesem Projekt? Wie sehr *wir* davon abhängig sind, die diese Parzellen in das Konsortium eingebracht haben? Und dann kommt *sie* und setzt ihm Flausen in den Kopf, dass er beginnt, gegen die *eigenen* Interessen …»

Jetzt, zweifellos, sprachen Gefühle aus ihrer Stimme: Unverständnis. Wut. Blanker Hass, sobald *sie* zur Sprache kam, Melanie. Doch mit jedem weiteren Wort … Es war so weit. Die Kälte, die Nässe, die Dunkelheit begannen mich zu umfangen, *uns* zu umfangen, Jule und mich.

Die Kälte war überall, und mit einem Mal wusste ich, dass es mir erspart bleiben würde, im Morast zu ersticken. Wenn sie mein Herz erreichte, würde es aufhören zu schlagen. Trotz aller Trauer, trotz aller Verzweiflung ein beinahe tröstliches Gefühl. Ein bisschen wie Einschlafen zu einem leise gesummten Wiegenlied, einem …

Da war ein Brummen. Da war ein Flüstern und Wispern und Sirren. Und es war das einzige Geräusch. Die Fürstin schwieg.

Sie war erstarrt, wandte sich jetzt ganz langsam um. Ich sah, wie der Hund zu ihren Füßen – Thor – die Ohren spitzte, sah, wie sie unruhig im Wind spielten. Sah ...

Das Geräusch. War es ... Nein, es war noch da, aber es hatte sich verändert, war ein Zischen, ein ...

Es ging zu schnell, als dass ich es in jenem Moment begreifen konnte. Was wirklich geschehen war. Wie sich Matthias auf eine Theorie besonnen hatte, die Melanie irgendwann einmal aufgestellt hatte, vor Wochen, wenn nicht Monaten ... Eine Theorie, die er eigentlich für Blödsinn gehalten hatte, da er schließlich in der Lage sein sollte, solche Dinge zu beurteilen als größter Schwirrholzexperte seit zwanzigtausend Jahren ...

All das sollte ich erst später erfahren.

Ich sah den Ruck, der durch die Fürstin ging. Sah ihren einzelnen, stolpernden Schritt. Sah, wie sie das Gesicht voran zu Boden stürzte.

Was ich nicht sah, war das sieben Zentimeter lange Fragment eines Hirschknochens, das senkrecht in ihre linke Schläfe drang und, wie Martin Euler später zu Protokoll geben sollte, binnen Sekunden ihren Tod herbeiführte.

Einige Wochen später

Und soooo ...»

Nicht ungeschickt stellte der Professor unsere Kaffeekanne zwischen den vorbereiteten Gedecken ab, trat einen Schritt zurück, bevor er den Henkel der Kanne noch einmal sorgfältig neu justierte, bis er exakt in Dennis' Richtung wies.

«Und Sie werden nicht einmal den Versuch unternehmen, irgendetwas anzuheben, das schwerer ist als Ihre Kaffeetasse!», wandte er sich mit strengem Blick an mich. – «Die Tasse vorsichtshalber nur halb voll.» Mit gedämpfter Stimme zu meinem Ehemann.

Hatte ich tatsächlich Angst gehabt, Dennis würde mich in Watte packen, nun erst recht, nach der stundenlangen Horrorgeburt? Dann hatte ich Ingolf Helmbrecht nicht auf dem Schirm gehabt. Andererseits: Wer sollte mir das verdenken? Dass ich ihn nicht auf dem Schirm gehabt hatte?

Der Professor nickte zufrieden, fingerte seine altertümliche Taschenuhr aus der Westentasche, las blinzelnd die Uhrzeit ab.

«In Ordnung. Dann sollten Ihre Edlen Wilden gleich da sein. Damit werde ich ...»

«Sie können gerne hierbleiben.» Dennis. «Einer mehr oder weniger ...»

«Neinneinnein.» Entschiedenes Kopfschütteln. «Seit einem halben Leben habe ich vor, die spätstaufischen sizilischen Staatspapiere nun endlich einer wirklich fachmännischen Durchsicht zu unterziehen.» Er winkte ab. «Und Sie wissen ja, wie es mir zuwider ist, Ihnen auf die Pelle zu rücken.» Die Hand schon an der Türklinke. «Also.» Ein aufmunterndes Nicken. «Einen bemerkenswerten Nachmittag.»

Klapp! Und er war in seinem Zimmer verschwunden.

Ich wechselte einen Blick mit Dennis, während ich vorsichtig über das kahle Köpfchen meines kerngesunden kleinen Mädchens streichelte, das an meinen Bauch geschmiegt unter der Sofadecke hervorlugte. Ein bezauberndes, winziges Schmatzen, und Jule schlief weiter, tief und fest.

«Immer noch erstaunlich, wie schnell er sich eingelebt hat», bemerkte mein Ehemann.

Ich neigte den Kopf. Jule wurde heute vier Wochen alt, und genauso lange lebte Ingolf Helmbrecht nun unter unserem Dach. Zwillinge, dachte ich. Sie einfach vor die Tür zu setzen: undenkbar, bei beiden gleichermaßen.

Es war Dennis gewesen, der die Habseligkeiten des Professors in der Siedlung in Langenhorn abgeholt hatte, nachdem das Ordnungsamt die Quarantäne über das Haus des ehemaligen Bürgermeisters aufgehoben hatte. Er habe nicht gestöbert, das versicherte er mir bis heute. Die Unterlagen hätten ganz oben gelegen auf dem Stapel: der vor wenigen Monaten erstellte Pflegeauftrag für das Grab von Helmbrechts Ehefrau und die Vertragsvereinbarung über ein Zimmer im Ruhesitz Zur Trutzigen Eiche, künftiger Bewohner Ingolf Helmbrecht, unterzeichnet von einer Dame mit Wohnsitz Berkeley, Kalifornien.

Das also war die Alternative gewesen. Wer von uns beiden hatte die Entscheidung letztendlich getroffen? Wir hatten gar nicht erst hin und her geredet. Wir verdankten diesem alten Mann mein Leben, und Jules Leben dazu, wie knapp es auch gewesen war, wie sehr die Ärzte auch hatten kämpfen müssen. Nur um mir am Ende zu versichern, dass es ausgerechnet die Unterkühlung durch das Sumpfwasser gewesen war, die den

Geburtsprozess hinausgezögert hatte, sodass wir am Ende doch noch rechtzeitig in der Klinik angekommen waren.

Ein Wunder, dachte ich. Aber vielleicht gar nicht so überraschend bei einer Heiligen Quelle.

Die Türklingel. Mit einem Lächeln stand Dennis auf, um zu öffnen.

Vorsichtig rutschte ich in den Kissen in eine sitzende Position, gab acht, dass Jule nicht aufwachte. Kurz streifte mein Blick das Blumenbouquet, so gigantisch, dass es fast schon obszön war. Es hatte auf mich gewartet, als ich aus der Klinik nach Hause gekommen war, mit Empfehlungen von Dr. Joachim Merz.

– Da kamen sie auch schon ins Zimmer.

Matthias, Therés – und Grethe Scharmann.

Ich konnte beobachten, wie der Blick der alten Frau durch den Raum glitt, über unsere Möbel, die Fenster zum Garten, bis er auf dem Sofa, auf mir liegen blieb. Auf unserem kleinen Mädchen.

«Hannah!» Selbst die wenigen Schritte durch den Raum schienen ihr schwerzufallen, doch ihr Gesicht leuchtete, als sie meine Hände ergriff und sich über Jule beugte. «O Hannah, sie ist wunderschön!»

Ich spürte, wie ich errötete. Vor Stolz – und wohl ein klein wenig auch vor Erleichterung, weil aus Grethes Zügen einfach nur die vernarrte Freude sprach, die bei einer jeden Frau zu sehen gewesen wäre, wenn sie ein Baby zu Gesicht bekam. Und kein schicksalsschwangerer Spruch kam wie von den Feen an der Wiege der neugeborenen Prinzessin.

«Ich war so froh, als ich gehört habe, dass es Ihnen gutgeht, Grethe», sagte ich und warf einen raschen, schuldbewussten Blick zu Therés. «Ihnen beiden.»

Die junge Priesterin nickte mir zu, mit einem freundlichen,

zurückhaltenden Lächeln. Sie hatte mir helfen wollen. Wieder und wieder dieser Gedanke. Dort am Steinkreis: Sie hatte mir helfen wollen, und ich hatte sie zurückgestoßen, sodass sie gegen einen der Findlinge geprallt war. Ich hätte sie töten können! Stattdessen hatte der Sturz sie nur leicht betäubt, und sie war schon wieder bei Besinnung gewesen, als Matthias zurückkam, auf der Suche nach mir, und mit unendlich viel Glück hatten sie mich rechtzeitig gefunden.

Unendlich viel Glück. «Und genauso froh bin ich, dass das Haus ...», begann ich, an die alte Frau gewandt.

Jetzt trat ein undurchschaubarer Ausdruck in Grethes Augen. «Nun ...»

Dennis rückte ihr einen Stuhl heran, damit sie nah am Sofa Platz nehmen konnte, während Therés und Matthias sich am Kaffeetisch niederließen.

«Nun, wenn ich ehrlich sein soll, Hannah, dann habe ich eine Vermutung: Es war alles andere als ein Zufall, dass es lediglich die Scheunengebäude waren, die in Flammen aufgegangen sind. – Diese Frau wusste sehr genau, was sie tat. Weil diese Frau nämlich Angst vor mir hatte, über den Tod hinaus.»

Ich öffnete den Mund, doch Grethe hob abwehrend die Hand. «Nicht über *ihren* Tod hinaus, Hannah. Über *meinen* Tod. Sie hatte Angst, dass ich sie verfluchen könnte oder was sich solche Menschen eben vorstellen. Abergläubische Menschen.»

Ich nickte stumm. Eine alte Frau, die an Kreise glaubte, an Schlaufen, in die sich das Schicksal der Menschen legte. Die an der Spitze eines heidnischen Kultes stand und in der Beltane-Nacht mit Räucherwerk durch einen Kreis von Steinen schritt, damit die Geister der Alten an der Zusammenkunft ihrer Gemeinschaft teilhaben konnten. Aber sie war *nicht* abergläubisch.

«Nein.» Lächelnd sah sie mich an, und ich konnte nur noch zur Kenntnis nehmen, dass sie offenbar schon wieder meine Gedanken gelesen hatte. Oder etwas, das dem nahekam. «Sie haben uns kennengelernt», erklärte sie. «Aberglaube ist etwas anderes. Aberglaube ist etwas für Menschen, die Angst haben und es nicht wagen, sich dem großen Kreis anzuvertrauen, dem Kreis des Jahres, dem Kreis des Lebens. Menschen, die glauben, die Welt um sich herum kontrollieren, beherrschen zu müssen und die sich damit den Blick auf die Wahrheit versperren, die in uns allen wohnt. In Ihnen. In mir.» Mit leiserer Stimme und einem Lächeln, das Jule galt: «Selbst in diesem wunderschönen kleinen Mädchen. In ihm vielleicht stärker als in jedem von uns, weil es den ewigen Gesetzen noch so nahe ist.»

Ein dankendes Nicken zu Dennis, der ihr eine Tasse Kaffee reichte, an der sie jetzt vorsichtig nippte. Sicherlich eine gute Entscheidung, dachte ich: die Vorsicht. Den Kaffee hatte der Professor gebrüht, und wenn man auf Kräutertee abonniert war wie die alte Frau ...

«Ach, ein Tässchen hin und wieder kann ich schon vertragen.» Ein Lächeln. Die selbstverständlichste Sache der Welt. Aber ihr Gesichtsausdruck veränderte sich. «Wenn Sie Ihre Kreise spüren können, Hannah, sich ihnen anvertrauen, dann müssen Sie niemals Angst haben. Doch wenn Sie kämpfen, wenn Sie mehr sein wollen, etwas anderes sein wollen, als Sie sind, wenn Sie versuchen, die Dinge zu zwingen, die Kreise gegen ihren Willen zu biegen, und Kreise stören, an denen Sie keinen Anteil haben ...» Sie holte Luft. «Nehmen Sie die Fürstin. Nehmen Sie ...» Eine Hand suchend gehoben.

«Gabelitz», half ich. «Bernd Gabelitz.»

Sie nickte. «Dieser Mann war einmal bei uns, zusammen mit Melanie und den anderen. Auf dem Hof. Und ich habe gespürt, dass er nicht glauben wollte, dass er kein Vertrauen hatte in die Weisheit der Kreise, die doch die Weisheit des Lebens ist, ganz ohne unser Zutun und unsere Anstrengung. Dass er *Angst* hatte, weil da etwas war, das er zu verbergen suchte. Was auch immer es war: sein Wunsch, an Melanies Stelle zu treten, die Tatsache, dass er bereits in Verbindung stand mit dieser Frau. Diese Angst muss am Ende so groß gewesen sein ...»

Ich nickte. Ich verstand. So gut solche Dinge eben zu verstehen waren. Ein Mensch, den sein Ehrgeiz, sein Aberglaube um den Verstand gebracht hatten – unter tätiger Mithilfe der Fürstin und ihrer bizarren Inszenierung, der Wilden Jagd.

Grethe schwieg. Diesmal mehrere Sekunden lang. Dennis' Stimme war ganz leise, als er sich erkundigte, ob Therés oder Matthias Zucker in den Kaffee nahmen.

Schließlich atmete die alte Frau hörbar aus. «Das ist der größte Fehler, Hannah. Angst. Und ich fürchte, dass auch ich Fehler gemacht habe, weil auch ich Angst hatte. Weil ich spürte, dass ich alt werde, die Bürde jetzt ablegen muss und Therés ...» Mühsam wandte sie sich dem jungen Mädchen zu. «Ich war nicht bereit, der Weisheit der Kreise zu vertrauen. Ich sah, wie jung Therés noch war, und fürchtete, dass diese Bürde zu schwer sein würde für ihre Schultern, und dann sah ich Melanie, und ich sah ihre Bereitschaft, die Bürde auf sich zu nehmen, und ich sah ihre Stärke. Denn sie *war* stark, Hannah, ähnlich stark wie Sie, aber ...» Ein Kopfschütteln. «Ich habe nicht begriffen, was tatsächlich ihr Antrieb war. Sie war kein böser Mensch. Sie wollte herausfinden, wie sie wirklich waren, die Alten. Doch um dieses Ziel zu erreichen, war sie bereit, Druck auszuüben, auf den Fürsten und mit Sicherheit auch anderswo. Den Lauf der Kreise zu zwingen. Selbst als sie zu uns kam und ich all ihre Bereitschaft sah, all ihre Wissbegier ... Selbst das, fürchte ich jetzt, war in ihrem Innersten nicht mehr als ein Mittel, ein Schritt zu diesem Ziel, und ich habe es nicht gesehen. Nicht gespürt. Ich habe ihr Dinge gezeigt, die selbst denen, die schon so lange bei mir sind, noch verborgen sind, ohne zu erkennen, dass sie in ihrem Innersten noch viel zu wenig verstanden hatte, zu wenig eingeweiht war, noch immer zu sehr in ihrer Welt lebte. Sie hat sich gefürchtet.» Diesmal nur eine Handbewegung über die Schulter. «Vor Therés. Sie hat geglaubt, ihr Kind schützen zu müssen vor irgendetwas, das Therés ihr und diesem Kind antun könnte. In der Nacht ihres Todes: Deshalb ist sie auf die Grabungsstelle hinausgegangen, um sich mit Runen zu zeichnen, die ... was weiß ich, den Zauber abwehren sollten.»

«Die Nacht, in der die Fürstin auf sie gelauert hat», murmelte ich. «Eine bessere Gelegenheit konnte es nicht geben.»

«Diese Gelegenheit wäre nicht entstanden», sagte Grethe Scharmann leise, «wenn ich nicht versagt hätte.»

Sie verstummte, blickte in ihre Kaffeetasse.

Ich biss mir auf die Lippen. Tausend Worte lagen mir auf der Zunge. War es nicht Unsinn, was Grethe redete? War nicht zumindest die letzte Schlussfolgerung Unsinn, mit der sie sich die Schuld zuschob? Die Fürstin konnte bereits tagelang auf Melanie gelauert haben, und genauso hätte sie einfach irgendeine andere Gelegenheit abpassen können, und wenn die Archäologin nur mal kurz den Bauwagen verlassen hätte, weil die Blase sie drückte. Und doch: Waren das Argumente, die die alte Frau akzeptieren würde mit ihrer Überzeugung, dass die Kreise, die Welt, das Leben auf genau diese Weise funktionierten?

Hier saß sie vor mir, am Ende ihres Lebens, mit einer neuen Last, einer Bürde, einer Schuld auf ihren Schultern, und ich konnte nichts erkennen, mit dem ich sie irgendwie ...

Ein Räuspern. – Ich blickte auf.

Dennis. «Also ...» Sehr langsam. «Ich will ja gar nicht behaupten, dass ich besonders viel begreife von dem, was Sie ...» Pause. «... sagen.»

Auch Grethe blickte auf, sah ihn an.

«Aber wenn ich *irgendwas* begriffen habe», fuhr er fort, «dann sind diese Kreise so was wie Schicksal, richtig?»

Die alte Frau betrachtete ihn. Die winzigste Andeutung eines zustimmenden Nickens, eher ein Zugeständnis.

«Na ja.» Er hob die Schultern. «Dann ist doch eigentlich alles klar, oder? Ich meine: falls Sie da jetzt nichts Besonderes sind, in dem Sinne, dass *Sie* jetzt eingreifen dürften in diese Kreise.»

Ganz langsam ließ Grethe ihre Kaffeetasse sinken. «Sie meinen ...»

Wieder ein Schulterzucken. «Wenn die Kreise dieser Frau nun einmal so aussahen, was hätten Sie tun können? Hätten Sie dann nicht selbst ihre Kreise verbogen? – Wie gesagt, ich versteh nichts von der Materie, und vielleicht klingt das auch irgendwie brutal, aber wenn es wirklich so aussah ... Was, wenn es ganz einfach genau das war: Schicksal?»

Ein leises Geräusch an meiner Brust. Ein Rülpsen, erstaunlich dezent für einen Säugling von vier Wochen, wäre da nicht der höchst eindeutige Geruch gewesen, der Sekunden später aus Jules Windeln aufstieg. Seltsam, doch auf eine ganz eigene Weise – als wäre es eine Bestätigung.

Ich sah, wie die Augen der alten Frau sich weiteten, während sie meinen Ehemann betrachtete, die Tasse mit mechanischen Bewegungen auf dem Tisch abstellte. Eine Weile saß sie reglos da. Dann sanken ihre Hände langsam in ihren Schoß, und ihre Schultern schienen sich beinahe unmerklich zu entspannen. Als wäre eine große Last von ihnen genommen.

Mein Blick ging zu Dennis. Dieser Mann konnte sich aufführen wie der allergrößte Idiot, doch manchmal ... Manchmal musste ich ihn einfach küssen.

Und das tat ich auch.

* * *

Herr Bürgermeister?

Der Name ist Schultz!

Konstanten. Von irgendwo erklang Klaviergeklimper, ein Rauchkringel von beachtlicher Größe stieg der Zimmerdecke entgegen, und der Rotwein war hervorragend. Möglicherweise hing noch ein ganz leichter Hauch von Desinfektionsmittel in der Luft, doch im Großen und Ganzen: War es nicht eine Wohltat, wenn die Dinge wieder in ihre vertrauten Bahnen fanden?

Die weißen Figuren auf dem Schachbrett wiesen in Richtung des ehemaligen Bürgermeisters, was dieser offenbar zum Zeichen genommen hatte, dass es an ihm war, das Gespräch zu eröffnen. Zu Jörg Albrechts Überraschung war er tatsächlich auf den jetzt abgeschlossenen Fall zu sprechen gekommen, woraufhin ihm der Hauptkommissar die Ergebnisse kurz zusammengefasst hatte, die forensischen Gutachten, die das am Tatort aufgefundene Haarmaterial eindeutig dem vierbeinigen Begleiter der Fürstin zuordnen konnten.

Der Fall war aufgeklärt, die Grabung hätte weitergehen können – hätte das archäologische Team nicht seine beiden versiertesten Köpfe verloren. Was aus dem Gelände werden würde, stand in den Sternen. Sollten sich Albrechts Vermutungen bestätigen, würde es genau das bleiben, was es heute war: eine geschichtsträchtige Brachfläche, nun um eine düstere Geschichte reicher.

«Skanderborg jedenfalls scheint das Interesse verloren zu haben», erklärte Albrecht. «Wie er offenbar an so ziemlich allem das Interesse verloren hat.» Er schüttelte den Kopf. «Was immer ihm diese beiden Frauen bedeutet haben, das Opfer und die Täterin: Der Mann leidet wie ein Hund. – Im wahrsten Sinne des Wortes», murmelte er. «Der Hund leidet genauso.»

Der ehemalige Bürgermeister neigte den Kopf, wies dann auf die Zigarettenschachtel. «Wenn Sie noch eine mögen?» Noch immer etwas ungläubig, als er beobachtete, wie der Hauptkommissar sich eine ansteckte, den aromatischen Rauch in die Lungen zog.

Merkwürdig, dachte Jörg Albrecht, wie rasch er diese lässliche kleine Sünde wieder zu schätzen gelernt hatte. Das Rauchen. Es besaß etwas Zeremonielles, und er bildete sich ein, dass es seinen Verstand belebte. Dass er nunmehr eine bestimmte Erinnerung damit verband, kam verstärkend hinzu.

Sinnend blickte Schultz einer Tabakwolke nach. «Und Ingolf Helmbrecht hatte also Ihren Worten nach einen gewissen Anteil daran, dass diese Vorgänge aufgeklärt werden konnten.»

Mit einem Mal war Albrecht hellwach, musterte das Gesicht seines Gastgebers. Nein, er gab sich keine Mühe, seinen forschenden Blick zu verbergen.

«Das ist der Fall», sagte er ruhig. «Professor Helmbrecht ist es zu verdanken, dass meine Mitarbeiterin und ihre Tochter überlebt haben. Hätte er mich nicht informiert und hätte ich daraufhin nicht sämtliche verfügbaren Kräfte am Nornenweg zusammengezogen ...» Er hob die Schultern. «Wer weiß, wann der junge Mann mit dem Schwirrholz sich auf die Suche gemacht hätte.»

Schultz nickte verstehend. Lungenzug, mit geschlossenen Augen. Tief versonnen.

«Herr Bürgermeister?»

«Der Name ist ...»

«Herr Bürgermeister, darf ich Ihnen eine Frage stellen?»

Die Augen öffneten sich. Misstrauisch? Nur eine Winzigkeit, wenn es überhaupt der Fall war.

«Sie hatten mir da vor einer Weile von einem Terrarium erzählt», sagte Albrecht. «Einem Geschenk des australischen Premierministers mit seltenen Pflanzen und Tieren aus seiner Heimat. Sie hatten erwähnt, dass dieses Geschenk im Diplomatengepäck Ihres Gastes reisen musste – aus seuchenpolizeilichen Gründen.»

Schweigen.

«Ist dieses Terrarium eigentlich noch in Ihrem Besitz?»

Ein Lungenzug. Dann: «Ich sage nicht ...»

«Vielleicht sollte ich erwähnen, dass ich mich mit unserer Sekretärin unterhalten habe, Irmtraud Wegner, die sich erinnern konnte, dass Professor Helmbrecht von einem ihrer Telefone aus ein Telefongespräch geführt hat.» Pause. «Am Nachmittag des Tages, an dessen Abend dieses Gebäude hier evakuiert werden musste.» Pause. «Nach unserem Verbindungsnachweis wurde dieses Telefonat mit *Ihrer* Geheimnummer geführt.»

Ein letzter Zug, und Schultz drückte die Zigarette im Aschenbecher aus. Eine Sekunde lang spielte Albrecht mit dem Gedanken, die Zigarettenschachtel aus der Reichweite des alten Mannes zu entfernen. *Den Fahndungsdruck erhöhen.* Doch er hatte sich immer schon dagegen gewehrt, bei seinen Ermittlungen Folter einzusetzen.

Die neue Zigarette glomm auf. «Ich sage nicht, dass ich dem Professor zugeredet hätte.» Schultz. «Was ich sage, ist, dass wir uns nach Ihrem Besuch hier noch ein wenig unterhalten haben. Möglicherweise habe ich dabei den Gedanken entwickelt, dass ich es nicht für ungünstig halten würde, wenn sich vielleicht einmal eine Veränderung ergeben würde in Ihrem Leben ...»

Albrecht war im Begriff gewesen, das Rotweinglas an den

Mund zu führen. Ruckartig stellte er es zurück auf den Tisch. «In *meinem* …»

«Wenn ich den Professor richtig verstanden habe, ist es wohl der Kaffee Ihrer Mitarbeiterin gewesen, der ihn dann kurzfristig zum Umdisponieren bewogen hat.»

«Um…» Albrecht starrte auf seine Zigarette. Nein, er würde denselben Fehler kein zweites Mal machen. Noch war sein Körper nicht wieder ausreichend an das Suchtmittel gewöhnt. Nicht in Momenten emotionaler Extremzustände.

Ihm, Jörg Albrecht, hatte der ehemalige Bürgermeister den Professor unterschieben wollen! Nichts als eine Tasse Kaffee hatte ihn gerettet und stattdessen den Friedrichs …

Der Hauptkommissar schwieg. Er hatte es selbst referiert: Hannah und ihr kleines Mädchen verdankten Ingolf Helmbrecht ihr Leben, und als Albrecht das Haus in Seevetal in der vergangenen Woche aufgesucht hatte, um sich vom Gedeihen der neuen Erdenbewohnerin zu überzeugen, hatte er beinahe das Gefühl gehabt … Nein, die Friedrichs schienen sich wohlzufühlen in der veränderten Situation.

Etwas Neues. Kam es ihm zu, anderen diese Erfahrung zu verwehren?

Er holte Luft: «Und womit haben Sie die vergangenen Wochen verbracht, Herr Bürgermeister?»

Es regnete, als er zwei Stunden später das Haus verließ. Ein freundlicher Regen, ein Frühlingsregen. Albrecht brauchte den Mantel nicht zu schließen.

Sein Wagen stand dort, wo er ihn abgestellt hatte, unter einem Straßenbaum, neben einer Plakatwand. Albrecht entriegelte das Schloss, und während er schon die Hand nach dem Türgriff ausstreckte …

Das Plakat war auf blassgelbem Papier gedruckt, durchaus stilvoll, die beiden Figuren nur durch wenige Linien angedeutet, aus denen Leichtigkeit sprach, Bewegung. Und, ja, natürlich eine gewisse Spannung.

Swingabend, las er. *Groß Flottbek*. Und wie von selbst kam der Gedanke, dass der Stadtteil von Blankenese, ihrer Wohnadresse, und der finsteren Gegend an der Max-Brauer-Allee, seiner eigenen Wohnadresse, in etwa gleich weit entfernt war.

Ein Zufall?

Jörg Albrecht glaubte nicht an Zufälle.

Im Nachhinein

Fünfzehn Jahre mag es her sein, dass mir jemand eine wilde Geschichte erzählte: Des Nachts sei er mit dem Pkw unterwegs gewesen, ziemlich weit draußen hier am Rande der Lüneburger Heide, weit draußen vor den Toren der Freien und Hansestadt, neblige Witterung. Da, plötzlich, hätten die Scheinwerfer seines Wagens eine Gestalt erfasst, eine semitransparente weibliche Erscheinung in weißen, wallenden Gewändern. Er sei «voll in die Eisen gegangen» und ... glücklicherweise keine Verletzten, Phantome eingeschlossen. Denn die Frau sei anschließend natürlich verschwunden gewesen. Hinter der nächsten Kurve dagegen habe ein Hirsch an der Straße gestanden, den er «sonst garantiert mitgenommen» hätte. Das Ganze habe sich bei einer bestimmten Hügelgräberstätte ereignet – die ich einige Tage später auf der Karte identifizieren konnte.

Eine merkwürdige Geschichte. Ich beschloss, mir die Sache einmal genauer anzusehen, allerdings nicht nachts und im Nebel. Zumindest mit Rotwild ist nun ja auch wirklich zu rechnen. Der Straßenabschnitt war unschwer aufzufinden. Leer. Erst an den Hügelgräbern selbst traf ich dann auf die Weiße Dame.

Nun sah diese Dame vollkommen anders aus als geschildert: in den Sechzigern, Faltenrock, Blazer, nur – eben – ganz in Weiß. Eine Anwohnerin, wie ich vermute, auf ihrem Nachmittagsspaziergang.

Dieses Buch und sein Autor schulden einer ganzen Reihe von Menschen Dank. Meine Betaleser Matthias Fedrowitz, Diana Sanz, Waltraud Rother und Christian Hesse haben mich wie nun schon so oft vor Schlimmerem bewahren können. Vero Nefas danke ich ein weiteres Mal für Aloysius Seydlbachers unvergleichliches bairisches Idiom. Meinem Freund und Agenten Thomas Montasser und Marcus Gärtner vom Rowohlt Verlag ist es in gemeinsamer Anstrengung gelungen, mir den Arbeitstitel («Ein Stein, der deinen Namen trägt») auszureden. Grusche Juncker hat mit ihrem Verständnis in Sachen Abgabefristen das Menschenmögliche getan, um die geistige Gesundheit des Autors zu retten. Meine neue Lektorin Katrin Aé ist für mich eine echte Entdeckung. Zu literarischem Irrwitz ermuntert zu werden, das macht einfach Spaß. Den größten Dank aber schulde ich auch dieses Mal meiner Ehefrau Katja, die mich über Monate hinweg summend, brummend und umnebelt zu ertragen hatte.

Last und keineswegs least aber gilt mein Dank allen Fans und Lesern der Geschichten rund um Jörg Albrecht, Hannah Friedrichs und das Team vom PK Königstraße. Auch stete Quengelei, wann es denn nun endlich weitergeht, kann ein Ansporn sein.

Am Rande des Wahnsinns und der Lüneburger Heide kurz nach Samhain 2014

Stephan M. Rother

Spiel um dein Leben!

Im Wasserbecken des Hamburger Volksparks liegt eine Leiche. Der Tote war Kandidat der zynischen Reality-Show «Second Chance».
Ein Routinefall, schließlich hatte der junge Mann seinen Selbstmord vor Millionenpublikum angekündigt. Hauptkommissar Albrecht und seine Kollegin wollen gerade die Ermittlungen einstellen, da gibt es Hinweise auf weitere mysteriöse Selbstmorde...

rororo 25986

Das für dieses Buch verwendete FSC®-zertifizierte Papier
Holmen Book Cream liefert Holmen, Schweden.